万州长江公路三桥
（牌楼长江大桥）
主桥建造关键技术

周宗尧　陈林杰　刘长辉　主编

人民交通出版社

北京

内 容 提 要

万州长江公路三桥(牌楼长江大桥)是一座位于三峡库区的大跨双塔混合梁斜拉桥,在建设时攻克了众多设计、施工等技术难题。本书系统地总结和提炼了该桥在建设过程的实践经验,主要包括建设管理、设计技术、施工技术和科学专题及试验研究。全书内容丰富、资料翔实、重点突出,重点介绍了万州长江公路三桥(牌楼长江大桥)主桥建造的关键技术。

本书可供从事桥梁工程和相关工程的设计、施工、科研、监理、工程管理工作的人员学习借鉴,也可供高等院校桥梁工程专业师生阅读参考。

图书在版编目(CIP)数据

万州长江公路三桥(牌楼长江大桥)主桥建造关键技术/周宗尧,陈林杰,刘长辉主编. —北京:人民交通出版社股份有限公司,2024.3
 ISBN 978-7-114-19257-9

Ⅰ.①万… Ⅱ.①周… ②陈… ③刘… Ⅲ.①公路桥—桥梁工程—万州区 Ⅳ.①U448.14

中国国家版本馆 CIP 数据核字(2024)第 021089 号

书　　名:	万州长江公路三桥(牌楼长江大桥)主桥建造关键技术
著 作 者:	周宗尧　陈林杰　刘长辉
责任编辑:	张一梅
责任校对:	孙国靖　宋佳时　刘璇
责任印制:	刘高彤
出版发行:	人民交通出版社
地　　址:	(100011)北京市朝阳区安定门外外馆斜街 3 号
网　　址:	http://www.ccpcl.com.cn
销售电话:	(010)59757973
总 经 销:	人民交通出版社发行部
经　　销:	各地新华书店
印　　刷:	北京虎彩文化传播有限公司
开　　本:	787×1092　1/16
印　　张:	27
字　　数:	620 千
版　　次:	2024 年 3 月　第 1 版
印　　次:	2024 年 3 月　第 1 次印刷
书　　号:	ISBN 978-7-114-19257-9
定　　价:	216.00 元

(有印刷、装订质量问题的图书,由本社负责调换)

《万州长江公路三桥(牌楼长江大桥)主桥建造关键技术》编委会

主 任 委 员：刘忠诚

副主任委员：周宗尧　陈林杰　周启明　熊维植　郎兴忠
　　　　　　刘长辉

委　　　员：杨光武　蔡敦松　汪君文　陈玉良　姚永喜
　　　　　　任　波　冉云峰　张国江　陈学兵　谭光友
　　　　　　谭林宁　黄俊强　魏胜新　陈志伟　邹　力
　　　　　　孙云志　占艳平　李晓斌　严　猛　李明水
　　　　　　王　琦　高立强　郑　纲　向晓路　张　俊
　　　　　　曹长辉　谢　勇

序 FOREWORD

万州长江公路三桥(牌楼长江大桥)距离上游的万县长江大桥约4.2km,距离下游的万州长江二桥约4.8km。大桥连接万州主城区(龙宝片区)和江南新区,并通过南滨大道、北滨大道等道路连接国道318线,构成国道318线过境交通在万州跨越长江的又一通道,也是万州城区长江两岸的便捷通道,具有公路桥梁和城市桥梁的双重功能。

万州长江公路三桥(牌楼长江大桥)主桥全长1190m,为(4×57.5+730+4×57.5)m的双塔混合梁斜拉桥。该桥于2014年9月30日下达开工令,2019年5月30日建成通车。

万州长江公路三桥(牌楼长江大桥)位于三峡库区,桥区地形、地质及水文条件复杂,又受三峡水库建成后通航、蓄水、水位消落的影响,建设时需要克服设计、施工等众多技术难题,诸如:水位高差变化大且频繁,给水上施工带来较大难度;水中基础位于浅覆盖层、坡度较大的河床上,施工难度大;南主塔钢围堰外直径为47.5m,且水深约53m,如何定位、接高、下沉、精确着床是钢围堰施工的难点;如何采取可靠的温控措施,确保承台大体积混凝土的施工质量是难点;钢混结合段结构施工、混凝土耐久性和防裂以及钢混完整地结合难度大;构造及受力复杂的斜拉索锚固区理论分析、试验研究和设计以及斜拉桥的施工控制困难等。

为安全、文明、优质、高效、环保地建成大桥,紧密结合工程需要,项目建设单位精心组织设计单位、施工单位、高校及科研院所,完成大桥建造关键技术的专题研究,并取得多项创新性的成果。桥梁具有诸多亮点:主跨730m,是三峡库区最大跨径的斜拉桥;桥面标准段宽度达到36m,位列重庆桥梁第一,全国第七;大桥南主塔位于江中,基础采用钢围堰施工,水深达53m,桩基扎根于坡度大、浅覆盖层的河床,施工难度极大,属国内大江大河之最;因长江两岸疏解空间狭小,斜拉索布置首创采用主跨双索面、锚跨中央双索面的非对称布置,首创大跨径非对称空间索面布置;在国内首次使用斜拉索内置摩擦式阻尼器,使斜拉索更安全、稳定。此外,桥梁建设还大量采用了新技术、新材料、新工艺,体现了我国桥梁建设技术的创新和发展,为今后桥梁建设积累了宝贵经验。

本书编委会
2023年7月

前言

万州长江公路三桥(牌楼长江大桥),位于重庆市万州区,连接万州主城区(龙宝片区)和江南新区,大桥地处三峡库区腹地和渝鄂陕川四省(直辖市)交会地带,是区域重要的物资集散地和交通枢纽。该桥的建成对于贯彻落实深入实施西部大开发战略部署,完善重庆市公路网和长江上游过江通道布局,构建区域综合交通枢纽,拓展万州区城市发展空间,推进重庆市渝东北地区协调发展等均具有十分重要的意义。

万州长江公路三桥(牌楼长江大桥)全桥包括南岸互通、北岸互通和跨江主桥,工程主线长约2120m。跨江主桥全长1190m,为(4×57.5+730+4×57.5)m的双塔混合梁斜拉桥。由于该桥区地形、地质及水文条件复杂,建设时需要克服设计、施工等众多技术难题。在设计人员、施工人员以及科研人员的共同努力下,大桥建设中存在的关键性技术难题都被一一解决,如深水钢围堰施工、承台大体积混凝土施工、钢混结合段结构施工、斜拉桥的施工控制等。上述问题的顺利解决,为我国在大跨径混合梁斜拉桥设计、施工、管理等提供了大量的宝贵经验,对促进混合梁斜拉桥的推广应用有着重要意义。

万州长江公路三桥(牌楼长江大桥)建设时间为2014年9月至2019年5月。万州长江公路三桥(牌楼长江大桥)的建设,凝聚了建设管理、设计、施工、科研等技术人员和专家的聪明智慧,积累了许多有价值的技术经验。为了加快交通运输行业科技成果转化,推动新技术、新材料、新工艺在交通建设中的应用,促进工程建设理论的完善、质量和技术水平的提升,通过系统地总结和提炼万州长江公路三桥(牌楼长江大桥)的建造技术,丰富桥梁建造技术宝库,并为桥梁维修养护提供基础数据,特编写本书。

全书共分四篇,包括:第一篇建设管理、第二篇设计技术、第三篇施工技术、第四篇科学专题及试验研究。全书由重庆市万州交通建设开发有限公司长江三桥项目部、中铁大桥勘测设计院集团有限公司、长江岩土工程有限公司、武汉大通工程建设有限公司、中交路桥建设有限公司、四川公路桥梁建设集团有限公司、中铁山桥集团有限公司、重庆万桥交通科技发展有限公司、重庆交通建设(集团)有限责任公司、四川交大工程检测咨询有限公司、西南交通大学风工程试验研究中心、中铁大桥局集团武汉桥梁科学研究院有限公司、重庆交通大学、中铁大桥科学研究院有限公司、贵州省质安交通工程监控检测中心有限责任公司等单位的相关技术人员共同编写。全书的统稿工作由重庆交通大学负责完成。

由于时间和编者水平有限，书中内容难免有错误和不妥之处，敬请读者批评指正。

编　者
2023 年 7 月

目录 CONTENTS

PART ONE 第一篇 建设管理

第一章　工程概况 ··· 002
　　第一节　地理位置 ··· 002
　　第二节　工程项目范围 ·· 003
第二章　工程建设管理 ··· 004
　　第一节　参建单位 ··· 004
　　第二节　建设管理 ··· 004
　　第三节　施工监理 ··· 009
　　第四节　大事记 ·· 014
　　第五节　工程交工验收及验收结论 ··· 014

PART TWO 第二篇 设计技术

第一章　桥位及桥型方案比选 ·· 018
　　第一节　建桥条件 ··· 018
　　第二节　桥位比选 ··· 028
　　第三节　桥型方案比选 ·· 033
　　第四节　建设标准 ··· 041
第二章　斜拉桥设计 ·· 042
　　第一节　主桥总体布置 ·· 042

　　　　第二节　主桥平面设计 …………………………………………… 043

　　　　第三节　主桥纵断面设计 ………………………………………… 043

　　　　第四节　典型横断面设计 ………………………………………… 044

第三章　主桥下部结构设计 ……………………………………………… 045

　　　　第一节　主塔基础与承台设计 …………………………………… 045

　　　　第二节　辅助墩、过渡墩设计 …………………………………… 047

第四章　主桥上部结构设计 ……………………………………………… 053

　　　　第一节　钢箱梁设计 ……………………………………………… 053

　　　　第二节　混凝土主梁设计 ………………………………………… 055

　　　　第三节　钢混结合段设计 ………………………………………… 058

　　　　第四节　主梁支撑体系 …………………………………………… 059

第五章　主塔和斜拉索设计 ……………………………………………… 061

　　　　第一节　主塔设计 ………………………………………………… 061

　　　　第二节　斜拉索设计 ……………………………………………… 064

第六章　桥梁主要附属结构设计 ………………………………………… 066

　　　　第一节　桥面铺装设计 …………………………………………… 066

　　　　第二节　防撞护栏设计 …………………………………………… 068

　　　　第三节　人行道设计 ……………………………………………… 068

　　　　第四节　排水系统设计 …………………………………………… 068

　　　　第五节　支座设计 ………………………………………………… 068

　　　　第六节　伸缩缝 …………………………………………………… 069

第七章　全桥景观设计 …………………………………………………… 070

　　　　第一节　总体设计构思 …………………………………………… 070

　　　　第二节　桥身创意设计 …………………………………………… 071

　　　　第三节　夜景灯饰设计 …………………………………………… 078

　　　　第四节　桥头景观设计 …………………………………………… 080

PART THREE 第三篇 施工技术

第一章　施工测量技术 ······ 084
- 第一节　施工控制网复测 ······ 084
- 第二节　主墩钢护筒插打施工测量 ······ 088
- 第三节　冲孔平台、主墩钢围堰施工测量 ······ 091
- 第四节　基础、墩身施工测量 ······ 093
- 第五节　主桥上部结构施工测量 ······ 095

第二章　深水钢护筒及钢平台施工 ······ 102
- 第一节　施工概述 ······ 102
- 第二节　导向定位船系统 ······ 103
- 第三节　钢护筒施工 ······ 108
- 第四节　钢平台施工 ······ 116

第三章　钢围堰施工 ······ 117
- 第一节　钢围堰助浮支架施工技术 ······ 118
- 第二节　水下切割拆除钢围堰的钢混组合结构施工 ······ 131

第四章　深水封底混凝土施工 ······ 135
- 第一节　混凝土配合比设计 ······ 135
- 第二节　灌注导管选择及布置 ······ 136
- 第三节　中心集料斗与分料斗选择 ······ 137
- 第四节　封底混凝土平台搭设 ······ 139
- 第五节　拌和设备要求 ······ 139
- 第六节　测量准备 ······ 140
- 第七节　封底混凝土浇筑 ······ 140
- 第八节　大体积封底混凝土浇筑施工难点对策 ······ 144

第五章	主塔承台施工	145
第一节	工程概述	145
第二节	施工方法及施工工艺流程	146
第三节	施工工艺	147

第六章	边跨深水高支架水下施工	155
第一节	支架构造	155
第二节	支架基础施工	157
第三节	钢管支架安装	161

第七章	索塔施工	162
第一节	工程概况	162
第二节	索塔施工分节	162
第三节	索塔施工的重难点	164
第四节	索塔施工方法	164

第八章	主桥钢箱梁施工	176
第一节	钢箱梁制造	176
第二节	钢箱梁运输	180
第三节	钢箱梁安装	181
第四节	中跨合龙段施工	186

第九章	主桥斜拉索施工	190
第一节	主桥斜拉索制造	190
第二节	斜拉索施工	197

第十章	主桥桥面铺装施工	203
第一节	主桥施工材料技术要求	203
第二节	钢桥面铺装施工	209
第三节	主桥边跨混凝土箱梁桥面铺装施工	216

PART FOUR 第四篇 科学专题及试验研究

第一章 仿真分析 …… 220
- 第一节 仿真分析的意义及目的 …… 220
- 第二节 全桥整体模型静力分析结果 …… 221
- 第三节 索塔锚固区受力仿真分析结果 …… 236
- 第四节 北塔墩受力仿真分析结果 …… 241
- 第五节 锚跨异型混凝土箱梁空间受力仿真分析结果 …… 247
- 第六节 结论 …… 255

第二章 全桥气动弹性模型风洞试验研究 …… 256
- 第一节 研究目的 …… 256
- 第二节 抗风设计风参数 …… 256
- 第三节 结构动力特性分析 …… 257
- 第四节 气动弹性模型设计和制作 …… 262
- 第五节 试验设备 …… 264
- 第六节 风洞试验内容 …… 264
- 第七节 模型的动力特性检验 …… 266
- 第八节 大气边界层流场校测 …… 266
- 第九节 均匀流场中气动弹性模型试验 …… 268
- 第十节 紊流场中气动弹性模型抖振试验 …… 268
- 第十一节 结论 …… 274

第三章 抗震性能研究 …… 276
- 第一节 研究目的 …… 276
- 第二节 结构抗震设防标准及性能目标 …… 276
- 第三节 主桥结构动力特性分析 …… 278
- 第四节 一致激励作用下主桥结构的抗震性能分析 …… 281

第五节　多点激励作用下主桥结构地震响应分析 …………… 294

　　第六节　混合梁斜拉桥钢混结合点的抗震性能分析 …………… 298

　　第七节　结论 …………… 303

第四章　钢混结合段模型试验研究 …………… 305

　　第一节　研究目的 …………… 305

　　第二节　钢混结合部设计方法 …………… 305

　　第三节　钢混结合段有限元计算 …………… 307

　　第四节　钢混结合段静力模型试验 …………… 316

　　第五节　钢混结合段疲劳试验研究 …………… 327

　　第六节　结论 …………… 332

第五章　斜拉索阻尼器选型研究 …………… 334

　　第一节　研究目的 …………… 334

　　第二节　拉索的振动类型及减振措施 …………… 334

　　第三节　万州长江公路三桥(牌楼长江大桥)拉索的减振目标 …… 335

　　第四节　万州长江公路三桥(牌楼长江大桥)斜拉索的基频计算 …………… 337

　　第五节　斜拉索的振动分析 …………… 341

　　第六节　万州长江公路三桥(牌楼长江大桥)斜拉索的阻尼器选型 …………… 348

　　第七节　结论 …………… 357

第六章　施工监控技术 …………… 358

　　第一节　监控的必要性和控制目标 …………… 358

　　第二节　施工监控主要内容和对象 …………… 359

　　第三节　施工监控计算 …………… 360

　　第四节　主塔施工监测 …………… 369

　　第五节　主梁施工监测 …………… 376

第六节　斜拉索施工监测 …………………………………… 384
　　　第七节　结论 ………………………………………………… 387
第七章　荷载试验 ………………………………………………… 389
　　　第一节　试验目的 …………………………………………… 389
　　　第二节　试验内容 …………………………………………… 389
　　　第三节　成桥状态检测 ……………………………………… 390
　　　第四节　主桥荷载试验 ……………………………………… 396
　　　第五节　结论 ………………………………………………… 411

参考文献 …………………………………………………………… 413

WANZHOU
CHANG JIANG GONGLU SANQIAO
(PAILOU CHANG JIANG DAQIAO)
ZHUQIAO JIANZAO GUANJIAN JISHU

PART ONE

第一篇

建设管理

第一章 工程概况

第一节 地理位置

万州长江公路三桥（牌楼长江大桥），位于重庆市万州区，连接万州主城区（龙宝片区）和江南新区，并通过南滨大道、北滨大道等道路连接国道318线，构成国道318线过境交通在万州跨越长江的又一通道，也是长江两岸万州城区之间便捷的交通通道，具有公路桥梁和城市桥梁的双重功能。万州长江公路三桥（牌楼长江大桥）项目符合《重庆市万州城市总体规划（2003—2020）》要求，并列入国家发改委《长江干流桥梁（隧道）建设规划》（2004年），是全国长江干流过江通道规划确定的70座长江过江通道之一，也是《重庆市万州区综合运输体系规划（2010—2020年）》中"四纵三横六联"一般干线公路网的组成部分，被国家发改委列入2011—2014年计划实施的项目，该项目荣获中国公路建设行业协会2022—2023年度公路交通优质工程奖，在区域公路网中具有重要地位。

重庆市是我国西部地区的重要增长极、长江上游的经济中心和城乡统筹发展的试点城市，也是全国重要的交通运输枢纽城市。万州长江公路三桥（牌楼长江大桥）地处三峡库区腹地和渝鄂陕川四省（直辖市）交会地带，是区域重要的物资集散地和交通枢纽，区位优势较为显著，自然条件优越，交通运输方式多样，经济发展潜力大。根据《重庆市城乡总体规划（2003—2020）》，万州区的城市发展战略目标是带动重庆市东北部城市发展，逐步形成重要的航运中心、物流中心。安全便捷的交通基础设施是加快区域优势资源开发和经济社会协调发展、实现重庆市发展战略目标的重要支撑。

根据《重庆市城乡总体规划（2003—2020）》，重庆市将把重庆港建设成为以主城、万州、涪陵三个枢纽港为中心，以其他港区为依托和基础的长江上游航运中心。其中万州是国家主要内河港口城市之一和长江上游最大的深水港口，近年来港区货物吞吐量增长较快。万州长江公路三桥（牌楼长江大桥）项目的建设将为万州港区提供快捷的集疏运通道，并为临港工业的快速发展创造有利的交通条件。

截至2019年，在长江万州江段上有已建成的万县长江大桥、万州长江二桥、驸马长江大桥、新田长江大桥。万县长江大桥位于万州城区南侧,是国道318线的组成部分,桥面宽24m,双向四车道,已成为沟通万州两岸城市交通的主通道,2013年交通量约1.4万辆/d(折算小客车,下同);万州长江二桥位于万州城区北侧,桥面宽20.5m,主要服务于城市交通,2013年交通量约0.6万辆/d。驸马长江大桥、新田长江大桥系城市外环高速公路桥梁,对城市对外交通发挥重要作用。截至2013年万州城区过江通道街道化及混合交通严重,过境交通与城市交通互相干扰,车辆行驶不畅,且城区两岸过江交通绕行较远。据预测,2034年长江万州段城区过江交通量将达到13.2万辆/d,截至2013年城区过江通道难以满足区域过江交通运输需求,也不能适应各过江通道的功能要求。

万州长江公路三桥(牌楼长江大桥)项目的实施对于贯彻落实深入实施西部大开发战略部署,完善重庆市公路网和长江上游过江通道布局,构建区域综合交通枢纽,拓展万州区城市发展空间,推进重庆市东北部协调发展等均具有十分重要的意义。因此,万州长江公路三桥(牌楼长江大桥)项目的建设是必要的。

万州长江公路三桥(牌楼长江大桥)距离上游的万县长江大桥约4.2km,距离下游的万州长江二桥约4.8km。大桥及两岸互通立交连接万州龙宝片区和江南新区,与王牌路、北滨大道、江南新区中部路、南滨大道衔接,路线起点位于北岸龙珠丽锦小区北侧万明路转弯处,在万州体育馆北侧左转,上跨北滨大道后,以直线跨越长江,在南岸上跨南滨大道后,左转与中部路衔接。

第二节 工程项目范围

万州长江公路三桥(牌楼长江大桥)全桥包括南岸互通、北岸互通和跨江主桥,工程主线长约2120m。跨江主桥全长1190m,为(4×57.5+730+4×57.5)m的9跨双塔混合梁斜拉桥。万州长江公路三桥(牌楼长江大桥)主桥立面布置如图1-1-1所示。

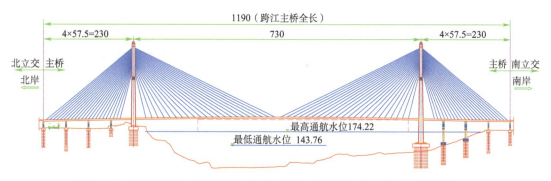

图1-1-1 万州长江公路三桥(牌楼长江大桥)主桥立面布置图(尺寸单位:m;高程单位:m)

第二章 工程建设管理

第一节 参建单位

建设单位：重庆市万州交通建设开发总公司（2021年变更为重庆市万州交通建设开发有限公司）。

监理单位：武汉大通公路桥梁工程咨询监理有限责任公司（2019年变更为武汉大通工程建设有限公司）。

设计单位：长江勘察规划设计研究有限责任公司、中铁大桥勘测设计院集团有限公司。

勘察单位：长江岩土工程有限公司。

施工单位：WSQ-SG-A中交路桥建设有限公司、WSQ-SG-B四川公路桥梁建设集团有限公司、WSQ-SG-C中铁山桥集团有限公司、WSQ-SG-D重庆万桥交通科技有限公司、WSQ-SG-E重庆交通建设（集团）有限责任公司。

监控单位：中铁大桥科学研究院有限公司。

科研单位：中铁大桥勘测设计院集团有限公司、中铁大桥局集团武汉桥梁科学研究院有限公司、西南交通大学、重庆交通大学、招商局重庆交通科研设计院有限公司、四川交大工程检测咨询有限公司。

质量检测单位：贵州省质安交通工程监控检测中心有限责任公司、重庆渝浦交通工程质量检测有限公司、贵州交资工程检测有限公司。

第二节 建设管理

一、前期工作

根据万州交通枢纽建设的需要，2003年规划建设万州长江公路三桥（牌楼长江大桥）。

2010年7月启动前期工作,先后完成了环评、水保、地灾、地震、通航、行洪、涉河、地勘、选址、用地、文物等近20项子报告的审批工作。

2010年11月19日,万州区水利局批复水土保持方案(万州水利复〔2010〕153号)。

2011年5月17日,重庆市环保局批复环境影响报告书(渝(市)环准〔2011〕70号)。

2011年2月21日,重庆市地震局批复《万州长江公路三桥项目工程建设场地地震安全性评价报告》(渝震安评〔2011〕7号)。

2011年12月30日,国家发改委批复万州长江公路三桥项目建议书(发改基础〔2011〕3230号)。

2012年3月5日,水利部长江水利委员会批复万州长江公路三桥工程水文影响评价报告(长许可〔2012〕34号)。

2012年4月5日,重庆市发改委批复万州长江公路三桥工程可行性研究报告(渝发改交〔2012〕339号)。

2012年7月5日,长江水利委员会批复涉河建设方案(长许可〔2012〕132号)。

2012年10月18日,重庆市交委批复万州长江公路三桥初步设计文件(渝交委路〔2012〕107号)。

2012年10月31日,交通运输部批复通航安全影响论证(交水运〔2012〕547号)。

2013年9月16日,重庆市交委批复万州长江公路三桥施工设计图文件(渝交委路〔2013〕80号)。

2013年9月23日,重庆市发改委批复万州长江公路三桥工程概算(渝发改地〔2013〕1408号)。

二、组织工作机构

2010年7月,重庆市万州区委、区政府成立了"万州长江公路三桥工程建设领导小组"。办公室内设工程建设项目部。项目部工程技术和管理人员,由区委组织部统一抽调。

万州交通建设开发总公司为建设单位。万州长江公路三桥项目部设主任、副主任、总工程师、财务总监。

桥梁建设秉持"安全、文明、优质、高效、环保"的总体目标,按照"质量、安全、投资、工期"四个控制的总体原则,严格工程管理,精心组织施工,严控工程质量,严格安全管理,严控工程造价,严格工期管理,做好协调服务,使工程建设得以顺利进行。

三、招标投标工作

招标投标工作是工程建设的必要阶段。工程总共22个标段,其中,工程类17个,非工程类5个(勘察、设计、监理、监控、技术总结)。项目部按照国家招标投标管理办法,按照交通运输部、住房和城乡建设部等部门的工作标准和要求,严格招标投标程序,严把投标资质关,严格审查法人资格,严格标书审查,严格现价编制和审核,坚决杜绝违法行为,使各项招标投标得以顺利进行。

四、克难攻坚,快速推进工程进度

按照"安全、文明、优质、高效、环保"的总体目标,精心组织,周密安排,采取措施,落实责任,加快推进万州长江公路三桥(牌楼长江大桥)建设。

万州长江公路三桥(牌楼长江大桥)工程主要工程合同段有北岸土建及安装合同段(A标)、南岸土建及安装合同段(B标)、钢箱梁制造合同段(C标)、斜拉索制造合同段(D标)、路面铺装及交通工程合同段(E标)。此外,还有桥头堡、混凝土涂装、电气照明、人行道栏杆、防撞栏杆、安全监测、南岸人行天桥系统、人行通道和下穿通道装饰工程、岸坡防护工程、防船撞工程、功能房等附属工程。

各合同段分期分批进场施工,互相衔接,有序推进,使庞大复杂的工程系统顺畅、有序、整洁。2014年9月,南主塔(9号墩)开工建设;2015年6月,北主塔(8号墩)开工建设;2016年10月,钢箱梁开始制造,2017年3月,钢箱梁开始吊装,2018年10月26日钢箱梁顺利合龙;2017年4月,斜拉索开始制造,2018年2月,第一根拉索安装,2018年11月,斜拉索安装完成;2018年6月,路面铺装开始施工;2018年12月,人行护栏、防撞栏杆开工建设,2019年4月全部建设完成;2019年2月,涂装、电气照明、安全监测开始施工,9月完工;2019年5月10日,荷载试验完成;2019年5月26日,万州长江公路三桥(牌楼长江大桥)顺利通过交工验收,30日实现通车。

五、新工艺、新材料、新技术的运用

万州长江公路三桥(牌楼长江大桥)是三峡库区的特大型桥梁,设计标准高、技术要求严、工艺要求精,具有较大的建设难度。为确保工程质量、达到设计标准,施工中运用了多项新工艺、新技术、新材料,其创新成果令人瞩目。

一是北主塔施工,综合采用了深基坑基岩无爆破快速施工技术、主塔夜间施工视觉警示识别系统、超深回填区大孔隙率地层桩基施工技术、索塔区环向预应力平行钢丝镦头锚成套施工技术、可移动式墩身施工防护平台、斜拉索锚固区预应力平行钢丝高精度定位技术、上塔柱内箱异形模板设计等先进技术,既保证了工程质量的高标准,又充分满足了安全、环保、防护的高要求。

二是南主塔施工,采用了深水钢护筒及平台安装施工技术、钢围堰助浮支架施工技术、圆形双壁钢围堰设计技术、上塔柱骨架整体吊装及无拉杆模板施工技术、斜拉索安装施工技术、边跨深水高支架水下施工技术、深水封底混凝土施工技术等多项技术,从而保证了深水钢围堰施工的顺利进行。

三是钢箱梁制造采用了板单元自动化制作技术、先进的板单元修整技术和锚拉板数控划线新工艺,加快了制造进度,确保了质量。

四是斜拉索制造中,使用在挤塑线加装电磁铁技术,使挤塑时斜拉索处于悬空状态运行,克服了传统斜拉索表面塑料的塑性变形,从而保证斜拉索使用的安全性和耐久性。

五是钢桥面铺装采用车载式抛丸机钢板除锈技术、水平振荡压路机用于钢桥面铺装碾压技术,以及浇注式沥青混凝土用于钢桥面铺装技术,增强了钢桥面沥青混凝土的平整性、稳定性和耐久性。

六是在斜拉索布置上首创采用主跨双索面、锚跨中央双索面的非对称布置的设计创新,在南主塔深水桩基、承台施工中的工法创新,在斜拉索上安装内置摩擦式阻尼器的材料创新等方面都是建设中的创新成果。

新材料、新工艺、新技术的运用,转化成了实实在在的科技成果。本工程项目荣获中国交通建设股份有限公司"2020年度中国交建优质工程奖";荣获中交路桥建设有限公司"2020年度中交路建优质工程奖";荣获2018—2019年度四川省建设工程"天府杯金奖";荣获中交路桥建设有限公司2019年度科技进步三等奖;荣获湖北省2012年度施工控制网和地形测量优秀工程勘察一等奖;荣获2020年度中铁大桥勘测设计院集团有限公司优秀工程设计二等奖;获得省部级工法4项、发明及实用新型专利16余项;QC[❶]成果获交通运输行业、省级工程质量安全与监理协会优秀质量管理小组奖6项;荣获2022—2023年度全国公路交通优质工程奖"李春奖"。

六、严管实抓,切实保证工程质量

质量是工程的第一生命,是创优质工程的坚强保障。项目部将工程质量作为重要抓手,逐环节、逐工序地抓,抓出了成效,没有出现质量事故。

(1)建立健全质量保障体系

一是完善质量管理体系。加强质量管理制度建设,开展全员质量教育和培训,落实质量终身责任制,通过制度体系建设,使工程质量得到有效保障。二是完善质量保障体系。从原材料入手,加强原材料质量检验,保障原材料符合设计和工程要求,从源头把好质量关。三是完善质量组织体系。抓好施工组织,认真开展技术交底,强化关键工序的施工过程管理,抓好分部分项管理,使质量组织管理更加严密。四是完善质量检验体系。严格执行"三检"制度,对各工序、成品半成品实行全过程跟踪检查和保护,消除质量隐患。五是完善质量要素管理体系。对生产全要素实行质量控制,从材料要素到机械要素、从设计要求到实际操作、从初始施工到成品产出、从技术方案到程序管理、从点对点监控到全过程监督、从半成品检查保护到成品检验等实行全要素全流程管理,保证了工程质量。六是完善质量责任体系,建立四方质量责任制。明确建设方、设计方、施工方、监理方四方法人责任,其法人代表为质量第一责任人,并挂牌公布,接受群众监督。

(2)开展标准化施工,建设文明工地

标准化施工、文明施工是保障质量的重要措施。一是建设标准工地,加强配套设施建设。钢筋笼绑扎场地、水泥拌和场地、钢箱梁吊装场地、试验室、原材料存储场地等标准化、集约化管理,发挥集约优势,确保了工程质量。二是推行标准工艺。严格按首件制工程要求开展施工,优化施工工艺,严格工艺管理,规范质量检验与控制。三是严格标准化管理。健

---

❶ QC表示质量管理。

全管理制度、优化管理流程、消除管理短板、健全管理档案、完善基础台账,把技术标准、管理标准、作业标准落实到施工全过程。四是建设文明工地。保持施工现场整洁有序、工件堆码整齐、区域划分合理、材料分类堆码、各类标识清晰、警示标牌齐全,为施工营造良好环境。

(3)精心管理、统筹协调

在建设过程中,开工标段多,施工战线长,从南岸到北岸、从水下到陆地、从地面到高空,到处都是火热的施工场地,这给管理协调带来较大难度。项目部迎难而上,统筹协调各方面、各环节、各单位,按照建设工序和流程,有序推进各项工作,确保各标段、各工程有序施工,衔接顺畅,确保了工程质量和进度。加强现场巡视、检查,发现问题及时纠正。对各标段的管理,重点是用制度约束、按合同管理,使管理建立在契约和制度的基础上,经常对施工单位进行履约检查、履约约谈,提高各标段的履约意识、责任意识,保证了管理的有效性和实效性。

七、压实责任,切实抓好安全工作

按照"安全第一,预防为主,综合治理"的方针,认真落实"一岗双责",切实加强对安全工作的领导,保证施工安全。

(1)加强日常安全检查。坚持每月对施工企业进行不少于六次的日常安全检查,每季度进行专项检查,每半年进行综合检查,全年进行综合考核。在每月下旬的工地例会上,对施工单位的安全工作进行讲评,督促施工单位对发现的安全隐患进行整改。

(2)落实安全生产责任制。各标段签订"安全生产责任书",层层分解安全目标,做到人人有职责,个个有任务。注重落实"一岗双责"要求,开展"一岗双责"自查自纠。

(3)加强安全专项方案的编制管理,督促施工单位完成了高支架拆除、主塔爬模、塔式起重机、用电等多个安全专项施工方案的编制、审批和执行,确保了工程施工安全。

(4)加强源头管理,纠正"三违"现象。开展岗前教育和培训,增强安全知识和意识。坚持持证上岗,确保规范施工。落实安全责任,杜绝违章指挥、违章管理、违章操作。

(5)开展应急演练,提高救援能力。A、B、C标段都分别开展了触电应急救援演练、高处火灾应急救援演练和高处坠落应急救援演练,提高了应急救援能力、响应能力、处置能力,完善了联动协作机制。

八、廉洁自律,打造廉洁工程

在工程建设中,坚决贯彻中央"八项规定精神"和党风廉政建设的各项要求,持续开展工程建设的廉政工作,做到清清白白做人,干干净净做事。认真落实"三重一大"制度,加强招标投标管理,严格审查工程变更事项。

九、项目资金管理

为确保资金的安全性和投资的有效性,经得起审计和历史的检验,项目部制定了严格的财务管理制度,资金的使用按《中华人民共和国会计法》和基本建设项目资金管理规定管理,资金使用安全、有效,工程造价控制较好。

(1)严格按照财政制度和三峡后续资金管理规定,对项目资金进行专户存储管理,资金专款专用,项目部单独设立账户进行会计核算。工程款项、二类费用以及零星开支等资金支出均按规定的程序审批,并按照内部费用报销标准执行。

(2)全过程跟踪审计单位按照三峡后续资金全过程控制管理的要求,参与工程建设的相关例会、专题会议,参与工程验收、测量及现场签证、变更现场踏勘等工作,并对工程的进度、变更、工程招标文件及变更投资分析进行了全过程跟踪审核。

(3)严格资金支付管理。资金支付是工程建设的重要环节,本项目总共22个标段,其中,工程类17个标段。每个标段的资金支付都有严格的制度规定,每项分部工程进行时,要进行认真的计量,做好台账记录,工程完成后,进行检查验收,由各标段内部质检、技术等部门签字,然后报送监理、监控审核签字,再报送项目部工程处、安全处、财务处审核签字,再送项目部总工程师、分管副主任、主任签字后,由财务处统一支付。由于层层把关,层层审核,消除了支付环节的漏洞,确保了资金支付的有效性、安全性。

(4)严格工程变更管理。项目部委托中国国际工程咨询有限公司对其进行全过程控制,凡设计单位的工程变更,必须经建设单位同意后才能下达;凡施工单位提出的工程变更,必须经过建设相关单位现场会议研究决定,并办理相关变更手续,最后建设单位研究同意,由监理单位审核下达变更指令;建设单位提出增加、减少、调整等变更事项,也得召集相关单位研究,由监理单位下达变更指令,并办理设计认可手续。通过严格工程变更程序,控制了工程投资,节约了工程资金。

第三节 施 工 监 理

一、监理管理机构

万州长江公路三桥(牌楼长江大桥)项目监理机构设置一级监理机构即总监理办公室(简称总监办),总监办在建设单位的领导和监督指导下,依据监理合同,全权负责所监理范围的施工监理工作并全面履行监理职责。万州长江公路三桥(牌楼长江大桥)主桥工程规模大,科技含量高,工艺技术复杂,项目涉及的各类专业监理人员较多,对从业人员的专业技术素质要求高,施工工点多而分散,监理内部各职能部门之间以及承包人之间职责界面复杂,造成监理内部管理和对承包人的监督管理难度增加,在施工高峰时期,总监办监理人员多达25人。总监办十分注重监理组织机构健全,本着简单、明了、职责分明的原则设置监理组织机构。针对万州长江公路三桥(牌楼长江大桥)的施工特点和关键技术的控制难点,对监理组织机构进行了深入细致的分析和规划,建立了"扁平直线式"组织机构,以保证工作的高效率和操作程序的简洁、科学,同时保证信息的畅通。

二、施工质量监理

施工监理，除对具体的施工行为进行监督外，其执行效果的好坏很大程度上取决于监理内部管理和对承包人的有效外部管理，建立健全监理内部和外部监督管理体系是保证监理工作的根本，对此总监办非常注重内、外部管理，使各项施工监理活动开展得有条不紊，保证工程质量处于良好的状态。

(1) 建立健全监理组织机构并根据工程进展情况适时进行调整、完善。监理组织机构的合理设置是保证监理工作正常、高效运转的重要前提条件之一，是监理质量控制体系和保证体系的组织基础。

(2) 高起点编制各类监理技术文件。由于总监办涉及的专业面广、参加施工的承包人较多，总监办按专业编制了针对性和操作性强的专项监理实施细则，并就各类监理实施细则进行技术交底，收到了良好的效果。先后编制了《万州长江公路三桥总体施工监理实施细则》《万州长江公路三桥南、北索塔施工监理实施细则》《万州长江公路三桥总监办施工安全监理实施细则》《万州长江公路三桥钢箱梁制造监理实施细则》《万州长江公路三桥连续箱梁监理实施细则》《万州长江公路三桥桩基施工监理实施细则》《万州长江公路三桥承台监理实施细则》《万州长江公路三桥盖梁监理实施细则》《万州长江公路三桥钢桥面浇注式沥青铺装监理实施细则》等。

(3) 加大超前预控力度，围绕现场监理工作做文章是把好工程施工质量的第一关。现代桥梁施工，新技术、新材料、新工艺层出不穷，可谓日新月异，不同的桥型施工方法各异，同种桥型施工方法也很多，因此要求监理人员桥梁知识必须广博，必须具备扎实的理论知识和丰富的实践经验，不仅要熟悉监理工作程序，懂得施工方法，也应了解明确设计意图，工作起来才会得心应手，游刃有余，做到重点突出，有的放矢。现场监理人员处在工程施工的第一线，无论是工程材料，还是施工工艺都在他们的监督之下。在正常情况下，工程施工质量的优劣与现场监理的工作水平有着密切的关系。因此总监办十分重视现场监理人员的超前意识和技术交底。每个分部工程开工之前，总监办根据已批准的施工技术方案组织内部人员进行技术交底会。就设计意图、施工（制造）工序控制要点、注意事项、检查验收的方式、方法和质量控制标准等进行详细的口头和书面技术交底。对施工或制作过程中存在的问题，总监办不定期地召开内部专题研讨会。

(4) 建立健全例会制度。施工前期规定每周四早上监理内部召开一次碰头会，每周五在各施工单位召开现场会，每月下旬参加项目部主持召开的月度生产例会。

(5) 建立健全总监办领导巡视检查制度。总监理工程师或副总监理工程师每天至少巡视一次工地，实行专业监理工程师轮流跟班巡视检查制度，对隐蔽工序（如混凝土浇筑）和重要施工工序（如钢箱梁吊装），现场监理人员实行全天候、全过程旁站监理制度。实行总监理工程师或副总监理工程师每月不定期检查和指导各监理组监理工作制度。总监办要求监理人员应做到"五勤"，即脑勤、腿勤、手勤、口勤、耳勤。

(6) 建立健全信息报告制度。建立安全月报、施工机械使用情况周报、专项安全大检查报告、安全事故报告等安全信息报告制度，建立工程进度月报、工程质量异常情况报告、工程质量事故报告、监理月报、工程相片月报等进度和质量信息报告制度。

(7)建立健全各项管理制度。如学习制度、请假制度、车辆管理制度、伙食管理制度、卫生清扫制度、廉洁自律规定、文件资料管理办法等。

(8)制定上墙图表。如质量监控程序、计量支付图表、试验检测图表、质保组织框图、安保组织框图、部门工作职责、各类人员的岗位职责、工程施工形象进度图、廉政建设制度等十多种图表、制度与职责。

(9)根据公司对监理人员的管理办法,并结合项目部对监理人员的要求,总监办制定了监理人员岗位考核办法,实行奖罚机制,每月底对监理人员工作情况进行考评,考评直接与月奖挂钩,由公司在工资卡上支付。

(10)监理内部管理最根本的核心问题是解决好监理人员的思想和行为问题。思想决定行为的结果,行为是思想的必然反应。因此在内部管理方面,总监办采取人性化管理方式,通过开展各种形式的思想教育活动,充分发挥团队的整体实力,着力加强责任心教育,以提高监理人员的职业道德和敬业精神。

(11)对总监办各类施工或制造活动,在项目部的正确指导下,总监办要求承包人对各类方案必须说得清清楚楚、明明白白,决不能含糊其词,需提交详细的施工方案和详细的施工设计计算书,待审批后,方可进行。如施工方案中小到所有临时工程的拆除必须上报拆除方案,所有的吊装设备必须上报试吊方案等。基于主桥各项施工工艺方案具备较高的技术先进性、合理性和科学性,杜绝技术管理上的盲点,保证了各项施工活动高质量顺利进行。

(12)对重要的施工工序活动,总监办要求承包人相关负责人必须到场,否则不得进行。如主塔承台大体积混凝土浇筑以及索塔中塔柱与上塔柱施工过程中,每次浇筑混凝土,要求主管索塔施工的负责人、混凝土搅拌与输送设备的部门负责人和设备厂家人员必须到场,否则不予开盘浇筑混凝土。对桥面起重机吊装钢箱梁,要求设备厂家人员和主管桥面起重机的负责人必须到场检查认可,方可同意吊梁。

三、施工安全监理

基于万州长江公路三桥(牌楼长江大桥)主桥施工安全控制的复杂性和控制的难度,有效进行施工安全控制是确保万州长江公路三桥(牌楼长江大桥)主桥工程建设顺利进行的根本,因此各级监理人员进场以来非常注重安全监理工作,以保证各项施工的顺利进行。主桥上部结构施工期间,总监办安全监理的任务非常繁重,头绪较多。如超高索塔各类材料的吊装施工、索塔液压爬模施工、载人电梯的安全使用、边跨和索塔区大块梁段的吊装、桥面起重机的使用安全、运梁船的抛锚定位、各类船舶的安全适航及作业层人员的安全操作程序等,是总监办安全控制的重要内容。

总监办坚持以人为本的安全管理理念,全面落实安全监理责任制。安全监理组配备了专职安全监理工程师,一名副总监理工程师驻地分管安全文明监理工作。总监办采取了多种措施狠抓安全生产责任制和现场的安全文明施工,认真贯彻"安全第一、预防为主"的方针,抓教育、抓基础、抓预防、抓整改,施工安全状况始终保持正常平稳的态势,实现了施工安全零事故和施工人员零伤亡的骄人成绩,保证了主桥施工的顺利进行。在施工安全管理方

面,总监办采取了如下安全监理措施:

(1)着力强化施工安全重要性和安全意识的教育。

总监办对各级监理人员强化施工安全重要性和安全意识的教育,全面落实施工安全责任制,本着"安全监理无小事"的态度,时刻绷紧神经,着力加强各类安全隐患的检查、识别与整改落实。

(2)建立健全安全管理组织体系。

坚持以人为本的安全管理理念,建立健全安全控制组织体系,全面落实安全监理责任制,督促承包人制定各项施工安全管理规章制度,制定施工安全例行、专项检查报告制度。总监办安全监理根据不同阶段的施工特点,适时对安全管理措施进行完善,实行有效的动态化管理。

(3)分析、明确施工安全控制重点。

总监办施工安全任务非常繁重,头绪较多,根据施工特点,对施工安全控制的重点进行分析、明确。总监办施工安全应在3个大的方面进行控制:一是工程结构物的使用安全,即各类大临时结构(简称大临结构)使用的安全;二是各类设备的安全使用,如索塔液压爬模、塔式起重机、载人电梯、浮式起重机、桥面起重机、塔顶挂索门式起重机、桥面固定桁式起重机(提运索盘)等设备;三是作业人员操作行为的控制。针对上述3个方面,总监办采取了以下管理措施和技术措施:

①大临工程结构。

着力加强大临工程结构的技术管理措施,认真严格地审查设计图纸、设计计算书和施工方案,尽可能加大对施工质量的试验检测力度。对各类大临工程,总监办要求承包人必须上报规范完整的设计图纸和设计计算书。督促承包人对部分临时结构工程按最不利受力工况进行模拟试验。大临工程结构使用之前,总监办联系建设单位通知项目经理部组织专班进行检查验收。

②设备管理。

主塔施工和钢箱梁安装属高空作业,吊装工作量巨大,各类设备的使用安全显得尤其重要,很大程度上制约工程进度。督促承包人制订各类设备安全操作规程、设备使用台账,加强设备的维护管理并配备必要的易损件,使之处于良好的使用和待用状态。对所有的吊装设备及载人电梯,在使用之前,督促承包人必须进行试吊和试验检测,并由相关质量监督部门出具合格使用证后方可使用。

③操作行为控制。

很多安全事故是由作业人员违规操作引起的,为此总监办督促承包人采取多种形式加大对作业人员安全意识和安全操作技能的岗前教育和岗前培训,岗后持续再教育和再培训,以规范操作行为。

(4)审查各分部工程施工方案时,对施工安全方面的章节,重点审查施工安全措施的科学性、合理性,如安全方案没有针对性、安全措施不完善,该施工方案将不予审批。

(5)坚持安全周例会制度、每月安全大检查制度和重大节日前的安全大检查制度。根据检查中存在的问题和安全隐患,及时下发安全检查情况通报,督促承包人定人、定时、定措施进行整改,待收到整改反馈单后,跟踪检查整改落实到位。

(6)建立健全安全信息报告制度。如建立安全旬报、施工机械使用情况周报、施工安全检查评分月报、专项安全大检查月报、安全事故报告等安全信息报告制度。

四、施工进度监理

在参建单位的共同努力和积极配合下,总监办自2014年3月进场,同年9月30日建设单位下达B合同段开工令,历经1700多个日日夜夜,全体参战监理人员积极贯彻落实项目部的各项指示精神,群策群力,战严冬、抗酷暑,在严格监理的同时,着力加大各项超前预控的措施,与全体参建单位密切配合,夜以继日,顽强拼搏,经过49个月的顽强拼搏,主桥中跨顺利完成了合龙,为万州长江公路三桥(牌楼长江大桥)总体目标的实现奠定了良好的基础。在施工进度管理方面,总监办采取了如下施工进度监理措施:

(1)督促承包人加强施工工效的分析,以提高工程进度。如在索塔施工过程中,采用PDCA循环的方法,确保塔式起重机、混凝土拖泵、模板系统等大型索塔施工设备的正常使用、索塔 $\phi 36mm$ 主钢筋直螺纹接头连接(南北主塔合计多达25万个之多)和高空作业施工安全等3项因素为影响索塔施工进度的关键因素,并督促承包人采取相应的管理措施和技术措施加以解决。

(2)督促承包人加强设备的管理。如在索塔施工中,由于索塔超高,物资材料吊装工作量非常庞大,混凝土运输采用一次性泵送到位的方法,关键设备一旦出现严重故障,对施工进度将产生严重影响(停工)。因此对索塔施工所必需的塔式起重机、混凝土拖泵、液压爬模等关键设备,督促承包人制定例行检查、维修保养制度,并配备必要的易损件,同时督促承包人要求供应商提供优良的售后服务,以保证设备保持良好的使用和待用状态。南、北索塔能提前顺利完成,采用优良性能的设备是至关重要的。

(3)督促承包人加强超前预控,规范作业层操作行为。现场监理加强工序过程质量控制,提高一次性检查合格率,避免重大返工事件的发生,以加快施工进度。总监办非常注重督促承包人对重大施工工序转换各项资源的超前准备,尽量缩短工序转换时间,以加快施工进度。

五、合同管理监理

(1)总监办依据"监理合同"要求的人员、交通工具设施以及试验检测仪器与设备全部投入到位,并按合同要求的工作范围、工作职责开展日常监理工作,严格履职。

(2)依据招标文件和"施工合同",配合万州长江公路三桥(牌楼长江大桥)项目部对施工单位人员和设备投入情况进行检查。

(3)依据施工合同、设计图纸、国家和行业标准规范等技术性文件,在施工过程中加强监督管理,保障工程施工质量和施工过程的安全。

(4)根据万州长江公路三桥(牌楼长江大桥)项目部的"工程变更管理办法",对设计、施工和建设单位提出的变更,经过参加有关方的现场核实,及时对需要变更的工程部位、工程量予以签认。

第四节　大　事　记

2003年1月,根据《重庆市万州城市总体规划(2003—2020)》,拟在万州牌楼街道附近规划修建长江三桥。

2011年12月30日,国家发改委批准万州长江公路三桥(牌楼长江大桥)项目建议书(发改基础〔2011〕3230号)。

2012年4月5日,重庆市发改委批复万州长江公路三桥(牌楼长江大桥)工程可行性研究报告(渝发改交〔2012〕339号)。

2012年10月18日,重庆市交委批复万州长江公路三桥(牌楼长江大桥)初步设计文件(渝交委路〔2012〕107号)。

2013年9月16日,重庆市交委批复万州长江公路三桥(牌楼长江大桥)施工图设计文件(渝交委路〔2013〕80号)。

2014年4月15日,万州长江公路三桥(牌楼长江大桥)签订监理合同。

2014年4月25日,万州长江公路三桥(牌楼长江大桥)签订B合同段(南岸土建及安装)施工合同。

2014年9月30日,重庆市万州区交委下达万州长江公路三桥(牌楼长江大桥)施工许可,总监办下达开工令。

2015年5月18日,万州长江公路三桥(牌楼长江大桥)签订A合同段(北岸土建及安装)施工合同。

2016年3月25日,Z09主墩钢围堰着床,5月14日封底,7月18日完成承台施工,11月21日Z09主塔出长江三峡大坝万州段175m水位。

2016年9月28日,万州长江公路三桥(牌楼长江大桥)签订C合同段钢箱梁制造合同。

2017年5月10日,万州长江公路三桥(牌楼长江大桥)签订D合同段斜拉索制造合同。

2018年6月26日,万州长江公路三桥(牌楼长江大桥)签订E合同段路面铺装合同。

2018年10月26日21:48分,万州长江公路三桥(牌楼长江大桥)主桥钢箱梁合龙。

2019年5月9日—10日,万州长江公路三桥(牌楼长江大桥)完成荷载试验。

2019年5月26日,万州长江公路三桥(牌楼长江大桥)交工验收。

2019年5月28日,万州长江公路三桥(牌楼长江大桥)举行通车新闻发布会。

2019年5月30日,万州长江公路三桥(牌楼长江大桥)胜利通车。

第五节　工程交工验收及验收结论

万州长江公路三桥(牌楼长江大桥)交工验收工作由重庆市万州交通建设开发总公司万州长江公路三桥项目部主持,验收委员会由万州区交通局、万州区交通工程质量和安全监督站、万州交通建设开发总公司万州长江公路三桥项目部、勘察设计单位、施工单位、监理单位和接养单位的代表共30人组成,于2019年5月26日在万州进行了交工验收。检查验收了工程实体,查阅了竣工资料,听取了建设单位、设计单位、施工单位、监理单位的合同执行情况报告和交工验收质量检验评定初步报告。

交工验收委员会进行了认真审议,并形成了交工验收委员会工程质量评定意见:万州长江公路三桥(牌楼长江大桥)工程建设单位认真执行国家基本建设程序,管理科学规范;施工单位严格按设计图、技术规范施工,严格执行合同;监理单位认真履行监理职责,严把质量安全关;全桥主体工程符合设计要求,满足设计荷载标准的正常使用要求,同意质量监督部门工程质量评定结论,A、B、C、D、E合同段工程质量合格,同意投入使用。

WANZHOU
CHANG JIANG GONGLU SANQIAO
(PAILOU CHANG JIANG DAQIAO)
ZHUQIAO JIANZAO GUANJIAN JISHU

PART TWO

第二篇
设计技术

第一章
桥位及桥型方案比选

第一节 建桥条件

一、区域地质构造与地震

工程区位于川东褶皱束万县复向斜北东段近轴部。褶皱走向北东,褶皱形态为梳状高背斜和宽阔平缓向斜相间排列,构成隔挡式构造。工程区构造纲要如图2-1-1所示。

万县复向斜由万县向斜、黄柏溪向斜、新场背斜等组成。桥位区位于万县向斜的SE翼,万县向斜轴线走向约NE60°,斜穿万州城区,轴部地层平缓,出露地层为侏罗系上统遂宁组和中统上沙溪庙组砂岩、粉砂岩及泥岩。

工程近场区25km范围内地质构造较为简单。桥位区所处的构造部位为宽缓的向斜轴部,地层变形微弱,地层产状近水平,未发现较大断层和活动断裂,桥位区地层沉积相变大,层位分布复杂。

根据《重庆市万州长江三桥场地地震安全性评价报告》,万州长江公路三桥(牌楼长江大桥)桥位区50年超越概率10%的基岩地震动水平峰值加速度约为51.1gal(1gal=1cm/s^2),相应地震烈度以Ⅵ度为宜。

二、桥位区地质概况

1. 地形地貌

工程区位于长江三峡库区万州主城区,地貌类型主要为构造剥蚀低山、丘陵,周边区域内最高处地面高程约621m,桥位区最大高程约250m,最低高程79m(位于长江河床)。长江顺直,江水流向NNW。

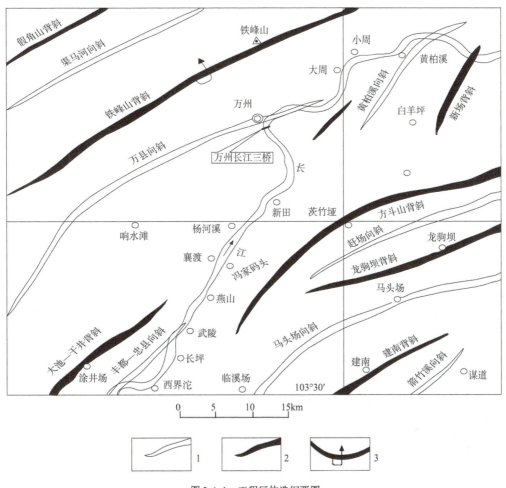

图 2-1-1 工程区构造纲要图
1-向斜；2-背斜；3-倒转背斜

2. 地层岩性

桥位区内分布有第四系（Q）和侏罗系中统上沙溪庙组（J_{2s}）地层，各类地层岩性如下：

（1）第四系（Q）地层：地层分布高程 140～307m，岩层厚度 0～40.7m，按成因分类有人工填土、残破积层、崩坡积层及滑坡积层，土类主要为粉质黏土夹碎块石、碎块石夹粉质黏土，其中人工填土局部为卵石和建筑垃圾。

（2）侏罗系中统上沙溪庙组（J_{2s}^{3-6}）地层：地层分布高程 240～305m，岩层厚度 50～55m，上部约 24m 为厚层～巨厚层褐红色、暗紫红色泥质粉砂岩夹紫红色、浅紫红色泥岩，下部为厚层～巨厚层夹薄层灰黄色、紫灰色长石砂岩，其中夹一层厚 4～7m 紫红色泥质粉砂岩或泥岩。

（3）侏罗系中统上沙溪庙组（J_{2s}^{3-5}）地层：地层分布高程 186～250m，岩层厚度 55m，为中厚层～巨厚层暗紫红色、褐红色泥质粉砂岩和浅紫红色、紫红色泥岩，中部夹厚层～巨厚层（极少量薄层）灰黄色、紫灰色长石砂岩。

(4)侏罗系中统上沙溪庙组(J_{2s}^{3-4})地层:地层分布高程101～197m,岩层厚度87m,为厚层～巨厚层(极少量薄层)灰黄色、紫灰色、灰白色长石砂岩夹泥质粉砂岩、泥质和极少量的砂砾层。

(5)侏罗系中统上沙溪庙组(J_{2s}^{3-3})地层:地层分布高程11～104m,岩层厚度90m,为厚层～巨厚层暗紫红色、紫褐色泥质粉砂岩夹厚层～巨厚层灰黄色、紫灰色长石砂岩和青灰色、灰白色细砂岩。

3. 地质构造

桥位区位于万县向斜的SE翼近核部,岩层产状倾向300°～330°,倾角2°～8°,层面平缓。

基岩裂隙轻度发育,主要发育于砂岩中,下切止于泥岩和泥质粉砂岩,深部裂隙不发育。

4. 水文地质

1)地下水

桥位区地下水主要为第四系孔隙水和基岩裂隙水。

第四系孔隙水主要赋存于第四系残坡积层、崩坡积层、冲积层和大河沟下游沟内及无名沟沟口人工回填区的人工填土中,主要受大气降雨及库水补给,水量较丰富。

基岩裂隙水主要赋存于侏罗系中统上沙溪庙组第三段(J_{2s}^{3})砂岩中,水量较贫乏,主要受大气降水补给,向长江及两岸深切的冲沟(如大河沟)排泄。

2)岩土体透水性

桥位区各土层的渗透性:人工填土层渗透性为中等～强透水体;残坡积层为弱～中等透水体;崩坡积层为中等～强透水体。

根据现场压水试验结果,结合工程经验,对各类岩层的渗透性评价如下:

(1)强风化岩层透水性为弱～中等,当遇张开度较大的卸荷裂隙时,岩体透水性可达强。

(2)中等风化岩层透水性为微～弱,当遇张开度较大的卸荷裂隙时,岩体透水性可达中等～强。

(3)微风化泥岩和泥质粉砂岩的透水性一般为微～弱,局部为极微透水性,微风化长石砂岩、细砂岩透水性为微～弱。

3)水质分析

根据桥位区地表水及地下水水质分析试验,桥位区环境水对混凝土结构的腐蚀等级为微,对混凝土结构中钢筋的腐蚀等级也为微。

5. 岩体风化及卸荷

1)岩体风化

桥位区岩体风化层可以划分为强风化层、中等风化层和微风化层。根据钻孔揭露,中等风化层厚1.8～39m,其中在中等风化长石砂岩、细砂岩层中,局部出现沿层面裂隙风化形成的厚度0.1～2.4m的全强风化夹层(或风化囊);强风化层一般厚0.5～4.7m,局部厚度可达16.5m。另外,根据桥位区部分钻孔揭露,在微风化岩层中分布有全风化砂岩夹层,岩性主要为灰黄色、灰绿色细砂岩,胶结性差,细粒结构,手捏易散,结构较疏松。

2)岩体卸荷

北岸岩体卸荷裂隙发育极少;卸荷裂隙主要发育于岸坡坡面表层,越往坡里,裂隙张开度越小,卸荷强度越弱;北岸基本无强卸荷带,弱卸荷带厚度一般小于10m。

南岸卸荷作用不强,无强卸荷带,弱卸荷带主要分布于水边局部陡崖,其厚度一般小于5m。

6. 不良地质现象

1)人工填土不均匀沉降变形

桥位区长江北岸大河沟下游沟内和长江南岸无名沟沟口均分布有人工填土,部分构筑物布置于人工填土区。无名沟内填土回填完成至2013年已有7~8年时间,人工填土主要为卵石(夹砂、砾);大河沟内填土于2008年填筑完成,至2013年有5年多的时间。无名沟内人工填土固结时间长,自重固结基本完成,可以预测其在受压下产生的沉降变形程度较轻;大河沟内人工填土为随意回填,未经压实,其成分复杂,结构不均一,厚度不一,自重固结时间短,在自重应力及附加应力作用下易产生不均匀沉降变形。

2)库岸稳定性

长江南侧库岸坡度较缓。岸坡主要为岩质边坡,库岸总体较稳定,但局部分布第四系松散堆积层,松散堆积层受到库水的浪蚀、快速消落、软化等不良作用,可能会产生小规模的塌岸现象。

长江北侧库岸坡度较陡,总体坡度为17°~55°,岸坡为岩质边坡,为较软弱、易风化、抗浪蚀能力差的泥质粉砂岩层,高程在149~155m,该岩层位于库水变幅带内,当库水长期对其进行软化、侵蚀、淘刷后,将使其上厚约27m的长石砂岩岩体悬空,岩体失去支撑后必然会产生崩塌。

3)人工边坡稳定性

长江南岸桥线止点端为挖方段,施工开挖将形成高达17~27m的人工边坡,人工边坡基本为岩质边坡,由侏罗系中统上沙溪庙组第三段第五层(J_{2s}^{3-5})泥岩、泥质粉砂岩夹砂岩组成,整体稳定性较好。但由于泥岩和泥质粉砂岩易风化,边坡表层容易形成风化剥落、掉块,开挖过程中应加强防护。

三、岩土体物理力学性质

1. 土体物理力学性质参数建议值

桥位区土体物理力学性质参数建议值见表2-1-1。

桥位区土体物理力学性质参数建议值　　　　表2-1-1

地层代号	土类名称	土粒比重	干密度 (g/cm³)	压缩系数 (MPa⁻¹)	压缩模量 (MPa)	天然快剪		饱和快剪	
						黏聚力 (kPa)	内摩擦角 (°)	黏聚力 (kPa)	内摩擦角 (°)
Q^{me}	粉质黏土夹碎块石	2.60	1.60	0.50	1.5	10	15	10	13
	碎块石夹土	2.65	1.63	0.50	1.5	10	18	10	15
	卵石(夹砂、砾)	2.70	1.85	0.45	15.0	5	23	5	21

续上表

地层代号	土类名称	土粒比重	干密度(g/cm³)	压缩系数(MPa⁻¹)	压缩模量(MPa)	天然快剪 黏聚力(kPa)	天然快剪 内摩擦角(°)	饱和快剪 黏聚力(kPa)	饱和快剪 内摩擦角(°)
Q^{el+dl}	粉质黏土夹碎块石	2.71	1.64	0.37	4.5	20	18	20	15
Q^{col+dl}	粉质黏土夹碎块石	2.71	1.64	0.37	4.5	20	18	20	15
	碎块石夹土	2.71	1.65	0.10	4.5	10	23	10	21

2. 岩石物理力学性质参数建议值

北岸各类岩石物理力学性质参数建议值见表2-1-2所示。

北岸岩石物理力学性质参数建议值 表2-1-2

岩性	风化状态	密度 天然(g/cm³)	密度 饱和(g/cm³)	单轴抗压强度 饱和(MPa)	单轴抗压强度 天然(MPa)	抗拉强度(MPa)	三轴抗剪强度 内摩擦因数	三轴抗剪强度 黏聚力(MPa)	变形参数 变形模量(MPa)	变形参数 弹性模量(MPa)
泥岩	中等风化	2.54	2.55	5.0	7.0	—	0.60	0.80	—	—
泥岩	微风化	2.54	2.55	7.1	10.8	0.90	0.70	1.50	2200	2600
泥质粉砂岩	中等风化	2.58	2.59	9.7	13.0	0.80	0.80	1.45	1500	1700
泥质粉砂岩	微风化	2.59	2.60	18.8	21.0	1.15	0.90	2.50	3600	4300
长石砂岩	中等风化	2.51	2.55	28.0	35.0	2.02	1.05	3.60	2500	2800
长石砂岩	微风化	2.54	2.57	42.0	48.0	2.51	1.25	5.50	4000	4800
砂砾岩	微风化	2.66	2.67	44.5	53.5	2.19	1.27	5.00	8000	10000

北塔墩各类岩石物理力学性质参数建议值见表2-1-3。

北塔墩岩石物理力学性质参数建议值 表2-1-3

岩性	风化状态	密度 天然(g/cm³)	密度 饱和(g/cm³)	单轴抗压强度 饱和(MPa)	单轴抗压强度 天然(MPa)	抗拉强度(MPa)	三轴抗剪强度 内摩擦因数	三轴抗剪强度 黏聚力(MPa)	变形参数 变形模量(MPa)	变形参数 弹性模量(MPa)
泥岩	中等风化	2.54	2.55	5.0	7.0	—	0.60	0.80	—	—
泥岩	微风化	2.54	2.55	7.1	10.8	0.90	0.70	1.50	2200	2600
泥质粉砂岩	中等风化	2.58	2.59	9.0	13.0	0.80	0.80	1.40	1500	1700
泥质粉砂岩	微风化	2.59	2.60	15.0	19.1	1.20	0.90	2.60	3650	4350
长石砂岩	中等风化	2.49	2.53	28.0	35.0	1.90	1.10	3.50	2450	2750
长石砂岩	微风化	2.53	2.56	37.0	45.0	2.50	1.24	5.00	4000	4500
砂砾岩	微风化	2.66	2.67	44.5	53.5	2.10	1.27	4.50	8000	10000

南岸各类岩石物理力学性质参数建议值见表2-1-4。

南岸岩石物理力学性质参数建议值 表2-1-4

岩性	风化状态	密度		单轴抗压强度		抗拉强度（MPa）	三轴抗剪强度		变形参数	
		天然（g/cm³）	饱和（g/cm³）	饱和（MPa）	天然（MPa）		内摩擦因数	黏聚力（MPa）	变形模量（MPa）	弹性模量（MPa）
泥岩	中等风化	2.59	2.60	5.0	7.0	—	0.60	0.80	—	—
	微风化	2.59	2.60	8.5	11.2	0.80	0.75	1.55	2200	2600
泥质粉砂岩	中等风化	2.57	2.58	10.0	14.0	0.70	0.80	1.50	1500	1700
	微风化	2.59	2.60	18.0	20.0	1.10	0.90	2.50	3500	4000
细砂岩	中等风化	2.54	2.56	26.0	33.0	—	1.15	3.90	—	—
	微风化	2.55	2.57	35.3	43.5	2.45	1.24	4.80	3600	4100
长石砂岩	中等风化	2.48	2.52	28.3	34.8	2.09	1.10	3.60	2500	2750
	微风化	2.53	2.56	36.2	43.8	2.69	1.23	5.10	4000	4588

南塔墩各类岩石物理力学性质参数建议值见表2-1-5。

南塔墩岩石物理力学性质参数建议值 表2-1-5

岩性	风化状态	密度		单轴抗压强度		抗拉强度（MPa）	三轴抗剪强度		变形参数	
		天然（g/cm³）	饱和（g/cm³）	饱和（MPa）	天然（MPa）		内摩擦因数	黏聚力（MPa）	变形模量（MPa）	弹性模量（MPa）
泥岩	中等风化	2.59	2.60	5.0	7.0	—	0.60	0.80	—	—
	微风化	2.59	2.60	8.5	11.2	0.80	0.75	1.55	2200	2600
泥质粉砂岩	中等风化	2.58	2.59	10.0	14.0	0.70	0.80	1.45	1600	1800
	微风化	2.57	2.58	18.0	21.0	1.05	0.95	2.45	3190	3890
细砂岩	中等风化	2.54	2.56	26.0	33.0	—	1.15	3.90	—	—
	微风化	2.55	2.57	35.3	43.5	2.45	1.24	4.80	3600	4100
长石砂岩	中等风化	2.52	2.55	26.2	32.0	2.10	1.10	3.60	2550	2800
	微风化	2.52	2.55	33.0	40.0	2.60	1.25	5.20	4100	4610

3. 岩土体承载力基本容许值建议值

根据岩土体物理力学性质，结合工程经验，桥址区内各类岩土体承载力基本容许值建议值见表2-1-6。

桥址区各类岩土体承载力基本容许值建议值 表2-1-6

地层代号	岩土名称	承载力基本容许值（kPa）
Q^{me}	粉质黏土夹碎块石	140
	碎块石夹粉质黏土	250
	卵石夹砂、砾石	260
Q^{el+dl}	粉质黏土夹碎块石	150
Q^{col+dl}	粉质黏土夹碎块石	150
	碎块石夹粉质黏土	250

根据岩石的饱和单轴抗压强度,结合地形特征及岩体裂隙发育特征,给出工程区各类基岩地基承载力基本容许值建议值(分部位)。

1)北岸及北塔墩

北岸及北塔墩各类岩体承载力基本容许值建议值见表2-1-7。

北岸及北塔墩各类岩体承载力基本容许值建议值　　表2-1-7

岩性	风化状态	承载力基本容许值(kPa)
长石砂岩	强风化	800
	中等风化	2500
	微风化	3700
细砂岩	强风化	700
	中等风化	2200
	微风化	3400
泥质粉砂岩	强风化	400
	中等风化	1000
	微风化	1500
泥岩	强风化	280
	中等风化	750
	微风化	1100

2)南岸及南塔墩

南岸及南塔墩各类岩体承载力基本容许值建议值见表2-1-8。

南岸及南塔墩各类岩体承载力基本容许值建议值　　表2-1-8

岩性	风化状态	承载力基本容许值(kPa)
长石砂岩	强风化	750
	中等风化	2300
	微风化	3500
细砂岩	强风化	700
	中等风化	2200
	微风化	3400
泥质粉砂岩	强风化	400
	中等风化	1100
	微风化	1600
泥岩	强风化	300
	中等风化	800
	微风化	1200

四、边坡开挖坡率建议值

根据岩土体物理力学性质,结合万州区其他边坡工程的经验数据,各类岩土的边坡开挖坡率建议值,见表2-1-9。

工程区各类岩土体边坡开挖坡率建议值表　　　　表2-1-9

地层代号	岩(土)名称	永久边坡坡率建议值	
		水上	水下
Q^{me}	粉质黏土夹碎块石	1:2.25	1:2.75
	碎块石夹粉质黏土	1:1.50	1:2.00
	卵石夹砂、砾石	1:1.50	1:2.00
Q^{el+dl}	粉质黏土夹碎块石	1:2.25	1:2.75
Q^{col+dl}	粉质黏土夹碎块石	1:2.25	1:2.75
	碎块石夹粉质黏土	1:1.50	1:2.00
J_{2s}	强风化长石砂岩、细砂岩	1:1.25	1:1.75
	强风化泥质粉砂岩和泥岩	1:1.75	1:2.25
	中等风化长石砂岩、细砂岩	1:0.30	1:0.80
	中等风化泥质粉砂岩和泥岩	1:0.75	1:1.50
	微风化长石砂岩、细砂岩	1:0.10	1:0.30
	微风化泥质粉砂岩和泥岩	1:0.40	1:1.00

注:1.当边坡较高时(土坡大于8m,岩坡大于15m),需设置马道,并根据稳定性分析计算对坡率进行复核。
　　2.临时边坡的坡率可根据永久边坡的坡率适当变陡。
　　3.岩质边坡开挖成型后,应对坡面的不稳定块体进行清除,并采取封闭和支护措施。

五、主桥工程地质条件及评价

万州长江公路三桥(牌楼长江大桥)主桥包括两个主塔墩、6个辅助墩和2个过渡墩。两个主塔墩为北塔墩(编号为Z08)和南塔墩(编号为Z09),6个辅助墩从北向南分别编为Z05、Z06、Z07、Z10、Z11和Z12;2个过渡墩为北岸过渡墩(编号为Z04)和南岸过渡墩(编号为Z13)。南、北两岸辅助墩、过渡墩间距为57.5m。

1.主桥塔墩工程地质条件及评价

1)北塔墩(Z08)

北塔墩处库岸坡体主要由长石砂岩夹泥质粉砂岩组成,整体稳定。

高程146~156m之间的泥质粉砂岩易风化,抗冲刷能力差,其长时间受风化作用及库水影响后,会引起其上部的岩(土)层产生崩塌,威胁到北塔墩的安全,需对长江北岸坡高程149~155m之间泥质粉砂岩、泥岩采用干砌石护坡治理措施,并对泥质粉砂岩之上的岩(土)层进行削坡处理。

设计桩端持力层为高程105～132.7m之间的厚约27m的微风化长石砂岩,其岩层较厚,容许承载力高,工程地质特性好,是良好的地基持力层。

2)南塔墩(Z09)

南塔墩场地位于水下,地面高程119～124m,地形坡度2°～8°,地形平缓。覆盖层厚度一般小于2m,基岩顶部为层面平缓的长石砂岩。场地稳定。

设计桩端持力层为高程71.6～81.8m之间的厚7m左右的微风化长石砂岩及细砂岩,其承载力较高,工程地质特性较好,是较好的地基持力层。

2. 辅助墩工程地质条件及评价

1)Z05辅助墩

场地位于大河沟回填区,地面高程约176.5m,地形平坦。设计桩端持力层为微风化长石砂岩夹微风化泥质粉砂岩,其承载力较高,工程地质特性较好,为较好的地基持力层。由于桩基穿过大河沟回填区的人工填土,该人工填土层为欠固结状态,人工填土层将会对桩基产生负摩阻力。

2)Z06辅助墩

场地位于大河沟回填区,地面高程约176.6m,地形平坦。设计桩端持力层为基岩下部的微风化长石砂岩,该岩层厚度较大,承载力高,工程地质特性好,为良好的地基持力层。由于桩基穿过大河沟回填区的人工填土,该人工填土层为欠固结状态,人工填土层将会对桩基产生负摩阻力。

3)Z07辅助墩

场地位于北岸缓坡平台上,地面高程约182m,地形平坦,场地稳定。设计桩端持力层为厚约10m的中等风化长石砂岩,该岩层容许承载力较高,工程地质特性较好,为较好的地基持力层。

4)Z10辅助墩

场地位于水下,地面高程133～139m,地形坡度15°～19°,地形平缓。第四系覆盖层主要为厚4.5～6.8m的人工填土(Q_4^{me})卵石,基岩顶部为层面平缓的长石砂岩。库岸塌岸轻微,库岸再造作用微弱,场地稳定性好。设计桩端持力层为高程约107.8m以下的中等～微风化长石砂岩及微风化泥质粉砂岩和细砂岩。该部位岩层较厚,容许承载力较高,工程地质特性较好,为较好的地基持力层。

5)Z11辅助墩

场地位于水下,地面高程153～158m,地形坡度15°～19°,地形平缓。第四系覆盖层主要为厚16.4～17.4m的人工填土(Q_4^{me})卵石,基岩顶部为层面平缓的长石砂岩。库岸塌岸轻微,库岸再造作用微弱。设计桩端持力层为高程约117m以下的厚度大于6m的微风化长石砂岩。该部位岩层容许承载力高,工程地质特性好,为良好的地基持力层。

6)Z12辅助墩

场地地面高程约173.4m,地形平坦。第四系覆盖层主要为厚16～24.4m的人工填土(Q_4^{me})卵石,基岩顶部为层面平缓的泥质粉砂岩、泥岩。库岸塌岸轻微,库岸再造作用微弱。设计桩端高程为131.6m,桩端至高程约126.2m岩层的下游部位分布有厚0～2.3m的强风化砂岩夹层,该夹层容许承载力较低,不宜作为桩端持力层;高程约126.2m以下为微风化泥质粉砂岩和长石砂岩,其承载力较高,工程地质特性较好,为较好的地基持力层。

3.过渡墩工程地质条件及评价

1)Z04过渡墩

场地位于大河沟人工回填区,地面高程约176.2m,地形平坦,场地稳定。设计桩端持力层为基岩中部厚约10m的微风化长石砂岩,该岩层容许承载力高,工程地质特性好,是良好的地基持力层。

由于桩基穿过大河沟回填区的人工填土,该人工填土层为欠固结状态,人工填土层将会对桩基产生负摩阻力。

2)Z13过渡墩

场地处于无名沟回填区,地面高程约173.3m,地形平坦。回填区第四系覆盖层主要为厚0~20.3m的人工填土(Q_4^{me})卵石,基岩顶部为层面平缓的泥质粉砂岩、长石砂岩,回填区场地稳定性较好。设计基础桩端持力层为高程约139.6m以下的微风化泥质粉砂岩、细砂岩和长石砂岩。该部位岩层承载力较高,工程地质特性较好,为较好的地基持力层。

六、天然建筑材料

工程所需天然建筑材料主要有填筑土料、混凝土用砂、砾料和块石料。填筑土料主要用于南岸接线道路的路基填筑,块石料主要用于库岸防护及修建挡墙。

1.填筑土料

填筑料为第四系覆盖层和基岩强风化层,可利用工程弃料或就地取材。料源选择桥位区南岸广泛分布的第四系残坡积层(Q^{el+dl})和基岩强风化层。填筑料场土料储量约90万m^3,满足工程需求量。土料主要质量指标基本符合规范要求,但局部土料黏粒含量略偏低,塑性指数和天然含水率略偏高。

2.混凝土集料

1)砂料

桥位区周边砂料缺乏,本区砂料主要来源于长江中游的洞庭湖的天然砂,洞庭湖砂料储量丰富。根据砂料试验结果,洞庭湖的砂料质量基本符合规范要求,但堆积密度和表观密度略偏低,细度模数略偏高。根据碱活性试验结果进行综合判定,砂料的碱活性为疑似活性,施工时需根据工程实际要求采取必要的工程处理措施。

2)砾料

桥位区砾石料源为万州武陵镇江段河床卵石、漂石,将该卵石、漂石作为原料经人工破碎加工后形成的碎石料作为混凝土用砾料。根据砾料试验结果,武陵镇江段河床卵石、漂石作为原料,其质量符合规程要求。根据碱活性试验结果,砾料为潜在危害性反应的活性集料,施工时需采取必要的工程处理措施。

3.块石料

块石料可从万州申明坝购买,申明坝块石料场基岩为侏罗系中统上沙溪庙组(J_{2s})巨厚层状砂岩,其岩质坚硬,耐风化。其储量丰富,质量较好。

第二节 桥位比选

一、桥位方案比选

桥位是稀缺资源,根据长江干流桥隧建设规划及万州城市总体规划,结合城市用地、路网布局、长江岸坡及地形地质条件等,对万州长江公路三桥(牌楼长江大桥)上游、中游和下游三个桥位方案进行分析比选。

上游桥位方案:位于万县长江大桥下游约2.8km,距宜万铁路桥和江南集装箱港分别约1.6km和200m,长江河道断面上桥梁全长约1380m。

中游桥位方案:位于万县长江大桥下游约4.2km,长江河道断面上桥梁全长约1980m。

下游桥位方案:位于万县长江大桥下游约6.0km,长江河道断面上桥梁全长约2340m。

结合"十二五"过江通道桥位的规划,对桥位比选方案进行综合比较,见表2-1-10。

桥位方案综合比较 表2-1-10

方案项目	陶家湾桥位(上游桥位)	牌楼桥位(中游桥位)	西山公园桥位(下游桥位)
桥梁间距	距宜万铁路桥和江南集装箱分别仅约1.6km和200m,选址不满足要求	距万县长江大桥4.2km,符合选址要求,但与周边尚未搬迁的码头等较近,施工有影响	距万县长江大桥6.0km,满足选址要求。但与周边码头相距较近,通航环境复杂
河道条件	河床稳定,河道较顺直,岸线平顺,河面较小	河床稳定,河道较顺直,岸线较平顺,河面较宽	河床稳定,河道较弯曲,河面宽阔
水流条件	流速稍大,水流夹角在5°左右	流速稍小,水流夹角超过15°,横向流速达到0.5m/s以上	流速较小,水流夹角超过5°,横向流速约0.3m/s
交通布局	距离万县长江大桥较近,交通布局及分流效果差	靠近主城区及江南新区中心,交通布局合理,分流效果好	靠近主城市中心区,交通布局及分流效果好
对港口影响	距离江南集装箱港较近,占据港口规划用地,施工及建成后对港口作业影响大	距江万船厂码头、水文测站及鄂渝码头较近,码头搬迁前桥梁施工有影响	位于万州客运中心港区,航道、海事及轮渡等码头众多,施工期及建成后均影响较大
拆迁量	较大	北岸较大,南岸拆迁少	北岸较大,南岸拆迁少
与规划桥位的关系	在规划的万州长江公路三桥(牌楼长江大桥)桥位上游	在规划的万州长江公路三桥(牌楼长江大桥)桥位附近	在规划的万州长江公路三桥(牌楼长江大桥)桥位下游

对表2-1-10进行综合比较分析,具体如下:

(1)上游桥位河道顺直、水流条件好,建设规模较小,但本桥位距江南港区较近,运营期和施工期均对江南集装箱港影响较大,且桥位偏离市中心,桥梁的功能性得不到有效发挥。

(2)下游桥位水流条件好,交通布局合理、功能性强,但本桥位河道弯曲,通航环境复杂,运营期和施工期对两岸港区影响均较大,并且桥位对城市既有建筑物干扰较大。

(3)中游桥位河道顺直,交通布局合理、功能性强,与规划桥位一致,项目的建设对城市既有建筑干扰较小,桥位附近的港口、码头均有搬迁计划,桥梁的施工只在码头未完成搬迁情况下有影响。

综合以上分析,推荐采用与规划条件相符、通道布局合理的中游桥位。

二、桥轴线方案比选

1. 线路设计原则

万州长江公路三桥(牌楼长江大桥)的功能定位是区域干线公路兼有城市道路功能的过江通道,桥位位于万州商业最发达的城市核心区,本项目的建设对沟通长江南北两岸交通、加强长江两岸的经济联动、促进江南新区的经济开发、完善区域干线公路网和城市路网结构都具有重要意义。线路方案拟定时主要考虑以下原则:

(1)处理好与两岸既有码头、岸线规划和建筑物之间的关系,尽可能减少沿线企业和建筑的拆迁。

(2)满足线路的总体走向,并结合沿线城镇的规划,力求顺捷,以减小建设里程和营运里程。

(3)路线应最大限度避让软土地基、崩塌、崩岸、滑坡等不良地质区段,尽可能减少不良地质条件对路线和工程方案的影响。

(4)注意选择路线与地方道路、河流、航道等合适的交叉位置、方式以及合理的交叉角度,尽可能降低工程规模。

(5)重视对环境和文物古迹等的保护,尽可能地将其保护工作与沿线景观设计相结合。

(6)在工程量增加不大的情况下,尽量采用较高的技术标准。

2. 桥位线路起、终点

1)北岸起点

推荐桥位与规划桥位基本一致,北岸桥头附近有国道 G318(北滨大道)、省道 S103(沙龙路)和万明路。北岸起于万明路附近,万明路在此区段呈曲线分布,两侧房屋建筑密集,影响过江线位选择的边界条件较为复杂。

本项目所在的城市道路为规划的内环准快速路过江段,道路等级为城市主干道,北岸桥头附近南北走向的城市主干道有北滨大道(国道 G318)和沙龙路(省道 S103),桥梁的主流方向连接城市次干道万明路,通过万明路与省道 S103(沙龙路)连接;主桥与北滨大道(国道 G318)采用互通连接。主线桥江北岸项目起点位于江北岸的万明路附近,万明路在此区段呈曲线分布,两侧房屋建筑密集,影响过江线位选择的边界条件较为复杂。

主线桥起点位置的选择取决于万明路两侧的建筑群分布,根据现场调查,本工程北岸工程起点控制因素主要有万州体育中心主体育场、吉泰建筑建材工程公司、龙珠丽锦小区、牌楼农贸市场和牌楼敬老院等建筑群。其中,龙珠丽锦小区和万州体育中心主体育场是控制桥位走向的主要外部控制条件。此外,北岸桥址附近的高压过江电塔也是控制桥位选择的主要因素。

北岸起点方案如图 2-1-2 所示。

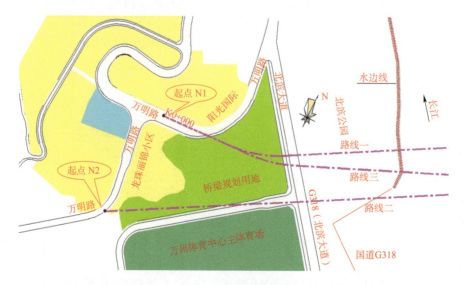

图 2-1-2　北岸起点方案

项目北岸主要连接万明路和国道 G318(北滨大道),并通过万明路连接省道 S103(沙龙路)。经过现场调查和反复研究,确定北岸起点有两处,即万明路起点 N1 和万明路起点 N2。起点 N2 方案,桥梁与在建的万州体育中心主体育场和既有的龙珠丽锦小区楼冲突,疏解布置困难,拆迁量大。而万明路起点 N1 方案,可以避开桥梁对万州体育中心主体育场和龙珠丽锦小区的影响,也可以充分利用北岸的桥梁规划用地进行疏解布置。

2)南岸终点

南岸终点在国道 G318(南滨大道)和规划建设的江南大道附近,主线方向接江南中部路 E 段,桥梁与南滨大道采用互通立交衔接。

根据现场调查,对本工程南岸工程终点和线路走向起控制作用的主要有江南新区新建移民换房工程和万州展览馆。南岸疏解区域范围内主要为移民建筑,以低层砖房为主。南岸终点方案如图 2-1-3 所示。

根据现场调查和研究,确定南岸终点有 S1 和 S2 两处。采用终点 S1 方案,桥梁与既有的移民换房工程冲突,与规划建设的万州展览馆距离较近,对万州展览馆影响较大,疏解布置也较困难。而采用终点 S2 方案,桥梁避开了南岸的移民换房工程,而且对万州展览馆影响也较小。

3. 桥轴线选择

在《内河通航标准》(GB 50139—2004)中,关于水流方向与桥轴线法向夹角有明确规定。本工程河段洪水位、中水位的航迹线如图 2-1-4 所示,桥区流速、流向分布如图 2-1-5 所示,桥区流速见表 2-1-11。

第二篇
第一章 桥位及桥型方案比选

图 2-1-3 南岸终点方案

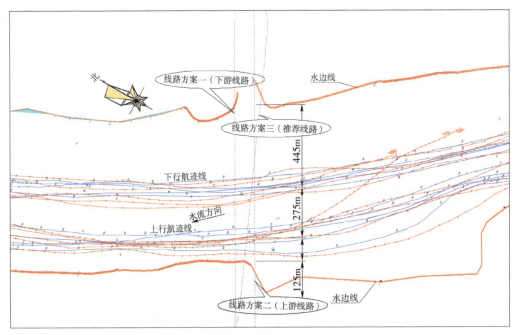

图 2-1-4 桥区航迹图（洪水位、中水位）

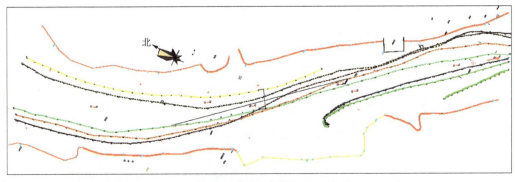

图 2-1-5 桥区流速、流向（洪水位、中水位）

桥区流速(洪水位、中水位) 表2-1-11

浮标号	洪水位流速(m/s)			中水位流速(m/s)		
	最大值	最小值	平均值	最大值	最小值	平均值
1	1.5	0.71	1.06	0.98	0.63	0.78
2	1.58	0.47	1.08	0.99	0.57	0.73
3	1.59	0.96	1.25	0.96	0.12	0.67
4	1.52	0.9	1.26	0.94	0.5	0.64
5	1.55	0.23	0.73	0.81	0.55	0.71
6	1.17	0.23	0.72	0.84	0.1	0.58
7	0.72	0.13	0.52	0.86	0.34	0.56
8	1.13	0.79	0.96	0.95	0.41	0.6
9				0.54	0.13	0.33

洪水位航迹线测绘时间是2010年7月23日,实测时水位+159.06m(黄海高程);中水位航迹线测绘时间是2010年9月14日,实测时水位+162.10m(黄海高程);图2-1-6中洪水位实测航迹线以红色表示,中水位实测航迹线以蓝色表示。上行航迹线和下行航迹线靠右行驶。

依据以上线路设计原则及推荐桥址断面的水流方向,并结合两岸可用的项目起、终点(N1、N2和S1、S2),在满足两岸疏解布置的前提下,共布置了三条过江线路方案(图2-1-6),即线路一(下游)、线路二(上游)和线路三(中游)。在上游,线路二连接起于N2止于S2,桥轴线沿水流法向过江;将线路二向长江下游平移约110m,线路起、终点分别调整至N1和S1,两端采用曲线拟合,即为线路一;为避开两岸的建筑,减少建筑拆迁量,将线路二桥轴线沿顺时针旋转10°,北岸起于N1,南岸止于S2,两端采用曲线拟合,即为线路三。

图2-1-6 推荐桥位、桥线路方案图

针对选定的三个桥轴线线路方案,推荐对城市建筑影响小、符合城市控规、拆迁量小且两岸疏解布置顺畅的线路三方案。该方案由于受两岸疏解布置的限制,桥轴线采用与水流方向成适当夹角的办法跨越长江,尽管水流条件相对较差,但是通过采用合理的布跨方案可以解决与水流交角较大的问题。

第三节 桥型方案比选

一、主桥墩位及跨度布置

万州长江公路三桥(牌楼长江大桥)河段位于三峡库区,航道等级为内河Ⅰ-(2)级航道,根据《内河通航标准》(GB 50139—2004):通航净空高度在设计最高通航水位以上不小于18m,实际通航净空高度按不低于24m考虑,单孔单向通航净宽不小于232.5m;单孔双向通航净宽不小于465m。桥梁主跨的布置参照通航论证报告的单孔单向通航和单孔双向通航两种情况,并结合规划航道、船舶习惯航迹线及水下地形等条件综合确定。

桥位河床剖面图如图2-1-7所示,各线路跨越规划航道距离图如图2-1-8所示。

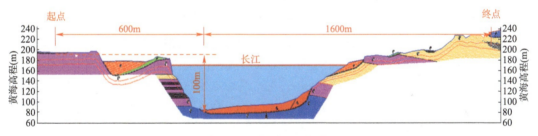

图2-1-7 桥位河床剖面图

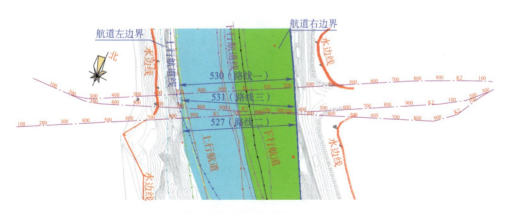

图2-1-8 各线路跨越规划航道距离图(尺寸单位:m)

三条线路相互间的距离较近,分布在江面顺水流方向约110m宽度范围内,因而各线路所跨越的规划航道的宽度均比较接近,线路一为530m,线路二为527m,线路三为531m。根据工程河段实测的航迹线分布及规划航道的布局,实测航迹线均偏离规划航道靠长江左岸航行,即偏向主河槽深槽方向。

单孔单向通航的布置原则为:设置两个主通航孔,中墩位置的选择同时兼顾规划航道的布局和船舶的习惯航迹线,由于实测的船舶习惯航迹线均偏向左岸,下行航迹线偏离左右规划航道分界线约53m,下行航道靠右岸约200m范围内无船舶航迹记录;上行航迹线偏离规划航道外约65m,离左岸最近的航迹线靠水边航行。所以,通航孔的宽度为规划航道宽与航迹线偏离航道分界线距离的总和,确定为318m。2×318m跨径方案墩位布置如图2-1-9所示。

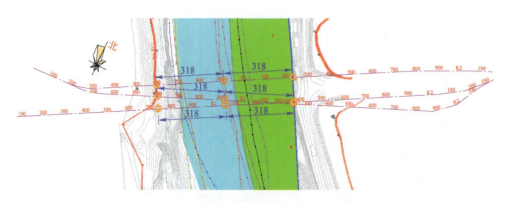

图2-1-9　2×318m跨径方案墩位布置图(尺寸单位:m)

单孔双向通航方案一的布置原则为:设置一个主通航孔,跨越实测的船舶习惯航迹线范围,由于下行航道靠右岸约200m范围内无船舶航迹记录,右岸塔墩的布置适当占用了规划航道靠右岸的一侧的部分航道约80m;左岸塔墩靠水边线布置,在实测航迹线之外,并留有足够的富余。因此,通航孔的宽度确定为586m。586m跨径方案墩位布置如图2-1-10所示。

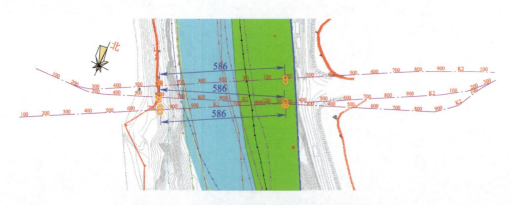

图2-1-10　586m跨径方案墩位布置图(尺寸单位:m)

单孔双向通航方案二的布置原则为:设置一个主通航孔,考虑航运发展的需要,主跨跨越实测的船舶习惯航迹线范围和全部的规划航道;左岸塔墩靠水边线布置,在实测航迹线之外,并留有足够的富余;右岸塔墩在规划航道右边界之外约35m处。因此,通航孔的宽度确定为700m。墩位布置如图2-1-11所示。

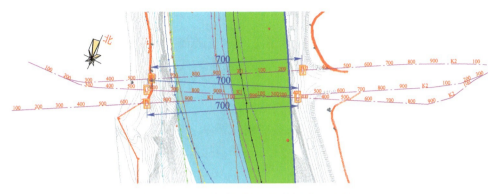

图 2-1-11 700m 跨径方案墩位布置图(尺寸单位:m)

二、桥型方案初步分析

主桥桥型方案主要考虑通航的可行性、方案的适应性、结构的合理性、实施的可行性,以及经济的合理性等方面。传统的基本桥型方案有梁桥、拱桥、斜拉桥和悬索桥,每一种传统的桥型都有其适合的经济跨径。一般而言,连续梁桥的跨径适合在200m以下,常规的拱桥跨径适合在400m以下,300~1000m适合斜拉桥,300~2000m适合悬索桥,较新颖的斜拉-悬索组合体系适用于2000m左右或者更大跨径的结构。本河段可供选择的基本桥型方案有连续梁桥、拱桥、悬索桥、斜拉桥以及斜拉-悬索组合体系。

连续梁桥结构刚度大、承载力高。目前,世界上跨径最大的连续梁桥为重庆石板坡长江大桥复线桥,其主跨跨径已经达到330m,为连续梁世界之最。该桥采用了混合梁连续刚构桥,其跨中108m范围内主梁采用钢箱梁,施工采用整体吊装。但是,该桥为双向四车道,桥面相对较窄,若万州长江公路三桥(牌楼长江大桥)采用该结构体系,桥面更宽、跨中区段的吊重更大、受力更复杂,需要开展的科研工作也较多。大跨径连续梁梁高较大,300m左右跨径的大跨连续梁根部梁高将达16m左右,考虑到三峡水库蓄水后水平面升高,采用该桥型景观效果也较差。所以,不考虑连续梁方案。

拱桥具有结构刚度大,承载能力大,造型美观等优点,但是拱桥的跨越能力不及悬索桥和斜拉桥。若采用拱桥方案,其跨径应在600m左右,属于跨径最大的拱桥。有推力拱桥对基础的要求高,不适用于本项目;无推力的系杆拱是比较合适的桥型方案。截至2013年,已经建成的无推力系杆钢桁拱桥有大胜关长江大桥和重庆朝天门大桥。其中,大胜关长江大桥主跨为2×336m,该桥为铁路桥,设计荷载为两线城市轻轨+两线客运专线+两线中活载;重庆朝天门大桥是目前最大跨径的拱桥,主跨跨径为552m,该桥为钢桁拱桥,双层桥面,上层为6车道公路,下层为两线公路(备用)+两线轻轨。以上两座桥的设计荷载均大于本项目。从施工角度来看,钢桁架拱桥施工难度较大,施工过程中需采用较多的施工临时措施,施工费用相对较高,不经济。同时,从城市总体景观角度考虑,由于上游的宜万铁路万州长江大桥为钢桁拱桥并且已经建成,为避免桥型雷同,本项目暂不考虑拱桥方案。

悬索桥可分为地锚式悬索桥和自锚式悬索桥。自锚式悬索桥适用跨径一般较小,且自锚式悬索桥施工成本相对较高,不利于深水施工。根据通航以及两岸地形,考虑地锚式悬索桥方案比较合适。

斜拉桥结构形式多样,其跨径适应范围广,是跨江跨海工程常用的桥型方案。斜拉桥的主塔造型丰富,在开阔的水面上景观效果较好。同时,施工方案是决定桥型方案的一个重要因素,斜拉桥施工手段多样,施工经验丰富,施工风险较小。对于江宽水深、航道繁忙的河段,斜拉桥具有很强的施工优势。因而,斜拉桥方案也是较为理想的桥型方案。

此外,其他桥型主要有多塔斜拉桥、矮塔斜拉桥等。多塔斜拉桥水中墩较多,塔墩占据的主航道范围较大,不符合航道部门的要求;矮塔斜拉桥一般跨径不大,需要设置的水中墩较多,也不符合航道部门的要求。

综合上述分析,重点对斜拉桥和悬索桥两种桥型的工程适应性开展研究。

三、桥型方案

混凝土主梁斜拉桥一般适用于主跨500m以下的斜拉桥。该桥型工程实例较多,施工技术成熟,造型多样。钢主梁斜拉桥一般适用于400~1000m的斜拉桥,目前钢主梁斜拉桥的最大跨径已达1088m,主梁可选的梁型主要有钢主梁、混合梁、叠合梁及混合式叠合梁。钢主梁斜拉桥受力较简单,是可以考虑的桥型。截至2013年,国内外的悬索桥加劲梁一般采用钢主梁,大跨悬索桥加劲梁采用叠合梁的方案设计正在研究之中,需要考虑的技术问题较多,本项目不考虑叠合梁悬索桥方案。

对于万州长江公路三桥(牌楼长江大桥)来说,针对几种墩位布置情况,2×318m的跨径方案采用混凝土主梁斜拉桥是比较经济、合理的方案;主跨586m的跨径方案采用钢主梁斜拉桥较合适;主跨700m的跨径方案采用钢主梁斜拉桥和钢箱加劲梁悬索桥均比较合适。为此,选定的桥轴线路线布置2×318m的三塔斜拉桥、主跨586m的双塔斜拉桥、主跨700m的双塔斜拉桥和主跨700m的双塔悬索桥。

1. 方案介绍

1)方案一:主跨2×318m的三塔斜拉桥方案

主跨2×318m的三塔斜拉桥方案,跨径布置为(130+2×318+130)m,两个主通航孔分别满足单孔单向通航要求。中塔墩位于航道中央,左岸侧主塔墩在规划航道和船舶航迹线之外,右岸主塔墩位于规划航道内,为减少水中墩,边跨不设置辅助墩。主跨2×318m三塔斜拉桥方案如图2-1-12所示。

图2-1-12 主跨2×318m三塔斜拉桥方案

2)方案二:主跨586m的双塔斜拉桥方案

主跨586m的双塔斜拉桥方案,跨径布置为(4×45+586+4×45)m,一个主通航孔满足单孔双向通航要求。左岸侧主塔墩位于规划航道和船舶航迹线之外,靠近水边线;右岸主塔墩位于规划航道内,边跨设置辅助墩。主跨586m双塔斜拉桥方案如图2-1-13所示。

图2-1-13 主跨586m双塔斜拉桥方案

3)方案三:主跨700m的双塔斜拉桥方案

主跨700m的双塔斜拉桥方案,跨径布置为(53+2×55+700+2×55+53)m,左岸侧主塔墩位于规划航道和船舶航迹线之外,位于左岸水边线处;右岸主塔墩位于规划航道之外,距航道右边界约35m,边跨设置辅助墩。主跨700m双塔斜拉桥方案如图2-1-14所示。

图2-1-14 主跨700m双塔斜拉桥方案

4)方案四:主跨700m的双塔悬索桥方案

主跨700m的双塔悬索桥方案,跨径布置为(265+700+265)m,左岸侧主塔墩位于规划航道和船舶航迹线之外,位于左岸水边线处;右岸主塔墩位于规划航道之外,距航道右边界约35m。主跨700m双塔悬索桥方案如图2-1-15所示。

2. 方案分析

主桥方案一的中塔墩位于航道和船舶习惯航迹线中央,南塔墩占据规划航道约22m,均对航道安全和航运发展影响较大,为航道部门极力反对的桥型方案;主桥方案二,左岸塔墩处于规划航道和船舶习惯航迹线之外,右岸塔墩占据了规划航道约80m,也是航道部门反对的桥型方案。2010年12月28日,交通运输部长江航务管理局在武汉主持召开的万州长江公路三桥(牌楼长江大桥)通航论证报告初审会上,专家肯定了主跨700m的斜拉桥和悬索桥方案与航道和航运发展的适应性。

图2-1-15 主跨700m双塔悬索桥方案

对于航道部门认可的桥跨布置,主要研究主跨700m悬索桥和主跨700m斜拉桥的适应性,如图2-1-16所示。

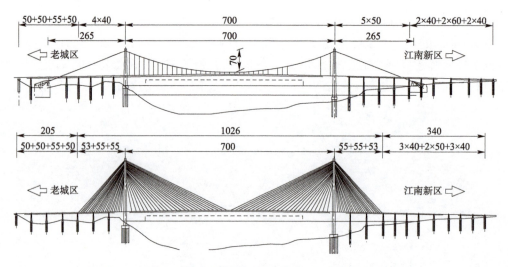

图2-1-16 主跨700m悬索桥和斜拉桥桥型比选方案布置图(尺寸单位:m)

1) 主跨700m的双塔悬索桥

700m的通航孔跨越了现有的规划航道和船舶的习惯航迹线,承台尺寸的设置考虑了主墩承台尺寸及防撞结构的布置,主缆边跨为265m,南岸(江南新区岸)引桥桥墩均位于水中,最高通航水位时各辅助墩水深分别为28m、14m和10m。

2) 主跨700m的双塔斜拉桥

700m的通航孔跨越了现有的规划航道和船舶的习惯航迹线,承台尺寸的设置考虑了主墩承台尺寸及防撞结构的布置,锚跨采用(55+55+53)m的跨径布置,南岸(江南新区岸)三个辅助墩均位于水中,最高通航水位时各辅助墩水深分别为28m、14m和10m,北岸辅助墩均位于岸上。

两桥型综合比较见表2-1-12。

两桥型综合比较　　　　　　　　　　　表2-1-12

桥型	主跨700m悬索桥	主跨700m斜拉桥
跨径布置(m)	265+700+265	53+2×55+700+2×55+53
设计难度及风险	在同类桥型中跨度相对较小,技术成熟,设计风险小	在同类桥型中跨度相对较大,目前,国内斜拉桥理论和实践技术非常成熟,设计风险较小
施工难度及风险	南塔墩为深水基础,但有较成熟的施工及控制经验,施工风险较小;锚碇位于水边线附近,其规模较大,施工周期较长,施工难度较大	南塔墩为深水基础,但深水施工经验丰富,有较成熟的施工及控制经验,施工风险较小
河势影响	南塔墩在水中,对河势将产生局部影响,锚碇设在岸上或水边线,对河势影响很小	南塔墩在水中,对河势将产生局部影响,但总体影响不大
航运影响	与航道现状相符,通航孔覆盖范围较大,提供了较宽裕的通航净空	与航道现状相符,通航孔覆盖范围较大,提供了较宽裕的通航净空
对万州水文站影响	南塔墩对水文站有一定的影响	南塔墩对水文站有一定的影响
对港口码头影响	南塔墩对江万船厂有一定的影响	南塔墩对江万船厂有一定的影响
防船撞安全性	南塔墩离现有航道较近,引桥桥墩位于深水区,均需进行防船撞设计	南塔墩离现有航道较近,引桥桥墩位于深水区,均需进行防船撞设计
景观效果	跨度较大,塔高较小,高水位时结构距离水面较近,景观效果一般	跨度较大,主塔高耸雄伟,与两岸高耸的建筑相呼应,显得气势恢宏,效果较佳
建安费	92048万元	89789万元

由表2-1-12可知,从设计、施工难度和对河势、水文站、两岸港口码头影响以及防船撞安全等角度考虑,两种桥型相当;从工程经济规模的角度看,斜拉桥比悬索桥建安费低2259万元;从景观的角度看,斜拉桥高耸雄伟,与城市景观相适应,比悬索桥有明显的优势。

经综合比较,推荐主跨700m的斜拉桥方案。

四、实施桥型方案比选

受两岸疏解布置的限制,斜拉桥方案难以采用更大的主跨跨径。同时,综合施工、船撞、结构受力及桥面铺装耐久性等因素,最终实施斜拉桥桥型方案只研究主跨730m的方案,具体斜拉桥方案如下:

斜拉桥方案一:(4×57.5+730+4×57.5)m双塔钢箱梁斜拉桥方案。
斜拉桥方案二:(4×57.5+730+4×57.5)m双塔叠合梁斜拉桥方案。
斜拉桥方案三:(4×57.5+730+165+2×50)m双塔钢箱梁斜拉桥方案。

为了尽量改善斜拉桥的边中跨比,同时解决边跨拉索与两岸疏解转向交通之间的冲突,边跨斜拉索在主梁端采用了锚固于中央分隔带的中央索面形式。

1. 斜拉桥方案一

斜拉桥方案一的两个边跨较短,边中跨比为0.315,两个边跨均位于立交范围内匝道变宽段,为提高结构总体刚度,并结合经济性、施工便利性和结构适应性考虑,主跨采用钢箱梁、边跨采用混凝土梁。边跨混凝土梁自重大,为提高总体受力性能,边跨须设置辅助墩,受北滨大道规划路幅限制,在考虑基础施工预留宽度后,辅助墩的间距不得小于50m。为最大程度发挥辅助墩对结构受力的贡献效率,锚跨考虑设置2~3个辅助墩,设置更多的辅助墩不经济。

计算表明,边跨设置2个和3个辅助墩对结构的静力、动力受力方面无明显的区别。两者的区别主要是南岸深水区混凝土主梁的施工方面。边跨设置2个辅助墩,可以节省一个边跨深水区基础,但主梁跨径达80m,主梁施工须布置强大的深水区支架承担主梁的荷载,施工困难、支架风险大;若边跨设置3个辅助墩,多设置的辅助墩基础可以考虑采用低水位施工,基础施工不控制工期,主梁的跨径减小至57.5m,由于跨径减小,深水区支架承担的荷载大幅度减小,施工风险也相对较小。此外,在项目实施过程中,若考虑采用其他的施工措施,小跨方案将更具有施工优势。所以,边跨设置3个辅助墩,等间距对称布置,斜拉桥的总体布置为(4×57.5+730+4×57.5)m,如图2-1-17所示。

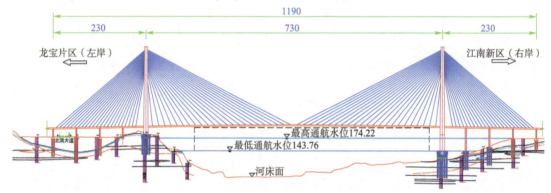

图2-1-17 斜拉桥方案一布置图(尺寸单位:m;高程单位:m)

2. 斜拉桥方案二

斜拉桥方案二总体布置与方案一相同,为提高桥面铺装的耐久性,主跨主梁采用钢混叠合梁,边跨采用混凝土梁。对于主跨主梁,经选择适当的混凝土桥面板与钢梁的刚度匹配,并配置适当的桥面板预应力,可以消除混凝土收缩产生的拉应力。

3. 斜拉桥方案三

为彻底解决南岸水中辅助墩问题,研究了不设置辅助墩的斜拉桥方案,跨径布置为(4×57.5+730+165+2×50)m,即在方案一的基础上南岸跨水域区段165m也采用钢箱梁,岸上两跨50m连续梁采用混凝土梁。为保证纵向受力的均匀性,钢箱梁区段采用双索面布置,混凝土梁段均采用中央索面布置。本方案总体布置相对较为合理,但南岸深水区钢箱梁的架设受三峡水位变动影响大,施工风险较大,索面的布置也较凌乱。斜拉桥方案三布置如图2-1-18所示。

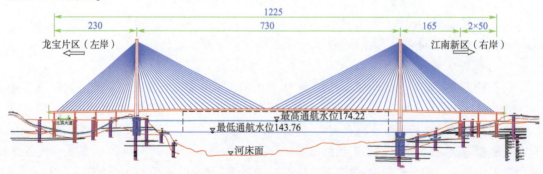

图2-1-18 斜拉桥方案三布置图(尺寸单位:m;高程单位:m)

综合分析,三个斜拉桥方案均具有技术可行性,方案一更具有技术经济优势,最终推荐采用主跨为 730m 双塔钢箱梁斜拉桥方案。

第四节 建 设 标 准

(1)道路等级:一级公路,兼具城市桥梁交通功能。
(2)计算行车速度:主线桥设计速度为 60km/h。
(3)汽车荷载:公路—Ⅰ级、城市-A 级。
(4)纵坡:主线桥纵坡 2%。
(5)桥面横坡:车行道为 2%、人行道为 1%。
(6)洪水频率:三百年一遇。
(7)通航标准:Ⅰ(2)级航道,通航净高不小于 24m,单孔双向通航净宽不小于 465m。
(8)设计基准期:桥梁设计基准期是 100 年;交通量达到饱和状态的设计年限为 20 年,路面结构设计使用年限为 15 年。
(9)道路设计净空高度:主线及立交匝道,不小于 5m;南滨大道、北滨大道,不小于 5m。
(10)坐标系统:采用万州独立坐标系统。
(11)高程系统:采用 1956 年黄海高程系。
(12)跨江大桥设计水位:最高通航水位为 174.22m,最低通航水位为 143.76m。
(13)桥面宽度:桥面机动车按照双向六车道考虑,车道宽度 3.5m,人行道宽度 3.0m,路缘带宽 0.5m,中央分隔带宽 3.5m,另外桥面须考虑拉索锚固区以及防撞护栏等。
(14)船撞力:主桥船撞力标准见表 2-1-13。

主桥船撞力标准　　　　　　　　　　表 2-1-13

墩号	设计撞击力(MN)	
	无防护圈	有防护圈
Z09 主塔墩	31.99	15.99
Z10 辅助墩	13.45	6.05
Z11 辅助墩	12.45	5.60

注:主墩按 50000kN 计算,辅助墩按 10000kN 计算。

(15)抗震设防标准和性能目标:E1 地震作用检算采用超越概率为 100Y10% 地震动参数($PGA = 101.7$gal,$K_h = 0.104$),保证结构在弹性范围内工作,基本不损伤;E2 地震作用检算采用超越概率为 100Y4% 地震动参数($PGA = 137.6$gal,$K_h = 0.14$),保证结构局部发生可修复的损伤,基本不影响车辆通行。

第二章
斜拉桥设计

第一节 主桥总体布置

受两岸地形控制,主桥边跨进入两岸疏解范围,为适应车道变化,边跨主梁为变宽箱梁。为了避免边跨转向交通与斜拉索的冲突,两个边跨拉索采用中央索面布置。主跨按照车辆、行人荷载以及桥梁抗风性能要求采用常规双索面布置,双索面布置在车行道与人行道之间,得到梁体横向受力和抗风性能之间最优方案。

主桥采用9跨连续的双塔斜拉桥,跨径布置为$(4 \times 57.5 + 730 + 4 \times 57.5)$m,主桥全长1190m。主跨采用自重较小的钢箱梁,锚跨采用自重较大的混凝土梁,钢混结合段设置在主跨侧距塔中心线2.5m处。

锚跨总长230m,采用四跨等跨布置,设3个辅助墩、1个过渡墩。主跨长730m,锚跨与主跨比为0.32。桥面以上塔高$h = 190$m,有效塔高与主跨比为1/4.1;主梁全宽36m,桥面中心处梁高3.5m,高宽比1/10.3,高跨比1/208.6。主桥总体布置如图2-2-1、图2-2-2所示。

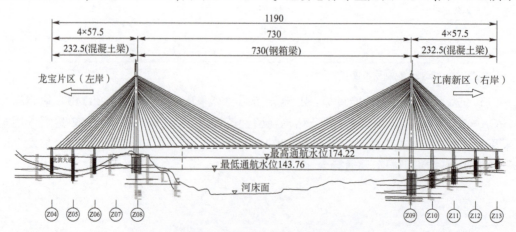

图2-2-1 主桥立面总体布置图(尺寸单位:m;高程单位:m)

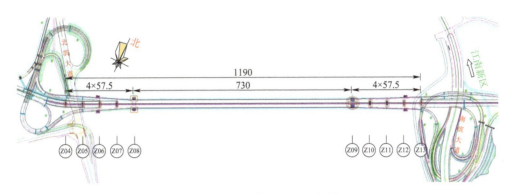

图 2-2-2 主桥平面总体布置图(尺寸单位:m)

第二节 主桥平面设计

主桥起止点里程为 ZXK0+428.903~ZXK1+618.781,其中 ZXK0+428.903~ZXK0+490.952 位于缓和曲线($A=144.914, L=60m$),ZXK0+490.952~ZXK1+618.781 位于直线上。主桥平面设计如图 2-2-3 所示。

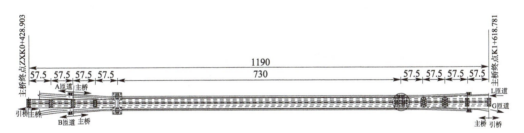

图 2-2-3 主桥平面设计图(尺寸单位:m)

第三节 主桥纵断面设计

主桥最大纵坡为 2%,主桥纵断面设计如图 2-2-4 所示。

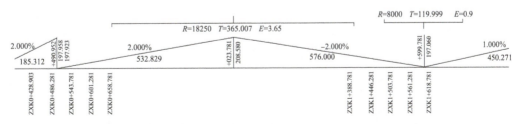

图 2-2-4 主桥纵断面设计图(尺寸单位:m)

第四节　典型横断面设计

主桥桥面为整幅布置,采用2%横坡,等宽段桥面宽33.5m,全宽36m,变宽段桥面全宽36~45.2m。主桥横断面路幅布置如图2-2-5所示。

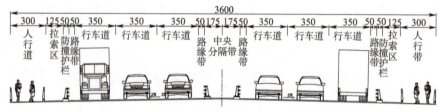

a) 等宽桥面布置图

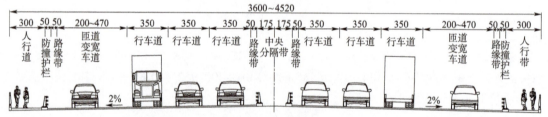

b) 变宽桥面布置图

图2-2-5　主桥横断面路幅布置图(尺寸单位:cm)

等宽段路幅布置为:3.0m(人行道)+1.25m(拉索区)+0.5m(防撞护栏)+0.5m(路缘带)+3×3.5m(车行道)+0.5m(路缘带)+3m(中央分隔带含侧向余宽)+0.5m(路缘带)+3×3.5m(车行道)+0.5m(路缘带)+0.5m(防撞护栏)+1.25m(拉索区)+3.0m(人行道)=36m。

变宽段路幅布置为:桥面机动车按照双向六车道布置,车道宽3.5m,人行道宽3.0m,路缘带宽0.5m,中央分隔带宽3.5m,另外桥面须考虑拉索锚固区以及防撞护栏等。标准段桥面总宽36m,锚跨最大总宽45.2m。

第三章 主桥下部结构设计

第一节 主塔基础与承台设计

一、南塔基础与承台设计

南塔处河床面高程介于 119.1～124.1m 之间,岩面倾斜,覆盖层和强风化岩石分布不均。受三峡蓄水的影响,最大施工水位水深约 55m,最低通航水位 143.76m,距河床最大水深约 24.66m,水位变动高差约 30.96m。

南塔基础采用 32 根 $\phi3.0$m 的钻孔灌注桩,基桩呈行列式布置,按嵌岩桩设计,基桩持力层为微风化的砂岩,桩长 50m,桩底高程为 +81.760m;承台为圆形,直径 43m,厚 8m,承台顶面高程 +139.760m。南塔基础与承台结构设计图如图 2-3-1 所示。

二、北塔基础与承台设计

北塔墩位于长江北岸库水边陡崖顶部缓坡平台上,距陡崖顶缘 7～16m。北岸地层由上而下依次为第四系残坡积层(Q^{el+dl})和侏罗系中统上沙溪庙组第三段第四、三层(J_{2s}^{3-4}、J_{2s}^{3-3})。

北塔墩处库岸坡整体稳定,但是由于高程 146～156m 之间的泥质粉砂岩易风化,抗冲刷能力差,且位于三峡水库蓄水变动区,该土层在长时间受风化作用及库水影响后,会引起其上部的岩(土)层产生崩塌,对北塔墩构成不利影响,是基础设计必须考虑的外在控制因素,在采取合适的基础形式的同时,还应对其采取必要的工程处理措施。

北塔基础设计采用 24 根 $\phi3.0$m 的钻孔灌注桩,桩基呈行列式布置,基桩按嵌岩桩设计,基桩穿过中风化泥质粉砂岩、中风化砂岩,支撑于微风化砂岩中,桩长 35.0～39.0m,采用 C35

水下混凝土。承台为哑铃形,承台平面尺寸为 57m×24m,厚 8m,承台顶面高程 +179.680m。北塔基础与承台结构设计图如图 2-3-2 所示。

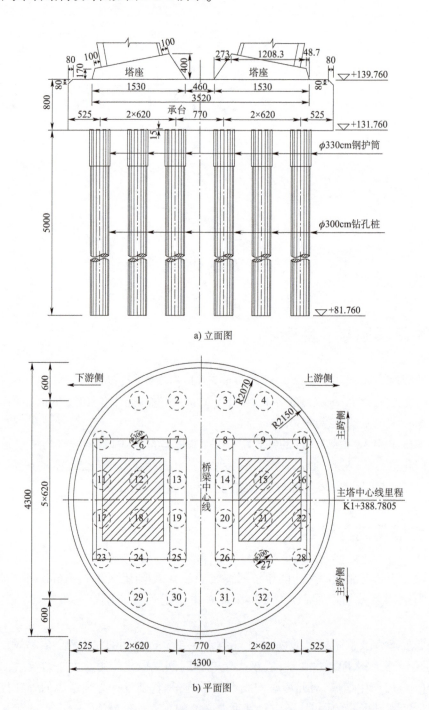

a) 立面图

b) 平面图

图 2-3-1 南塔基础与承台结构设计图(尺寸单位:cm;高程单位:m)

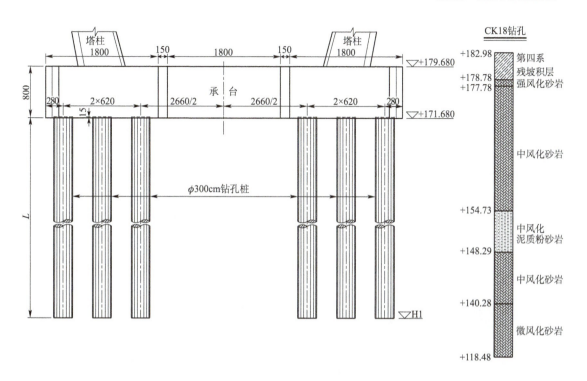

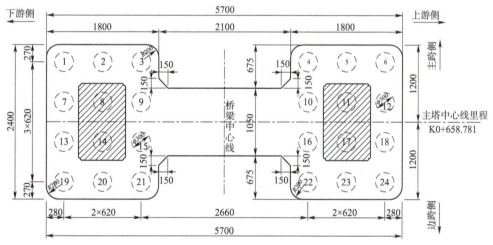

图 2-3-2 北塔基础与承台结构设计图(尺寸单位:cm;高程单位:m)

第二节 辅助墩、过渡墩设计

一、辅助墩设计

Z05~Z07、Z10~Z12 号墩为斜拉桥辅助墩,墩身均为 V 形框架墩,V 形墩的顶部设置系梁,系梁内布置预应力钢绞线以平衡系梁拉力,墩柱及系梁均为实体结构。单个墩柱横桥向宽4.5m,顺桥向厚度3m,系梁尺寸为2m×2m。

Z05～Z07、Z10～Z12号辅助墩基础均采用群桩基础。Z05～Z07、Z12号辅助墩位于陆地上,墩高14.25～21.42m,基础均采用8根$\phi2.5m$的钻孔灌注桩,基桩为桩底进入中风化或微风化砂岩的嵌岩桩,承台为矩形,平面尺寸为20.1m×9.7m,厚4m。Z10、Z11号辅助墩位于江水中,墩高分别为53.07m、42.8m,基础均采用13根$\phi2.5m$的钻孔灌注桩,基桩为桩底进入微风化砂岩的嵌岩桩,承台为圆端形,平面尺寸为25.346m×13.5m,厚5m。

Z05、Z07、Z12号辅助墩及基础结构示意图如图2-3-3所示,Z06号辅助墩及基础结构示意图如图2-3-4所示,Z10、Z11号辅助墩及基础结构示意图如图2-3-5所示。

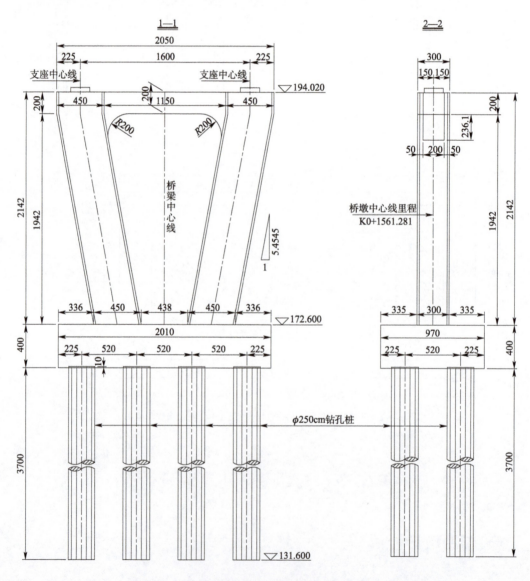

图2-3-3　Z05、Z07、Z12号辅助墩及基础结构示意图(尺寸单位:cm;高程单位:m)

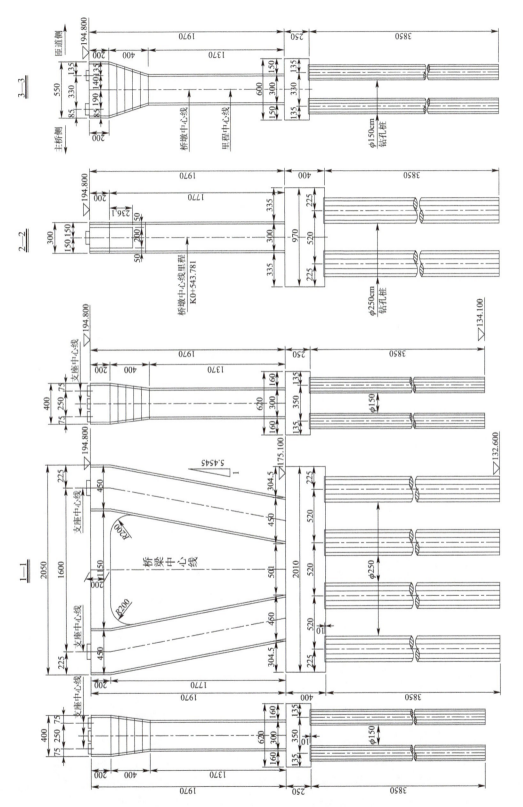

图2-3-4 Z06辅助墩及基础结构示意图（尺寸单位：cm；高程单位：m）

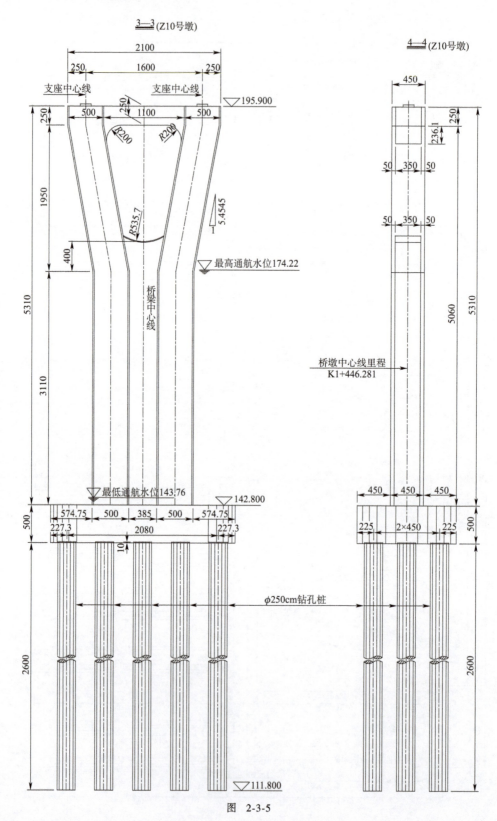

图 2-3-5

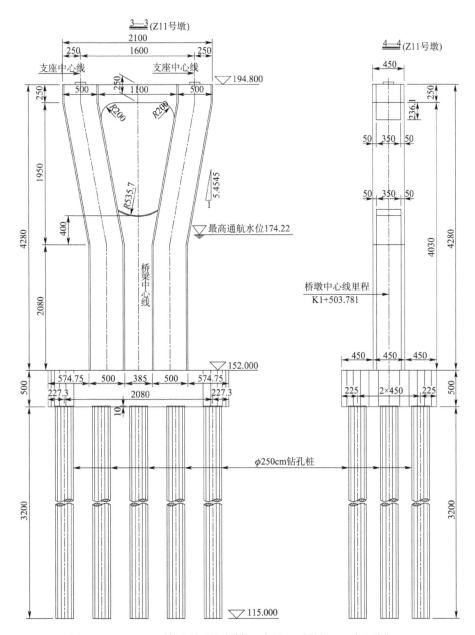

图 2-3-5 Z10、Z11 号辅助墩及基础结构示意图(尺寸单位:cm;高程单位:m)

二、过渡墩设计

Z04、Z13 号墩为主桥与引桥相接的过渡墩,基础结构与陆地辅助墩相同,采用 8 根 φ2.5m 的钻孔灌注桩,矩形承台。桥墩墩型亦与陆地辅助墩相同,为 V 形框架墩,单个墩柱横桥向宽 4.5m,顺桥向厚 3m,墩身顶部为适应大位置支座及伸缩缝的设置,顺桥向厚度增加为 5m,墩柱顶部设置 4m 的变厚过渡段。

Z04、Z13 号过渡墩及基础结构示意图分别如图 2-3-6、图 2-3-7 所示。

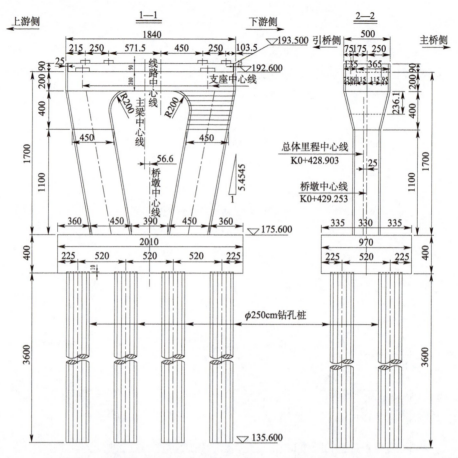

图 2-3-6 Z04 过渡墩及基础结构示意图(尺寸单位:cm;高程单位:m)

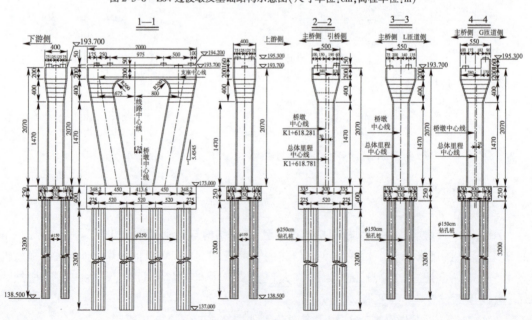

图 2-3-7 Z13 过渡墩及基础结构示意图(尺寸单位:cm;高程单位:m)

第四章
主桥上部结构设计

第一节 钢箱梁设计

一、钢箱梁断面设计

万州长江公路三桥(牌楼长江大桥)主桥为主跨730m的双塔混合梁斜拉桥,主梁采用箱形结构,钢混结合面设于主跨侧距离桥塔中心线2.5m的位置,钢混结合面中间范围为钢箱梁梁段,全长725m,位于半径为18249.96m(钢箱梁中心顶板顶面)的圆曲线上。钢箱梁主要布置在中跨,截面选用整体性好、抗扭刚度大的扁平流线型封闭箱形截面。为提高主梁整体抗风性能,箱梁两侧设导流风嘴。中跨主梁为双索面,为减小主梁横向拉索间距,改善主梁横向受力性能,将斜拉索布置在桥面人行道与车行道外侧防撞栏杆之间。钢箱梁梁高和主跨跨径关系不大,与风动稳定性有关。经抗风计算,主梁截面高取3.5m,且该高度对锚跨混凝土梁的横向受力也较有利。钢箱梁全宽(包括风嘴)37.2m,桥面宽36.0m,拉索之间为车行道范围,拉索外侧为人行道范围,桥面横向设2%双向排水坡,横坡通过调整箱梁横向高度实现。

钢箱梁标准断面如图2-4-1所示。

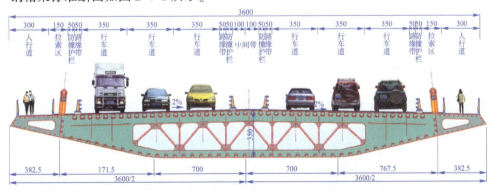

图2-4-1 钢箱梁标准断面图(尺寸单位:cm)

二、钢箱梁结构设计

1. 结构形式

钢梁梁段采用正交异性桥面板流线型扁平钢箱梁结构。在一般箱梁节段范围,斜拉索锚固部分顶板厚 24mm,人行道部分顶板厚 12mm,车行道及其他部分顶板厚 16mm,底板标准厚 12mm(含风嘴处底板),在与钢混结合段相接的局部范围,除风嘴处底板外,其余部分底板加厚至 20mm;车行道部分顶板以 U 形闭口肋进行加劲,U 肋高 280mm,顶部开口宽度 300mm,底部宽度 200mm,肋厚度 8mm,人行道及其他部分顶板以板式加劲肋进行加劲,其中人行道顶板加劲肋规格为 120mm×10mm,风嘴部分底板采用板式加劲肋进行加劲,其余部分均以倒置的 U 形闭口肋进行加劲,U 肋高 220mm,底部开口宽度 340mm,顶部宽度 200mm,肋标准厚度 6mm,在底板 20mm 范围,肋加厚至 8mm;在钢混结合段范围,人行道部分顶板厚 16mm,车行道及其他部分顶板厚 24mm;风嘴底板厚 16mm,其余部分底板厚 28mm;顶板、底板均以板式加劲肋进行加劲,车行道部分顶板板肋规格为 360mm×32mm,人行道部分顶板板肋规格为 240mm×24mm;风嘴部分底板板肋规格为 240mm×24mm,其余部分底板板肋规格为 420mm×36mm。

钢箱梁纵向设 2 道外腹板,厚 28mm,横桥向间距 29.0m,沿箱梁全长设置,外腹板外侧以板式加劲肋进行加劲,板肋规格为 240mm×20mm;在钢混结合段范围,考虑混凝土箱梁构造,为便于钢梁与混凝土梁之间传力更加直接、匀顺,在钢箱梁内增设 4 道内腹板,内腹板厚度 30mm,横桥向间距分别为 3.9m、15.6m,内腹板两侧均以板式加劲肋进行加劲,板肋规格为 360mm×32mm。

在一般箱梁节段范围,拉索横隔板与普通横隔板均采用相同构造,设计为空腹桁架式结构,标准间距为 3.1m,横隔板厚度 12mm,横隔板开孔镶边规格为 360mm×12mm,桁架杆件采用热轧 H 型钢,型钢规格为 HW200×200;在钢混结合段范围,钢箱梁为单箱五室结构(除风嘴外),除钢混结合面位置横隔板为空腹式结构外,其余横隔板均采用实腹式结构。

钢混结合面主要采用承压传力的结构形式,承压隔板厚度 120mm,内、外腹板与承压隔板采用熔透焊接连接,纵肋与承压隔板磨光顶紧后进行角焊缝焊接。为控制结合面在运营过程中出现的拉应力,在结合面上张拉预应力钢束,预应力钢束设计为单端张拉的形式,固定端位于钢箱梁侧,锚固于钢箱梁内部。为防止在长期的运营过程中,由于混凝土的收缩徐变等因素,结合面位置有水分渗入,钢梁顶、底板均伸入混凝土侧一定长度,包裹在混凝土梁外侧,并在该长度内设置剪力钉。

风嘴与主梁同时加工、架设,但不考虑参与主梁受力,仅承受自重、风荷载、检修走道及人行荷载。风嘴盖板采用 8mm 厚钢板并以板式加劲肋进行加劲,风嘴隔板位置与主梁横隔板位置对应,板厚 10mm。

2. 钢箱梁梁段划分

根据制造及施工的需要,将全桥钢箱梁划分成 D1、D2、D3、MH(合龙段)、JH(钢混结合段)共五种类型,钢箱梁全长 725m,共分 49 个节段,梁段标准长度 15.5m,合龙段长度 8.2m,

钢混结合段长度5.0m,梁段最大吊重约300.0t。梁段间接缝除外腹板采用高强螺栓连接外,其余部分均采用焊接。

3. 斜拉索梁上锚固

斜拉索在钢箱梁上的锚固采用锚拉板结构形式。锚拉板焊接于主梁外腹板之上的箱梁顶面,锚管嵌于锚拉板上部的中间位置,两侧用焊缝互相连接,下部直接焊在桥面板上,中部除了要开孔安装锚具外,尚需连接上下两部分。为了补偿开孔部分对锚拉板截面强度的削弱,以及增强其横向的刚度和保证锚拉板横向倾角的准确性,在锚拉板的两侧设置加劲板并和桥面板直接焊连。

第二节 混凝土主梁设计

一、混凝土主梁横断面设计

混凝土主梁布置在边跨范围,以平衡中跨主梁荷载。边跨主梁部分处于桥面变宽段,北岸主梁桥面宽度变化幅度为36~47.3m,南岸桥面宽度变化幅度为36~47.8m。边跨斜拉索布置在桥面中央分隔带范围内,为中央双索面布置。斜拉索在混凝土主梁上纵向间距9.0m,横向间距1.0m。

混凝土主梁采用与主跨钢箱梁相对应的全封闭整体箱形断面,在辅助墩顶、拉索对应位置及拉索之间设置横梁,纵向横梁间距4.5m。主梁梁高与中跨一致,即桥面中心线处高度3.5m,通过调整主梁横向梁高形成桥面横坡。主梁为单箱五室截面,共设置6条纵向腹板,即4道中竖腹板、2道边腹板。中腹板厚0.7m,边腹板厚0.5m,箱梁顶板厚28cm,底板厚30cm,横梁腹板厚30~50cm,横隔板上设置过人孔。

边跨加宽部分主梁主要通过调整箱梁外腹板与直腹板间距来实现,即通过增大外腹板与中腹板的间距进行变宽,加宽段箱梁顶、底、腹板厚度保持不变。锚跨端部桥面由6车道变为4车道的梁段则通过直腹板直接延伸,将箱梁由单箱五室变为单箱三室来实现。

混凝土梁断面图分别如图2-4-2~图2-4-4所示。

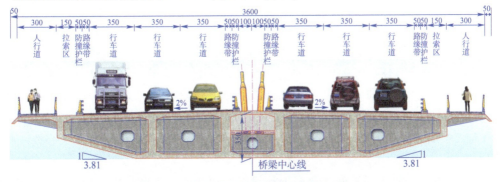

图2-4-2 六车道混凝土梁标准断面图(尺寸单位:cm)

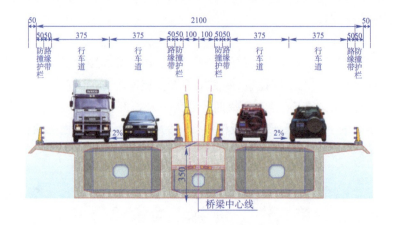

图 2-4-3 四车道混凝土梁标准断面图(单位:cm)

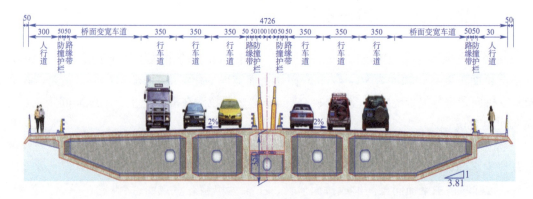

图 2-4-4 六车道混凝土梁变宽断面图(单位:cm)

二、混凝土主梁结构设计

1. 结构构造

1)北岸混凝土主梁

北岸主梁采用 C55 混凝土,北岸锚跨混凝土主梁中心线总长 231.80m。受总体路线布置的影响,桩号 ZXK428.903～ZXK430.952 之间的主梁位于 $R=350m$ 的圆曲线上,横向为 3% 的单向坡;桩号 ZXK430.952～ZXK490.952 之间的主梁位于 $A=144.914m$、$L=60m$ 的缓和曲线上(A 为缓和曲线参数;L 为缓和曲线长度),其中,ZXK430.952～ZXK442.952 之间的主梁由单向 3% 横坡渐变至单向 2% 横坡,ZXK442.952～ZXK490.952 之间的主梁由单向 2% 横坡渐变至双向 2% 横坡,坡度变化通过上游侧顶板围绕桥梁中心线刚性旋转实现。

主梁在主塔处、辅助墩处和过渡墩处均设置墩顶横梁。主塔处横梁厚 5.00m,辅助墩顶横梁厚2.00m,考虑伸缩缝预留槽口后,过渡墩处横梁均进行相应的加厚处理,Z04墩过渡墩处横梁厚3.2m,设置0.65m×2.40m的伸缩缝预留槽口,Z06墩与A、B匝道衔接范围内辅助墩顶横梁进行加厚,局部厚度为2.9m,设置0.65m×2.10m的伸缩缝预留槽口。

箱梁无索区段和有索区段均设置有横隔板,横隔板标准间距为4.50m,横隔板的标准厚度为0.30m,横向各部位的厚度依据结构受力和构造要求确定。

Z06~Z08墩之间为单箱五室箱梁断面,箱梁标准断面为顶面设2%双向横坡。主梁中心梁高3.50m,顶板宽36.00m、厚0.26m,底板宽18.00m、厚0.30m,两侧悬臂长3m,悬臂板端部设置滴水构造,悬臂板厚0.26m,下设厚0.30m的加劲肋板,加劲肋板的纵向布置与横梁和横隔板的位置相对应,为便于横向预应力的施工,悬臂板采用后浇施工;标准段主梁设置4道中腹板、2道边腹板,桥梁中心线两侧的两道中腹板厚0.50m,横向间距为2×3.90m/2=3.90m,其余两道中腹板厚0.40m,横向间距为2×15.60m/2=15.60m,边腹板厚0.50m,横向间距为2×30.0m/2=30.0m;斜腹板与底板交接处设置$R=10.00$m的圆弧过渡段。非标准段的结构构造依据结构受力进行加强。

单箱五室箱梁变宽段断面的变化应符合以下原则:斜腹板的斜率、高度、厚度、与底板的圆弧过渡衔接段保持一致,根据桥宽和横坡调整边腹板的高度和底板的宽度,从而实现箱梁断面的变化。

另外,Z04~Z06辅助墩之间的箱梁采用单箱三室断面,两道中腹板厚0.70m,两道边腹板厚0.60m。为适应总体路线,箱梁顶板采用长度变化的悬臂板,根部厚0.50m。该区段处于横坡变化段,由双向2%对称横坡渐变至单向3%坡度,以使结构总体受力顺畅,适应路线的走向。

2)南岸混凝土主梁

南岸主梁采用C55混凝土,南岸锚跨混凝土主梁中心线总长231.80m。

主梁在主塔处、辅助墩处和过渡墩处均设置墩顶横梁。主塔处横梁厚5.00m,辅助墩顶横梁厚2.00m,考虑伸缩缝预留槽口后,过渡墩处横梁均进行相应的加厚处理,Z13过渡墩处横梁厚3.2m,设置0.65m×2.40m的伸缩缝预留槽口。

箱梁无索区段和有索区段均设置横隔板,横隔板标准间距为4.50m,横隔板的标准厚度为0.30m,横向各部位的厚度依据结构受力和构造要求确定。

南岸主梁为单箱五室箱梁断面。箱梁标准断面顶面设2%双向横坡,主梁中心梁高3.50m,顶板宽36.00m、厚0.26m,底板宽18.00m、厚0.30m,两侧悬臂长3m,悬臂板端部设置滴水构造,悬臂板厚0.26m,下设厚0.30m的加劲肋板,加劲肋板的纵向布置与横梁和横隔板的位置相对应。为便于横向预应力的施工,悬臂板采用后浇施工;标准段主梁设置4道中腹板、2道边腹板,桥梁中心线两侧的两道中腹板厚0.50m,横向间距为2×3.90m/2=3.90m,其余两道中腹板厚0.40m,横向间距为2×15.60m/2=15.60m,边腹板厚0.50m,横向间距为2×30.0m/2=30.0m;斜腹板与底板交接处设置$R=10.00$m的圆弧过渡段。非标准段的结构构造依据结构受力进行加强。Z09~Z12墩之间箱梁两侧设置人行道悬臂板,Z12~Z13墩之间箱梁两侧取消设置人行道悬臂板。

2. 箱梁纵向预应力体系

纵向预应力采用分段张拉、锚固、接长的施工方法,由主塔处开始施工至过渡墩结束。纵向预应力采用 $\phi^s15.2$mm 钢绞线,标准强度 $f_{pk}=1860$MPa,弹性模量 $E=1.95\times10^5$MPa,采用塑料波纹管制孔,群锚锚固。纵向预应力钢束包括纵向腹板钢束、纵向顶板钢束、纵向底板钢束和施工阶段纵向预应力钢束,钢绞线规格有 19 股、15 股、12 股和 7 股。

3. 箱梁横向、竖向预应力体系

箱梁横梁及横隔板均配置有预应力腹板束和顶板束,钢束的配置依据结构受力计算确定,腹板束的钢绞线规格有 19 股、17 股和 15 股,顶板束规格有 5 股、4 股和 3 股,横向预应力均采用塑料波纹管制孔,群锚锚固。

斜拉索锚固横梁腹板竖向设置 $\phi32$mm 的 $40Si_2MnMoV$ 精轧螺纹粗钢筋,抗拉强度标准值为 785MPa,设计弹性模量 $E=2.0\times10^5$MPa。

第三节 钢混结合段设计

混合梁斜拉桥的钢混连接部是结构受力的关键部位,该处材料特性、结构刚度均发生突变,结构受力复杂。钢混接头的成功实施不仅取决于设计,还与此处的施工质量,尤其是混凝土的浇筑质量密切相关,毫不夸张地说,只要混凝土的浇筑不密实,一切设计措施都是白费。

钢混结合部的位置设置至关重要,应选择结构变形较小、受力较明确、施工质量容易控制的位置。根据边、中跨布置及结构特点,斜拉桥主梁以轴向受压为主,钢混接头设置在以受压为主的主塔附近较合适,该处主梁轴向压力大,竖向变位小,应力变幅相对较小,运营状态下,经适当配置预应力,使主梁不出现拉应力。从施工质量的控制角度,钢混结合段设置在主塔处可以为结合段的实施提供有利的操作平台,施工方便、质量容易得到保证。经分析比较,钢混结合段布置在主塔下横梁范围内,经适当的配筋后结构受力满足使用要求,且施工便利。钢混结合段位置如图 2-4-5 所示。

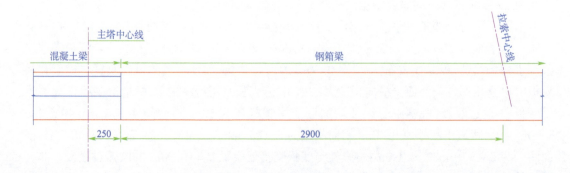

图 2-4-5 钢混结合段位置图(尺寸单位:cm)

该处钢混结合部在各种荷载作用下,经适当配筋,混凝土梁均处于受压状态,主+附(受力)最不利组合作用下混凝土梁不出现拉应力,钢梁板厚采用常规板厚即可满足使用要求。

目前,钢混结合部的结构类型较多,主要包括全断面钢板承压式、前承压板式和后承压板式,此外还有承压板与 PBL 键(开孔钢板连接件)结合的构造形式。钢板承压式接头正应力通过承压钢板直接传向混凝土,由于主梁轴向力较大和上下缘抵抗弯矩的预应力筋较多,为将钢梁截面内力通过承压板传递给混凝土主梁,需要设置较厚的承压钢板才能满足受力要求,同时,钢板与混凝土通过接触面直接连接,截面上材料发生突变,接头连接刚度过渡性稍差,连接处容易开裂,易出现微裂纹,影响结构的耐久性;后两种结构类型可通过在结合段钢梁上设置剪力钉,并在接头处灌注混凝土,形成钢混混合接头,接头处内力通过钢梁上剪力钉和相应的预应力筋进行传递,但钢构件复杂,隔仓较多,混凝土的浇筑质量不易保证,且截面刚度突变,结构受力复杂。

主桥在 Z08、Z09 主塔处设置两道钢混结合段,结合段均设置于主跨侧距离主塔中心线 2.5m 处。钢混结合采用预应力钢绞线和预应力粗钢筋进行纵向连接,车行道范围内的顶板、底板和腹板采用纵向预应力钢束连接,顶板设 9 股 $\phi^s15.2mm$ 钢绞线,底板和腹板设 7 股 $\phi^s15.2mm$ 钢绞线,混凝土梁内采用塑料波纹管成孔,钢箱梁的加劲肋板封闭腔作为该梁端的管道,钢绞线束采用单端张拉,张拉端设置于混凝土箱梁内的锚固锯齿块,固定端设置于钢箱梁内的加劲肋板封闭腔端部的承压板,固定端采用预应力群锚体系,预应力施工完成后,对预应力管道和钢箱梁内的加劲肋板封闭腔进行灌浆;两侧风嘴范围内采用 $\phi32mm$ 预应力精轧螺纹钢筋进行连接,固定端设置于承压板上,张拉端设置于混凝土梁侧。

在钢混结合段范围内,钢箱梁 U 形加劲肋调整为板式加劲肋,钢混结合面设置 120mm 厚端承压板;该范围内混凝土梁设置 5.0m 端横梁,对顶板、底板和腹板均进行截面加强处理。

第四节　主梁支撑体系

结构采用 9 跨连续半飘浮体系,空间密索布置。主梁在主塔及辅助墩处设竖向支座,在索塔处设横向抗风支座及抗震挡块,辅助墩均设置抗震挡块。塔梁间纵向采用对静荷载不提供支撑刚度、只对动荷载产生缓冲和约束作用的阻尼器连接。万州长江公路三桥(牌楼长江大桥)主桥主梁支撑体系平面布置图如图 2-4-6 所示。

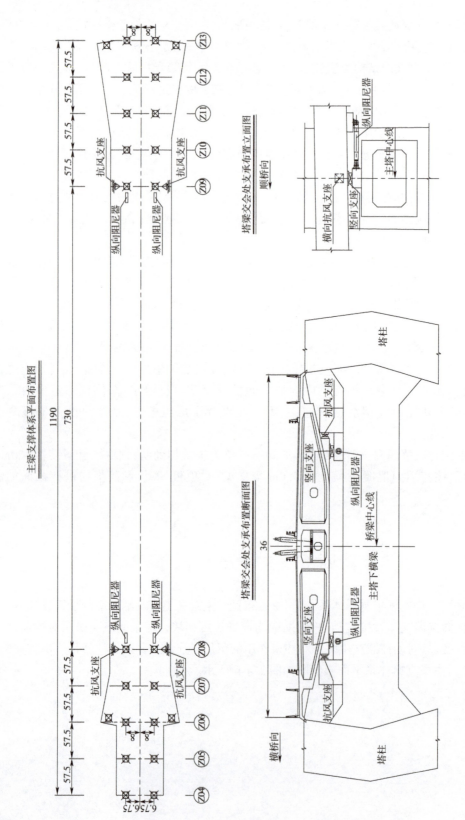

图2-4-6 万州长江公路三桥（牌楼长江大桥）主桥主梁、塔梁交会处支撑布置图（尺寸单位：cm）

第五章 主塔和斜拉索设计

第一节 主塔设计

一、主塔结构总体布置

主塔担负全桥绝大部分的构件自重和汽车、风、温度变化等的作用,是斜拉桥主要的受力构件之一。大跨径斜拉桥的动力稳定性是控制桥梁设计的关键因素之一,对主塔的抗扭能力要求高,同时由于本桥采用了特殊的拉索索面布置方案,也决定了在塔形构思时,只能考虑采用钻石形塔或者上塔柱分开距离较小的花瓶形主塔及衍变出来的塔形方案。结合景观、水文、历史人文、结构受力及施工等因素综合考虑后,主塔塔型推荐采用具有欧式建筑风格的方案二,如图 2-5-1 所示。

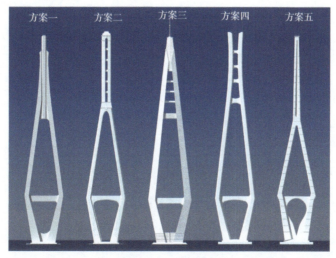

图 2-5-1 主塔塔型方案

主塔采用欧式建筑风格的钻石塔造型,上塔柱上下游锚索区段之间设置有6道连接横梁,下塔墩设置一道横梁。南北主塔下横梁以上部分保持一致,仅下塔柱构造有所不同。由于北主塔位于北岸山坡上,南主塔位于深水区,因此两主塔高差比较大,北塔塔高208.2m,下塔柱高13.7m;南塔塔高248.12m,塔墩高53.62m。除南主塔下塔柱外,其余塔柱、横梁均采用单箱单室箱形断面;南主塔下塔柱考虑防撞要求,在塔柱内设置一道隔板,形成单箱双室的断面形式。

主塔总体布置如图 2-5-2 所示。

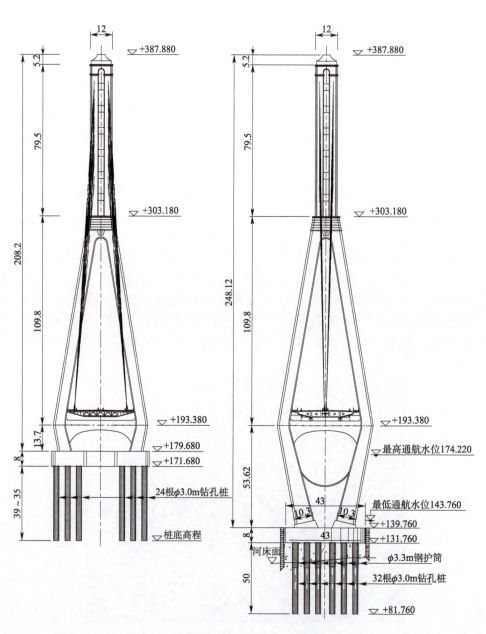

图 2-5-2　主塔总体布置(尺寸单位:m;高程单位:m)

二、索塔锚固区设计

斜拉索锚固区采用"#"字形预应力锚固,预应力采用 24ϕ7mm 高强度低松弛钢丝束,抗拉强度 $f_{pk}=1670\mathrm{MPa}$,弹性模量 $E_p=2.05\times10^5\mathrm{MPa}$。钢丝束锚具采用 DM 型镦头锚,张拉端锚具为 A 型,固定端为 B 型。预应力钢丝束的布置考虑到避开索导管的位置及纵横向预应力钢丝束的位置交错。钢束的竖向间距自塔顶至塔底由密渐疏,这主要是考虑到塔顶拉索水平分力较大,锚固区的受力较为不利。塔柱连接横梁处的预应力布置结合锚固区预应力综合布置。

三、下横梁及塔墩设计

为平衡支座传递的竖向荷载以及塔柱的框架内力,下横梁设置横向预应力。下横梁预应力采用顶底板束结合腹板束的布置形式。顶底板束集中在中、下塔柱交会的角点处锚固,可以避免截断大量塔柱竖向主筋;腹板束不可避免要截断部分主筋,由于分布宽度不大,因此对结构受力安全不造成很大影响,但施工时仍需要对被截断的主筋严格按照等强原则进行补焊和恢复。

塔柱总体按照钢筋混凝土构件设计。其中北主塔下塔柱由于墩高很小,横向框架产生的次内力很大,须配置竖向预应力,以平衡混凝土收缩徐变、降温及下横梁预应力等不利荷载作用产生的次内力。因而北主塔下塔柱单独按照 A 类预应力混凝土构件进行设计。

下横梁及下塔柱的预应力体系采用低松弛预应力钢绞线夹片式群锚体系,钢绞线规格均为 19-ϕ^s15.24mm。

四、各构件尺寸拟定

上塔柱:采用等截面,顺桥向宽 7.6m,横桥向宽 4.5m。由于采用预应力锚固体系,因此斜拉索锚固面(垂直于桥轴线)采用较大壁厚,为 1.4m;另一面(平行于桥轴线)受力较小,壁厚采用 0.8m。斜拉索锚固在横桥向塔壁内侧外凸的锯齿块上,为平衡斜拉索在主塔锚固区截面产生的拉应力,锚固区截面沿塔壁四周布置 24ϕ7mm 的高强度低松弛钢丝束,预应力布置形式采用"#"字形。上塔柱上下游锚索区段之间设置有 6 道连接横梁,在与横梁相接的位置,塔柱内均沿平行于桥轴线一面的内壁设置加劲肋,以提高上塔柱在不对称空间索面作用下的抗扭性能。

中塔柱:根据空间计算结果,中塔柱从上至下受力递增,且塔柱顺桥向弯矩远大于横桥向弯矩。因此,为提高截面利用效率,中塔柱采用变截面,且顺桥向壁厚大于横桥向壁厚。具体取值为:中塔柱顶部截面顺桥向宽 8.2m,底部截面顺桥向宽 11.6m;横桥向宽均为 5.8,顺桥向壁厚均为 1.2m,横桥向壁厚均为 1m。

下塔柱：根据空间计算结果，下塔柱受力最为不利，且同样是从上到下受力递增。和中塔柱不同的是，下塔柱横向弯矩也很大，因此下塔柱截面外部尺寸同样采用变截面，而壁厚两个方向取相同。具体取值为：南主塔下塔柱顺桥向顶宽11.6m，底宽13m，横桥向顶宽5.8m，底宽10m，壁厚除倒角加厚区外，余均采用1.3m。北主塔外部尺寸在相同高度处和南主塔保持一致，以保证主塔造型的统一。具体取值为：顺桥向顶宽11.6m，底宽12m，横桥向顶宽5.8m，底宽7m。北主塔由于高度较小，因此在温度、收缩徐变及下横梁预应力等作用下产生的次内力很大，受力较南主塔不利很多。设计时将北主塔下塔柱截面加厚，除倒角加厚区外，均采用2.0m的壁厚。此外，将北主塔下塔柱设计为预应力混凝土结构，在塔柱的外侧配置19-ϕ^s15.2预应力钢绞线，其他部分塔柱均采用钢筋混凝土结构。

上塔柱连接横梁、中塔柱交会处横梁均采用等高梁，其中上横梁采用"H"形截面，高3.5m，宽7.0m，中间隔板厚0.8m，腹板厚1.2m。中横梁外部尺寸由主塔整体造型决定，高11.6~14.0m，宽8.2~8.9m。由于中横梁位于中上塔柱交界处，作用亦比较关键，因此采用较大的壁厚，顶底板厚2.0m，腹板厚约2.4m。

下横梁出于造型及受力的考虑，采用变高梁。跨中梁高5.0m、宽10.5m，单箱单室构造，顶底板壁厚0.8m，腹板厚1.2m。根部梁高考虑受力及造型的需要，采用较大梁高，为12.0m。由于根部梁高很大，采用单箱双室构造，上部的箱室通长设置，和跨中截面箱室完全一致；下部箱室根据梁高渐变，在跨中附近通过设置圆倒角。壁厚及梁宽和跨中截面一致。

根据结构受力需要，横梁内均配有19-ϕ^s15.2预应力钢绞线，以顶底板束为主，另需配置部分腹板束。顶底板束通过竖弯在中下塔柱交界的角点集中锚固，以避开塔柱的纵向受力主筋。

第二节 斜拉索设计

斜拉索采用扇形密索体系。主跨斜拉索采用双索面布置，梁端名义锚固点纵向距离15.50m，设置于车行道和人行道之间，两个锚跨斜拉索采用中央索面布置形式，梁端锚固点纵向间距9.00m，设置于中央分隔带内。每个主塔布有22对空间索，斜拉索规格按钢丝丝数编排分别为 PESC7-121、PESC7-139、PESC7-163、PESC7-199、PESC7-223、PESC7-241、PESC7-253，共7类，锚具采用相应规格的 PESM 冷铸锚，塔端斜拉索锚具采用张拉端锚具，梁端采用固定端锚具。斜拉索编号如图2-5-3所示。

斜拉索采用平行钢丝斜拉索，钢丝采用$\phi 7$镀层为锌铝合金的高强钢丝，标准强度为1670MPa，斜拉索设计安全系数2.50。成品索采用双层防护，内层为黑色高密度聚乙烯，外层为彩色高密度聚乙烯，外设双螺旋线。高强钢丝索构造如图2-5-4所示。

斜拉索在塔端直接锚固于主塔塔壁，在混凝土梁端锚固于梁端的斜拉索锚固块，与钢箱梁通过锚垫板连接，斜拉索均在塔上张拉。斜拉索主跨梁端锚固、边跨梁端锚固分别如图2-5-5、图2-5-6所示。

第二篇
第五章 主塔和斜拉索设计

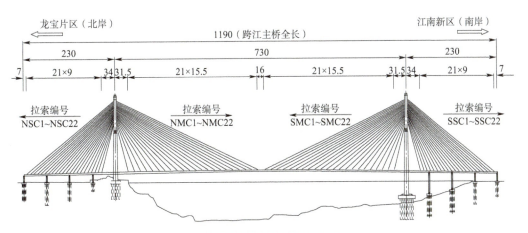

图 2-5-3 高强钢丝索设置示意图(尺寸单位:m)

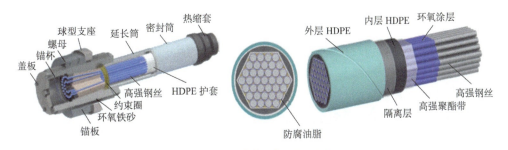

图 2-5-4 高强钢丝索构造示意图

图 2-5-5 斜拉索主跨梁端锚固

图 2-5-6 斜拉索边跨梁端锚固

065

第六章 桥梁主要附属结构设计

第一节 桥面铺装设计

一、主桥混凝土梁铺装结构

主桥混凝土梁桥面沥青铺装结构组成为：50mm 改性沥青 SMA13（面层）+40mm 改性沥青 SMA10 + 热融改性沥青（撒布粒径 5~10mm 碎石）+ 溶剂型黏结剂。对于桥面板平整度比较差的区域，采用改性沥青 SMA10 进行局部调平。混凝土梁面铺装结构示意图如图 2-6-1 所示。

铺装面层	改性沥青 SMA13，厚度 50mm
	洒布改性乳化沥青，用量 300~500g/m²
铺装下层	改性沥青 SMA10，厚度 40mm
防水黏结层	撒布粒径为 5~10mm 的预拌碎石，用量 5~10kg/m²
	热融沥青，用量 0.9~1.1kg/m²
	溶剂型黏结剂，用量 0.2~0.3kg/m²
桥面板	混凝土桥面打砂，清除浮浆，形成干燥、洁净、粗糙的界面

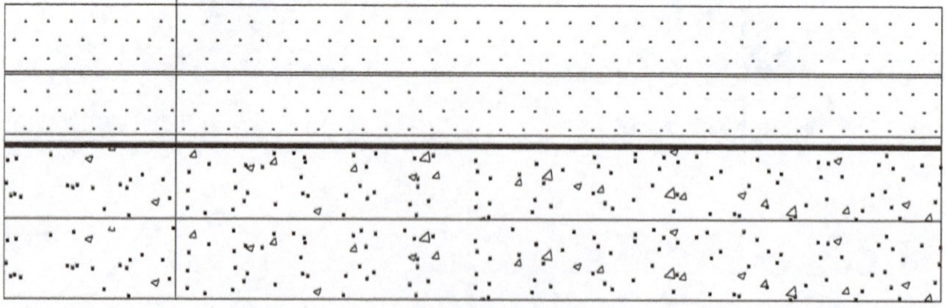

图 2-6-1 混凝土梁桥面铺装结构示意图

二、钢桥面行车道铺装结构

钢桥面行车道铺装层厚度按功能要求的不同，分多层进行设计，参照同类型桥效果较好的铺装结构,本桥铺装结构如图 2-6-2 所示。桥面铺装设计总厚度 72mm,结构组成为:35mm 沥青玛琋脂碎石(SMA10)(面层)+35mm 浇注式沥青混凝土(GA10)(下层)+2mm 防水黏结层。

铺装面层	高弹沥青SMA10,厚度35mm
	洒布改性乳化沥青,用量300~500g/m²
铺装下层	浇筑式沥青混凝土GA10,厚度35mm;撒布5~10mm预拌碎石
防水黏结层	反应性黏结剂,用量100~200g/m²
	TOPEVER®(两层)高分子防水涂料,总用量2500~3500g/m²
	防腐底漆,用量100~200g/m²
钢板	喷砂除锈,清洁度Sa2.5级,粗糙度50~100μm

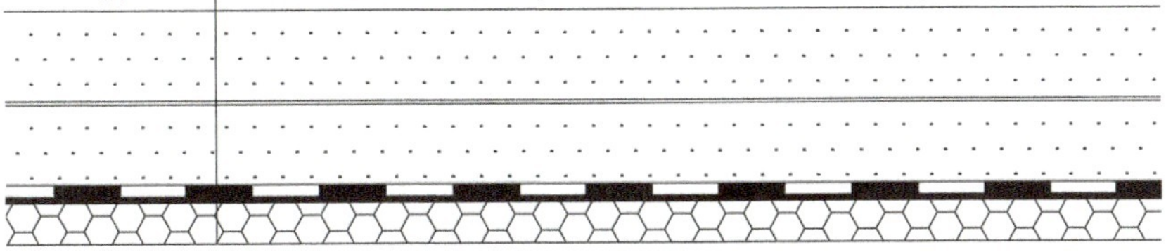

图 2-6-2　钢桥面行车道铺装结构示意图

三、索区铺装结构

索区及中央分隔带铺装不需要很复杂的防水体系和结构强度,采用图 2-6-3 所示的铺装结构。

铺装层	浇筑式沥青混凝土GA10,厚度30mm
防水黏结层	涂刷溶剂型黏结剂,用量200~300g/m²
钢板	喷砂除锈,清洁度Sa2.5级,粗糙度50~100μm

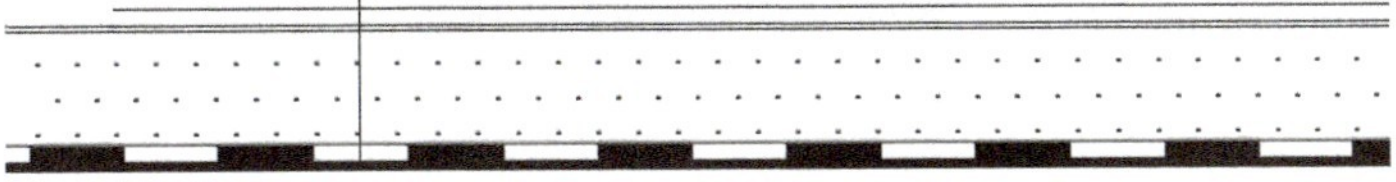

图 2-6-3　索区铺装结构示意图

四、人行道铺装结构

人行道铺装采用现浇式 PU 橡胶板组成的防水体系,桥面板喷砂除锈清洁度达到 Sa2.5 级、粗糙度达到 50~100μm 后,喷涂环氧富锌漆,在防腐层彻底干燥至少 24 小时后,现浇 10mm 厚的 PU 橡胶板。人行道铺装结构示意图如图 2-6-4 所示。

铺装层	10mm现浇式PU(聚氨酯)橡胶板
防腐层	环氧富锌漆
钢板	喷砂除锈,清洁度Sa2.5级,粗糙度50~100μm

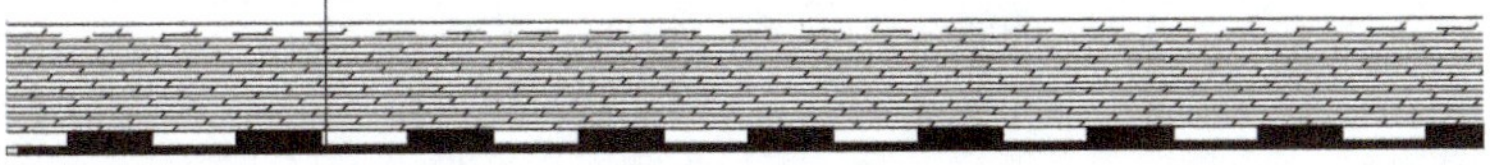

图 2-6-4　人行道铺装结构示意图

第二节 防撞护栏设计

防撞护栏的设计既要考虑结构的安全性,又要结合美化城市、提升桥梁景观的功能。

跨江主桥桥面车行道外设有防撞栏杆,防撞等级为 SB 级。防撞栏杆采用组合式钢结构护栏,由立柱和横梁组成,立柱沿纵向按标准间距设置,立柱及横梁均通过螺栓连接,防撞护栏采用 Q235C 钢材。人行道及栏杆布置在拉索索面外侧,人行道采用钢制栏杆,由钢板柱和纵向钢管组成。

第三节 人行道设计

人行道均布置在主梁两侧,人行道宽度 3.0m,主跨侧人行道采用箱形钢结构(耐候钢),人行道下侧预留纵向过江管线通道,每间隔 40～50m 设置可以开启的检修孔。边跨侧人行道采用预制混凝土板,其下预留纵向过江管线通道。

第四节 排水系统设计

Z8～Z11 主塔墩之间桥面排水采用横向排水,直接排入长江;北岸 Z4～Z8、南岸 Z11～Z13 之间的边跨桥面积水先横向汇至桥下设置的纵向排水管,并经纵向排水管接入城市排水系统。

第五节 支座设计

本桥采用大位移量的铸钢球型支座,按照桥梁的全寿命设计。支座设计参数见表 2-6-1。

支座设计参数 表 2-6-1

支座型号规格	编号		设计承载力(kN)	纵向位移(mm)
TQZ-6500-DX-e700	Z04		6500	±700
TQZ-14000-DX-e750	Z05		14000	±750
TQZ-17500-DX-e740	Z06	中	17500	±740
TQZ-9000-DX-e740		边	9000	±740
TQZ-30000-DX-e720	Z07		30000	±720
TQZ-26000-DX-e710	Z08		26000	±710
TQZ-26000-DX-e720	Z09		26000	±720

续上表

支座型号规格	编号		设计承载力(kN)	纵向位移(mm)
TQZ-27000-DX-e770	Z10		27000	±770
TQZ-19000-DX-e780	Z11		19000	±780
TQZ-19000-DX-e800	Z12		19000	±800
TQZ-11000-DX-e810	Z13	中	11000	±810
		边	6500	±810

第六节 伸 缩 缝

本桥采用模数式桥梁伸缩装置，考虑到道路在实际使用过程中汽车的超载较严重，同时考虑到伸缩缝为易损构件，故对型钢进行了加强设计，中梁钢采用90mm异型钢，边梁钢采用40mm异型钢。全桥伸缩缝分两种规格，即1760mm型和1600mm型。Z06辅助墩处主桥与北立交A匝道、B匝道处采用9.00m宽，伸缩量为1600mm型伸缩缝；其他部位均采用伸缩量为1760mm型伸缩缝。

第七章
全桥景观设计

第一节 总体设计构思

一、大桥周边情况

万州长江公路三桥（牌楼长江大桥）两岸的城市文化、休闲商业景点密布，但能够成为城市景观新地标的景点仅有本桥。

三峡工程蓄水，在淹没和影响风景资源的同时，又创造性地增加一些新的景点和景区。175m的蓄水水位，将使整个三峡库区形成一个大的湖面，三峡库区因水位的提高和河面的加宽，从而产生长江支流沿河休闲景观带，极具旅游开发价值。万州长江公路三桥（牌楼长江大桥）项目的特殊地理位置，承载了极具重要的交通枢纽功能，在环湖宜居旅游之城的建设中，肩负着重要的任务。它是江北历史文化体验组、动漫文化组团与江南中央商务休闲组团、峡江民俗体验组团的链接纽带，扮演重要角色，服务人群广泛。

万州区长江景观线从长江一桥出发，经过上村、红溪沟码头、沈口水陆联运区及龙宝河口，经过万州长江二桥，过西山公园及竺溪河口，再经万州长江公路三桥（牌楼长江大桥）到青草背结束，全长10km，这条景观线主要由沿江的自然人文景观所构成，包括雄奇山势、浩荡的江面、依山傍水的城市、飞架的长江大桥以及繁忙的港口码头，构成了万州城市景观的主体。顺江而下，单跨钢筋混凝土拱的万县长江大桥、悬索结构的万州长江二桥，配以老城标志的西山公园钟楼等组成滨江景观的高潮。万州长江公路三桥（牌楼长江大桥）及桥头公园的建设，突出时代特色将山、水、桥、人融为一体，成为万州城市旅游的点睛之景。

二、设计构思

桥，对于城市的意义可以不只是交通枢纽，可以是一个区域的地标，更应该成为城市的特色名片,如英国伦敦的伦敦塔桥、美国的金门桥、重庆的东水门长江大桥等。万州长江公路三桥(牌楼长江大桥)以何种姿态屹立于平湖之上,成为"城市新地标"。其景观设计的主体构思是:以万州长江公路三桥(牌楼长江大桥)项目为核心整体打造市民休闲游玩的"宝地"、游客观光旅游的"圣地"、时代文化体验的"高地",使其成为万州城市景观新地标,带动"两湖四岸"城市景观品质的提升,成为山水之城万州的城市新名片。其设计愿景如下:

(1)市民休闲游玩的"宝地"

对于万州区的市民来说,万州长江公路三桥(牌楼长江大桥)桥头不仅仅只是一个交通通勤区域,更应该是一个承载城市生活的驻足空间,是市民闲暇之余休闲游玩的一处滨水宝地。

(2)游客观光旅游的"圣地"

随着万州城市旅游的兴起,万州长江公路三桥(牌楼长江大桥)还应该是一个展示万州形象的平台,吸引众多的外来游客,成为万州城市景观的一处旅游胜地。

(3)时代文化体验的"高地"

"峡江号子扬起,碧波荡漾,渔火照亮古镇,千年华唐……",万州港作为长江中上游的一个历史港口,有着丰富的文化底蕴,万州长江公路三桥(牌楼长江大桥)项目的建设更应该弘扬城市文化历史的一处文化体验高地。

第二节 桥身创意设计

一、分析与思考

万州城区境内四座最为重要的大桥:万县长江大桥、万州长江二桥、万州长江铁路大桥、万安大桥。这四座大桥的桥身涂装设计均为白灰色,色彩不张扬不喧哗,着重强调大桥本身的功能性,削弱了其作为城市地标性构筑物的景观性需求,色彩与城市色调融为一体,静静地伫立在江面之上,诉述着曾经的辉煌。而即将建成的万州长江公路三桥(牌楼长江大桥),它不仅承载着大桥的交通功能,而且是万州新时代下开拓精神的一种标志,体现当代万州的活力与魅力,是万州城市景观的"新地标、新名片"。因此含蓄内敛的"白灰色"已不能满足"地标景观"的需求,需要更为明快、绚丽的色彩提升万州长江公路三桥(牌楼长江大桥)"地标景观"的符号性。

设计构思:目前,桥身常见的色彩有通体红色桥塔的大桥(如宜昌长江公路大桥、忠县长江大桥、上海杨浦大桥、武汉鹦鹉洲长江大桥等)和通体白灰色桥塔的大桥(如安庆长江大桥、奉节长江大桥、泰州长江大桥、夷陵长江大桥等)。万州长江公路三桥(牌楼长江大桥)以何种面貌屹立于平湖上?从"融合"和"突显"来思考构思。

融合:将大桥融入城市总体色调中,不张扬不喧哗,平淡无味地融入城市背景之中,缺乏创新精神,不能体现出大桥的独特的个性与城市魅力,而且与"城市新地标"的角色定位不相符合,追寻的是一种不求无功、但求无过的中庸之道。

突显:将万州长江公路三桥(牌楼长江大桥)打造成为"城市新地标",庄重而又不失活力,以简洁明快的格调屹立于平湖之上,犹如城市之中一颗耀眼的星星,追寻的是一种开拓与创新的精神,体现的是万州人民热情奔放、积极乐观的人文内涵,展示的是新时代万州人民敢于开拓、勇于创新的时代精神。通过对城市基底色彩的提炼与分析(图2-7-1),可以明显看出,万州城市基底色调为浅色的"暖灰色调",万州长江公路三桥(牌楼长江大桥)的城市角色定位为"城市地标构筑物"。桥身涂装色彩应区别于城市基底色彩,"亮丽、醒目"的桥身色彩,是万州长江公路三桥(牌楼长江大桥)本身独特的符号识别性第一要素。

基于以上分析与思考,进行桥身创意设计。

图2-7-1 万州城市基底色彩

二、桥身涂装

万州长江公路三桥(牌楼长江大桥)桥身以"中国红"的亮丽色彩为主色调,彰显沉稳与大气,明快的色调与城市的基底色彩形成鲜明对比,醒目庄重,气势恢宏。红色的桥身与白色的桥塔上半段分段涂装,红白相间以点、线、面的构成方式美化桥身,在我国桥梁涂装形式中,应属首创。桥身涂装如图2-7-2所示。

图2-7-2 万州长江公路三桥(牌楼长江大桥)桥身涂装效果图

万州长江公路三桥(牌楼长江大桥)的桥身色彩,在不同的天气情况下,不同的光源照射下,以及一天的不同时段,桥身色彩会有细微的差别,将呈现出不一样的风情,如图2-7-3所示。

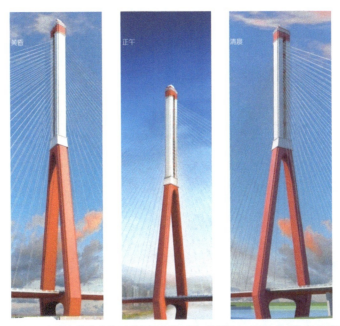

图2-7-3　色彩变化丰富的万州长江公路三桥(牌楼长江大桥)桥身涂装效果图

三、桥塔涂装

大桥桥塔上半段,根据桥塔的独特造型分块涂装,采用点、面结合的方式形成独具特色桥塔涂装效果,形成向上的"动势",形成"节节高"的美好寓意。桥塔下半身,依然采用"中国红"的色彩涂装,庄重、大方、亮丽。桥塔涂装效果如图2-7-4所示。

图2-7-4　桥塔涂装效果图

四、塔帽涂装

塔帽的设计借鉴了西山钟楼的风格和细节元素,造型独特不失细节,塔帽的色彩涂装,根据细节的划分与线条的设置,采用分块涂装的手法,独具特色的红色塔帽,形成"鸿运当头"的美好寓意。万州长江公路三桥(牌楼长江大桥)塔帽涂装效果如图2-7-5所示。

图 2-7-5 塔帽涂装效果图

五、钢箱梁涂装

钢箱梁桥底涂装与桥塔下半段的色彩保持一致,均采用"中国红"的绚丽色彩,730m钢箱梁涂装的形式为满涂,与混凝土梁相接区域逐渐过渡形成渐变的马赛克图案,达到过渡自然又独具特色的效果,如图2-7-6所示。钢箱梁侧面采用白色涂装,勾勒桥身轮廓,如图2-7-7所示。

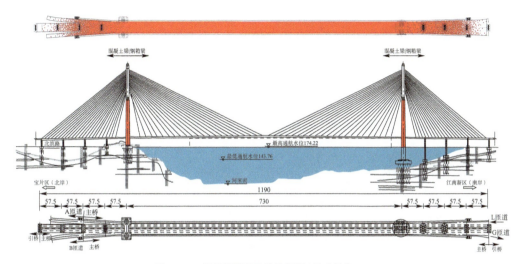

图 2-7-6　钢箱梁梁底涂装效果图(尺寸单位:m)

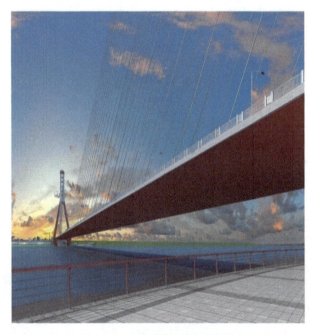

图 2-7-7　钢箱梁侧面涂装效果图

六、混凝土梁涂装

混凝土梁的过渡区涂装与钢箱梁的色彩"中国红"保持一致,绚丽庄重而充满激情,涂装形式在该区域产生变化,强调主桥与引桥之间的完美过渡,充满变化而极具创意的马赛克渐变涂装,使其成为万州长江公路三桥(牌楼长江大桥)的独有特色。北岸、南岸混凝土梁梁底涂装效果分别如图 2-7-8、图 2-7-9 所示。

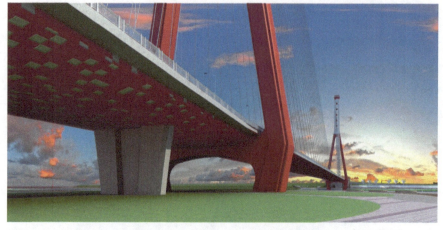

图 2-7-8　北岸混凝土梁梁底涂装效果图

图 2-7-9　南岸混凝土梁梁底涂装效果图

七、主桥人行道设计

主桥人行道铺装采用300mm×300mm分格的红色塑胶地面，整体色调与大桥的主色调形成呼应，盲道为300mm×300mm宽黄色塑胶盲道，如图2-7-10所示。

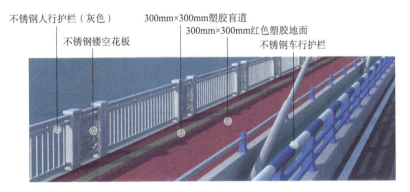

图 2-7-10　主桥人行道设计效果图

八、主桥人行护栏设计

主桥人行护栏借鉴中国国家大剧院中庭护栏的工艺特征,不锈钢表面采用喷砂工艺处理,使板面呈现细微珠粒状砂的肌理效果,同时结合不锈钢镂空花板的设计,使人行护栏独具有显著的特色。用锆珠粒通过机械设备在板面进行加工,使板面呈现细微珠粒状砂面,并经过复杂的工艺过程使喷砂板表面具有色彩绚丽,以增添赏心悦目的美感。

山茶花是重庆的市花,也是万州区花,主桥人行护栏花版设计,可选用山茶花为主题,由于山茶花的品种繁多,中国茶花品种已有 306 个以上。邀请知名艺术家,根据山茶花的品种不同,以山茶花和"万州八景"为主题创作上百幅不同的镂空喷砂钢板装饰图案,装饰人行护栏,使其成为万州长江公路三桥(牌楼长江大桥)项目中的又一大特色人文景观。

主桥人行护栏设计效果图如图 2-7-11 所示。

图 2-7-11　主桥人行护栏设计效果图

第三节 夜景灯饰设计

一、立交车行照明设计

立交车行护栏采用不锈钢护栏,色彩为蓝白相间,立交车行照明采用护栏灯照明设计的方式,既可在行车视野内控制灯光,减少眩光,降低光污染,又能在路面形成连续的白色光带,具有更佳的景观效果,与周边场地的夜景灯饰效果交相辉映。立交车行照明设计效果图如图 2-7-12 所示。

图 2-7-12　立交车行照明设计效果图

二、主桥照明设计

桥梁的景观照明过去多数采用单一、单色的照明方法。虽能做到色相上的变化,但照明效果与形式略显单一,层次与形式依然不够丰富。随着照明技术的发展,将多种照明方法有机结合用于桥梁景观照明设计,并逐步形成一种突出重点,兼顾一般的多元立体照明方法,凸显桥梁的照明层次和景观效果,成为江面上一道靓丽的风景。

万州长江公路三桥(牌楼长江大桥)主桥的照明设计将重点突出"双塔斜拉"这一特色为主,用不同的灯具及匠心独具的艺术手法,使斜拉桥如一架硕大的竖琴屹立于平湖之上。万州长江公路三桥(牌楼长江大桥)主桥照明设计效果图如图 2-7-13 所示。

绚丽而充满动感的全彩激光灯束,成为万州长江公路三桥(牌楼长江大桥)夜景效果的点睛之笔。

激光灯光颜色鲜艳、亮度高、指向性好、射程远、易控制,在城市景观亮化的作用是不可比拟和替代。其静如定海神针,动则流光溢彩,视觉效果强劲、震撼。夜景灯饰的点睛之笔,是该桥的灯饰照明中采用表演型激光地标灯,激光束经过高速机械扫描器发射,可以将单束激光束扩展成多束,光束能上下左右摆动,在计算机光学系统的控制下,形成花样繁多的输出方式,可以实现多光束的翻滚、变幻,甚至能做到与音乐同步,方圆几公里范围内都能欣赏到它神奇而华丽的外观,观赏性极强。

图 2-7-13　万州长江公路三桥(牌楼长江大桥)主桥照明设计效果图

全彩激光地标的设置,必须充分考虑是否会对周边的环境造成影响。万州机场位于万州区长江南岸,距万州主城区直线距离约 5km,机场航道与万州长江公路三桥(牌楼长江大桥)直线距离 2.5~3.0km,因此激光灯的射程参数仅需控制在 2km 范围以内,以避免对机场航道造成干扰。

万州长江公路三桥(牌楼长江大桥)两侧分别各设置两组全彩激光地标灯,形成完美的对称照明效果,立面照射角为≥25°,投射方向为两侧桥塔,减少了对周边环境的影响,平面照射角≤2°,设置在车行道与人行道之间的拉索区,避免对人和车行视觉造成干扰。

全彩激光地标灯效果图如图 2-7-14 所示。

图 2-7-14　全彩激光地标灯效果图

第四节 桥头景观设计

一、北桥头景观设计

北桥头紧靠万州区北岸老城区一侧,交通流量大,周边已建成的设施较为完整,城市成熟度较高。由于本区域紧邻体育馆,因此设计建议将桥头公园建设成为一处"奥林匹克公园",与体育馆呼应统一,成为具有规模化的城市主题运动公园。

本地块中,江岸流线呈波浪状,地形高差呈台阶状,可以让靠近湖面的区域得到更好的亲水感官。万州长江公路三桥北侧具有相对平整的公园场地,而靠后的区域则有良好的瞰江视线,靠后的立交区域景观,更多适应交通通道的流线变化,让穿行其中的车辆上的乘客享受到桥头景观。

场地内设置公园地下车库,解决游客停车难的问题,完善配套设施建设,利用现有备战码头,形成游船码头,解决水上游玩缺乏交通设施的问题。

北桥头景观设计效果图如图 2-7-15 所示。

图 2-7-15 北桥头景观设计效果图

二、南桥头景观设计

南桥头地块亲水性较好,地形较为狭窄,高差集中在天然崖壁处,设计建议将南桥头公园打造成为一处以滨江亲水休闲、展示万州独特地域文化的"滨江文化公园",以舟楫文化、历史文化、休闲文化为主题,打造可观江戏水、感受历史的一处休闲文化高地。南桥头景观设计效果图如图 2-7-16 所示。

图 2-7-16　南桥头景观设计效果图

WANZHOU
CHANG JIANG GONGLU SANQIAO
(PAILOU CHANG JIANG DAQIAO)
ZHUQIAO JIANZAO GUANJIAN JISHU

PART THREE

第三篇
施工技术

第一章
施工测量技术

第一节 施工控制网复测

一、首级施工控制网概况

万州长江公路三桥(牌楼长江大桥)平面坐标系统采用万州独立坐标系统,中央子午线108°22′14.5″,边长投影面高程200m,高程系统为1956年黄海高程系。

施工平面控制网等级为 C 级 GPS(全球定位系统)控制网,高程为二等水准控制网和二等三角高程控制网,平面控制点和二等三角高程点共点,编号为 WZ1～WZ8(点号连续,如图3-1-1所示),南北岸各4个控制点,二等水准控制网共5个点,南岸3个,北岸2个。

二、施工控制网复测方法

1. 复测方法

采用 GPS 卫星定位静态测量模式和全站仪(徕卡 TC50)导线测量相结合的方法进行,按《全球定位系统(GPS)测量规范》(GB/T 18314—2009)的主要技术要求进行 WZ1～WZ8(点号连续)施工平面控制网复测。

采用天宝 DiNi03 电子精密水准仪,按《国家一、二等水准测量规范》(GB/T 12897—2006)二等水准的主要技术要求进行陆地高程控制网复测。

采用2台徕卡 TS30 全站仪,按《国家一、二等水准测量规范》(GB/T 12897—2006)的主要技术要求进行三角跨河高程(WZ1、WZ2、WZ5、WZ6四点)对向观测复测。

按照《公路桥涵施工技术规范》(JTG/T F50—2011)规定,进行施工控制网定期复测,复测周期不超过6个月,首级网复测要将两岸的控制点进行联测,以保证对跨江主桥的准确测量控制。

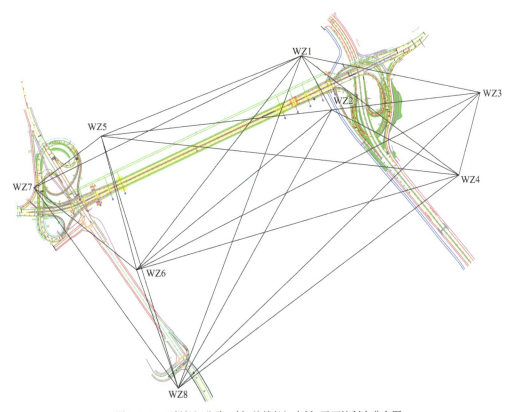

图 3-1-1　万州长江公路三桥(牌楼长江大桥)平面控制点分布图

2. 复测基本技术规定

平面 GPS 控制网观测的基本技术规定按表 3-1-1 中 C 级进行。

GPS 控制网观测的基本技术规定　　　　　　　　表 3-1-1

项目	级别			
	B	C	D	E
卫星截止高度角	10°	15°	15°	15°
同时观测有效卫星数	≥4	≥4	≥4	≥4
有效观测卫星总数	≥20	≥6	≥4	≥4
观测时段数	≥3	≥2	≥1.6	≥1.6
时段长度	≥23h	≥4h	≥60min	≥40min
采样间隔	30s	10~30s	5~15s	5~15s

高程测量等级为二等，二等水准测量的主要技术标准见表 3-1-2、技术要求见表 3-1-3、精度要求见表 3-1-4。

二等水准测量的主要技术标准　　　　　　　　表 3-1-2

等级	路线长度 (km)	水准仪 等级	水准尺	观测次数		往返较差或闭合差 (mm)
				与已知点联测	附合或环线	
二等	≤400	DS_1	因瓦尺	往返	往返	$4\sqrt{L}$[①]

注：①L 表示往返测量、环线的水准附合或测量路线长度，单位为 km。

二等水准测量主要技术要求(电子水准仪)　　　　表 3-1-3

等级	水准尺类型	水准仪等级	视距(m)	前后视距差(m)	测段的前后视距累积差(m)	视线高度(m)
二等	因瓦尺	DS$_1$	≥3 且 ≤50	≤1.5	≤6.0	≤2.8 且 ≥0.55

二等水准测量精度要求　　　　表 3-1-4

水准测量等级	每千米水准测量偶然中误差 M_Δ	每千米水准测量全中误差 M_W	限差(mm)			
			检测已测段高差之差	往返测不符值	附合路线或环线闭合差	左右路线高差不符值
二等水准	≤1.0	≤2.0	$6\sqrt{L}$	$4\sqrt{L}$	$4\sqrt{L}$	—

三、施工控制网复测

1. GPS 测量作业的基本技术要求

GPS 控制网施工复测外业测量严格按表 3-1-5 的技术要求执行。

GPS 测量作业的基本技术要求　　　　表 3-1-5

静态测量项目	C 级
卫星截止高度角(°)	≥15
同时观测有效卫星数	≥4
有效时段长度(min)	≥90
观测时段数	≥2
数据采样间隔(s)	10~60
接收机类型	双频
位置精度因子(PDOP)或几何精度因子(GDOP)值	≤6

2. GPS 测量网形设计

GPS 平面控制网复测均采用边联结方式构网,形成由三角形或大地四边形组成的带状网。

3. 与相邻标段联测

为保证相邻标段间的线路衔接平顺,控制点复测网向相邻标段延伸联测一对 GPS 控制点。

4. 高程控制网复测实施

垂直角观测按照《公路勘测规范》(JTG C10—2007)要求执行,采用往返垂直角观测方法。水准观测主要技术要求见表 3-1-6。

水准观测主要技术要求(单位:m)　　　　表 3-1-6

测回数	两次重合读数差	指标差较差	测回差	对向观测测高差较差(mm)	附合或环线闭合差(mm)
4	1.5″	8″	5″	$25\sqrt{S}$	$4\sqrt{L}$

注:S 为斜距,L 为线路总长,均以 km 为单位。

垂直角观测时,分别读取测站和棱镜的仪器高和棱镜高,单次丈量时读至 0.1mm,取 2 次观测的平均值作为仪器高和棱镜高。

跨河水准测量时以跨河视线长度确定应观测的时间段数、双测回数与限差。观测的最少时间段数、双测回数及半测回中的组数,按表 3-1-7 规定执行。

观测时间段数、测回数、组数要求 表 3-1-7

跨河视线长度 (m)	一等			二等		
	最少时间段数	双测回数	半测回中的组数	最少时间段数	双测回数	半测回中的组数
100~300	2	4	2	2	2	2
301~500	4	6	4	2	2	4
501~1000	6	12	6	4	8	6
1001~1500	8	18	8	6	12	8
1501~2000	12	24	8	8	16	8
2000 以上	6s	12s	8	4s	8s	8

注:s 为跨河视线长度公里数。

5. 控制网复测评判方法及标准

1)复测网的精度分析

复测网数据处理完成后,首先应对其精度进行统计分析,确保复测网的成果能够满足相应等级的精度要求。复测网精度分析主要项目及标准如下:

(1)GPS 复测网独立环闭合差及重复基线较差应满足相关要求;

(2)GPS 自由网平差和约束平差后最弱边方位角中误差和边长相对中误差应满足相关要求;

(3)水准测量测段间往返测较差、附合水准路线高差闭合差、水准路线每千米高差偶然中误差应满足相关要求。

2)复测与原测成果的对比分析

在确认复测网精度满足要求的前提下,将复测成果与原测成果进行对比分析。其主要项目和标准如下:

(1)平面控制网复测与原测坐标成果较差的限差应满足表 3-1-8 的规定。

C 级 GPS 控制点复测坐标较差限差 表 3-1-8

控制点等级	复测坐标较差限差(mm)	备注
C 级	20	指 X、Y 坐标分量较差

(2)GPS 网复测与原测相邻点间坐标差之差的相对精度的限差应满足表 3-1-9 的规定。

GPS 复测相邻点间坐标差之差的相对精度限差 表 3-1-9

控制网等级	相邻点间坐标差之差的相对精度限差	备注
C 级	1/130000	

6. 发现问题的处理方法

复测成果与原测成果较差满足规定时,采用原测成果。当较差超限时,进行二次复测,查明原因,并采用同精度内插的方法更新成果。

四、施工加密控制网建立

1. 加密控制网的建立

由于万州长江公路三桥桥位附近江面宽约1000m,索塔工程对平面及高程测量控制精度的要求较高,且已知点通视条件较差,两岸的平面、高程控制点互不通视,因此需建立施工加密控制网。加密控制按C级控制网进行加密。

2. 加密控制网的施测

加密控制网是结合桥梁墩台结构特点进行网布设,首级控制点作为加密网点的起算点。首级平面控制点为二等GPS点,加密网按三等网精度施测。

平面控制网加密点和高程网加密点共用点位,首级高程控制点为二等水准点,加密点按三等精度施测。

所有加密控制点需定期复测,严格按规范控制,复测周期不超过6个月。平面控制网采用GPS静态测量,高程控制网采用精密水准仪测量,测量结果显示控制点不稳定时要缩短复测周期,加大复测频率,稳定以后方可延长复测周期。

3. 与相邻标段的控制网联测

考虑到控制点受外界因素影响,随着时间的推移,全线的首级控制点坐标和高程会出现不同程度的改变。由于控制点布设在不同标段,每个标段所使用的控制点不相同,可能会引起相邻标段衔接段出现错台现象,为了避免这种现象的发生,在不同施工阶段,每个标段将和相邻标段一起进行控制点相互联测,每个标段平面控制点与相邻标段最少共用两个点,每个标段高程点与相邻标段至少共用一个水准点。

第二节 主墩钢护筒插打施工测量

主墩钢护筒插打采用安装在定位船上导向架内下沉的施工方法,其施工测量控制主要分为导向架定位船定位、导向架安装定位、钢护筒定位、钢护筒下沉着床控制及就位复测。

一、导向架定位船定位测量控制

定位船的定位测量采用GPS/RTK动态测量方法,事先在定位船上沿船纵轴线按设计尺寸标记出定位测量控制点,采用GPS/RTK动态测量方法分别测量控制点的坐标并与设计值比较,通过南、北岸及上、下游设置的锚绳进行定位船调整,直至符合设计要求。另一艘定位船采用同样的方法进行定位。导向架定位船测量控制点示意图如图 3-1-2 所示。

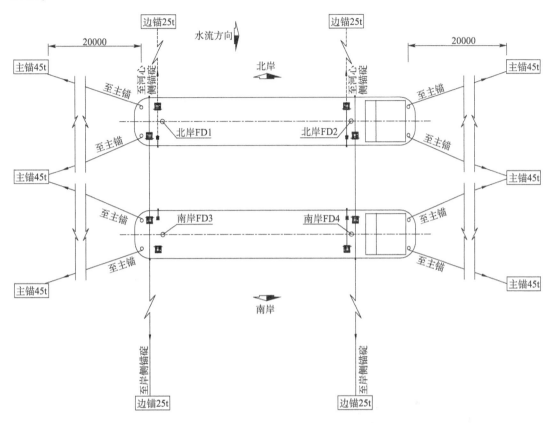

图 3-1-2　导向架定位船测量控制点示意图(尺寸单位:cm)

二、导向架安装定位

定位船定位后,根据导向架与定位船的相对位置关系,在定位船上标记出导向架定位控制点,根据导向架定位控制点安装导向架,导向架安装完成后采用 GPS/RTK 动态测量方法复测控制点坐标,并根据测量结果利用锚绳进行调整,直至导向架位置符合设计要求。导向架定位测量控制点示意图如图 3-1-3 所示。

三、钢护筒定位

导向架安装完成后,在导向架顶面采用 GPS/RTK 动态测量方法放出每个钢护筒的纵、横轴线点,通过导向架内设置的调节螺栓控制钢护筒的精确位置。钢护筒轴线控制点示意图如图 3-1-4 所示。

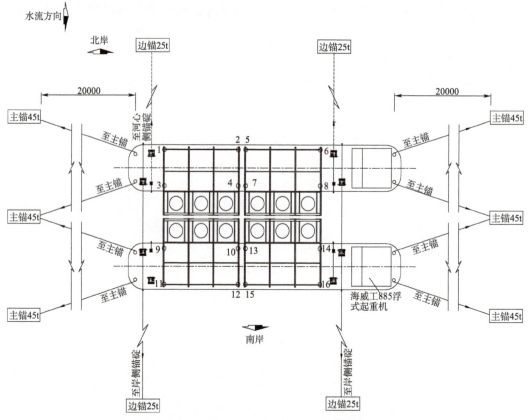

图 3-1-3 导向架定位测量控制点示意图(尺寸单位:cm)

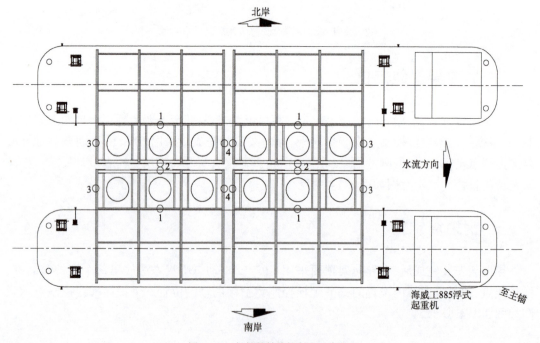

图 3-1-4 钢护筒轴线控制点示意图

四、钢护筒下沉、着床控制及就位复测

1. 钢护筒下沉、着床控制

钢护筒下沉及着床控制分为平面位置控制及倾斜度控制。

(1) 平面位置测量控制

钢护筒平面位置测量采用 GPS/RTK 动态测量方法，测量钢护筒顶面纵横轴线方向对称的 4 个点坐标，取其平均值作为钢护筒中心点坐标，与设计值比较，求出差值，利用调节螺栓进行平面位置调整，若差值较大，则调整定位船。

(2) 倾斜度测量控制

倾斜度采用自制 4m 铝合金板尺测量，具体为在 4m 铝合金板尺上固定 1 把数显水平尺，用全站仪对铝合金板尺进行垂直度校正，垂直度校正好后将数显水平尺读数归零或设为 90°，钢护筒下沉前或下沉过程中，将 2 把自制板尺紧密靠在钢护筒外表水平互为 90°方向测量垂直度，量取板尺底部偏离钢护筒距离，反算出钢护筒倾斜度。

钢护筒着床前需进行平面位置及倾斜度复测，复测结果符合设计要求后方可着床。

2. 复测

钢护筒插打就位后需再次对平面位置及倾斜度进行复测，并做好记录，在全站仪视线通视时需用 2 台全站仪按前方交会法进行平面位置、倾斜度复核，并与 GPS/RTK 动态测量结果和板尺测量结果比较，以检验 GPS/RTK 动态测量、板尺倾斜度测量控制精度。

第三节　冲孔平台、主墩钢围堰施工测量

一、冲孔平台施工测量

用全站仪测出各打入桩的位置和高程，安设桩间联系梁、桩顶承重梁、轨道梁和冲孔平台面板。

二、主墩钢围堰定位测量控制

1. 钢围堰平面定位测量

根据钢围堰的平面定位精度要求，采用 GPS/RTK 动态测量方法进行定位。在岸上设置全站仪进行复核，保证钢围堰中心偏差在容许范围内。

Z09 主墩钢围堰顶测量控制点布置示意图如图 3-1-5 所示。

底口中心偏移是根据钢围堰顶口偏位及钢围堰倾斜度和高度推算而来，如图 3-1-5 所示，假设 $C\text{-}D$ 方向近似平行于桥轴线方向（X 轴），则钢围堰在 X 轴上的偏移差：

$$\Delta X_{底} = \Delta X_{顶} \pm \frac{Hh_{CD}}{S_{CD}}$$

式中：$\Delta X_{底(顶)}$——钢围堰底(顶)口偏移量；

H——钢围堰高度；

h_{CD}——C、D两点间的高差；

S_{CD}——C、D两点的水平距离。

当顶底偏移差与$\Delta X_{顶}$方向相同时取"+"，反之取"−"；同理可求得$\Delta Y_{底}$。

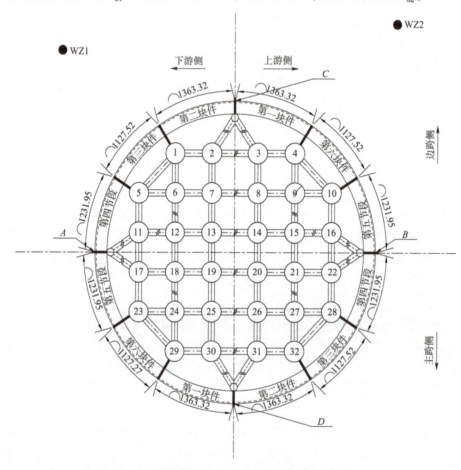

图3-1-5 Z09主墩钢围堰顶测量控制点布置示意图(尺寸单位：cm)

2. 钢围堰高程测量

在岸上通过WZ1、WZ2两个高程控制点，并在其上置全站仪，用三角高程方法分别测出钢围堰的高程，采用GPS/RTK动态测量方法进行复核。

3. 钢围堰倾斜度控制测量

通过测量钢围堰的4个轴线控制点高程，可以计算出钢围堰的倾斜度。

用全站仪测量出1、2、3、4点的高程，计算出钢围堰倾斜度。可在钢围堰顶上架设水准仪，直接测出1、2点及3、4点之间的高差即可，然后用倾斜度和钢围堰高计算出钢围堰的倾斜度。

钢围堰全站仪观测示意图如图 3-1-6 所示。

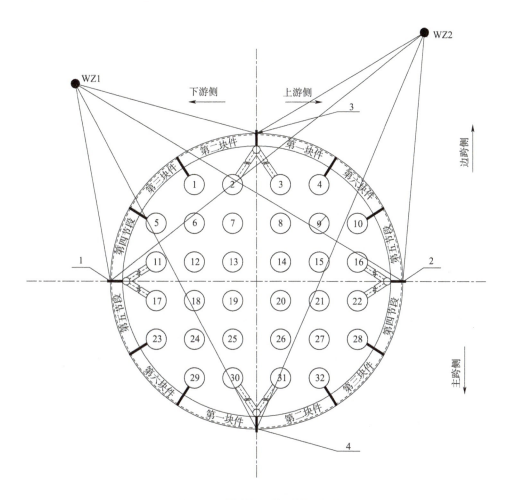

图 3-1-6　钢围堰全站仪观测示意图

第四节　基础、墩身施工测量

一、冲孔桩基础施工测量

1. 钻机就位

首先根据冲孔顺序放样出冲孔桩中心纵横轴线并初步将钻机就位,待冲孔钻各项工作准备完毕后,进行最后的孔桩中心纵横轴线复测,复测无误后将冲孔钻微调对准孔位中心点方可开始冲孔。

2. 终孔高程测定

终孔高程通过先前引测至护筒顶的高程用标定过的带有刻度的钢丝测绳测得,在进行终孔深度测量前,必须对引测的护筒顶高程利用 GPS/RTK 或全站仪三角高程测量方法对其复测,与之前记录的高程进行比对,无误后方可实行成孔后孔深测量。

3. 冲孔桩成孔垂直度检测

冲孔桩成孔垂直度采用超声孔径测壁仪检测。

4. 冲孔桩钢筋笼就位测量

以钢护筒顶高程及中心纵横轴线为基准将钢筋笼精确就位,确保钢筋笼中心与桩位中心一致。

二、承台、主墩施工测量

1. 承台施工测量

承台施工测量主要工作内容:冲孔灌注桩桩顶高程划定;封底混凝土面找平;冲孔灌注桩桩位偏差测定;承台预埋件放样;承台顶面高程控制。

在围堰内壁上标示承台轴线,可采用 GPS/RTK 测量方法先在围堰顶上放样承台纵横向轴线,利用铅垂吊线法引至承台底并做好标记,在视线容许的情况下,利用全站仪对纵横向轴线复核;采用全站仪将高程基准自护筒顶面引测至围堰内壁四周不同高程处,方便承台细部结构施工测量。

浇筑承台混凝土前,再次校核承台轴线的同时需对高程进行一次全面的引测复核,然后以校核后的纵横向轴线及围堰内壁上的高程线埋设墩身预埋钢筋,预埋钢筋轴线允许偏差为±10mm。

2. 垫层混凝土浇筑施工测量

承台垫层混凝土浇筑施工测量按常规施工测量,其关键是垫层封底混凝土顶面高程。

3. 辅助墩、主墩施工测量

(1) 高程基准传递

高程基准传递方法采用全站仪天顶距法和水准仪钢尺量距法。

(2) 墩身施工测量

为保证主墩测量精度,采用全站仪和水准仪按常规测量方法进行墩身施工测量,先放样墩中心线、桥轴线,然后按节段施工校验墩身模板轴线及特征点。

辅助墩施工测量与主墩测量控制方法相同。

(3) 支座安装施工测量

墩身竣工后,在主墩及辅助墩顶设置高程控制点,用全站仪按常规方法测出各墩身竣工位置和高程后,方可进行支座垫石施工及支座安装定位。

采用光学水准仪几何水准法在已建立的二等水准网基础上逐墩控制支座顶高程,用全站仪放样出支座安装十字轴线,严格控制支座纵横向偏位及扭转,以满足设计及规范要求。

第五节 主桥上部结构施工测量

一、主塔施工测量

主塔施工测量方案结合施工现场和施工工艺编制。主塔施工测量重点是:保证塔柱、下横梁、索导管等各部分结构的倾斜度、外形几何尺寸、平面位置、高程满足规范及设计要求。

主塔施工测量难点是:在有风振、温差等情况下,确保高塔柱测量控制的精度。其主要控制定位有:劲性骨架定位、钢筋定位、模板定位、索导管定位、预埋件安装定位等。

1. 主塔中心点测设及控制

设置于承台、下横梁以及塔顶等的塔中心点,采用全站仪双极坐标法测量,并采用GPS卫星定位静态测量校核。主塔中心点坐标测设是控制主塔与桥轴线一致,主塔中心里程偏差符合设计及规范要求。

2. 主塔高程基准传递控制

由承台上的高程基准向上传递至塔身、下横梁、桥面及塔冠,其传递方法采取全站仪天顶距法为主,以水准仪钢尺量距法作为校核。

3. 主塔施工测量控制

主塔施工首先进行劲性骨架定位,然后进行主塔主筋边框架线放样,最后进行主塔截面轴线点、角点放样及主塔模板检查定位与预埋件安装定位。各种定位及放样采用全站仪三维坐标法。

南塔柱测量定位、检查平面示意图如图3-1-7所示。

主塔施工放样时,按设计及监控部门要求考虑塔柱预偏量。

为实现全天候索塔几何测量控制,加快施工进度,中塔柱及以上拟安装徕卡反射片进行索塔温差、风等引起的变形实时修正,从而实现索塔全天候精确几何测量控制。以南塔为例,南塔中塔柱上计7个位置,高程依次为205.13m、235.13m、265.13m、301.43m。上塔柱反射片高程依次为331.43m、361.43m、379.40m三处。

南塔施工追踪反射片安装位置示意图如图3-1-8所示。

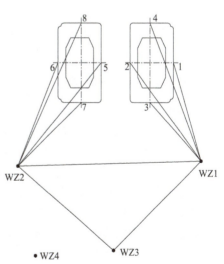

图3-1-7 南塔柱测量定位、检查平面示意图

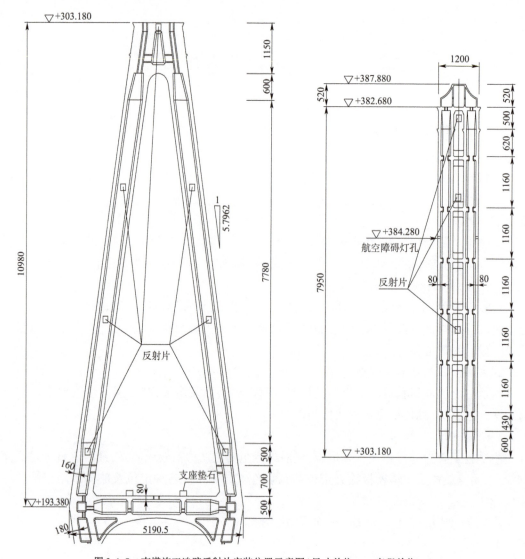

图 3-1-8 南塔施工追踪反射片安装位置示意图(尺寸单位:cm;高程单位:m)

4. 主塔变形测量及数据处理

1)主塔沉降变形测量

在主墩承台预埋 4 个监测点,设在塔座四角位置。沉降点采用 30cm 长、2cm 直径的纯铜标芯,标芯顶面呈半球形,点位露出混凝土表面约 3cm。

在承台混凝土浇筑完成达到一定强度后,首次进行塔柱沉降观测,形成初始观测数据。然后根据施工进度和结构物,按期对沉降变形观测点进行观测,观测周期为:①承台施工完成后;②下塔柱施工完成后;③下横梁施工完成后;④中塔柱施工一半时;⑤中塔柱施工完成后;⑥上塔柱施工一半时;⑦上塔柱施工完成后;⑧主梁每安装 3 片梁段为一个测量周期。

按照《精密工程测量规范》(GB/T 15314—1994)中有关精密高程的规定,采用精密水准仪徕卡 NA2 加测微器和 2m 因瓦尺来测量沉降变形。沉降变形观测时,两岸主墩同时联测对比,形成书面沉降观测资料和曲线图。

2) 主塔倾斜变形动态监测——GPS 监测系统

万州长江公路三桥(牌楼长江大桥)主塔高度达两百多米,在主塔施工和主梁安装过程中由于受气温、日照、风力等外界客观因素影响,很可能使主塔产生偏移变形,为了有效控制其变形范围,必须采取相应措施对主塔的变形进行监测,通过预测分析、实时调整,使其满足设计要求。

为有效掌握主塔实时变形量,精确控制主塔的平面位置,在主塔劲性骨架、模板的定位和索导管安装的施工中,全程采用 GPS 监测系统进行测量控制。

3) GPS 监测系统的建立

GPS 监测系统采用 GPS(Trimble R6)实时监控的方法,准确掌握主塔变形规律和变形值。所建立的 GPS 监控系统采用控制中心实时统一解算模式的监测方法,使用网络通信系统,将接收机接收的数据实时发给控制中心,由控制中心软件统一进行单历元静态解算的方法。该方法采用 GPS 解算法——卡尔曼滤波三差解模式法,具有精度高、操作方便、可实时掌控监测点的三维坐标的特点。控制中心软件同时具备解算数据、统计、分析、评估、记录的功能,能方便控制、修改、查询 GPS 系统内的各环节,实现真正意义上的全程控制,全面实施自动化监测。

GPS 监测系统控制及数据后处理分析软件安装于控制中心,配备两台服务器(一台用于设备控制,另一台用于数据分析和图形处理),以及终端服务参考站 GPS 接收机、监测站 GPS 接收机及控制中心计算机,均采用数据线连接的通信方式。

GPS 监测系统如图 3-1-9 所示。

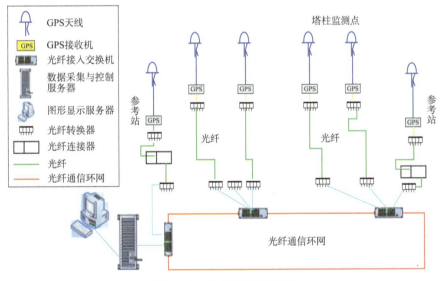

图 3-1-9　GPS 监测系统示意图

4) GPS 测站点选择

选择两个稳定的控制点作为 GPS 观测的基准点;在主塔施工过程中,利用 2 台 GPS 接收机进行劲性骨架安装、模板定位和索导管安装的测量定位,2 台 GPS 接收机可移动变换测量主塔上任意点的三维坐标;另选两个控制点作为参考站测站点,参考站监测数据用于校核判断监测数据的准确性,从而确保主塔监测点的精度。

GPS测点选点要求:进行GPS测量时测站间无需保持通视,为缩短基准点与变形监测点之间的距离,提高监测精度,基准点尽量布置在地基稳定、观测条件良好的地方,GPS天线在高度角15°以上无遮挡物,在距离GPS天线200m范围内无大功率无线电发射源,与主塔监测点的距离控制在3km以内。设计提供的首级控制点和加密点均可作为GPS基准点和参考站测点。

5)GPS监测系统的运行

GPS监测系统控制及数据后处理分析软件安装于控制中心,通过计算机进行数据分析和图形处理。监测数据流程:监测站和基准站GPS接收机的观测数据通过网络实时传输到控制中心,控制中心的核心软件实时解算出毫米级的结果,记录并显示出来。

通过GPS监测系统的长期监测、分析,准确掌握塔柱在各种施工环境下的变形情况,有效指导主梁的施工和斜拉索力的调整,确保桥梁施工质量。

二、下横梁施工测量

根据设计及施工要求,设置下横梁施工预拱度,铺设横梁底模板,在底模板上放样出横梁特征点,并标示桥轴线与塔中心线。待横梁侧模支立后,同样进行横梁顶面特征点及轴线点模板检查定位,调整横梁模板至设计位置,控制横梁模板竖直度或倾斜度。

在浇筑下横梁混凝土过程中,进行横梁位移监测及支架变形监测。

三、钢箱梁安装施工测量控制

水上主桥钢箱梁安装测量控制是整个工程控制的关键,测量质量控制好坏直接影响工程安装质量、进度和安全,其具体测量内容包括钢箱梁吊装前的船舶抛锚定位、吊装过程中安全监控测量、钢箱梁初定位、精调位测量以及安装线形等测量工作。

1.浮式起重机船抛锚定位

主桥钢箱梁JH、D3、D2梁段利用浮式起重机吊装,其余梁段采用桥面起重机吊装施工。由于钢箱梁吊装施工区域位于长江主航道上,考虑到通航和吊装安全,要求每一梁段运输吊装均在固定航线完成,关键船舶定位需在吊装前完成。定位内容包括船体与桥轴线相互垂直关系、各锚点位置。在综合考虑定位精度及水上特定的作业环境后,梁段运输吊装就位前采用GPS动态测量(GPS-RTK)方法放样,船舶定位误差控制在3m以内。

2.钢箱梁提升、运输船水平前移、落梁阶段的测量

1)钢梁提升过程中监控测量

运梁船就位后,为了避免钢箱梁提升时船舶起吊重量与设计偏差过大而影响吊装安全,提升前需在运输船上对钢箱梁的初始坡度进行测量,要求起吊坡度与桥梁坡度基本一致,允许误差控制在10cm以内,否则需对运梁船进行压仓或者排水处理。

具体做法如下:

①运梁船定位后,在钢箱梁顶部两端各安置一个棱镜,计算出两棱镜间的设计高差。

②在桥面上采用自由设站法架设全站仪,测出两棱镜高差,与设计坡度差值进行比较,如差值超过10cm,通知现场指挥人员,对运梁船进行压排仓水处理,重复该过程,直到起吊坡度满足要求。

2)运输船水平前移监控测量

运输船水平前移至落梁位置主要靠自身的锚定系统控制,移动过程中利用GPS-RTK技术实时监控船体沿设计的航道走位,以减小落梁阶段对梁段横向和纵向偏位调整工作量。

3)落梁阶段测量

首节段钢梁吊装到距墩顶支座50cm左右时,安装引导调整设施,梁体距支座顶5cm时停止下放操作,利用手拉葫芦调整钢梁轴线及里程,使偏差控制在3cm以内;然后继续落钩,依托墩顶的限位装置以及对位十字线平稳地将梁体落于墩顶临时支座上,浮式起重机船逐步卸荷至50%时,进行初定位检查,确认梁段定位准确,支座及梁段无异常情况后完全卸载,即完成一节梁段的吊装初定位。

3. 钢箱梁的轴线和高程精调位控制

精调位阶段是精确调整梁段的高程、轴线和里程,并兼顾梁段间焊缝宽度。调整步骤按先调整高程,再调整轴线(横向),最后调整里程(纵向)的顺序重复进行,直至各项指标满足设计监控要求。

具体调整流程如图3-1-10所示。

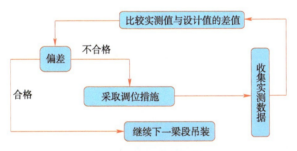

图3-1-10 调整流程图

1)精调位前相关测量数据收集

钢梁调位前,应先采集上一节段已安装梁段线形数据及梁段附近温度数据。线形数据测量方法与梁段精调位方法相同;温度测量利用温控枪采集梁段附近大气、梁顶板、梁底板以及梁的背受风面等部位温度,要求相对温差控制在2℃以内,当调位实际温度与设计温度相差较大,而相对温差已稳定时,由监控按实际温度及上一梁段的线形数据对调位梁段数据进行修正。

2)精调位测量控制

高程调位利用水准仪按几何水准测量方法,快速测量调位梁段两端、墩顶及跨中四个断面上测量控制点,各断面控制点布设位置为梁中心线及两边腹板顶位置共3个。根据测量结果,利用墩顶处竖向千斤顶进行高程调位,精度要求控制在±2mm内。轴线和里程调位原则上可以同步进行,调位时按先墩顶后悬臂段的顺序逐步实施。调位方法:根据测量的待安装梁断面控制点数据,利用墩顶安置的双向(纵向和横向)千斤顶调整钢箱梁的偏位,精度要求控制在±5mm内。

3)钢箱梁节段安装复测检查

钢梁焊接固定后,再次精确测量安装梁段线形数据,并将轴线、里程偏位数据整理报钢梁制造厂家,由制造厂在进行下一榀钢梁制作时,通过调整各小节段梁匹配缝来消除偏差,减小累积误差,同时也降低现场安装质量控制难度。

4. 钢箱梁线形、桥轴线、主塔测量

1)钢箱梁线形测量

钢箱梁线形测量控制观测点布置于桥中轴线及桥中轴线两侧钢箱梁顶外腹板处,按钢箱梁节段断面,每节段布置6个线形测量控制观测点。钢箱梁线形、轴线测量控制观测点示意图如图3-1-11所示。

线形测量采用水准仪几何测量法,采用全站仪三维坐标法校核。

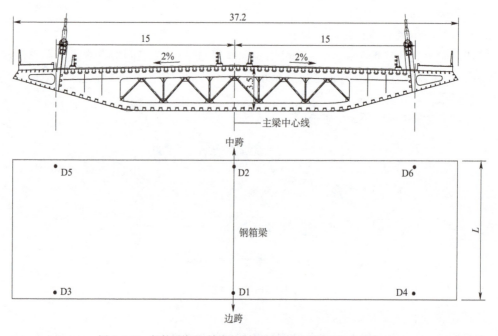

图3-1-11 钢箱梁线形、轴线测量控制观测点示意图(尺寸单位:m)

2)桥轴线测量

贯通主桥各墩中心,将桥轴线方向线投影到主塔下横梁及塔顶的南、北侧面,实现桥轴线测量控制。桥轴线测量控制采用穿线法。

3)主塔偏移、扭转变形测量

主塔施工完毕后,进行一次主塔偏移、扭转变形测量初始值观测。主塔偏移、扭转变形测量控制观测点设置于下横梁、上塔柱及塔顶,共6个点,对称布置于桥轴线两侧塔柱处,预埋控制观测点棱镜。主塔偏移、扭转变形测量采用全站仪三维坐标法。

四、合龙段施工测量

为保证合龙段钢箱梁安装精度,应贯通测量桥轴线及各墩高程基准。

合龙之前,采用全站仪三维坐标法进行梁端位移监测。合龙段钢箱梁安装后,应根据制造精度、施工、温度、风力影响等实际情况,对梁端位移进行长时间测量。合龙梁端位移全站仪自动测量平面示意图如图3-1-12所示。

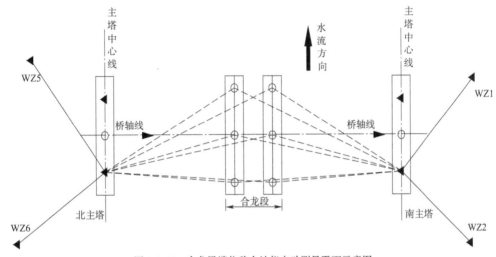

图3-1-12 合龙梁端位移全站仪自动测量平面示意图

注:1. ◀为施工加密控制点,○为观测点。

2. 南主塔加密控制点位于桥面顶塔柱上,采用槽钢组合加斜撑设置强制对中点。

3. 合龙观测前南北主塔上加密控制点必须进行联测。

测量内容主要包括:合龙段尺寸、线形、顶板高程、底板高程、上下游外腹板处高程、桥轴线偏移及主塔变形。测量合龙口间距,绘制温度、风力与合龙口间距曲线,以便准确掌握温度、风力与合龙口间距关系,最终确定合龙段最佳长度,驳船就位以及连接时间,实现合龙。

五、竣工测量

竣工测量是施工测量工作的一项重要内容,是评定和衡量整体施工质量的重要指标,它不仅能准确反映混凝土浇筑、钢箱梁安装后各结构部位定位点的变形情况,而且可为下一步施工提供可靠的参考依据,同时是编制竣工资料的原始依据。

竣工测量主要内容包括施工阶段以及施工完毕结构物的特征点、轴线点三维坐标、断面尺寸、轴线、倾斜度等。根据测量成果编制测量资料,经整理,分类归档保存。

第二章 深水钢护筒及钢平台施工

第一节 施 工 概 述

万州长江公路三桥(牌楼长江大桥)南塔基础水深超过50m,钢护筒平均长度约53.0m,且基础覆盖层浅、河床坡度较大,如何在钢护筒导向架上完成钢护筒精确对接及下沉,是施工的难点之一。同时,三峡库区内,水位高差变化大且频繁,也增加了水上施工难度和危险性。

南主塔桩基施工难度高,有以下几个危险性较大分项工程:

(1)水上打桩作业:作业区水深达50m,距岸侧150m,水上交通船只来往频繁。

(2)大型预制构件(如锚碇)及钢护筒、大型机械(如冲击钻机)的运输及吊装作业。

(3)钢筋笼吊装及水下混凝土浇筑:钢平台顶至基桩底约100m,单根钢筋笼质量约33t,桩基混凝土方量大,高程落差大。

(4)钢平台的搭设与拆除:平台距河床面达55m,面积达1700m^2,水上吊装频繁。

为保证工程质量、加快工程进度,确保深水基础在水位较低期内完成,根据墩位处的实际施工水深和地质条件以及基础设计的具体形式,采用"库区无覆盖层钢护筒平台施工方法"。

在Z09号墩位处拼装两艘护筒导向定位船,两艘导向定位船先连接为整体施工墩中心两排钢护筒,再拆分为两艘单体导向定位船分别进行剩余钢护筒插打施工,将32根直径为3.3m钢护筒按行列式分排嵌固入河床内,并将钢护筒两两相连形成整体。

桩基施工平台采用钢护筒平台。

桩基施工根据地质条件选用冲击钻分批冲孔施工,施工平台上搭设两台门式起重机进行桩基施工机械设备材料的吊运转移。桩基钢筋笼采用厂内加工分节段运至墩位接长下放;采用泵送浇筑桩基水下混凝土。

第二节 导向定位船系统

一、导向船选择

为了搭建插打钢护筒施工平台,在 Z09 号主墩墩位处选择 2 艘 1500t 甲驳船,并在甲驳船上焊接导向架。选择 2 艘甲驳船在初次插打钢护筒可形成 2 排钢护筒稳定体系,相比 1 艘导向船插打钢护筒单根稳定性更好,而且在第二次插打钢护筒,分离 2 艘导向船,同时插打钢护筒,节约工期,选择 2 艘 1500t 甲驳船作为钢护筒导向定位船。1500t 甲驳船规格见表 3-2-1。

1500t 甲驳船规格(单位:m)　　　　表 3-2-1

名称	外形尺寸	有效尺寸	空载吃水	满载吃水
1500t 甲驳船	75.5×13.5×3.5	53.3×11.5×2	0.6	2.8

二、导向架设计

根据 Z09 号主墩设计和水文情况,采用双拼驳船浮式平台作为桩基钢护筒导向设备,两驳船之间设置刚性导向架。

根据桩基布置设置导向架组:两组导向架(靠河心侧和河岸侧导向架),间距 1.5m,导向船未分离前,采用型钢相连。单组导向架主纵梁之间间距 6.2m、高度 6.35m。导向架固结在 1500t 甲驳船上。在导向架前段设置 2 层上下导向装置,前端设置供钢护筒定位、下沉过程中的纠偏、调整的 QL50 螺旋千斤顶调节装置。按照设计图纸安装导向架,并对导向架进行测量,保证上下层导向架垂直,平面偏差在 ±5mm 范围内。

1. 导向架底座设计与加工

1)施工准备

设备:1500t 驳船两艘,海威工 885 浮式起重机一艘、交通运输船一艘。

材料:各种钢板和型钢约 190t。

2)导向架底座设计

导向架底座采用不同型号工字钢组成,横向布置 8 根 32b 工字钢,间距 6.2m,纵向布置 5 组 2I25b 工字钢。

3)导向架底座加工

(1)导向架底座加工均在驳船上进行。首先清除船甲板上杂物、泥土等,放出横向型钢位置,作用于船体龙骨上。

(2)铺设横向工字钢时,采用钢板或小型钢局部垫平加强,使其在同一水平面上。

(3)铺设顺向工字钢时,根据测量放线,直接放在横向工字钢上,使其顺直,并焊接相连。

(4)在横、纵工字钢相交位置,对横向工字钢进行定位加强,采用25b工字钢对称支撑,与船甲板焊接相连。

2.导向架加工及安装

(1)1套导向架共8片桁架,每片上下横梁,双拼I56b型钢,立柱采用φ325×6钢管,斜撑及横联采用I25b型钢,材质均为Q235。

(2)导向架在驳船上现场组装,利用80t浮式起重机配合施工,各型钢间焊接相连,验收要求须满足《钢结构工程施工质量验收规范》(GB 50205—2001)规定。安装焊缝坡口允许偏差见表3-2-2。

安装焊缝坡口允许偏差　　　表3-2-2

项目	允许偏差	项目	允许偏差
坡口角度	±5°	钝边	±10mm

(3)单片导向架组装完成,利用80t浮式起重机起吊,安装在底座型钢上,接触面焊接加固,采用钢绳配合链子滑车进行临时固定。单片导向架现场安装如图3-2-1所示。

(4)在完成两片主梁安装时,安装顶面剪刀撑及横联。

(5)依次完成8片桁架制作与安装,局部受力点采用钢板焊接加强。当第一艘导向船加工制作完毕后,同样的工艺方法完成第二艘导向定位船导向架的加工制作。

3.导向架对接

1)船位调平

(1)测量船上导向架顶面高程,计算出各部位相对高差。

(2)采用尺寸为2m×3m×4m水箱放置在导向架尾端,对水箱进行注水,调整2组导向架至水平。现场单组导向架调平如图3-2-2所示。

图3-2-1　单片导向架现场安装图　　图3-2-2　现场单组导向架调平图

(3)当单组导向架调平后,测量出两组导向架的相对高差,对相对较高的导向定位船船舱注水，在船舱注水过程中观察船位吃水情况，直至两组导向架处于同一水平高度为止。

2）移船对接

(1) 将一艘导向船固定，在其导向架上下游各安装一组卡位装置，对2组导向架进行临时固定。现场导向架组拼卡位装置如图3-2-3所示。

(2) 另一艘导向船利用拖轮移动，在要靠近固定导向船时，控制好船体移动速度，利用卡位装置将两艘导向船缓慢导入对接区域，用钢绳等临时固定。组对现场图如图3-2-4所示。

(3) 两艘导向船对接到位后，再次测量两组导向架相对高差，调平。

图3-2-3　现场导向架组拼卡位装置图

图3-2-4　组对现场图

(4) 对接相连：采用I56b型钢将上下桁架两组导向架桁架焊接相连，在每个接缝处利用12mm钢板加强，以满足型钢连接的刚度要求。现场对接如图3-2-5所示。

3）平台、围栏安装

(1) 导向架平台采用I12.6b工字钢搭设，间距40cm每道，且与导向架上端主横梁焊接相连，上铺8mm钢板作为施工平台。预留出钻机底座型钢位置。

(2) 当平台全部铺设完毕后，周围采用φ30×

图3-2-5　现场对接示意图

3mm钢管制作安装围栏。围栏立柱2m一道，与导向架上型钢焊接相连；栏杆40cm一道，与立柱焊接牢靠。所有围栏采用红白油漆相间涂刷，颜色醒目，在整个平台形成封闭的安全保护系统。

三、导向定位船导向系统设计

1. 概述

在导向船上加工导向架的同时，可进行导向定位船导向系统施工。为了施工时保证导向船在江面上的稳定性以及横移的需要，在导向船船体上下游位置，各设置2套横向锚索转向装置，用于导向船定位时，定位钢绳转向，拉锚，1套转向装置总长6.5m，2艘导向船共加工 8 套转向装置。

2.导向船横向锚锭转向装置加工

(1)采用双拼 I40b 工字钢作为主要受力结构,翼缘采用 10mm 钢板焊接加强,尺寸为 20cm×27cm,沿翼缘每间隔 100cm 焊接一道。

(2)上下口内各安装一个转向滑轮,上口滑轮至端点 20cm,下口滑轮至另一端点 30cm。

(3)转向装置上下滑轮内侧开口,预留出钢绳穿出位置,开口尺寸为 30cm×6cm。

3.导向船横向锚锭转向装置安装

(1)1 套完整的转向装置加工完后,穿入钢绳,预留出水面。采用现有的 80t 浮式起重机整体起吊,安装于导向船设定的四个部位,与船体加强钢板和龙骨相连。

(2)安装完后,上部采用∠100×100×6 角钢焊接加强,呈"八字形"与导向架底座型钢相连,保证上口具有足够的强度与抗倾覆的稳定性,如图 3-2-6 所示。

(3)转向装置与船体相连部位,采用工 25b 工字钢加强,呈"八字形"布置,分别与船体焊接相连,并在船体连接处贴 10mm 钢板与船体内龙骨连接,如图 3-2-7 所示。

(4)转向装置安装完毕后,在驳船上共配置 8 台 5t 卷扬机,待导向船移动定位后,拉锚备用。

图 3-2-6 导向船横向锚锭转向装置现场安装图(1)　　图 3-2-7 导向船横向锚锭转向装置现场安装图(2)

四、锚碇系统

钢护筒导向定位船锚碇系统为:上游侧设置 3 个 40t 混凝土锚;下游侧设置 3 个 25t 混凝土锚;河岸侧设置 2 个 25t 混凝土锚;河心侧各设置 2 个 40t 混凝土锚。导向船上设置 4 台 5t 卷扬机,可满足导向船施工横移。河心侧锚缆通过河岸侧转向后,由导向定位船船底牵引至河心锚碇;河岸侧锚缆通过河心侧转向后,由导向定位船船底牵引至河岸锚碇。

1.锚碇系统施工工艺流程

锚碇系统施工工艺流程如图 3-2-8 所示。

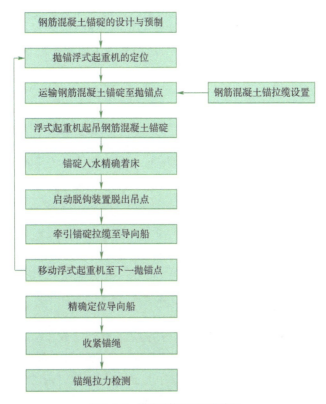

图 3-2-8　锚碇系统施工工艺流程

2. 锚碇的预制与吊装

所有的锚碇均采用重力式钢筋混凝土锚。为克服上下游导向定位船水阻力、风阻力、船横移的水阻力,通过计算选用40t和25t两种规格混凝土锚碇,其中40t锚碇共5个,25t锚共5个。在锚碇前端设置滑轮,用于锚缆固定;在锚碇顶端设置4个ϕ28吊环,两个为一组,用直径为8cm,材质为45号钢的销轴对穿,作为抛锚吊点;ϕ28钢绳作为锚缆。

在江万船厂码头处进行锚碇预制,利用80t浮式起重机起吊锚碇放置在泊锚船上。

3. 锚碇测量定位

在大桥测量控制网的基础上建立测量基线,并设置一些临时控制点,以便满足锚碇系统的施工要求。由于江水较深,在锚碇下放的过程中受水流冲击会使锚碇向下游移动一段距离,所以在抛锚时,混凝土锚抛投位置应设置在设计位置上游10m处。测量锚碇时,施工船驳间使用高频对讲机相互联系。

4. 锚碇抛放

1)浮式起重机、导向定位船、锚链就位

本锚碇系统采用80t浮式起重机进行抛锚,先将80t浮式起重机在锚位附近自泊,然后将存放的锚碇、锚绳利用运输船分批运至在浮式起重机旁停靠。利用浮式起重机上自带的吊钩、吊绳下放锚碇。

2)抛锚

先抛上游侧锚碇,再抛河心河岸侧锚碇,最后抛下游侧锚碇。抛锚前通过两台GPS接收机控制浮式起重机船位置。利用浮式起重机起吊已挂好锚绳的锚碇缓慢下放至水中,同时下落锚绳。锚碇落至河床时,用全站仪复测吊钩位置,确认锚位符合要求后,采用自动脱钩方法拆卸吊索。用船带缆牵引锚绳到导向定位船相应的位置系缆临时固定。锚位一定要精确,尽量减少收索时滑轮组行程次数或锚绳不必要的接长工作,通过这种方式完成所有混凝土锚的抛设工作。

3)水下锚碇脱钩

在锚碇钢销侧面连接 ϕ19.5 钢丝绳,钢丝绳穿过预埋在锚碇侧面的 ϕ25 吊环,下放锚碇过程中,保证该钢丝绳始终处于松弛状态(即该钢丝绳下放长度始终大于 ϕ28 钢绳)。锚碇着床后,ϕ28 钢绳从紧绷状态松弛。此时,拖动钢销侧面 ϕ19.5 脱钩钢丝绳,使钢销缓慢脱离 ϕ28 吊环并穿过 ϕ25 吊环(ϕ25 吊环环口直径大于钢销直径),至此完成锚碇脱钩过程。

4)收紧锚绳

解除导向定位船临时锚缆系统,利用浮式起重机将导向定位船顶推至设计锚碇区域附近,将系在导向定位船上下游及河心河岸侧锚绳与船上 5t 卷扬机钢绳相连,开动卷扬机收紧锚绳,使导向定位船到达设计位置。

5)锚绳测力和调整装置

为确保上下游及河心河岸侧锚绳受力的均衡,完成所有抛锚系缆工作后,必须对锚绳进行受力调整,使其达到基本均衡,锚绳受力误差应控制在5%以内,具体方法是在每个锚绳滑车组钢绳固定头末端串联一个 120kN 弹簧测力计,通过其读数监视各锚碇受力,如出现锚碇受力不均或相差超过允许值时,利用与滑车组钢绳活动头末端相连接的倒链滑车进行调整,在收紧某个锚的同时务必观察其他锚的受力情况,保证每个锚受力均衡。在施工中应对弹簧测力计采取保险措施,以防弹簧测力计因受力过大而破坏。

第三节 钢护筒施工

一、钢护筒施工流程

南塔 Z09 号主墩 32 根钢护筒全部在工厂加工完成,对其加工、运输、吊装、接长等工作实行全程质量监控、检查。从主墩轴线中间两排钢护筒开始,分三批次完成32根钢护筒下沉插打施工。

钢护筒施工总体流程如图3-2-9所示。

二、钢护筒设计

南塔 Z09 号主墩钢护筒共 32 根,长度为 53.52~58.26m,主跨侧 4 根(29~32 号)钢护筒分为 4 节标准段和 1 节顶节段,其他分为 3 节标准段和 1 节顶节段,标准节每段为 14m,顶节段为 2.26~13.18m。钢护筒底至承台底高程段采用板厚为 20mm 钢板,其余节段采用板厚为 18mm 钢板,采用护筒跟进的方法,嵌入基岩至少 1.5m 以上,保证钢护筒稳定性。

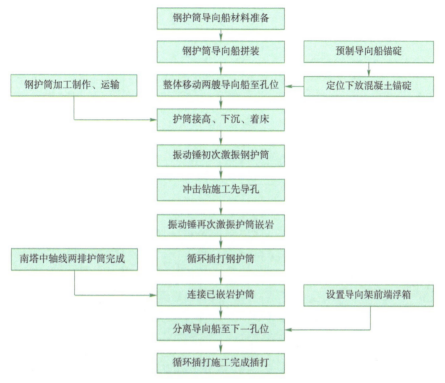

图 3-2-9 钢护筒施工总体流程

南主塔 Z09 号墩钢护筒平面布置、立面布置分别如图 3-2-10、图 3-2-11 所示。南主塔 Z09 号墩钢护筒分段数量见表 3-2-3。

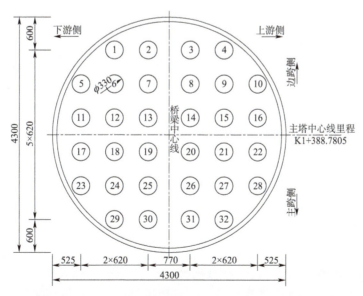

图 3-2-10 南主塔 Z09 号墩钢护筒平面布置图(尺寸单位:cm)

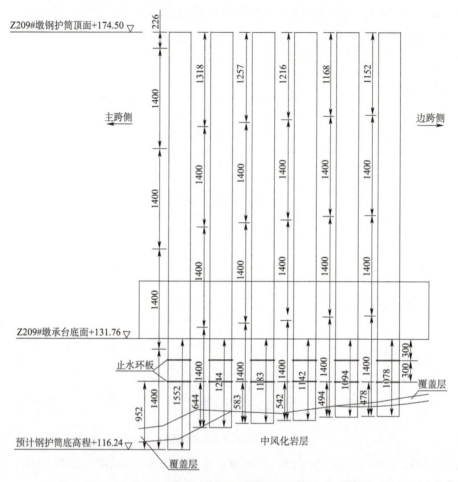

图3-2-11 南主塔Z09号墩钢护筒立面布置图(尺寸单位:cm;高程单位:m)

南主塔Z09号墩钢护筒分段数量表　　　　　表3-2-3

桩基编号	分段长度
1、2、3、4	14m+14m+14m+11.52m
5、6、7、8、9、10	14m+14m+14m+11.68m
11、12、13、14、15、16	14m+14m+14m+12.16m
17、18、19、20、21、22	14m+14m+14m+12.57m
23、24、25、26、27、28	14m+14m+14m+13.18m
29、30、31、32	14m+14m+14m+14m+2.26m

三、钢护筒制作

钢护筒制作工艺流程:下料开坡口→钢板压头→卷圆筒→圆筒组对→纵缝焊接→圆筒矫正→1+1环缝组装→1+1环缝焊接→2+2环缝组装→2+2环缝焊接→4+3环缝组装→

4+3 环缝焊接→止水环板装焊→加强环箍装焊。

四、钢护筒运输、吊装

1. 钢护筒运输

1）陆运

（1）钢护筒加工完毕后，在护筒内上下口及中间增添"米"字形内撑，防止在运输及转运过程中钢护筒变形。

（2）由于钢护筒单节长度为14m，宜采用平板加长运输车，车身保证足够的长度。车厢内均匀放置垫木，并适当布置通楞。

（3）装车时，水平起吊采用两端捆绑式，可减少单点吊装对护筒局部的拉伸变形。装车时分两层叠放，用绳索紧固，防止滚动。

2）水运

（1）钢护筒用运输车运至码头，将护筒转至大型船舶，水运至施工现场。

（2）钢护筒运输在现场应堆存在专用的台座上，台座基础必须有足够的安全稳定性，并有良好的排水设施。

（3）钢护筒应按不同的规格分别堆放。堆放应安全可靠，避免产生轴向变形和局部压曲变形。

（4）吊运时应使各吊点同时受力，徐徐起落，减少冲击。

2. 钢护筒吊装

钢护筒由驳船运输至施工现场，在下口设置临时吊耳。吊耳采用厚度为20mm的Q345钢板，底板尺寸为竖向20cm×环向15cm，耳板尺寸为径向20cm，环向10cm（耳宽），孔径为5cm。

起吊时利用浮式起重机大钩和小钩水平起吊，上口吊孔缆索与大钩相连，临时吊耳缆索与小钩相连，同时起吊钢护筒，当起吊到一定高度后，将小钩缓慢下降，直至护筒垂直。

五、钢护筒接长施工

利用现有80t浮式起重机起吊首节护筒，放入导向架内，护筒露出导向架0.5m，水准仪测量钢护筒顶"十"字线上4个点，调整护筒的垂直度，固定；然后起吊第二根钢护筒，并按照试拼时做好的对接油漆标记与前一节进行对接，保证护筒的轴线偏差在允许误差范围内。钢护筒接长采用焊接方式连接。

六、钢护筒的下沉施工

（1）首节钢护筒沉放。

①采用80t浮式起重机起吊第一节钢护筒，垂直立放在定位装置内并临时固定。

②使用下口定位装置加紧钢护筒，同时挂上辅助钢丝绳。

③将夹紧的钢护筒吊起，割除临时固定。利用护筒自重下沉，过程中保持护筒顶面在同一水平面上，护筒顶下沉至距离上口定位装置1m时，停止下沉。

④在钢护筒顶端焊接倒挂牛腿，测量校核，利用下口定位装置调整垂直度，使首节钢护筒固定在导向架上。

(2)第二节钢护筒沉放。

①吊装第二节钢护筒，与首节护筒顶对齐，焊接。

②在相互垂直的两个方向设监测点，指挥浮式起重机操作，使护筒自然垂直对准桩位，两个观测点连续观测护筒的垂直度，发现有倾斜，立即调整大钩位置进行纠正。

③割除首节护筒倒挂牛腿，利用护筒自重下沉，浮式起重机配合。当第二节护筒顶下沉至距离上口定位装置1m时，停止下沉。

(3)依次完成第三、四节护筒的接长、下沉施工。

(4)当护筒着床后，检查平面偏差和倾斜度合格后，采用浮式起重机安装振动锤激振下沉。

(5)垂直度控制措施。

钢护筒下沉过程中，由于入水高度较大，为防止水流冲击力对钢护筒垂直度造成影响，在主锚上设置一根下拉锚索。距钢护筒首节段下口3m且上游位置安装钢绳导向圆环，将钢绳导向，与船体上安装的卷扬机相连。在钢护筒下沉的同时，通过精确测量、观测，随时调整钢绳长度，保证钢护筒下沉的垂直度。

七、钢护筒插打施工

钢护筒插打顺序为先上游后下游，先中间后两边。Z09号墩桩基钢护筒分三批次施工完成。

1. 第一批次钢护筒插打施工

(1)钻机的稳定措施。

每组导向架距离6.2m，在相邻两片导向架主梁上布置56b工字钢作为钻机底座，并焊接相连，以保证钻机在施工过程中的整体稳定性。由于钻施工时前端受力最大，设置3I56b工字钢拼装组成前端底座；尾部考虑钻机机身重量，设置2I56b工字钢拼装组成尾部底座；中间受力最小，设置56b工字钢组成中间底座。

(2)钻机稳定性计算。

钻机选用JKL-15，整个机身质量为8t，钻头14t，将整个钻机放置在56b工字钢上，施工时前端受力最大，按18t考虑，尾部为卷扬机重量，按4t考虑。

(3)振动锤的选择。

根据激振力 $P >$ 土的动摩擦阻力 $R +$ 基岩剪切阻力 $F - ($ 护筒自重 $G_1 +$ 振动锤自重 $G_2)$

进行振动锤选型。

振动锤性能比较见表3-2-4。

振动锤性能比较表   表3-2-4

振动锤规格	电动机功率(kW)	静偏心力矩(N·m)	振幅(mm)	激振力(kN)	质量(kg)
DZJ-400	400	3180	0~12.3	3250	11500
DZJ-480	480	3608	0~33.5	3644	29000
DZJ-600	600	4328	0~33.5	4370	30000

根据激振力以及其他性能参数综合考虑,振动锤选择 DZJ-480,其最大激振力为3644kN。

(4)当钢护筒嵌固孔冲钻至设计深度后,移除冲击钻机至下一孔位。钢护筒跟进时,使用浮式起重机安装 DJZ-480 振动锤,启动钢护筒顶振动锤,使其钢护筒与土壤从压紧状态过渡到瞬间分离状态,当护筒阻力尤其侧面(临空面)阻力迅速减小,钢护筒冲破岩体抵抗,在自重作用下下沉。

(5)启动振动锤电源开关,以 10s 为一振动间隔,每振打 10s,停下来测量护筒的偏位,并通过浮式起重机大钩和收锚移动来微调,同时观察贯入度。

(6)振动钢护筒过程中注意观察,当有振动锤的振幅异常或钢护筒突然倾斜位移时应停止激振,经分析研究并采取措施后,方可继续施工。

(7)护筒振打以高程控制和贯入度控制双控方式进行。如护筒在激振过程中下沉进尺较小,停止下沉,分析原因后,再恢复激振下沉作业。

(8)在钢护筒激振下沉施工全过程中,由测量人员在岸上进行监测,并做好记录。每一根护筒插打过程中及时进行检测,若超出设计要求须及时处理。

(9)以此方式循环作业完成第一排孔位钢护筒的施工,在实时水位以上对钢护筒采用 φ720mm 钢管进行连接,保证单排钢管的稳固性。

第一批次钢护筒插打施工平面布置如图 3-2-12 所示。

2.第二批次钢护筒插打施工

(1)当中间两排钢护筒插打完成并连接到位后,解除导向架连接杆,打开导向架前端锁定装置,将两岸钢护筒导向船分离,通过锚缆移动钢护筒导向船至下两排孔位施工。为保证分离后的钢护筒导向船在插打钢护筒时的稳定性,在导向架前端底部设置 2m×3m×4m 钢浮箱支撑,在已嵌岩的钢护筒顶部两端设置两台 20t 链子滑车,在长江水位涨跌时辅助调整导向架。

(2)各钢护筒下沉、插打方式与第一轮相同。为防止护筒插打过程中,导向架发生倾斜,可在导向架前段设置支撑桁架,支承于已完成钢护筒临时牛腿上。

第二批次钢护筒插打施工平面布置如图 3-2-13 所示。

3.第三批次钢护筒插打施工

(1)当第二轮钢护筒插打完成并进行连接到位后,解除导向架连接杆,打开导向架前端锁定装置,将两岸钢护筒导向船分离,通过锚缆移动钢护筒导向船至最后一轮孔位施工,为保证分离后的钢护筒导向船在插打钢护筒时的稳定性,将 2m×3m×4m 钢浮箱移动至导向架前端底部,在以嵌岩的钢护筒顶部两端设置两台 20t 链子滑车,辅助调整在长江水位涨跌时导向架的受力调整。

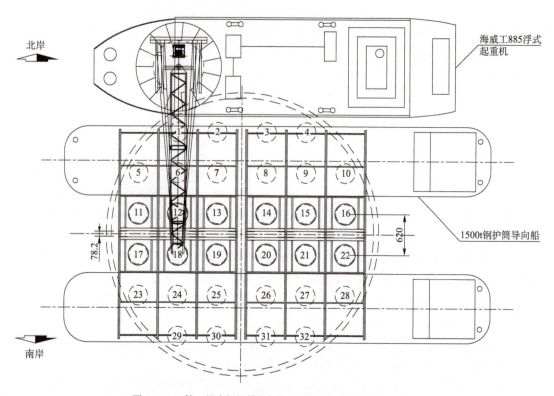

图 3-2-12　第一批次钢护筒插打施工平面布置图（尺寸单位：cm）

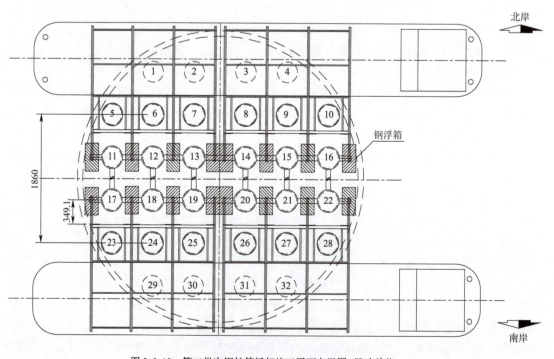

图 3-2-13　第二批次钢护筒插打施工平面布置图（尺寸单位：cm）

(2)以相同的插打方式完成最后一排钢护筒的插打施工。

第三批次钢护筒插打施工平面布置如图 3-2-14 所示。

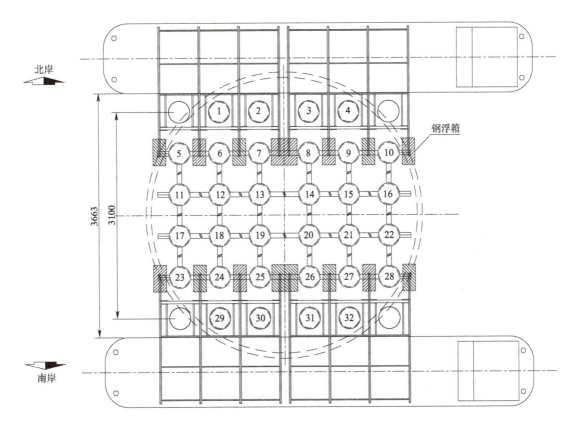

图 3-2-14　第三批次钢护筒插打施工平面布置图(尺寸单位:cm)

八、钢护筒沉放控制及检验

(1)导向定位船精确定位后,在导向架上进行桩位放线精确定位。采用上下定位装置固定钢护筒,根据放线点和钢护筒外壁之间的关系,控制钢护筒的平面位置。

(2)钢护筒施工质量控制及检验。

①钢护筒的沉放时机宜选择在江面较平静时进行,确保现场通电,各种机具设备正常使用。

②先利用浮式起重机将第一节钢护筒从运输船上水平起吊,改变缆绳的起吊方式,慢慢转换成垂直吊,吊入导向架的前端导向装置,锁定上下龙口。根据测量员的指导进行垂直度的调整,同时收紧下口定位装置。

平面偏位:≤50mm;倾斜度:≤0.5%。

钢护筒检查项目见表 3-2-5。

钢护筒检查项目表　　　　表 3-2-5

序号	检查项目	规定值或允许偏差	检查方法和频率
1	中心位置(mm)	50	用全站仪检查
2	钢护筒倾斜度(%)	0.5	靠尺测量
3	钢护筒底高程(m)	不高于设计高程	高程反算

第四节　钢平台施工

一、支承体系施工

钢护筒作为钢平台主受力支承体系,其施工严格控制钢护筒的在基岩内的嵌固深度。

二、钢平台牛腿制作与焊接

平台牛腿在最后节段钢护筒上定位、焊接。焊接长度及焊接质量要严格按设计要求进行,转弯处尺寸变化要控制准确,纵、横偏差不得过大。

三、钢平台平联体系施工

上下层平联在钢护筒插打接高完成后及时进行连接。下层设置 $\phi720\times8mm$ 钢管连接,连接时设置哈弗接头连接。上层平联采用 2I45 工字钢连接,先在钢护筒上设置型钢牛腿,再用浮式起重机吊装 2I45 工字钢置于型钢牛腿上进行焊接。

四、钢平台分配梁体系施工

贝雷梁采用分节段拼装运输浮式起重机吊装至型钢牛腿上接长,利用 U 形卡固定。如在低水位时安装贝雷梁由于水位低浮式起重机工作限制,可在钢护筒上设置卷扬机牵引贝雷梁就位安装,也可将贝雷梁分小节安装。贝雷梁铺设完成,在顺桥上按 0.5m 间距铺设 I25 工字钢作横向分配梁。

五、钢平台面板体系施工

利用浮式起重机将 $\delta=10mm$ 钢板吊装至平台铺设安装。

施工中严格遵守工序流程图的规定,每道工序完毕后均须及时进行检验,坚持头道工序质量不符合要求,不得进入下一道工序施工的原则,以免存在质量隐患。

第三章 钢围堰施工

南塔基础位于靠近南岸的水域中,距规划航道的边缘约30m,三峡蓄水时水深约53m。南塔Z09号墩采用双壁圆形钢围堰,设计高度58.949m(53.009m),外径直径为47.2m,内径直径为43.2m。钢围堰在高度方向上共分为9个节段,分别为2节刃脚段、4节加强段、2节标准段和1节堰顶段。每节段又分为12个环块(刃脚段Ⅰ型分为8个环块),其中刃脚段Ⅰ型高度4.2～10.14m,刃脚段Ⅱ型高度4.79m,加强段高度依次为6m、6m、6.4m和7m,标准段高度均为6m,围堰顶高度为6.619m。

Z09号墩钢围堰平面分块图和立面结构图分别如图3-3-1、图3-3-2所示。

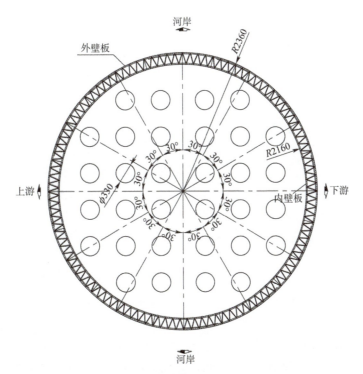

图3-3-1　Z09号墩钢围堰平面分块图(尺寸单位:cm)

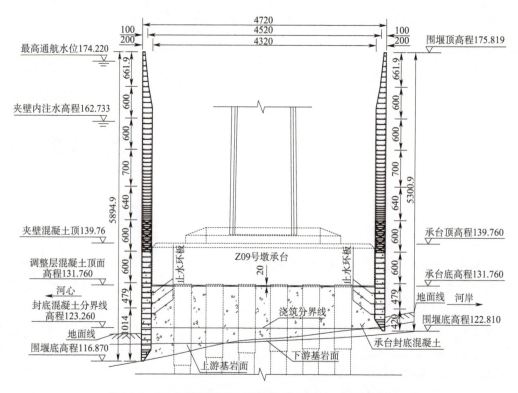

图 3-3-2　Z09 号墩钢围堰立面结构图(尺寸单位:cm;高程单位:m)

第一节　钢围堰助浮支架施工技术

一、助浮支架施工总述

桥梁深水基础施工中,采用双壁钢围堰的施工工艺较为常规,钢围堰单节段拼装一般采用自悬浮方式,要求钢围堰浮力大于钢围堰自重(围堰钢材重量和围堰夹壁水重量之和),在钢围堰浮力不够的情况下,为保证钢围堰的继续接高下沉的可靠性和安全性,首先需要明确钢围堰的夹壁水头差允许值,从而明确提供多少外力进行辅助,在此基础上拼装其他节段继续下沉。

常见的外力辅助的方式有气囊助浮、浮筒助浮等,提供的浮力较小,安全性和可控性不高。Z09 号主墩钢围堰外力辅助的主要措施是利用现有桩基钢护筒作为支架体系的基础,在对应的护筒上架设 16 套助浮支架,为钢围堰后续接高下沉提供浮力。助浮支架结构设置为菱形结构形式,单个助浮支架设计悬挂质量 250t,每组助浮支架由两个直径 3.3m 护筒承载。整个平台共设置 16 个吊点,吊架之间设置横向联系,保证吊架能承受一定的水平力。吊架顶部设置连接槽钢作为分配梁,铺设钢板网,设置安全护栏。在平台中心前期设置吊点系统控制室,在围堰着床后拆除。围堰加强段Ⅱ设置16组双层下锚点,采用同步下放系统,成功将钢围堰下放到位。在支架顶面安装同步提升系统,同步系统能按照预先设置好工况来控制各吊点受力,使其能满足钢围堰接高下沉的需要。

二、助浮支架主要应用功能

(1)在围堰接高下沉中的功能:作为提升系统安装平台,提升系统为减小隔舱内外水位差提供外加力,保证围堰后续施工安全可靠并对围堰浮体起到一定的主动约束功能。

(2)在围堰夹壁混凝土浇筑中的功能:作为夹壁混凝土浇筑的施工平台,其上布置中心集料斗、溜槽等临时构造。助浮支架上安装卷扬机与链子滑车为夹壁混凝土浇筑提供吊点。

(3)在浇筑封底混凝土中的功能:作为封底混凝土浇筑的施工平台,在围堰夹壁混凝土浇筑完成后,拆除助浮支架上部,保留下部升高架作为中心集料斗支撑架,搭设溜槽支架,安装小料斗进行封底混凝土的施工。

三、助浮支架施工工艺流程

助浮支架施工工艺流程如图3-3-3所示。

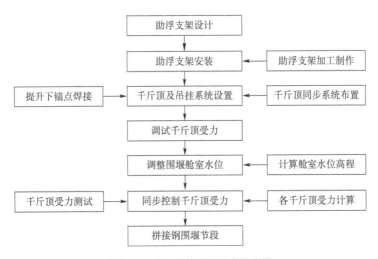

图3-3-3 助浮支架施工工艺流程图

四、助浮支架的设计与加工

1.助浮支架的设计

根据围堰结构计算的夹壁最大水头差,计算出需要外部提供的浮力,再综合考虑需要设置几组支架及每组支架的受力大小。由于助浮支架要承受较大的承载力,且结构受力较为复杂，为了保证护筒平台的安全性，每个助浮支架都考虑采用两根护筒来承受，助浮支架上下纵梁、前斜撑、中立柱、后拉杆均采用 2I56b 工字钢，底平台前立柱及后拉杆均采用 2I56b 工字钢。其中，前斜撑采用材质为 Q345B 的钢材，其余杆件材质为 Q235B 钢材。助浮支架结构设置为菱形结构形式，单个助浮支架设计悬挂质量为 250t（考虑 1.3 系数后为 326t），助浮支架底高程为 +180.00m，护筒上设置升高架控制每个助浮式起重机架底高程，每组助浮支架由两个直径 3.3m 护筒承载。助浮支架在工厂下料组装后通过浮式起重机及汽车起重机调运至现场安装。助浮支架安装完毕后，选择 2 号吊点按 1.2 倍荷载进行荷载试验，以检验助浮支架的可靠性和整体稳定性。

助浮支架设计图如图 3-3-4、图 3-3-5 所示。

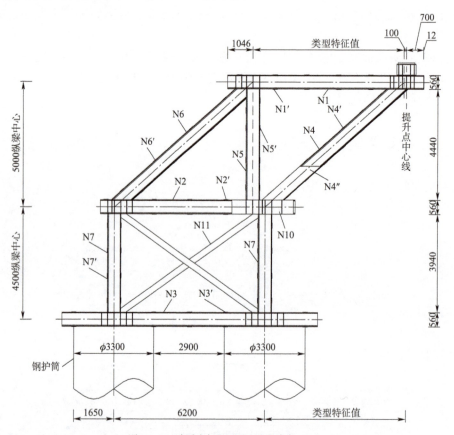

图 3-3-4　助浮支架立面图（尺寸单位：mm）

2. 助浮支架的加工

（1）助浮支架加工流程：场地准备→技术准备→材料准备→机具设备准备→人员准备→技术培训→确定控制参数→下料及验收→焊接及验收→拼装。

（2）单片助浮支架拼装工艺流程：材料验收→胎架制作（调整）→构件下料→剖口切割→焊道打磨→陶瓷衬片粘贴→施焊→超声波探伤→4 片拼装为一个整体。

（3）施工准备：做好机具设备、场地的规划布置。施工前应对设计要求进行核实统计，并须对单片支架的尺寸、外观、焊缝质量进行检测。

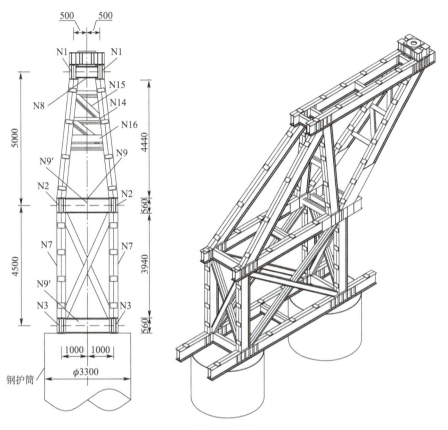

图 3-3-5　助浮支架侧面、轴测图(尺寸单位:mm)

(4)助浮支架下料:根据设计图纸进行下料,因支架结构的特殊性,在进行下料前应严格读懂设计意图,弄清楚内外方向,以避免影响整体拼装尺寸。

(5)胎架制作:为保证单片支架的加工精度,尽量减少支架在加工和转运吊装过程中的变形,在制作支架时,单片支架用工字钢胎模固定,肘板加强。根据支架长度长、高度高、呈菱形的特点,单片支架在台座胎具上统一制作。

(6)助浮支架拼装:由于结构的特殊性,底端由宽变窄,且纵向较长,同时为了保证各焊接部位的全面焊接及探伤,需先进行单片支架的焊接和拼装,然后两两双拼单片形成一半的支架构件后再组成一个完整的支架。在胎架上将临时固定的双拼支架按单片吊离至另一个胎架上,在此胎架上完成剖口切割、打磨、焊接、探伤等工序,再进行整体拼装。

五、助浮支架预压

助浮支架安装完毕后选受力最大的吊架按 1.2 倍荷载进行荷载试验,以检验助浮支架的可靠性,采用外力加载法对助浮支架进行试压。试压的目的是消除助浮支架的非弹性变形和实测弹性变形值,对数据进行线性回归分析,推算出各型号助浮支架的竖向变形值;同时检查助浮支架的加工质量,确保助浮支架在使用过程中的安全。

六、护筒顶部加强施工

助浮支架利用现有钢护筒平台设置吊点,单个助浮支架最大吊重按照助浮力的计算值考虑,钢护筒顶采取焊接钢板加强。

1. 受压护筒顶口加强构造及施工

助浮支架前支点为受压护筒,受压护筒顶口加强构造在助浮支架安装前进行安装,主要构造为横向设置两道 0.8m 高的($\delta=18$mm)钢板,钢板平面位置对准升高架立柱翼板,而纵向设置四道 1.0m 高的($\delta=18$mm)钢板,钢板平面位置对准升底纵梁腹板。钢板嵌入钢护筒,长度与桩顶盖板直径 3.7m($\delta=20$mm)钢板齐平。纵横钢板对接时要求熔透焊按一级焊缝要求进行探伤,其余焊缝均采用焊高 18mm 角焊缝焊接,除盖板与钢护筒之间为单面角焊缝,其余与护筒焊接时采用双面角焊缝,在纵横板下缘与护筒焊接位置围焊。

2. 受拉护筒顶口加强构造及施工

助浮支架后支点为受拉护筒,受拉护筒顶口加强结构在支架安装后进行安装,主要构造为设置 8 道($\delta=20$mm)受拉钢板,钢板嵌入钢护筒 1.24m 与钢护筒进行外侧双面 18mm 焊高的角焊缝。受拉钢板高出支架底纵梁 0.2m,高出部分设置三道 0.2m×0.428m 的($\delta=20$mm)钢板,与受拉钢板间采取双面 18mm 焊高的角焊缝作保护压梁。受拉钢板与支架底纵梁工字钢翼缘采用单面 18mm 焊高的角焊缝。

七、助浮支架安装、拆除

1. 助浮支架安装

1) 单个支架安装

助浮支架安装分为升高架安装与助浮支架安装两个步骤,首先在钢护筒顶将升高架按照设计尺寸拼装完成,各焊接部位达到要求后,在升高架上口设置限位型钢。利用 80t 浮式起重机将加工完成的助浮支架整体起吊,与升高架对接拼装,完成单个支架系统安装作业。

2) 交叉部位支架安装

根据钢围堰助浮支架的布置形式,在局部区域支架需交叉放置,首先按照单个支架安装方法,完成底层支架的安装作业,然后将另一个支架的升高架按照设计图纸现场拼装完成,最后将第二个支架整体吊装,与升高架对接。由于吊架后端一部分插入第一个支架结构内,所以在第一个支架安装完成后,两侧用型钢焊接临时斜撑固定,防止在吊装过程中,与之碰撞而产生倾倒或其他意外事故。交叉支架安装步骤如图 3-3-6 所示。

3) 施工操作平台搭设

Z09 号主墩钢围堰助浮支架逐一完成安装作业后,将每个支架上弦杆用 I25b 工字钢型钢连接,横向搭设 I12.6b 工字钢作为分配梁,上面铺设钢板网作为施工平台。沿整个上平台一周安装安全围栏,形成一个闭合的施工操作平台。助浮支架及平台总体布置图如图 3-3-7 所示。

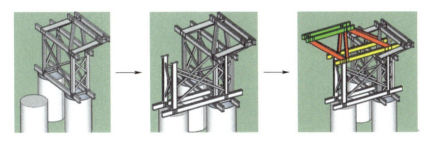

图 3-3-6　交叉支架安装步骤示意图

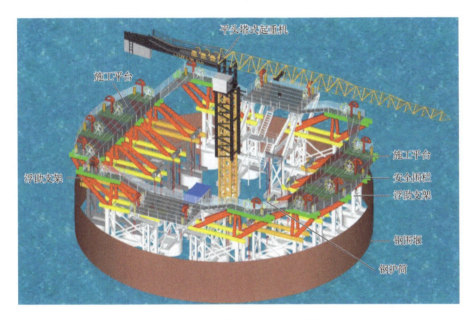

图 3-3-7　助浮支架及平台总体布置图

2. 助浮支架拆除

Z09 号墩围堰在助浮支架提供辅助浮力的工况下，完成后续节段的拼装、下沉作业。当围堰下沉到位并完成夹壁及封底混凝土浇筑后，对 16 个助浮支架以及所有附属结构进行拆除。

八、助浮支架下锚点布置

助浮支架采用的下锚点结构形式为单层锚点，其构造图如图 3-3-8 所示。

钢围堰提升系统下锚点共设置 16 个，分布在钢围堰加强段Ⅳ节段上，单个锚点设计最大吊重为 251t，下锚点采用钢锚箱与壁板焊接，钢锚箱截面尺寸为 500mm×500mm，钢锚箱翼缘板厚度 $\delta=40$mm，腹板厚度 $\delta=25$mm，在钢围堰舱内焊接加强隔板厚度 $\delta=14$mm，加强隔板与钢围堰内外壁板采用坡口熔透焊接，与环板、钢锚箱采用角焊缝焊接。

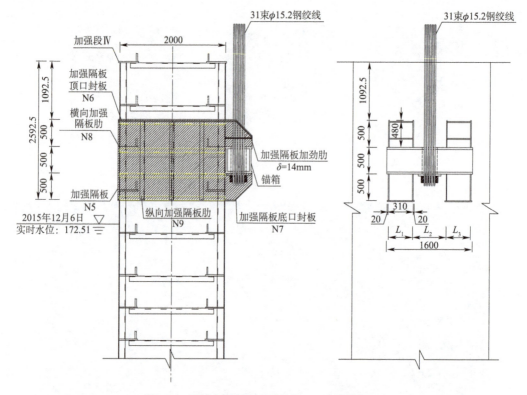

图 3-3-8　下锚点构造图(尺寸单位:mm;高程单位:m)

九、同步系统设计

1. 同步系统的重难点

1)同步控制下放

同步控制下放是该工程的难点。由于钢围堰的刚度很大,各提升点之间受力与下放位移密切相关,所以,如果位移控制不够精准,则部分吊点受力会很大,很可能破坏钢围堰的局部结构,甚至结构整体破坏。因此,控制好工程的荷载均衡及位移同步是该工程的重点和难点。

2)水位变化的及时响应

水位变化使钢围堰所受浮力也随之变化,进而导致提升载荷加大或降低,均影响钢围堰在水中的稳定性。因此提升设备需要跟随水位变化及时上升或下降,保证钢围堰在水中的安全。一方面,人员确保在岗和设备正常待机,设备的提升和下放速度≥8m/h,而水位的变化相对较慢(<10cm/h),有足够的调整时间。另一方面,在提升油缸上面安装安全溢流阀,设定最大安全压力,同时将提升油缸伸出20cm,上锚紧下锚松开,在水位下降导致提升点负荷上升时,安全溢流阀能够自动卸压,油缸随之缩缸,从而钢围堰下降;当钢围堰下降到一定距离重新平衡后,提升载荷低于最大设定值,安全溢流阀关闭,钢围堰保持不动。

3)长时间静止对设备可靠性要求

长时间静置对设备的安全性要求较高,设备包括钢绞线、提升油缸、底锚结构,需要确保其在三个月内正常使用。一方面,设备的可靠性完全满足本项目要求,并且得到了工程实践检验;另一方面,做好充分的安全预案,有完备的应急措施。

2. 设备选型

1)油缸选型

根据浮力大小选定千斤顶油缸,通过计算,采用以1号、2号、9号、10号、15号、16号为吊点的350t提升油缸;采用以3号、4号、5号、6号、7号、8号、11号、12号、13号、14号为吊点的200t提升油缸。200t提升油缸如图3-3-9所示。

图3-3-9 200t提升油缸图

2)泵站选型

根据下放吊点的布置特点,每两个下放点共用一台液压泵站,共布置8台液压泵站。泵站为双比例系统,可对每台油缸进行单独控制。泵站如图3-3-10所示。

3)计算机控制系统

根据下放吊点的布置特点,钢围堰布置一套计算机控制系统,包含相应的传感器及控制器。计算机控制系统如图3-3-11所示,传感器组合图片如图3-3-12所示。

图3-3-10 泵站   图3-3-11 计算机控制系统

3. 下放油缸布置

下放油缸布置见表3-3-1。

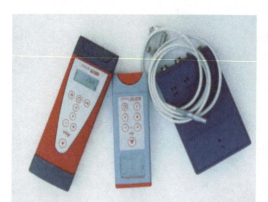 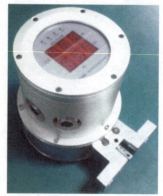

图 3-3-12　传感器组合

下放油缸布置　　　　　　　　　　　　　　　表 3-3-1

吊点编号	提升油缸	行程载荷传感器	提升泵站	截止阀
1 号吊点	1 号 350t 油缸	1 号	1 号泵站	T1
2 号吊点	2 号 350t 油缸	2 号		T3
3 号吊点	3 号 200t 油缸	3 号	2 号泵站	T1
4 号吊点	4 号 200t 油缸	4 号		T3
5 号吊点	5 号 200t 油缸	5 号	3 号泵站	T1
6 号吊点	6 号 200t 油缸	6 号		T3
7 号吊点	7 号 200t 油缸	7 号	4 号泵站	T1
8 号吊点	8 号 200t 油缸	8 号		T3
9 号吊点	9 号 350t 油缸	9 号	5 号泵站	T1
10 号吊点	10 号 350t 油缸	10 号		T3
11 号吊点	11 号 200t 油缸	11 号	6 号泵站	T1
12 号吊点	12 号 200t 油缸	12 号		T3
13 号吊点	13 号 200t 油缸	13 号	7 号泵站	T1
14 号吊点	14 号 200t 油缸	14 号		T3
15 号吊点	15 号 350t 油缸	15 号	8 号泵站	T1
16 号吊点	16 号 350t 油缸	16 号		T3

4. 设备安装

1）钢绞线安装工艺

（1）根据各点的下放高度，考虑下放结构的状况，切割相应长度的钢绞线。

（2）钢绞线左、右旋各一半，要求钢绞线两头倒角、不松股，将其间隔平放地面，理顺。

（3）将钢绞线穿在油缸中，上下锚一致，不能交错或缠绕，每个油缸中的钢绞线左右旋相间。

（4）钢绞线露出油缸上端 50cm。

（5）压紧油缸的上下锚。

(6) 将钢绞线的下端根据油缸的锚孔位置捆扎做好标记。

(7) 用起重机将穿好钢绞线的油缸安装在下放平台上。

(8) 按照钢绞线下端的标记,安装钢绞线地锚,确保从油缸下端到地锚之间的钢绞线不交叉、不扭转、不缠绕。

(9) 安装地锚时各锚孔中的三片锚片应能均匀夹紧钢绞线;其高差不得大于0.5mm,周向间隙误差小于0.3mm。

(10) 地锚压板与锚片之间应有软材料垫片,以补偿锚片压紧力的不均匀变形。

2) 梳导板和安全锚就位

(1) 为了保证钢绞线在油缸中的位置正确,在安装钢绞线之前,每台油缸应使用一块梳导板。

(2) 安装安全锚的目的是油缸出现故障需要更换时使用,另外它也可以起安全保护作用。

(3) 梳导板和安全锚在安装时,应保证与油缸轴线一致、孔对齐。

3) 下放油缸安装

(1) 根据下放油缸的布置,安装下放油缸。

(2) 在安装下放油缸和地锚支架时,准确定位,要求下放油缸安装点与下部地锚投影误差小于5mm。

(3) 下放油缸在安装到位后,每台下放油缸使用4个"7"形卡板固定。

4) 液压泵站安装

(1) 根据布置,在下放平台上安装液压泵站。

(2) 连接液压油管。

(3) 检查液压油,并准备备用油。

(4) 钢绞线与地锚的安装。

(5) 根据设计长度,切割钢绞线。

(6) 根据钢绞线安装规程穿油缸钢绞线。

(7) 钢绞线根据梳导板穿入下放地锚。

(8) 用1t手拉葫芦预紧钢绞线,然后下放油缸,用1MPa压力预紧钢绞线。

5) 计算机控制系统的安装

(1) 安装锚具传感器。

(2) 安装下放油缸行程传感器。

(3) 安装油压传感器。

(4) 安装长行程传感器,注意钢丝绳保护。

(5) 连接通信电缆和通信电源线。

5. 设备调试

1) 液压泵站调试

将泵站控制面板手动/自动开关置于手动状态,分别拨动动作开关观察显示灯是否亮,电磁阀是否有动作响声。

2)下放油缸调试

上述动作正常后,将所有动作置于停止状态,并检查油缸上下锚具都处在紧锚状态;启动锚具泵,将锚具压力调到4MPa,给下锚紧动作,检查下锚是否紧,若下锚为紧,给上锚松动作,检查上锚是否打开;上锚打开后,启动主泵,给伸缸动作,伸缸过程中给截止动作,观察油缸是否停止,油缸会停止表明动作正常;给缩缸动作,缩缸过程中给截止动作,观察油缸是否停止,油缸会停止表明动作正常;油缸来回动作几次后,将油缸缩到底,上锚紧,调节油缸传感器行程显示为2;油缸检查正确后停止泵站。

3)计算机控制系统的调试

通信系统检查,打开主控柜将电源送上,检查油缸通信线、电磁阀通信线、通信电源线连接;将画面切到监控状态,观察油缸信号是否到位,将开关置于手动状态,分别发出动作信号,用对讲机问泵站控制面板上是否收到信号;一切正常后,启动泵站,然后给下锚紧,上锚松,伸缸动作或缩缸动作,油缸空缸来回动几次;观察油缸行程信号、动作信号是否正常,若正常则显示通信系统OK;紧停系统检查,主控柜和泵站都有一个紧停开关,若按下整个泵站动作都会停止,检查在空缸动作时进行。

6. 正式工作

1)设备检查

(1)下放油缸检查

油缸上锚、下锚和锚片应完好无损,复位良好;油缸安装正确;钢绞线安装正确。

(2)液压泵站检查

泵站与油缸之间的油管连接必须正确、可靠;油箱液面,应达到规定高度;至少要备用1桶液压油,加油必须经过滤油机;下放前检查溢流阀:根据各点的负载,调定主溢流阀;锚具溢流阀调至4~5MPa;下放过程中视实际荷载,可做适当调整;利用截止阀闭锁,检查泵站功能,出现任何异常现象立即纠正;泵站要有防雨措施;压力表安装正确。

(3)计算机控制系统检查

各路电源,其接线、容量和安全性都应符合规定;控制装置接线、安装必须正确无误;应保证数据通信线路正确无误;各传感器系统,保证信号正确传输;记录传感器原始读值,备查。

2)结构的检查

(1)下放支撑结构的检查

检查下放支撑结构;检查下放平台;检查下放地锚结构;检查钢绞线疏导架。

(2)下放结构的检查

主体结构质量、外形均符合设计要求;主体结构上确已去除与下放工程无关的一切荷载;下放将要经过的空间无任何障碍物、悬挂物;主体结构与其他结构的连接是否已全部去除。

(3)天气及水文预报

注意天气及水文预报,预先判断水位的涨落情况,进而决定下一步动作;各种预案与应急措施的检查;检查下放设备的备件等是否到位;检查防雨、防风等应急措施是否到位。

3）下放过程监控措施的检查

(1)应力应变监控措施检查

检查监控设施工作是否正常；准备工作是否充分；与下放和指挥的沟通渠道是否通畅。

(2)其他监控设备的检查

全站仪等测量设备的准备。

4）随动调整

(1)上升或下降操作调整

根据水文情况进行上升或下降操作。

(2)下放数据测量、分析与决策

操作：按要求进行加载和下放。

观察：各观察点应及时反映测量情况。

测量：各测量点应认真做好测量工作，及时反馈测量数据（各点压力和高度）。

校核：数据汇交现场施工设计组，比较实测数据与理论数据的差异。

分析：若有数据偏差，有关各方应认真分析。

决策：认可当前工作状态，并对下一步操作做出决策。

5）下放注意事项

应考虑突发灾害天气的应急措施；下放关系到主体结构的安全，各方要密切配合；每道程序应签字确认。

6）下放过程的监控

监控各点的负载；监控结构的空中位置姿态；监控下放通道是否顺畅。

7）下放到位后结构的锁定及相关安全准备工作的落实

(1)就位锁定：将负载全部转换到下锚，下放油缸进入安全行程；上锚紧。

(2)悬停期间的安全措施：防止电焊、气割对钢绞线的损伤；做好下放设备的防护措施。

7. 设备拆除

1）设备拆除过程中的注意事项

注意吊装安全；注意钢结构的捆扎，防止滑出。

2）设备拆除

拆卸控制系统；拆卸液压系统；拆卸下放地锚；拆卸下放油缸；拆卸钢绞线。

十、施工难点及应对措施

1. 荷载均衡

通过计算机控制系统上预设的荷载值对相应的油缸动作进行控制，通过对荷载均衡的控制，满足钢围堰整体提升的条件，同时也保证结构安全性。

在下放过程中，计算机控制系统实时监测各点油压，通过压力调节，保证在下放过程中各点载荷差值控制在5%以内。

2. 位移同步

在提升系统中，每个提升吊点均布置一台距离传感器，这样，在提升过程中这些距离传感器可以随时测量当前的提升高度,并通过现场实时网络传送给主控计算机。主控计算机可以根据跟随提升吊点当前的高度差,依照一定的控制算法,来决定相应比例阀的控制量大小,从而实现每一跟随提升吊点与主令提升吊点的位置同步。

3. 钢绞线的保护

1)钢绞线存储

为了保护钢绞线长时间存放带来的损坏隐患,采用疏导架+卷盘的存放模式。钢绞线盘整在卷盘中,并加以防雨保护措施,避免结构施工中对钢绞线产生损伤。

2)钢绞线夹片咬合损伤

提升油缸的锚夹片为细牙圆弧齿形,对钢绞线损伤非常小,可忽略不计。同时为了避免长时间夹持同一位置,每隔一段时间,提升油缸初始咬合位置从50~200mm之间调整,每50mm一道,确保不会反复夹持同一位置。

4. 底锚可靠性措施

底锚结构由工作锚和挤压锚两道锚具串联组成,形成双保险结构,特别适应在水下及振动冲击环境下的使用。

5. 油缸可靠性措施

每一台油缸都进行出厂试验检验;在现场进行联调联试;装有安全锚座,如果出现故障,可以将安全锚座锁定,整体更换油缸,更换时间1h内;在现场备用2台油缸。

6. 水位变化的快速响应措施

提升设备性能良好,提升速度大于9m/h,远大于水位涨落速度;提前做好水位预报工作;装有安全溢流阀,当提升负载超过设定最大压力时自动卸油。

7. 控制系统可靠性措施

计算机同步控制系统(图3-3-13),具有远程和就地两种操作模式,可以通过主控计算机进行总体控制,也可通过就地控制面板实现就地操作;同时,可以选择单点动作,也可实现集群控制;采用冗余控制方式,确保设备在应急状况下的操作。

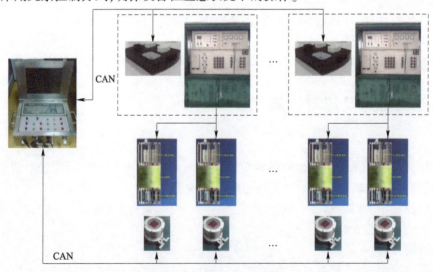

图3-3-13 计算机同步控制系统

第二节　水下切割拆除钢围堰的钢混组合结构施工

一、施工概述

国内深水双壁钢围堰刃角钢混结构拆除多采用水下爆破、或冲孔设备冲击锤、或不拆除形式。水下爆破、或冲孔设备冲击锤对结构易造成破坏；不拆除方式，前期水下开挖工程量大，如遇岩石水下爆破开挖成本极高；这几种工法投入极大，成本较高，安全不可控。借鉴岸上切割钢筋混凝土结构的液压绳锯切割工艺，形成一种新的水下施工工艺。结合工程结构特点和环境特点，采用液压绳锯（金刚石绳锯）对双壁钢围堰钢混结构进行分块切割的原理的工艺，然后采用浮式起重机进行吊装。该施工方法具有工艺简单、施工速度快、效率高、不破坏主体结构和临近结构、不受被切割物体积大小和形状的限制、切口平直等优势，适用于水下结构物或水下结构物的部分拆除，具有较强的经济性、安全性和适用性。

二、施工特点

（1）不受被切割物体积大小和形状的限制，能切割大小型的钢筋混凝土结构物和钢混结构物；

（2）切割速度快，切口平直，无须后续工序，对本体结构物和临近结构物无损伤；

（3）可以实现任意方向的切割，如横向、竖向、对角线方向等；

（4）快速的切割可以缩短工期，可远距离控制切割过程；

（5）可解决常规拆除施工过程中的振动、噪声和灰尘及其他环境污染问题；

（6）远距离操作控制可以实现水下、危险作业区等一些特定环境下一般设备、技术难以完成的切割；

（7）双壁钢围堰加强竖肋与剪刀撑均采用矩形钢管，夹壁混凝土浇筑不能进入矩形钢管中，故钢混结构含有空心150mm×150mm×8mm和150mm×100mm×10mm的矩形钢管。

三、工艺原理

金刚石绳锯切割是金刚石绳索在液压马达驱动下绕切割面高速运动研磨切割体，完成切割工作。由于使用金刚石单晶作研磨材料，故此可以对石材、钢筋混凝土等坚硬物体进行切割。切割是在液压马达驱动下进行的，液压泵运转平稳，并且可以通过高压油管远距离控制操作，所以切割过程中不但操作安全、方便，而且震动和噪声很小，被切割物体能在几乎无扰动的情况下被分离。切割过程中高速运转的金刚石绳索靠水冷却，并将研磨碎屑带走。

四、施工工艺流程

水下切割拆除钢围堰的钢混组合结构施工工艺流程如图3-3-14所示。

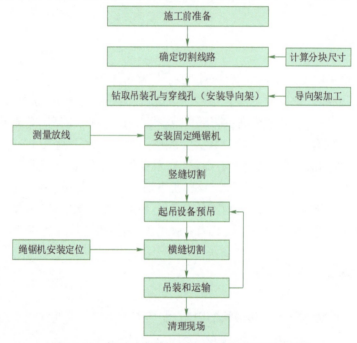

图3-3-14 水下切割拆除钢围堰组合结构施工工艺流程图

五、施工工艺操作要点

1. 绳锯机安装

绳锯机沿钢围堰周圈顶面均匀布置4台,分别设置在上下游、核心河岸各一台,沿顺时针方向轮换切割竖缝;另外在上下游各设置一台沿顺时针方向进行横缝切割,延后10d开始进行。竖缝从围堰顶口从上向下切割,切割完成一条,移动设备和导向架进行下一条竖缝切割;横缝在围堰切割面进行钻孔穿绳水平切割。液压绳锯机组成如图3-3-15所示,由液压动力站、绳锯机头、反切架、组合导向轮和导轨等组成。

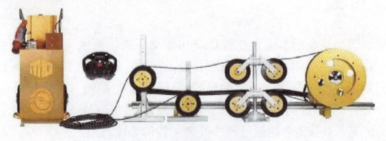

图3-3-15 液压绳锯机组成图

2. 钢混结构分块和切割

根据浮式起重机起吊能力和作业半径,最大起吊质量为86.7t的位置在浮式起重机距被吊物水平距离15.72m处,Z09号墩钢围堰水平方向河心河岸在140.3m高程的位置切割,上下游在143.7m高程的位置切割,采用浮式起重机吊装的拆除方式,共分41块,每块质量不超过70t。在实际切割时还需根据现场混凝土高程计算实际切割分块间距,原则是每块质量不超过70t。因截面比较大,相对比较平稳,故不需要进行固定。

加强竖肋与剪刀撑均采用矩形钢管组成竖向桁架,提高堰身竖向抗弯刚度,加强段Ⅱ构造、加强桁架构造示意图分别如图3-3-16、图3-3-17所示。

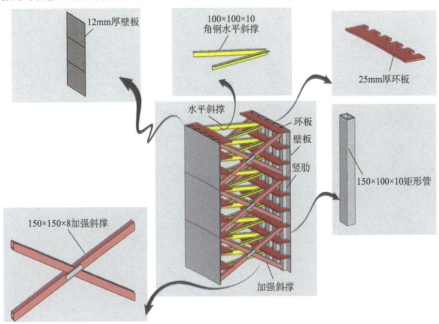

图3-3-16 加强段Ⅱ构造示意图

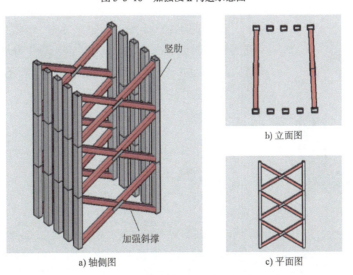

图3-3-17 加强桁架构造示意图

Z09号钢围堰钢混水下切割在底部切割线一次切割到位,河心河岸各布设一台液压绳锯机,根据水平缝的切割推进,河心河岸各另增加一台液压绳锯机进行竖缝切割,对于非钢混钢围堰采取潜水员水下切割。

钢围堰钢混结构横缝切割前,在上下游起始位置由潜水员采用取金刚石水钻机进行打孔。竖缝用导向支架进行定位,从上向下切割。将金刚石水钻机安装一个导向架上,随围堰壁放入水下进行钻孔,上端固定在围堰顶口。金刚石水钻机如图3-3-18所示,钻机导向架如图3-3-19所示。

图3-3-18 金刚石水钻机

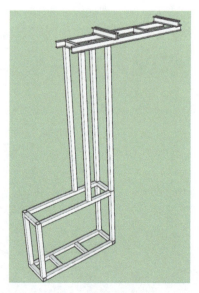

图3-3-19 钻机导向架效果图

3. 吊装

挂钩用2cm厚的钢板进行切割。吊耳在钢围堰内外壁的环板位置水下切割一个眼孔,同时将环板切割一个圆弧缺口,预留宽度5cm。挂钩示意图如图3-3-20所示。

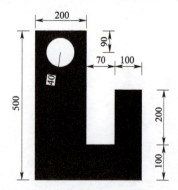

图3-3-20 挂钩示意图(尺寸单位:mm)

每块钢混结构用4组(每组2根)钢绳进行吊装,钢丝绳选用$6 \times 37\phi28mm$钢绳,公称抗拉强度为$170kg/mm^2$,破断拉大于482kN,安全系数取3.5,钢绳捻制不均匀折减系数按《重型设备吊装手册》取0.82。

单根钢绳许用拉力为:

$$p_1 = 0.82 \times \frac{482kN}{3.5} = 112.9kN$$

单根钢绳计算拉力为:

$$p_2 = \frac{1.2 \times 700kN}{8} = 105kN < p_1$$

当切割一部分后,浮式起重机调动至吊装位置进行抛锚定位,浮式起重机不等碰撞已切割钢围堰,潜水员水下捆绑挂钩,当钢绳受力后,潜水员撤离出水面到达安全位置再进行起吊,放入运输船中,运至岸边进行堆放后期进行处理。

第四章
深水封底混凝土施工

第一节　混凝土配合比设计

为保证承台封底混凝土满足各项技术指标要求,以设计图纸、设计规范为依据,进行混凝土配合比设计,将其用于主桥 Z09 号墩承台封底工程施工。

一、原材料基本情况

(1)水泥:东方希望 P·O42.5 水泥(低碱)。
(2)砂:采用机制砂、天然细砂,掺配比例为机制砂:天然细砂 = 80:20。
(3)碎石:5~25mm 碎石(以 5~16mm:16~25mm = 20:80 进行掺配)。
(4)水:饮用水。
(5)粉煤灰:Ⅱ级粉煤灰。
(6)外加剂:PCA-Ⅰ聚羧酸高性能外加剂。

二、水下封底混凝土配合比

(1)混凝土强度:C30。
(2)混凝土初始坍落度:20cm ± 2cm。
(3)混凝土 1h 后的坍落度:≥15cm。
(4)混凝土初凝时间:≥30h。
(5)混凝土和易性、稳定性良好,满足泵送要求。
封底混凝土 C30 理论配合比见表 3-4-1。

封底混凝土 C30 理论配合比 表3-4-1

材料用量(kg/m^3)	水泥	粉煤灰	砂	石	拌和水	外加剂
C30	221	200	764	1055	160	4.21

第二节　灌注导管选择及布置

一、灌注导管选择

封底混凝土导管采用外径 $\phi299mm$、壁厚 $\delta=8mm$ 的无缝钢管制作,管节长度为9m、3m、2m 及 1m 4 种,管节之间采用抱箍接头连接。导管上接 $1m^3$ 分料斗,使用 2 根工 36b 型钢安装在钢护筒上。导管具有良好的水密性是灌注水下混凝土成功的关键,导管使用前,按规范进行抗拉、水密等试验,合格后方可使用。水密试验的水压不应小于孔内水深 1.3 倍的压力,也不应小于导管壁和焊缝承受最大内压力的 1.3 倍。

二、导管作用半径选取

Z09 号墩封底混凝土顶高程为 +131.760m,平台顶高程为 +173.500m,以围堰内水位浇筑封底混凝土最高水位 +165.000m 进行计算。

由《公路桥涵施工技术规范》(JTG/T F50—2011)第 8.3.5 条的公式得:

$$p = \gamma_c H_c - \gamma_w H_w \qquad (3\text{-}4\text{-}1)$$

式中:p——混凝土导管下口的超压力(kPa);

γ_c、γ_w——分别为混凝土和水重度(kN/m^3);

H_c、H_w——分别为导管内混凝土高度和混凝土以上水深。

将相关数据代入上式,得:

$$p = 24 \times (173.5 - 131.76) - 10 \times (165.00 - 131.76) = 669.36(kPa)$$

上式得出导管底口超压力为 669.36kPa,导管口底部超压力大小反映导管作用的半径大小,而《公路桥涵施工技术规范》(JTJ 041—2000)中只列出了导管下口的超压力不大于 250kPa 情况下导管的作用半径为 4m,在《公路桥涵施工技术规范》(JTG/T F50—2011)中却未提及,而本工程导管底部超压力计算值已经大于 250kPa。参照黄石桥中导管底部超压力为 542kPa,导管作用半径取值为 5.5m 的经验,导管底部超压力大于规范值,而封底混凝土和易性良好,且具有超缓凝低坍落度损失的性质,那么在浇筑封底混凝土时导管作用半径可以适当取大,此次封底混凝土导管作用半径考虑为 6m。

三、导管制作与加工

第一、二次调平层封底混凝土浇筑导管最长为 54m,最短为 49m,底部采用 5 节(9m)+1

节(3m)导管,便于在浇筑过程中提管和拆管,其余在顶部采用1m调节管安装;第三次封底混凝土浇筑(6.5m厚一次性成型段封底混凝土)一共使用22根导管,导管长49m,总长1078m。标准管单节长度为9m、3m、2m,调节管长度为1m,节间采用丝口抱箍相连。

四、导管水密性试验

采用油压泵施压的方法进行导管水密性试验。

五、导管布置

由于封底面积较大,需要布置多根导管按规定顺序灌注混凝土,导管的数量及平面位置按以下原则布置:

(1)单根导管作用半径取6.0m,全部导管作用范围覆盖钢围堰地面。

(2)钢围堰内壁与外层钢护筒间布置导管,确保该区域封底混凝土质量,以防渗水;四周的导管布置比中间位置更密集一些,外侧靠近钢围堰的钢护筒每2根之间布置一根导管。

(3)考虑桩基钢护筒在钢筋混凝土浇筑过程中对混凝土的流动有一定的阻挡作用,导管布置时尽量远离钢护筒外侧,以确保混凝土的均匀扩散。

(4)在封底前,精确测量导管底口距离河床面高度,保持在15~25cm;导管与钢护筒外侧壁保持一定距离,以利于混凝土的扩散。

六、导管的拼装及布置

在每节导管拼装前,逐节进行长度测量,并用红色油漆将测量结果标在各导管连接箍上。导管拼接长度依据现场实测的堰底高程确定,每节导管间用螺旋环箍连接,环箍内垫4mm橡胶垫圈,在导管接长下放到位并满足底口距离岩面高度为15~25cm。为便于在浇筑过程中提管和拆管,导管顶部采用2~4节1m调节管安装,导管上口接$1m^3$小料斗,导管用夹具挂于封底混凝土浇筑平台2I36b承重牛腿上。使用围堰中心SCM6015塔式起重机和2台浮式起重机完成导管提升或拆管。

第三节 中心集料斗与分料斗选择

一、首批混凝土方量计算

首批混凝土方量计算图示如图3-4-1所示。

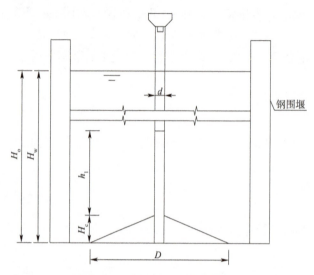

图 3-4-1 首批混凝土方量计算图示

首批混凝土方量按以下公式计算：

$$V = h_1 \cdot \frac{\pi \cdot d^2}{4} + H_c \cdot \frac{\pi \cdot R^3}{3} \tag{3-4-2}$$

$$h_1 = H_w \times \frac{\rho_w}{\rho_c} = \frac{H_w}{2.4}$$

式中：R——导管作用半径(m)，按 6.0m 取值；

d——导管直径(m)，取 0.299m；

H_c——首批混凝土灌注高度，按照 0.8m 考虑(0.6m 导管埋深)；

h_1——钢围堰内混凝土高度达到 H_c 时，导管内混凝土柱与管外水压平衡高度(m)；

ρ_w——钢围堰内水的密度，取 10kN/m³；

ρ_c——混凝土拌合物密度，取 24kN/m³；

H_w——钢围堰内水面至河床面高度，围堰内水位按 +165.000m 考虑，取 45m。

故首批混凝土方量为：

$$V = \frac{H_w}{2.4} \cdot \frac{\pi \cdot d^2}{4} + H_c \cdot \frac{\pi \cdot R^3}{3} = \frac{45 \times 3.14 \times 0.299^2}{2.4 \times 4} + 0.8 \times \frac{3.14 \times 6^2}{3} = 31.4(\text{m}^2)$$

二、中心集料斗与分料斗设计

在钢护筒平台上设置 4 个中心集料斗，每个集料斗容量 34.5m³。中心集料斗采用 $\phi 3.3 \times 4.7$m 钢护筒加工制作，其下部设计成圆锥形，底部设置手动开启放料装置，手动控制放料的速率，搭设脚手架布置溜槽，将中心集料斗中混凝土通过溜槽输送至设置在钢平台上的分料斗。分料斗共设置 22 个，容量为 1m³，分料斗下接外直径 299mm、壁厚 8mm 的灌注导管。

使用中心集料斗 +3m³ 小料斗完成首封，首封封底混凝土使用中心集料斗 +1m³ 分料斗进行浇筑。准备 2 个塞子，使用塔式起重机用拔球法灌注封底混凝土。

第四节　封底混凝土平台搭设

封底混凝土浇筑平台由型钢分配梁、脚手架、中心集料斗、溜槽、分料斗组成。

利用原钢护筒 173.500m 高程处型钢牛腿布置导管及平台，尽可能利用原桩基施工平台材料。3 号、8 号、14 号、11 号、17 号、20 号分料斗（共 6 个布料点）梭槽水平投影长度较大，最长达 11m，梭槽采用 3mm 钢板加工，通过钢护筒开缺口或割除降低布料点高程，使梭槽坡度不小于 35°；其余梭槽可利用外径 299mm 钢管浇筑封底混凝土。2 号、17 号、30 号 3 根钢护筒需要割除（或开槽）2m 后布置分料斗梭槽。

分料斗处承重牛腿要求为 2I36b，夹分料斗分配梁 N1′要求使用 I36b 以上型钢。

在桩基施工平台钢护筒上横桥向布设的 I45b 型钢牛腿，考虑到每个集料点使用 3m³ 分料斗进行首封后再使用 1m³ 分料斗浇筑封底混凝土，故布置分料斗位置的牛腿需再安装 1 根 I36b 以上型钢，分料斗承重梁采用 2I36b 型钢安装，其他部位平台分配梁可使用 25b 工字钢安装，并在 I25a 分配梁上铺设跳板（或 5mm 花纹钢板、钢板网），设置安全防护栏杆（栏杆高度 1.2m），挂设安全网。

封底混凝土浇筑分料现场总体布置如图 3-4-2 所示。

图 3-4-2　封底混凝土浇筑分料现场总体布置

第五节　拌和设备要求

由于 Z09 号钢围堰第 3 次封底混凝土（6.5m 厚）方量大，混凝土采用场内集中搅拌站与场外集中搅拌站相结合的生产方式，来保证封底混凝土的供应。场内、场外拌和站均采用相同的配合比、相同的原材料进行拌制。

（1）场内设置 2 套 HZS120 型拌和站，1 套实际生产能力为 60m³/h，并采用 4 台 HBT80 型输送泵进行混凝土输送，1 台 HBT80 型输送泵实际输送量为 60m³/h。

(2)场外设置1套HZS180型拌和站,距离约为9km,实际生产能力为120m³/h,采用12台罐车运输混凝土至栈桥桥头,在栈桥桥台处设置3台HBT80型输送泵,1台HBT80型输送泵实际输送量为60m³/h。

第六节 测量准备

在平台上布置29个高程监测点,在钢围堰内壁圈共布置16个高程监测点,测定并逐一记录监测点高程,用红色油漆在钢护筒平台分配梁上做好标记,作为测量混凝土面高程的依据。

Z09号主墩钢围堰内封底混凝土底面积为1465.7m²,扣除钢护筒面积273.7m²,则封底面积为1192m²。封底混凝土浇筑前,按照15m²左右布置一个测量点,共需设置80个测点。除平台上的29个高程监测点和钢围堰内壁圈的16个高程监测点,另需对相邻导管的交界面、钢护筒四周、围堰内侧等位置的测量点加密布置。

第七节 封底混凝土浇筑

Z09号主墩钢围堰内径43.2m,封底混凝土顶高程131.76m(承台底高程),前期吸泥后,河心侧河床面高程约为+123.000m,河岸侧河床面高程约为+125.000m,封底混凝土厚度为6.76~8.76m,整体方量为11374.2m³,扣除钢护筒所占体积2123.8m³,水下混凝土总体积约为9250.4m³。为保证浇筑封底混凝土施工过程中钢围堰的稳定性,拟分三次进行浇筑:第一次封底混凝土找平层,浇筑至高程123.000m;第二次浇筑封底找平层,即从河床面由低到高顺序进行,直至钢围堰内全断面找平;之后进行第三次封底混凝土全断面浇筑,保证封底混凝土最小封底厚度,一次浇筑成型。

第一次封底混凝土找平层浇筑500m³;第二次封底混凝土找平层浇筑750m³;第三次6.50m厚封底混凝土一次性浇筑完成,浇筑8000m³。

封底混凝土浇筑分首次浇筑阶段、正常浇筑阶段以及收尾浇筑阶段。

一、浇筑准备工作

由于封底混凝土浇筑数量多、面积大,需要储备足够的水、砂、石、粉煤灰、水泥材料及外加剂,机具设备配合程度高,特别是对于场外拌和站混凝土需采取有效的供应方式,以保证混凝土来料及时。

第一、二次调平层方量较少,利用场内拌和站即可,第三次封底混凝土浇筑方量大,需要利用场内和场外拌和站,场内拌和站按5500m³混凝土所需材料备料,场外拌和站按3000m³混凝土所需原材料备料。

1. 原材料准备

水泥:场内拌和站共设置6个水泥储料罐,容量为100t/个,共600t,第三次浇筑封底混凝土场内站按5500m³备料需储存水泥为1220t,为此需要在浇筑混凝土前三天开始运输水泥至现场,补充所耗水泥。

粉煤灰:场内拌和站共设置2个粉煤灰储料罐,容量为100t/个,共200t,场内站按5500m³备料需储存粉煤灰1100t,在浇筑前三天开始运输粉煤灰至现场,补充粉煤灰。

砂石:事先储备足够的砂石料,及时与砂石料场取得联系,及时补充。

水:采用长江水,利用水泵抽水至蓄水池沉淀后使用。

2. 机械设备检查及调试

注意检查拌和机械、混凝土输送泵及混凝土罐车机械性能及各零部件的工作性能。

3. 电力供应

确保封底施工期间的电力供应,并备好350kW及250kW发电机,防止因停电造成混凝土浇筑中断。

二、第一、二次调平层浇筑

第一、二次找平层封底混凝土采用多根导管压注遵循"由低到高,由边往中"的原则,且工艺上要求"储料保证,埋管足够,专人检测,时刻报告,逐根压注,视量而行,同时浇筑,最多3根导管"。第一次浇筑完成待强度达到25%后进行第二次浇筑。

三、第三次6.5m厚封底混凝土浇筑

1. 混凝土浇筑顺序

在两次支垫混凝土(调平层)浇筑后,已经将原河床底斜坡坡面或吸泥锅底基本调平。第三次封底混凝土浇筑顺序由河岸向河心分批开灌,逐层推进(分两层推进)完成浇筑。

首封混凝土的灌注应遵守以下原则:一次到位,从岸侧到江心侧,储料足够,保证埋深。

首封顺序:分料斗3→分料斗2、分料斗4→分料斗1、分料斗5→分料斗6、分料斗10→分料斗7、分料斗9→分料斗8、分料斗11、分料斗17→分料斗12、分料斗16→分料斗13、分料斗15→分料斗14、分料斗18、分料斗22→分料斗19、分料斗21→分料斗20。

封底混凝土浇筑首封顺序平面示意图如图3-4-3所示。

在封口前,首先通过麻绳调直导管,然后用测深锤从导管内测出导管下口与套箱底口的距离,依靠手拉葫芦调整至15~20cm。

2. 封底混凝土浇筑前注意事项

(1)浇筑前1天完成预演练

检查各机械的电路及性能,特别是拌和料输送泵(活塞环、液压油、操控板、操控系统等)检查,各项准备工作就绪后,浇筑封底混凝土前一天对整个系统进行试运行,从拌和料处使

用清水放料至输送泵,试输送至中心集料斗。对浇筑封底整个过程完成预演练,涉及全场指挥系统、作业人员、机械设备等。

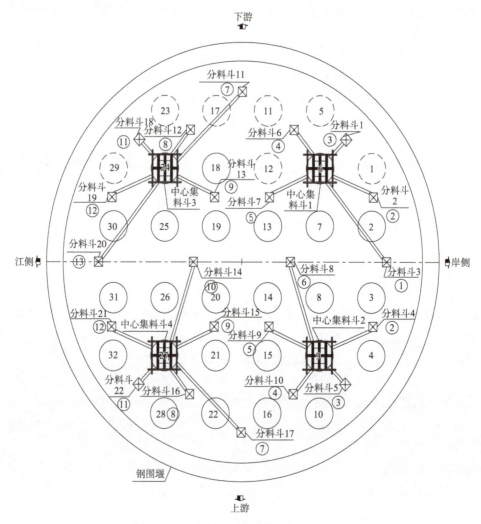

图 3-4-3　封底混凝土浇筑首封顺序平面示意图

（2）打开连通管

封底过程中,必须保证内外水头一致,尤其围堰外水头不能高于围堰内,围堰内外设连通管,以平衡水压。

本围堰连通管设置有 2 层,每层连通管由 3 根 $\phi203 \times 10mm$ 钢管组成,阀门由 6 根 M20 螺栓连接。第一层连通管位于下游侧 11 号舱和 10 号舱隔舱板处,高程为 147.786 + 1.74 = 149.526(m),围堰顶下量 22.10m;第二层连通管位于上游侧 5 号隔舱和 4 号隔舱板处,高程为 159.598 + 1.74 = 161.338(m),围堰顶下量 10.30m。

当浇筑封底混凝土,水位高程低于现有连通管位置高程时,连通管位置不满足封底混凝土浇筑排水要求,可使用 3 根 $\phi203 \times 10mm$ 钢管在钢围堰下游侧长江水面上 20～50cm 位置安装临时连通管。

(3)导管水密试验

导管安装前先组拼试压,试压强度取水头压力的1.3倍,经过计算水密试验试压1.2MPa。

3. 导管底部封口

在封口前,用测深锤从导管内测出导管下口与基岩面悬空高度,依靠手拉葫芦准确调整至15~25cm。在分料斗内下口涂抹黄油,并铺塑料薄膜,用木塞子堵住分料斗管口,注入适量的砂浆。中心集料斗储满料后打开中心集料斗的出料口,混凝土经溜槽进入浇筑分料斗,当分料斗内充满混凝土时拔塞,同时集料斗连续不断放料,完成导管封口混凝土浇筑。

4. 首批混凝土浇筑

钢护筒平台上布置容量为$34m^3$的中心集料斗以及容量为$1m^3$的分料斗,分料斗采用"拔塞法"进行浇筑,拔塞时混凝土输送泵连续向中心集料斗灌注混凝土。虽然中心集料斗能够满足首批混凝土计算灌注要求,但是导管埋深偏小,而且主墩河床面为倾斜面,所以在浇筑时注意测量导管埋深,埋深控制在0.6~0.8m。

在一根导管完成首批混凝土灌注时,测量邻近导管底口是否被前一根导管浇筑混凝土淹没,如果被淹没注意提升导管,满足导管底口悬空高度为15~25cm。

5. 混凝土正常浇筑

1) 正常浇筑量

检查每根导管都满足首批混凝土浇筑最小埋置深度后,即转入正常浇筑阶段。正常浇筑时,将混凝土输送至中心集料斗,按照浇筑顺序依次向导管灌注混凝土。为防止导管停灌时间过长,采用"少吃多餐"办法,每根导管浇筑$9m^3$。

2) 间隔时间控制

同一根导管前后两次灌入混凝土时间间隔,控制在60min之内,注意在施工过程中严格把控。

3) 测量

测量是控制封底混凝土浇筑的关键工作之一。需配置两个技术人员测量混凝土面高程。每根导管灌注一次混凝土则测量一次,现场技术人员每隔1h对整个封底混凝土浇筑面测量一次;导管开始灌注后,每30min记录各测点的混凝土顶面高程,以显示混凝土流动半径和坡度,保证封底混凝土围堰内满覆盖。

4) 导管提升和拆卸及导管正常浇筑埋深

在正常浇筑阶段,导管的埋深宜控制在1.5m以上,最大埋深不超过3m。向导管中灌注混凝土后,准确测出埋管深度。根据测得的埋管深度,确定导管提升高度。使用1台6015塔式起重机和2台浮式起重机(80t和60t各1台)提升导管,每次提升高度控制在20~30cm。当混凝土灌注漏斗提升到灌注工作平台面以上时,拆除一定长度的导管。

6. 混凝土收尾浇筑

混凝土临近浇筑顶面高程时,全断面测出混凝土面的到达高程,重点测量导管作用半径相交处、护筒周边、围堰内壁,根据测量结果,决定对混凝土面高程偏低的测点附近的导管增大灌注量,保证封底混凝土浇筑达到要求的高程。

当确定某根导管需要浇筑混凝土时,终浇前上提导管,适当减小导管埋置深度,尽量排空导管内混凝土,浇筑完成时测定混凝土高程,力求混凝土顶面平整,保证封底厚度达到要求。当所有测点均符合要求后,终止混凝土浇筑,上拔导管,排空导管内混凝土。

第八节 大体积封底混凝土浇筑施工难点对策

一、封底混凝土浇筑材料准备

为考虑混凝土浇筑的连续性,采用场外拌和站与场内拌和站同时供料的施工方式浇筑封底混凝土,故在原材料准备方面需要综合考虑和准备。在计划浇筑封底混凝土前15d,与各材料供应厂家提前沟通,在厂内准备充足的材料数量,并在拌和站内储存砂、石子、水泥、粉煤灰、外加剂,在封底混凝土浇筑过程中,根据材料消耗量连续补充混凝土材料。

在封底混凝土浇筑10d前,通知场外拌和站清空原有材料,在其拌和站内储存提供的砂、石子、水泥、粉煤灰、外加剂,同样在封底混凝土浇筑过程中,根据材料消耗量连续补充混凝土材料。

二、封底混凝土浇筑施工过程中围堰抗滑移预防措施

在1、4、29、32号桩基钢护筒使用$\phi 630 \times 10mm$钢管支撑,高度方向设置在125.500m(即第二次找平层顶向上50cm处)。安装时使用卷扬机沿安装位置处下放桩基钢护筒,潜水员水下进行钢护筒和钢围堰焊接,达到钢围堰的稳定效果。

三、封底混凝土供应量及混凝土拌和时间的控制

《公路桥涵施工技术规范》(JTG/T F50—2011)要求:"机械搅拌时,最短搅拌时间应按照设备出厂说明书的规定,并经试验确定,且不得低于6.6.2的规定。"

第3次封底混凝土理论浇筑方量为7748m^3,实际浇筑方量预估8000m^3,结合场内外站的实际情况,计算出Z09号主墩钢围堰封底混凝土浇筑的总时间为42.1h。因首封(开球)、导管提升等因素影响,预估在60h内完成钢围堰封底混凝土浇筑。

第五章 主塔承台施工

第一节 工程概述

一、工程简介

主桥 Z08 号主塔承台采用哑铃形,平面外轮廓尺寸为 57.0m×24.0m(横×顺),承台厚 8.0m,承台顶面设计高程为 +179.680m,承台底高程为 +171.68m。承台四角采用圆弧,圆弧半径 $R=200$cm,中间哑铃处采用 150cm×150cm 直倒角。

二、基底情况

主桥 Z08 号主塔承台底高程为 +171.680m,承台底位于中风化长石砂岩地层中,承台基底情况如图 3-5-1 所示。

图 3-5-1 主桥 Z08 号主塔承台基底情况图

三、工程特点

（1）主桥 Z08 号主塔承台呈哑铃状，浇筑混凝土总方量为 8656.8m³，属大体积混凝土施工。为控制承台单次浇筑方量，防止承台收缩开裂，在哑铃状承台中间系梁段设 2.0m 宽的后浇带合龙段。承台高度 8.0m，按分三层浇筑（3m+2.5m+2.5m）+中间系梁部位设置 2m 宽后浇带合龙段的方式浇筑，最大混凝土浇筑方量 1591.7m³。主墩承台为大体积承台，为确保连续快速浇筑，对混凝土拌和站的地方材料、水泥、粉煤灰等供应要充足，确保现场施工需要。

（2）主桥 Z08 号主塔承台浇筑完成第一层混凝土后，在施工第二层承台时需要预埋主塔预应力束（竖向预应力束底高程为 +174.680m），同时由于该部分钢绞线采用先穿法，应注意钢绞线波纹管的定位，施工过程中加强对先穿钢绞线的保护，杜绝出现钢绞线损伤的现象，保证后续预应力张拉施工安全和施工质量。

（3）承台施工时需预埋主塔下横梁支架预埋件，下塔柱塔式起重机及爬梯预埋件。

（4）承台为大体积混凝土，在施工过程中需要采取有效的大体积混凝土温控和保温养护措施，以防止大体积混凝土出现温差裂缝，确保施工质量。

（5）哑铃状承台中部为连接系梁，系梁底部先铺设 50cm 厚砂垫层，再浇筑 20cm 厚 C30 混凝土垫层，且后期需进行脱空处理，哑铃状承台其他部位采用 20cm 厚砂垫层和 20cm 厚 C30 混凝土垫层的形式，后期无需进行脱空处理。

第二节　施工方法及施工工艺流程

一、施工方法

（1）承台施工前，首先对回填土的基坑进行开挖，开挖采用挖掘机，自卸车运输进行。

（2）基坑开挖施工完成后，破除桩头，先铺设 20cm 砂垫层（哑铃状承台中间系梁砂垫层厚 50cm），再浇筑承台 20cm 厚垫层 C30 混凝土。

（3）钢筋及预埋件在加工厂制成半成品，运至现场进行绑扎安装并设置冷却水管。模板采用大块钢模，模板由专业厂家加工。

（4）分三层进行浇筑，浇筑厚度分别为 3m、2.5m、2.5m。在哑铃状承台中间系梁段设 2.0m 宽的后浇带，合龙段最后一次浇筑。单层最大浇筑方量为 1591.7m³，按大体积混凝土施工工艺进行控制。

（5）混凝土浇筑施工利用冷却水管进行内部混凝土温度控制。

（6）混凝土由拌和站集中拌和，罐车运输至墩位处，由溜槽结合汽车泵泵送的方式入模。

二、施工工艺流程

主桥 Z08 号主塔承台施工工艺流程如图 3-5-2 所示。

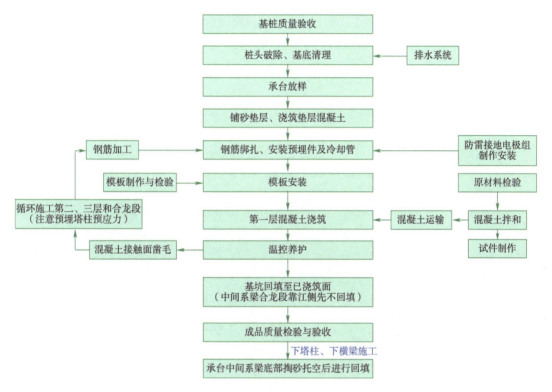

图 3-5-2　Z08 号主塔承台施工工艺流程图

第三节　施 工 工 艺

一、施工准备

1. 桩头破除

基坑开挖完成之后,即可开始破桩头。桩头破除时要注意桩身嵌入承台 15cm 的高度,根据测量高程在桩头 +0.15m 位置环向做好标记,利用砂轮切割机环向向桩身内切割 4～5cm 深度,注意不要伤及桩身钢筋笼主筋。在凿除桩头主筋外侧混凝土时,把环向切缝以上全部凿除,要保证环向切缝的整齐,同时应注意对桩头钢筋保护层的保护,避免因操作不当破坏环向切缝以下的钢筋保护层。

2. 垫层施工

垫层施工前,将基底清理干净,并排除基坑内的水。考虑到主塔承台位于中风化岩层中,为了确保桩基础的传力路径,哑铃承台中部系梁只起到联系两塔柱的作用,不考虑承受塔柱传递的竖向荷载。在承台底部铺设20cm细砂层(承台中部系梁为50cm),避免上部结构的内力通过承台直接传到承台底面的岩石上。

考虑砂垫层比承台结构边线加宽1m,砂层铺设完成后,安装混凝土垫层模板,浇筑混凝土垫层。垫层采用C30混凝土,垫层厚度为20cm,垫层混凝土浇筑方量为227.2m³,采用汽车泵浇筑。考虑模板安装位置,现场实际混凝土垫层较承台边线加宽30cm。

二、钢筋制作及安装

承台钢筋下料前要合理确定每种钢筋的分节长度和搭接长度,拟定好钢筋下料配料单。每种钢筋在钢筋加工棚下料加工成半成品,运输至现场按混凝土浇筑工艺分3次绑扎成型。

1. 钢筋加工制作

钢筋在加工厂内制作成半成品,⌀25mm及以上的钢筋采用等强滚轧直螺纹接头,其他钢筋按规范要求进行焊接或绑扎搭接。绑扎或焊接的钢筋网或钢筋骨架不得有变形、松脱。钢筋配料时应确保同一截面内的主筋接头数量不得超过全部主筋数量的50%,相邻钢筋接头应错开布置且距离不小于35d(d-钢筋直径)。

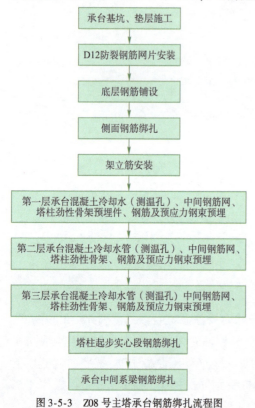

图3-5-3 Z08号主塔承台钢筋绑扎流程图

由于承台侧面N7、N7a、N8、N8a、N10、N11、N14均为⌀20mm钢筋,高度达775.6cm,若一次安装到位,则需设置劲性骨架,存在一定的安全风险,先考虑分两次加工安装,通过直螺纹套筒连接或焊接,并按规范要求错开接头;底部顺桥向、横桥向结构钢筋较长,转运不便,考虑分节加工,分节钢筋转运至现场后采用等强直螺纹连接,并按规范要求错开接头。

2. 钢筋安装施工

1)钢筋绑扎流程

Z08号主塔承台钢筋绑扎流程如图3-5-3所示。

2)第一层承台钢筋安装

先安装承台底面,保护层内规格为D12(材质CRB550)的带肋钢筋网片,钢筋间距10cm;然后安装承台底面3层纵横交错布置的N1a号、N1b号、N2a号、N2b号、N2c号、N3a号、N3b号、N4a号、N4b号主筋,钢筋规格⌀32,主筋间距18cm。再安装承台中间竖向N16号主筋,钢筋规格⌀32，呈行列式排列，间距80cm×80cm。再安装承台纵桥向、横桥向N7号、N7a号、N8号、N8a号、N11号环向钢筋，钢筋规格⌀20，钢筋间距15cm，均分两半安装，注意同一断面焊接接头的错开，N10号钢筋合龙段处先预留，暂不安装。接着安装承台中间系梁内N13号竖向环形钢筋，钢筋尺寸201.6cm×775.6cm，横桥向间距30cm，为方便分层施工，分两半安装，注意同一断面焊接接头的错开。再安装横桥向N5a号、N5b号、N5c号水平钢筋和顺桥向N6a号、N6b号、N6c号、N6d号水平钢筋，钢筋规格⌀20，钢筋间距36cm，安装一层，层间距200cm，其中N6d号钢筋合龙段处先预留，暂不安装。接着安装N14号、N15号承台倒角钢筋，N14号钢筋纵桥向间距15cm，安装长度按350cm和450cm交错布置，N15竖向间距15cm，安装高度300cm。再安装中间系梁段N12钢筋，钢筋间距15cm，安装高度3m。最后安装承台四周环向N9号箍筋，钢筋规格⌀20，钢筋竖向间距15cm，安装高度3m。施工中必须确保钢筋定位准确，钢筋的各项技术指标严格按施工技术规范要求进行控制。

3）第二层承台钢筋安装

首先安装承台纵桥向N8号、N8a号、N10号、N11号环向钢筋，钢筋规格⌀20，钢筋间距15cm，与第一层预留钢筋进行错接头焊接接长，N10号钢筋合龙段处先预留，暂不安装。安装横桥向N5a号、N5b号、N5c号水平钢筋和顺桥向N6a号、N6b号、N6c号、N6d号水平钢筋，钢筋规格⌀20，钢筋间距36cm，安装两层，层间距200cm，其中N6d号钢筋合龙段处先预留，暂不安装。接着安装N14号、N15号承台倒角钢筋，N14号钢筋纵桥向间距15cm，和第一层预留段焊接接长，安装长度按350cm和450cm交错布置，N15竖向间距15cm，安装高度300cm。再安装中间系梁段N12钢筋，钢筋间距15cm，安装高度3m。最后安装承台四周环向N9号箍筋，钢筋规格⌀20，钢筋竖向间距15cm，安装高度3m。

4）第三层承台钢筋安装

首先安装N15号承台倒角钢筋，N15竖向间距15cm，安装高度300cm。再安装中间系梁段N12号钢筋，钢筋间距15cm，安装高度2m。最后安装承台四周环向N9号箍筋，钢筋规格⌀20，钢筋竖向间距15cm，安装高度2m。

三、承台预埋件施工

1．承台下塔柱钢筋的预埋

下塔柱竖向钢筋埋入承台深度为7m，主要为N1号、N2号、N3号、N3a号、N4号、N5号、N6号、N7号、N8号、N9号、N10号、N11号、N12号、N12a号、N13号、N14号、N14a号、N15号、N16号、N17号、M4号、M5号、M6号、L9号、L11号、L12号、L13号钢筋，其中N号、M号为⌀32钢筋，L号为⌀16钢筋。承台浇筑第一层3m混凝土时，先预埋2m深，外露长度50cm和180cm交错布置，保证后续钢筋焊接或机械连接时错接头长度和每一截面钢筋接头数量不超过50%，且错开接头35d。

2．承台下塔柱劲性骨架（下横梁支架钢管桩）预埋件施工

承台下塔柱劲性骨架预埋件为主墩承台第一次浇筑前进行预埋，下横梁支架钢管桩预埋件为主墩承台第三次浇筑前进行预埋。

承台第一层混凝土浇筑后,先进行劲性骨架的安装,通过测量精确定位后进行加固焊接。再通过在劲性骨架上加焊定位筋的方式对预应力钢束进行定位,预应力钢绞线先按图纸尺寸下料,安装好固定端,从另一端套入波纹管后整体安装到劲性骨架上焊好的定位槽中,再焊上卡口钢筋固定牢固。

下塔柱竖向预应力钢束和钢筋的安装精度均较高。为了保证索塔塔身预埋钢筋位置的准确,预埋钢筋施工时采用劲性骨架进行预应力钢束和钢筋的定位。劲性骨架是由型钢焊接形成的空间桁架,竖杆采用[20 槽钢,平联及斜腹杆均采用∠70×4 角钢,在顶部予以加强,单次安装高度为 14m,伸入下塔柱 5m,与后续塔柱劲性骨架连接。劲性骨架在后场分段、分片加工,劲性骨架安装时用加劲板将劲性骨架加劲柱竖杆定位后连接即可,定位后可供测量放样、立模、钢筋绑扎等使用。

3. 承台塔式起重机及下塔柱施工转梯预埋

在 Z08 号主塔位置左右小桩号侧分别配置 1 台 TC7035B-16 塔式起重机,同时在大桩号侧主塔左右两侧设置下塔柱施工转梯各 1 个,在浇筑承台第三层混凝土之前,进行塔式起重机基础件和爬梯预埋件的预埋。

塔式起重机基础预埋筋预埋深度、平面位置及高程要准确。施工转梯预埋采用□300×300×200 钢板,钢板下焊接锚筋与承台钢筋焊接成一体,预埋钢板预埋时注意保证其平整度。

四、塔柱竖向预应力施工

下塔柱左右塔柱共设 132 根 $19\phi^s15.2mm$ 规格的竖向预应力钢束,埋入承台 5m 深,沿下塔柱外侧面呈行列式排布,中心间距 40cm,塔柱最外侧第一排为 N1 号钢束,塔柱最外侧第二、三排为 N2 号钢束,N1 号、N2 号钢束均于承台顶部往下 500cm 处设固定端锚固,N1 号钢束于承台顶面往上 1400cm(高程+193.680m)处设张拉端进行单端张拉锚固,N2 号钢束于承台顶面往上 1800cm(高程+197.680m)处设张拉端进行单端张拉锚固。

1. 钢绞线安装

锚固端采用 M15-19PT 固定端 P 型锚具。为了保证锚具施工安装与钢绞线的安装质量,安装钢绞线在加工区完成,首先对钢绞线进行下料,安装 P 型锚固端挤压锚,安装完成后采用 GYJ-B 挤压器对钢绞线挤压头进行挤压施工,挤压完成后检查钢绞线外端外露长度,外露长度应在 2~5mm。

2. 锚具安装

锚垫板、约束环、螺旋筋及波纹管采用 25t 起重机吊装入承台内进行安装。锚具安装时,为了保证混凝土振捣过程中不造成偏位,必须对锚具进行连接,连接方式为锚垫板与承台钢筋进行点焊,锚板点焊点不得少于 4 个。锚垫板施工时必须保证与钢绞线中心线保持垂直。

3. 波纹管安装

锚具安装完成后,在劲性骨架上展开钢绞线,直至劲性骨架的顶端,开始对波纹管进行安装,在每节主墩承台钢筋绑扎完成后,需要对波纹管进行"井"字形定位筋定位,定位筋采用φ10钢筋,布置间距为50cm,采用焊接的方式与承台钢筋进行固定。

4. 压浆连通管安装

为了提高压浆效果,在每组波纹管下设置压浆连通器,连通管采用φ102×2.5mm、φ60×2mm钢管焊接而成,与内径φ100波纹管连接采用胶带进行连接,胶带缠绕时必须保证缠绕严实,接头长度不得小于10cm。

五、承台塔身防雷接地钢筋施工

主桥Z08号主塔墩设有接地装置。桥梁范围内采用TN-S接地系统,接地装置按综合接地要求,每处接地电阻应小于4Ω,全桥总接地电阻应小于1Ω。

塔身防雷接地:在承台内将外包围各基桩内竖向结构钢筋用φ16圆钢环接后作为接地极,每根桩至少有1根垂直钢筋在节段连接处采用搭接钢筋双面焊接。承台内利用直径不小于φ16的结构钢筋作为接地引上线,引至承台顶面与塔柱内接地引上线相连。各处接地构件间的焊接均采用连续双面焊接,焊缝长度不小于100m,焊缝高度8mm;若是交叉连接应采用"L"形钢筋进行过渡搭接。

六、模板的制作及安装

1. 模板的设计与制作

1)模板设计

承台浇筑高度最大为3m,承台模板分成两节,第一节高度2m,第二节高度1m。面板厚度6mm,竖肋为[10槽钢,最大水平间距400mm;水平背楞采用双[14号槽钢背楞,竖向间距为1000mm;拉杆为φ25mm螺纹钢,材质为45号钢,拉杆水平最大间距为1000mm,竖向间距为1000mm。上下两层模板采用螺栓连接。

2)模板制作

模板制作时,先用型钢等钢材制作模板的成型胎模架。承台模板制作应遵循下料放样、拼装成型、施焊、脱模、面板处理及防锈处理等工艺顺序加工制作。

每一分块模板制作完成经检查合格后,从制作胎架上吊下移到存放区,及时对模板面板的内外侧做防锈处理。对于面板内侧,先进行彻底打磨及清理,然后涂上机油以防止生锈。对于面板外侧,除锈后在面板外表面、加劲肋上涂刷2~3道防锈漆,底漆为铁红色防锈漆,表层为红色防锈面漆。

2. 模板安装

模板拼装要求平整度及密实度好,不漏浆,整体尺寸符合规范、设计要求。拼装时,将钢筋施工时放出的边线作为模板安装的控制线,模板各构件的连接要紧密,避免出现错台。为保证浇筑混凝土时模板刚度和整体稳定性,采用钢管脚手架以及φ25对拉螺栓支撑的方法。模板拼装完成后,根据已在混凝土垫层上放出的承台边线和轴线,对模板进行粗调,粗调的

重点是模板的圆弧角点和垂直度。粗调即将完成时，采用全站仪"边角法"（圆弧角点）和对称中心线，对模板进行精密的调测，直至模板满足设计及规范要求。

七、混凝土施工

1. 混凝土浇筑

采用溜槽配合车载泵浇筑混凝土进行摊铺。浇筑时宜在整个断面内进行，从承台浇筑面的两个对角点采用推移式连续浇筑。每层摊铺的厚度控制在30cm。

2. 混凝土施工缝处理

当承台混凝土的强度达到2.5MPa时，水平施工缝采用风镐人工凿毛，凿除直至露出密实的集料混凝土为宜。凿毛过程中注意主筋的保护，凿毛边线距主筋边线保持3cm距离。

3. 塔柱起步段混凝土浇筑

由于Z08号主墩承台采用C40混凝土，塔柱采用C50混凝土，在第三层承台混凝土浇筑完成后，应及时调整配合比，进行50cm塔柱起步段的浇筑。塔柱起步段浇筑应与承台混凝土浇筑有一定时间间隔，保证在承台混凝土初凝前浇筑完成。

八、大体积混凝土施工控制

1. 冷却水管设计和布置

冷却水管布置的主要目的是降低混凝土的中心温度，以防止混凝土中心温度过高，与表面混凝土的温度相差过大，而造成温度裂缝。

主桥Z08号主塔承台循环冷却水管采用$\phi 32 \times 2mm$钢管，3m高浇筑层高度方向上分为3层，竖向层间距为1.0m，顶层及底层距离混凝土表面为0.5m。2.5m高浇筑层高度方向上分2层，竖向间距为1.0m，顶层及底层距离混凝土表面为0.75m。水平间距1.0m，冷却管距承台混凝土边缘约为1.0m，两相邻平行冷却水管拐角处以$R=0.6m$圆弧钢管过渡，钢管和钢管接头处采用钢丝软管连接。横向单个回路最长为160m。

安装时冷却水管每隔1m设置1道定位钢筋，接头处进行加密。安装水管时，注意检查水管和接头质量，安装完毕后及时压水检查，发现漏水、阻水，及时处理，消除隐患。在钢筋焊接过程中，加强对冷却水管的保护，防止烧伤，冷却水管固定时不得将其直接和钢筋焊接。

冷却水管的接头采用钢丝软管并用铁丝绑扎牢固、不漏水，每端冷却水管伸入钢丝软管25cm，每端绑扎不少于2道。冷却水管进出口伸出承台50cm。

2. 冷却水管工作方式

循环冷却水的工作方式如下：

(1) 在混凝土的浇筑过程中，当混凝土埋住冷却管后即开始通水循环。

(2) 每层循环冷却水管被混凝土覆盖并振捣完毕后即可通水。

(3) 为了确保大体积混凝土内部均匀降温，冷却水管进出水温之差应该在10℃以下。在蓄水温度一定的前提下，其通过调整循环水的流速来控制。同时严格控制进水温度，控制混凝土最大降温速度不能大于2℃/d。

3.入模温度控制指标及措施

由于主塔承台混凝土浇筑时间为3~4月,一年中温度最适宜的时段,但为了保证承台混凝土浇筑入模温度不大于28℃,仍需采用措施如下:

(1)水泥温度控制≤60℃。水泥应放置至充分冷却后使用,禁止使用刚出厂的新水泥。

(2)粗集料温度控制≤25℃。粗细集料堆场搭设遮阳棚,堆高并从底层取料;粗集料应保证含水率稳定。

(3)拌和水温度控制≤15℃。

(4)入模前的模板与钢筋温度以及附近的局部气温差不超过40℃,浇筑前采用洒水降温。

4.冷却水温控指标

(1)养护期间混凝土的中心与表面、表面与环境之间的温差不宜超过20℃;

(2)混凝土浇筑体的降温速率不宜超过2.0℃/d;

(3)混凝土降温阶段,采用内部循环冷水降温措施,循环水的温度与内部混凝土的温度不宜大于20℃;

(4)淋注于混凝土表面的养护水温度低于混凝土表面温度时,二者间温差不得大于15℃;

(5)当混凝土心部与环境温差小于15℃时,可停止通冷却水,但应持续对温度进行检测,如温度出现反弹,应打开循环冷却水进行降温。

5.混凝土温度检测

混凝土温度检测的目的是验证温度控制措施所取得效果及施工过程中的控制质量,对工程质量和安全做出判断。为保证大体积混凝土施工质量,施工期除监测混凝土温度外,还按要求对气温、冷却水管进出水口水温、混凝土入模温度等进行监测。

为做到信息化温控施工,出现异常情况及时调整温控措施,在承台内部布设温度测点(埋设温度传感器,用专用检测设备检测每一点的温度变化),它是温控工作的重要一环。Z08号主墩承台混凝土浇筑时,各层浇筑时布设3层测点,每层布设7个温度测点,共计63个。

混凝土浇筑期间,观测仪器埋设完成后应立即读取仪器的初始数据。混凝土温度的观测周期为在混凝土浇筑过程中,每小时测量一次温度;混凝土浇筑完毕后至水化热升温阶段,每小时测量一次温度;水化热降温阶段第一周,每2h测量一次温度;一周后每天选取气温典型变化时段进行测量,每天测量2~4次。外界温度发生变化,冷却管通水前后,适当加密测次。观测中注意温度升降趋势,通过水流调节、混凝土表面养护等措施,使混凝土内、外温差符合温控标准。

九、主承台混凝土养护

1.第一层承台养护

主墩承台第一层(下游侧)先行浇筑,浇筑完成后,采用带模养护方式,即承台浇筑完成后,先不拆除承台模板,待混凝土初凝后,在第一层混凝土顶面洒水养护,同时对模板淋注清水养护。洒水养护为每小时洒水一次,并根据现场天气情况调整洒水频率。

考虑到第一层承台上游侧滞后几天浇筑,防止养护水流入下游侧,因此在承台中间系梁合龙段两侧采用红砖砌筑拦水墙,高约30cm,然后采用水泵将养护水循环抽出基坑。

待上游侧第一层承台浇筑完成,混凝土初凝后,向基坑内注水,进行蓄水保温,注水采用循环冷却水排出的温水,以达到内外温差平衡的效果。

在基坑蓄水养护前,对主墩承台基坑主便道及周边缺角进行砖砌封堵,分3次砌筑完成,砌筑高度同承台浇筑高度一致,第一次砌筑3m,第二次和第三次分别砌筑2.5m,砌筑厚度60cm;砌砖朝承台内侧采用砂浆封面,以免渗水。每次砌筑完成,在便道侧进行土石回填,回填后将土逐层夯实。

主墩承台第一层混凝土蓄水养护时采用带模蓄水养护方式,待第二层承台钢筋绑扎完毕后,再抽干基坑内养护水,拆除模板(模板拆除后,及时进行修饰,并在第一层承台混凝土外表面挂设土工布,洒水养护),再回注养护水,二次蓄水养护。

2. 第二层承台养护

主墩承台第二层混凝土浇筑完成后,先不拆除模板,采用带模蓄水养护,利用冷却水管排出的循环水注入基坑,以达到蓄水养护的条件。

待第三层承台钢筋绑扎完毕后,再抽干基坑内养护水,拆除模板(模板拆除后,及时进行修饰,并在第二层承台混凝土外表面挂设土工布,洒水养护),再回注养护水,二次蓄水养护。

3. 第三层承台养护

主墩承台第三层混凝土浇筑完成后,先不拆除模板,采用带模蓄水养护,待混凝土初凝后,在承台顶面铺设土工布进行洒水养护,待混凝土终凝后,采用在承台顶铺设2cm厚特细砂,再进行洒水保湿养护。铺设特细砂的目的:一是能保湿养护,二是能够防止下塔柱及下横梁施工期间落物对承台顶面的损坏,起到保护成品的作用。

4. 承台后浇带合龙段养护

待第三层承台内外温差平衡后,抽干基坑内的蓄水,拆除承台模板,清洗后浇带合龙段,对混凝土接触面进行凿毛处理,安装后浇带合龙段钢筋及模板,浇筑后浇带合龙段混凝土。合龙段顶面采用覆盖土工布洒水养护,合龙段侧面在模板拆除后,挂设土工布,洒水养护。

十、冷却管压浆

承台混凝土养护结束后,即可停止测温,对承台内预埋的冷却水管进行压浆处理。

压浆材料采用压浆剂,强度不低于承台C40的水泥浆,水泥浆的水胶比不能超过0.3:1,且不得泌水,出机流动度 $15s \pm 2s$,30min 后流动度不大于 20s,压入管道的水泥浆应饱满密实,体积收缩率应小于1%。管道压浆采用与预应力相同的压浆工艺,压浆泵采用连续式,同一管道压浆应连续进行,一次完成。压浆前用空压机吹管清除管内杂物及积水,并在冷却管的进出口设置压浆阀。管道出浆口出浆浓度与进口浆液浓度一致后,方可关闭出口阀保压,在 $0.5\sim0.6MPa$ 的压力下保持2min,以确保压入管道的浆体饱满密实。压浆的最大压力不能超过0.6MPa。

第六章
边跨深水高支架水下施工

南岸主桥边跨主梁采用逐节段现浇支架施工，支架基础采用落地式钢管桩，由于支架钢管桩入水深度大、高度较高、支架稳定性控制难度大，支架的设计及搭设的质量控制是施工重点，也是难点。

第一节 支架构造

支架跨径从 Z09～Z13 号墩布置为：(3×9+10.5+9+1.5)m+(5×9+6)m+(4×9+6+9)m+(5×9+6)m，其中，Z09～Z10 号跨为深水支架施工。现浇支架立面布置图、平面布置图、横断面布置图分别如图 3-6-1、图 3-6-2 和图 3-6-3 所示。现浇支架现场图如图 3-6-4 所示。

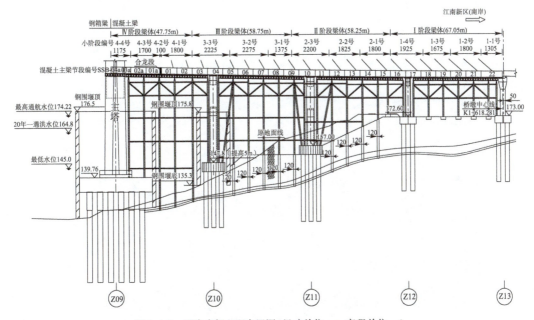

图 3-6-1 现浇支架立面布置图（尺寸单位：cm；高程单位：m）

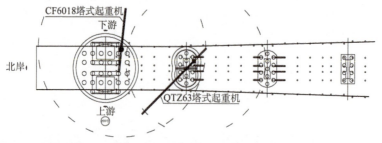

图 3-6-2 现浇支架平面布置图

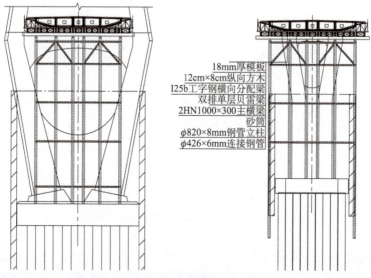

图 3-6-3 现浇支架横断面布置图

图 3-6-4 现浇支架现场图

为抵抗节段加载时可能产生的不均衡荷载,支架纵向采用钢管平联及斜撑连接。

为确保整个排架横向处于稳定状态,中间柱间设置纵向桁架连接,靠墩两侧立柱钢管采用短钢管与墩身预埋钢板连接。

支架支墩采用钢管排架柱。其立柱横向布置考虑因素如下:

(1)斜向立柱钢管受力极大,采用了 $\phi 820 \times 12mm$ 螺旋焊管立柱,其余竖直钢管采用 $\phi 820 \times 10mm$ 螺旋焊管立柱。

(2)为经济及安全考虑,宜使横向各立柱在箱梁现浇阶段受力趋于均衡。

(3)支架立柱横桥向布置了6根立柱,通过调整边立柱间距应对箱梁变宽。

第二节　支架基础施工

Z09~Z10号墩钢管支架采用DZJ-135型振动锤及80型冲击钻机插打跟进法施工,跟进钢管共计24根,分三批次施工:第一批次施工3~5排立柱的2号、3号、4号、5号钢管12根;第二批次施工3~5排立柱的1号、6号钢管6根;第三批次施工第2、6、7排立柱的1号、6号钢管6根。

第一批次利用Z09号、Z10号墩钢围堰,搭设双排单层贝雷梁钻机平台进行钢管插打跟进施工;第二批次在第一批次施工完成的3-2、4-2、5-2钢管立柱顶面布置2I56b工字钢,并利用钢栈桥搭设贝雷梁钻机平台,以施工3-1、4-1、5-1钢管跟进。利用3-5、4-5、5-5施工完成后的贝雷梁,并在上游3.73m及5.73m处增设2品(双排单层加强型)贝雷梁,其上采用2I56b工字钢搭设钻机平台,施工3-6、4-6、5-6钢管跟进;第三批次在钢栈桥上采用2I56b工字钢搭设两组悬臂挑梁,同时在悬臂挑梁及Z09号、Z10号墩钢围堰顶面采用I25b工字钢搭设钻机平台,以施工2-1、6-1、7-1钢管跟进。利用Z09号围堰内已施工完成的1-6、2-5钢管立柱及钢围堰顶面,采用2I56b工字钢搭设钻机平台,以施工2-6钢管跟进,利用Z10号墩钢围堰顶面平台施工6-6、7-6钢管跟进。各批次钢管插打跟进平面布置图分别如图3-6-5~图3-6-7所示。

一、钢管桩的加工与制造

为了运输方便,钢管桩每节长度定为12.0m,采用现场进行焊接。钢管的焊缝型式为V字形坡口焊,焊缝高度应高出钢管面2mm,焊缝宽度不小于2倍的钢管壁厚。

二、钢管桩的运输及堆放

钢管桩构件单重为2.4~2.8t。构件在出厂前标上重量、编号和吊点的位置,利用400t驳船或汽车运至施工现场,以便吊运和安装。

钢管桩应按不同的规格分别堆存,堆放不超过三层,其形式应安全可靠,为防止滑动,钢管桩两侧用木楔塞紧。为避免钢管桩产生纵向变形和局部压曲变形,堆放场地尽量平整、坚实且排水畅通。为方便钢管桩的吊装,根据钢管桩使用的先后顺序,确定钢管桩的摆放位置。在钢管桩的起吊、运输和堆存过程中,应尽量避免由于碰撞、摩擦等原因造成的管身变形和损伤。

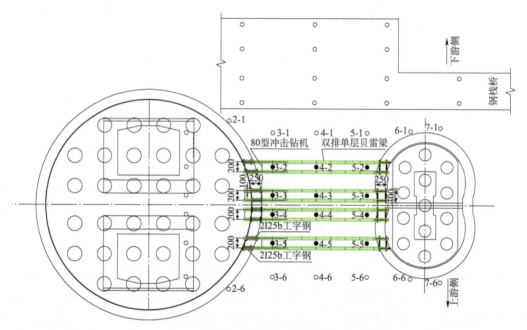

图 3-6-5 第一批次钢管插打跟进平面布置图(尺寸单位:cm)

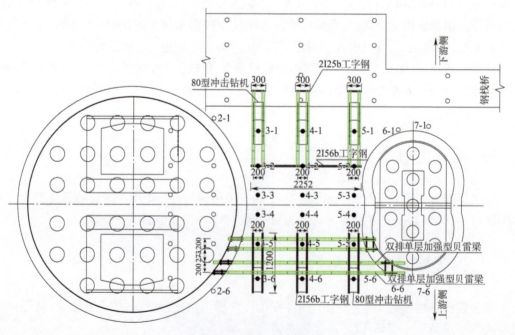

图 3-6-6 第二批次钢管插打跟进平面布置图(尺寸单位:cm)

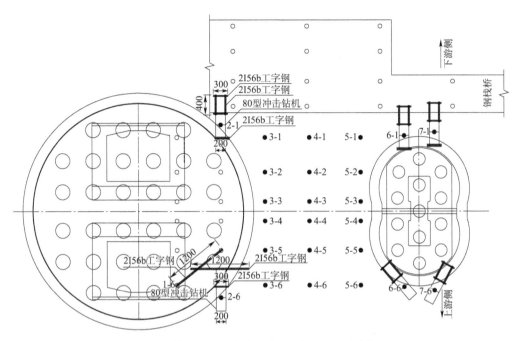

图 3-6-7　第三批次钢管插打跟进平面布置图(尺寸单位:cm)

三、钢管桩接长

由于钢管桩的长度不同,每根钢管桩的长度按钢管编号进行加工,运输至现场采用塔式起重机逐根在导向架上对应安装。

因每根钢管桩长度较大且均不相同,为便于运输和安装时吊装,钢管桩均加工成"标准段+调节段"的形式,标准段长度 12.0m,调节段长度根据每根钢管桩的长度确定。

钢管桩接长前,在钢管接头上焊接定位钢板,确保准确对接,将焊缝上、下 30mm 范围内的铁锈、油污、水汽和杂物清除干净。对接环缝焊完后,沿桩周均布加焊 8 块 □500mm×200mm×15mm 的加强钢板,以增强钢管桩整体刚度。钢管桩接长后,根据长度及时编号。

四、导向架

根据钢管桩位置,利用 Z09 号、Z10 号钢围堰顶面平台及钢栈桥等作为钢管桩导向定位设备,两钢围堰之间或钢栈桥与施工完毕的钢管桩之间设置贝雷梁刚性导向架兼钻机平台。

导向架在钢栈桥上进行拼装,Z09 号墩塔式起重机辅助作业。根据钢管桩布置设置导向架组:导向架上、下主纵梁之间间距 1.5m,上、下层分别设置导向装置。采用双排单层贝雷梁及型钢组拼,下沉过程中的纠偏、调整(微调)采用 QL50 螺旋千斤顶调节装置。根据钢管桩下沉工艺,在导向架前端设置上、下两道开启装置。

导向架构造图如图 3-6-8 所示。

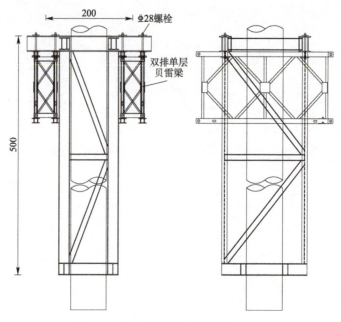

图 3-6-8　导向架构造图(尺寸单位:cm)

五、插打钢管桩工艺流程

插打钢管桩工艺流程如图 3-6-9 所示。

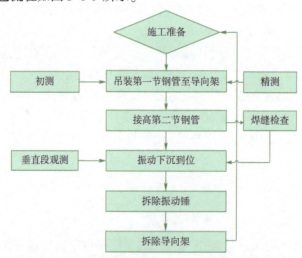

图 3-6-9　插打钢管桩工艺流程图

六、钢管桩内钻机钻孔跟进施工

利用钢管桩导向架贝雷梁作为钻机钻孔跟进施工平台,进行钢管桩钻孔跟进。钢管桩振动插打到中风化岩面后,将冲击钻机布置在导向架上,利用一台冲击钻机对单根钢管桩进行钻孔施工,直至桩孔进入中风化基岩不小于 1m。成孔后必须进行清孔,测量孔径、孔深、孔位和沉淀层厚度,确认满足规范要求后,方可灌注水下混凝土。

七、钢管桩内钢筋笼施工

钢筋笼在钢筋加工场加工制作成型,采用平板车运输至 Z09 号墩塔式起重机作业半径范围内,用塔式起重机起吊下放,钢筋笼的长度范围为 4m。

八、钢管桩内混凝土施工

钢管桩内混凝土浇筑高度为 4m,由于每根钢管桩的混凝土数量较少,混凝土在拌和站拌制后采用混凝土运输车运至钢栈桥上设置的料斗内,利用塔式起重机运输混凝土至桩位处浇筑钢管桩水下混凝土。

浇筑过程中应准备经校正后的测绳对孔内混凝土实际顶面高程进行跟踪探测,并与实际浇筑的方量进行核对。混凝土浇筑应一气呵成,避免中断而造成断桩,当混凝土浇筑至设计高程以上 1.5m 时停止浇筑。

第三节 钢管支架安装

钢管支架在塔式起重机作业半径范围内采用塔式起重机起吊安装,之外采用 50 吨履带式起重机及 25t 汽车起重机进行安装。在安装钢管立柱时,利用全站仪控制钢管立柱的平面位置,其纵横向平面位置偏差不大于 30mm;钢管立柱垂直度控制在地形条件允许的情况下,可利用两台全站仪在互相垂直的两个方向上观测钢管桩的边缘线,以控制钢管桩的竖直度;地形条件不允许时,则采用在互相垂直的两个方向上垂球吊线的方法测量钢管立柱的垂直度,钢管立柱的垂直度偏差控制在 0.2% 以内。当钢管立柱的平面位置及垂直度符合设计要求后,即将钢管立柱柱脚与基础顶面预埋板进行焊接,钢管柱脚与预埋钢板采用 T 形接头角焊缝连接,角焊缝焊脚高度不小于 10mm;钢管接长采用等强度全焊透对接焊缝连接,对接焊缝一般设置在主钢管与支钢管节点以上 1.1~1.3m 处。所有焊缝质量等级不低于二级。

钢管立柱接长前,将钢管对接处接口预做 60°的坡口处理,并在钢管接头上焊接定位钢板,确保准确对接,对接环缝焊完后,沿桩周均布加焊 8 块 □500mm×200mm×15mm 的加强钢板,以增大钢管桩整体刚度。

钢管立柱接长至设计高程后,焊接第一道和第二道横联,然后焊接第一道和第二道纵联,最后焊接斜撑钢管。钢管立柱与平联、斜撑的连接节点采用相贯线直接焊接,其焊脚尺寸不小于 10mm。

第七章
索塔施工

第一节 工程概况

主桥索塔为钻石型空间混凝土结构,南岸塔高 248.12m,北塔塔高 208.2m。每个主塔由下塔柱、中塔柱、上塔柱及下横梁组成,上塔柱上下游锚索区段之间设置 6 道连接横梁。上塔柱两塔塔高均为 84.7m、中塔柱两塔塔高均为 109.8m、下塔柱南塔塔高 53.62m、北塔下塔高 13.7m。

索塔施工以北岸 Z08 号墩索塔为例进行讲述。

第二节 索塔施工分节

主桥北岸 Z08 号墩索塔分为 41 个节段(不包括索塔起步段 50cm,与承台同步浇筑)进行施工,下塔柱分为 5 个节段,中塔柱分为 15 个节段,中横梁分为 3 个节段,上塔柱分为 16 个节段,塔冠分为 2 个节段。北岸索塔施工分节如图 3-7-1 所示。

索塔下横梁分三次浇筑完成,分别为 H1、H2、H3 节段,H1 节段中心高 0.8m,H2 节段中心高 4.2m,H3 节段为后浇带合龙段,长 2.5m。索塔下横梁施工分节如图 3-7-2 所示。

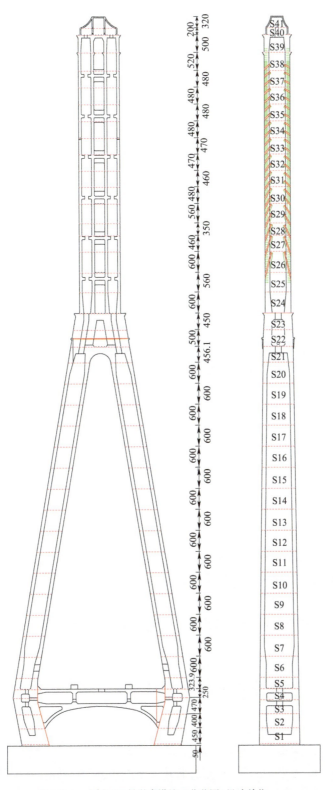

图 3-7-1 主桥 Z08 号墩索塔施工分节图(尺寸单位:cm)

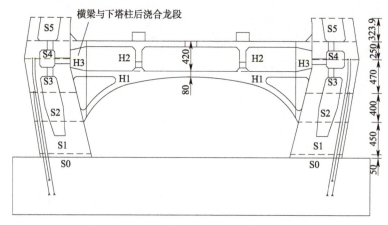

图 3-7-2　索塔下横梁施工分节图(尺寸单位:cm)

第三节　索塔施工的重难点

高索塔施工中的塔式起重机、电梯布置及其运转,液压爬模施工系统的爬升安全,是索塔施工的重点和难点;下横梁结构复杂,混凝土方量大,现浇支架设计要求高、混凝土浇筑工艺复杂,预应力管道安装定位、张拉压浆工艺控制等方面均为重难点;中、上塔柱中横梁为满足景观构造需要,造型独特,给施工过程中模板设计加工、混凝土质量控制提出较高要求;索塔锚固区索套管的定位精度直接影响到斜拉索的受力安全,是塔柱结构中的关键构件,其定位精度要求高,是索塔施工的重点。

第四节　索塔施工方法

一、索塔施工工艺流程

主桥 Z08 号墩索塔下塔柱及下横梁施工工艺流程如图 3-7-3 所示,索塔中、上塔柱施工工艺流程如图 3-7-4 所示。

二、索塔施工关键设备选型及布置

1. 塔式起重机的选型及布置

在索塔施工阶段,综合考虑塔式起重机类型、吊装、高度等,在 Z08 号主塔位置左右侧分别选用 1 台 TC7035B-16 塔式起重机,臂杆长度分别为 70m 和 45m,用于塔柱吊装施工。塔式起重机及电梯的具体平面布置如图 3-7-5 所示。

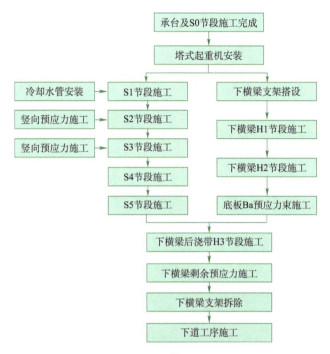

图 3-7-3 下塔柱及下横梁施工工艺流程图

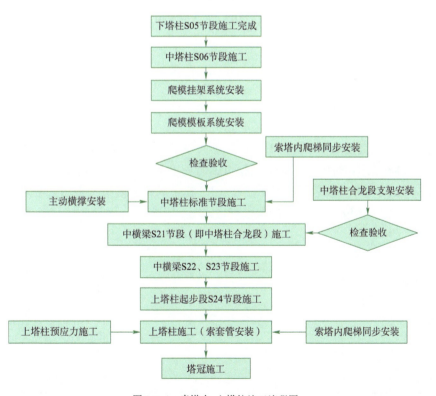

图 3-7-4 索塔中、上塔柱施工流程图

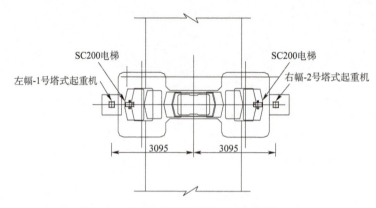

图 3-7-5 塔式起重机平面布置图(尺寸单位:cm)

2.电梯的选型及布置

根据主桥 Z08 号墩索塔结构形式,选用的施工电梯应能够满足高度和倾斜度的要求。共设置电梯 3 台,电梯型号为倾斜式 SC200 型和直立式 SC200 型,中塔柱设置单笼倾斜式电梯 2 台,上塔柱设置直立式电梯 1 台,中间设置转换平台,每隔 6~9m 设置一道附墙架。上游侧倾斜电梯待中塔柱施工完成即可拆除,下游侧倾斜电梯和直立式电梯待索塔施工完成后暂时不能拆除,后续还用于斜拉索安装及索塔机电设备安装施工。

3.混凝土泵送设备

索塔混凝土选用 1 台 HBT80C-1818DⅢ卧式泵进行垂直输送。索塔高度 208.2m,HBT80C-1818DⅢ卧式泵最大输送高度 280m,能够满足索塔混凝土的输送要求。

三、索塔塔身施工方法

1.索塔塔身节段施工

1)下塔柱 S1 节段施工

下塔柱 S1 节段高度为 4.5m,其中实心段高 2.5m,薄壁段高 2.0m。S1 节段外模板采用钢模板,钢模板面板采用 6mm 钢板,肋板采用[10a,背楞采用 2[18a。内模采用厚 1.5cm 竹胶板,10cm×10cm 方木,内外模板之间设置对拉杆,保证模板的整体刚度。考虑到下塔柱存在倾斜度,S1 节段左右侧外模设置支撑架,确保模板稳定性。下塔柱 S1 节段施工如图 3-7-6 所示。

图 3-7-6 下塔柱 S1 节段施工示意图(尺寸单位:cm)

2) 下塔柱 S2 节段施工

下塔柱 S2 节段高度为 4.0m。S2 节段采用模板同 S1 节段。S1 节段施工时,注意预埋爬锥杆件,S1 节段施工完成后,塔式起重机提升安装液压爬模三脚架,作为施工操作平台,同时外侧倾斜面考虑到下塔柱存在倾斜度,S2 节段模板背后安装爬架上架体,确保模板稳定性。塔柱内侧面注意预留下横梁弧形段预埋钢筋。下塔柱 S2 节段施工如图 3-7-7 所示。

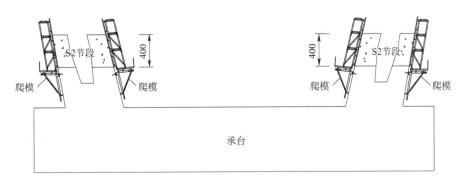

图 3-7-7　下塔柱 S2 节段施工示意图(尺寸单位:cm)

3) 下塔柱 S3 节段施工

下塔柱 S3 节段高度为 4.7m。S3 节段采用模板同 S1 节段。S3 节段施工时,爬模操作同 S2 节段。下塔柱 S3 节段施工如图 3-7-8 所示。

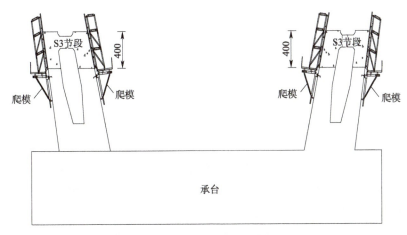

图 3-7-8　下塔柱 S3 节段施工示意图(尺寸单位:cm)

4) 下塔柱 S4 节段施工

下塔柱 S4 节段高度为 2.5m。S4 节段采用模板同 S1 节段。S4 节段施工时,爬模操作同 S2 节段。下塔柱 S4 节段施工如图 3-7-9 所示。

5) 下塔柱 S5 节段施工

下塔柱 S5 节段高度为 3.239m。S5 节段采用模板同 S1 节段。S5 节段施工时,爬模操作同 S2 节段。下塔柱 S5 节段施工如图 3-7-10 所示。

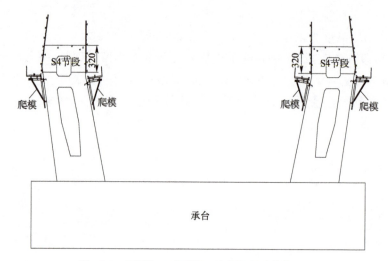

图 3-7-9 下塔柱 S4 节段施工示意图(尺寸单位:cm)

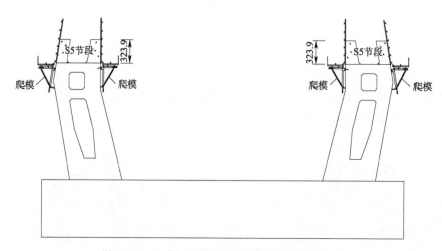

图 3-7-10 下塔柱 S5 节段施工示意图(尺寸单位:cm)

6)中塔柱标准段施工

中塔柱倾斜度为80.2°,采用液压爬模系统进行施工,标准节段高度为6.0m,从 S06～S20 节段,爬架可以进行正常爬模循环施工。中塔柱近塔肢段施工如图 3-7-11 所示。

7)中塔柱交会段施工

中塔柱交会段 S21 节段外侧采用正常液压爬模施工,塔肢内侧采用爬架爬至相应位置,形成操作平台,搭设拱形支架,铺设交会段底模板进行施工。S22～S23 节段采用正常爬模施工。中塔柱交会段 S21 阶段施工如图 3-7-12 所示。

8)上塔柱节段施工

上塔柱起步段 S24 节段采用爬架爬升至 S23 节段处,利用三脚架及挂架形成施工工作平台,再在平台上施工 S24 节段。上塔柱标准段采用液压爬模标准施工,考虑到上塔柱两塔肢内侧距离仅为3.0m,因此只设置一套三脚架及挂架进行液压爬模,形成工作平台,便于钢筋及模板安装。上塔柱起步段 S24 节段施工如图 3-7-13 所示。

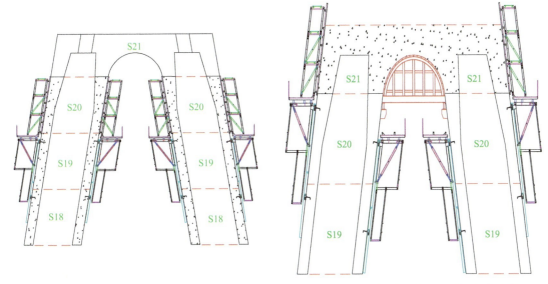

图 3-7-11 中塔柱近塔肢段施工示意图　　图 3-7-12 中塔柱交会段 S21 节段施工示意图

9）塔冠施工

塔冠施工时，液压爬模的挂架及三脚架正常爬升至 S39 节段处，便于形成工作平台，再在工作平台上绑扎塔冠段钢筋及模板安装等。塔冠分两节浇筑，采用胶合板+方木，S41 节段顶板采用搭设脚手架钢管结构形式，顶部弧形段采用钢板压模。塔冠施工如图 3-7-14 所示。

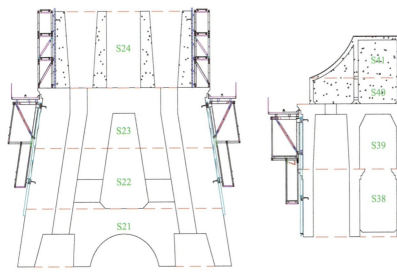
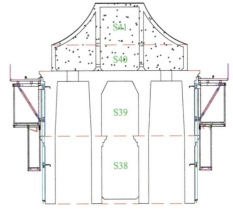

图 3-7-13 上塔柱起步段 S24 节段施工示意图　　图 3-7-14 塔冠施工示意图

2. 液压爬模施工

1）液压爬模设计

中上塔柱模板为 ZPM-100 型液压自爬模，液压爬模架体采用上下分离式架体，其基本组成可以分为上平台、主平台、下平台和吊平台四个部分,主要部件有主梁、立杆、可调斜撑、主平台、下平台、上平台架体、液压顶升装置等。塔柱俯、仰侧爬模系统每侧有四个爬升机位,横桥向有两个机位。标准层浇筑高度6m,模板高度6.12m。中塔柱每肢布置12榀爬架,双肢共24个。上塔柱每肢布置8榀爬架,双肢一共布置16榀爬架。液压爬模总图如图3-7-15所示,中塔柱、上塔柱爬模系统平面布置图分别如图3-7-16和图3-7-17所示。

2)液压爬模施工流程

液压爬模施工流程:①浇筑混凝土,待达到强度后,绑扎钢筋,拆除模板;②安装埋件挂座,通过液压装置提升导轨;③拆除下部埋件挂座,以备下一次周转,通过液压装置提升支架;④裁模板、安装预埋件、模板清理刷脱模剂;⑤合模;⑥浇筑混凝土,待混凝土达到强度,开始下一个循环。

液压爬模施工流程如图3-7-18所示。

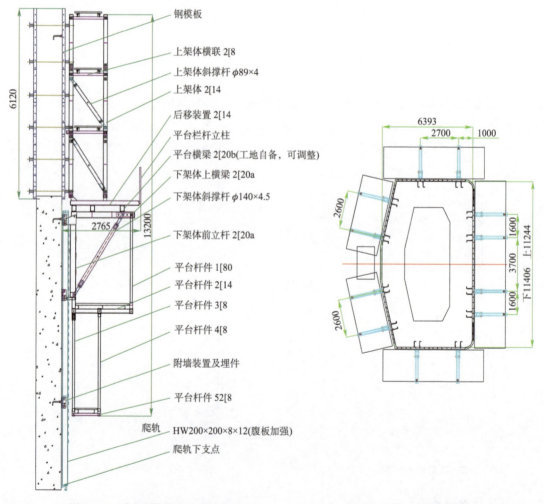

图3-7-15 液压爬模总图(尺寸单位:mm) 图3-7-16 中塔柱爬模系统平面布置图
(尺寸单位:mm)

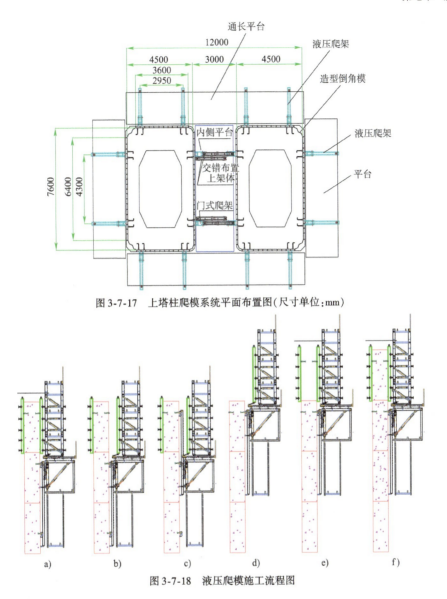

图 3-7-17 上塔柱爬模系统平面布置图(尺寸单位：mm)

图 3-7-18 液压爬模施工流程图

四、索塔下横梁施工方法

1. 下横梁总体施工方法

下横梁施工采用钢管支架现浇施工，下横梁分三次浇筑(含横梁上下倒角)。第一次浇筑 H1 段，第二次浇筑 H2 段，待下横梁 H1、H2 段浇筑完成，混凝土强度达到设计强度的 90% 以上，且龄期超过 7d，张拉下横梁底板束。第三次浇筑下横梁与下塔柱之间的 H3 后浇部分，完成下横梁合龙，待后浇段混凝土达到设计强度后的 90% 以上，且龄期超过 7d，张拉下横梁其余预应力钢束。

2. 下横梁支架设计

下横梁立柱钢管支撑在承台预埋件上，采用 $\phi 820mm \times 8mm$ 钢管，横桥向布置 11 排，间距为 1.1m+1.2m+4.5m+3.8m+2×4.2m+3.8m+4.5m+1.2m+1.1m,纵桥向布置 4 排,间距为 3×3.2m;钢管立柱上设置砂筒,砂筒上纵桥向布置双肢 I45a 型钢,并在支点处加焊 10mm 钢板,拱角处加强为 2I56a;2I45a 上横向布置 9 排 I56a,在支点处加焊 10mm 钢板,间距为 2×0.8m+4×2m+2×0.8m,I56a 上布置拱形架,拱形架采用[25a 和[14a 加工而成,连接处设置节点板;横梁底模采用 2I25a,面板为厚 6mm 钢板,在拱角坡率大的位置设置筋板,以防横梁 2I25a 滑动。

下横梁现浇支架构造如图 3-7-19 所示。

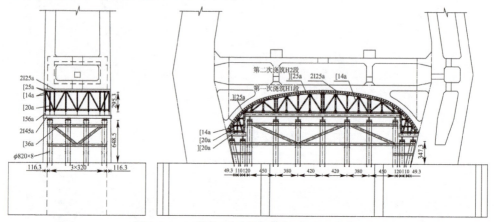

图 3-7-19　下横梁现浇支架构造图(尺寸单位:cm)

3. 下横梁支架安装流程

下横梁支架安装施工流程如图 3-7-20 所示。

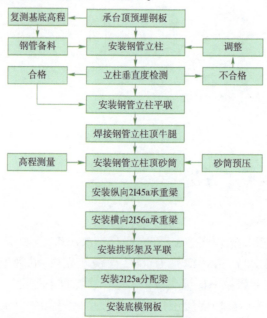

图 3-7-20　下横梁现浇支架安装流程框图

4. 下横梁支架拆除流程

当下横梁后浇带合龙段施工完成后(张拉压浆完毕后),可以进行下横梁现浇支架的拆除,下横梁支架拆除采用塔式起重机进行拆除。

下横梁支架拆除流程:模板拆除完成→钢管顶砂筒下降→拱形架下降→逐条抽出2I25a分配梁及底钢模→逐片拆除拱形架→拆除横向I56a承重梁→拆除纵向2I45a承重梁→拆除砂筒→割除钢管平联→拆除钢管→完成拆除。

5. 下横梁模板施工

1)模板设计

H1 节段外侧模及内模采用木模板,面板采用 1.5cm 厚竹胶板,肋板采用 10cm×10cm 方木,背楞采用 15cm×10cm 方木。H1 节段底模采用钢模板,钢板厚度为6mm,铺设在拱形架的 2I25a 分配梁上。

H2 节段外侧模板采用大块组合钢模板,面板采用 6mm 厚钢板,肋板采用[10 槽钢,背楞采用 2[14a 槽钢。内模采用 1.5cm 厚竹胶板,肋板采用 10cm×10cm 方木,背楞采用 15cm×10cm 方木。内顶模采用搭设脚手架钢管支架。

H3 节段内外模采用木模板,面板采用 1.5cm 厚竹胶板,肋板采用 10cm×10cm 方木,背楞采用 15cm×10cm 方木。

2)模板安装

(1)底模的安装与加固

在钢筋绑扎之前,所有支架检查工作完毕并合格后,按照测量放样出的底模轮廓线,逐块进行底模面板安装。塔式起重机作为吊装设备,底模安装从靠近塔柱的两端向横梁中间进行,并及时逐块与塔柱外模连接稳固。

(2)内模的安装与加固

因下横梁第一层浇筑位置还没有到内腔的顶面,因此不需安装内腔顶面模板;可在地面先将横梁的各小块模板组拼为整体,整体吊装到设计位置,提高内模安装效率。第二次浇筑时顶板内模采用满堂支架支撑。

五、索塔上塔横梁施工方法

索塔上横梁采用后浇施工法(即异步施工,塔柱节段与横梁异步错开不大于 5 个节段)。上横梁考虑一次浇筑完成。在横梁前一节索塔预埋 4 个牛腿,牛腿上横桥向搭设 2I45a 型钢,2I45a 型钢上顺桥向搭设 I45a 型钢,I45a 型钢上由内向外搭设 I25a 分配梁、横梁底模及行走平台,I25a 分配梁上搭设钢管支架及横梁底模。索塔上横梁施工支架构造如图 3-7-21 所示。

六、钢筋施工

1. 钢筋加工

索塔每节段钢筋施工时,钢筋下料前要合理确定每种钢筋的分节长度和搭接长度,拟定好钢筋下料配料单。每种钢筋在钢筋加工棚下料加工成半成品,运输至现场绑扎成型。

2. 钢筋安装

索塔主筋的分段长度根据实际情况而定,但接头应错开布置,同一截面内钢筋接头不能超过50%,且由两根钢筋组成的束筋在同一断面只允许一个接头。

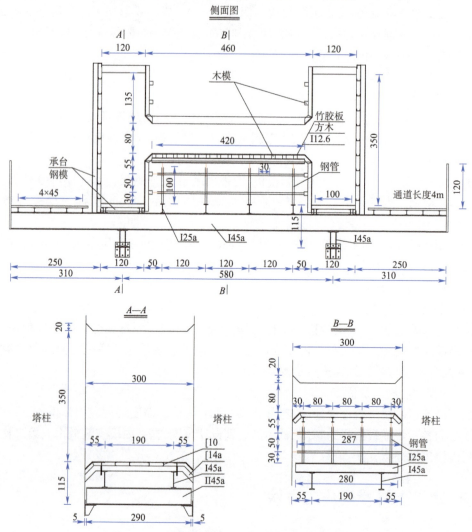

图3-7-21 索塔上横梁施工支架构造图(尺寸单位:cm)

钢筋施工时,竖向主筋按照节段浇筑高度进行下料,采用直螺纹套筒进行接长;竖向钢筋绑扎完成后,在竖向钢筋上根据箍筋的间距用石笔画好刻度,根据刻度来进行箍筋的定位绑扎;最后进行拉筋的绑扎。每一节段钢筋安装绑扎之前必须先安装好钢筋劲性骨架,以保证钢筋定位准确,同时防止因钢筋倾斜过长而导致钢筋变形。

3.劲性骨架施工

为了保证塔柱施工时钢筋位置的定位准确,同时防止钢筋倾斜过长而导致钢筋变形,塔柱内部需要设置劲性骨架。劲性骨架根据构造需要,由空间立柱和连接平联组成。空间立柱由∠70×7角钢和∠63×5角钢焊接组成,单侧塔肢每节段布置8个立柱。立柱之间的连接采用∠70×7角钢焊接而成,通过平面连接把立柱连接为整体。劲性骨架安装时每一节段的连接平联高于混凝土浇筑面15cm,所浇筑节段混凝土强度达到2.5MPa以上时拆除此连接平联,周转到下一节段施工,而劲性骨架立柱埋入所浇筑节段的混凝土中。

七、混凝土施工

1. 混凝土浇筑

每一节段混凝土浇筑时要分层浇筑、对称分层布料、分层振捣。分层振捣的厚度约为30cm,振捣棒应垂直插入混凝土内,并要插至前一层混凝土内,插入前一层深度为5~10cm。

当混凝土的下落高度大于2m,必须用串筒进行混凝土布料,以防止混凝土下落高度过大而产生离析。

2. 混凝土养护

每节段混凝土浇筑完成后,冬季要做好保温工作,其他时间要做好保湿养护工作,每一节段混凝土浇筑完成后洒水养护时间不小于7d。在养护期内,特别是前7d龄期内,应始终保持混凝土表面湿润。

八、预应力施工

斜拉索锚固区采用"#"字形预应力采用镦头锚施工方法。

1. N1、N2束镦头锚施工工序

胎架上预留孔道→钢丝下料→钢丝一端镦头→安装一端锚板、锚杯并穿丝(钢丝蘑菇头卡紧锚杯槽口)→编束→穿波纹管→另一端锚板、锚杯及螺母安装→调整位置,锚板侧留足镦头工作长度,然后平整切丝→该端侧钢丝逐根镦头→锚杯回位,调整位置→吊运整束预应力钢丝束,塔上穿束→调整钢丝束位置,并固定牢固两端的锚板、锚杯、锚环位置→浇筑塔柱节段混凝土→混凝土达到张拉条件时张拉端锚杯侧安装张拉杆,进行张拉、锚固作业。

2. N3束镦头锚施工工序

塔柱节段混凝土浇筑时预留孔道(包括锚板、扩孔器)→钢丝下料→钢丝首端镦头→编束(即逐根穿丝,先内圈,后外圈,以便捆扎细铁丝,首端锚具上螺母)→吊运钢丝束,塔上穿束→安装末端锚杯、锚环→末端锚杯旋入扩孔器,调整末端锚杯位置,锚板侧留足镦头工作长度,然后平整切丝→末端锚板侧逐根钢丝镦头→锚杯、锚环旋出扩孔器,调整锚杯、螺母及钢丝束位置,确保钢丝蘑菇头卡紧锚杯槽口,固定牢固→浇筑横系梁混凝土→混凝土达到张拉条件时两端安装张拉杆,对称同步进行张拉、锚固作业。

九、索套管施工

斜拉索索管上口为斜拉索锚固端,下口为斜拉索出塔端,索管为无缝钢管。索管安装须选择阴天、清晨或日落后温差相对稳定的低温期进行精确定位。索管粗定位安装:采用全站仪极坐标法测定索管上口三维位置,在定位架上安装临时限位器,再用极坐标法测定索管下口三维控制位置,在支架上设临时限位器,吊索管于定位架上。索管精定位安装:校核初定位成果,采用逼近法使索管上、下口在三维空间中逐步靠近设计部位,反复测量校核,安装误差小于设计要求时焊接固定。

第八章
主桥钢箱梁施工

第一节 钢箱梁制造

一、钢箱梁简介

万州长江公路三桥(牌楼长江大楼)主桥钢箱梁梁段采用正交异性桥面板流线型扁平钢箱梁结构,桥梁中心线处梁高3.5m,全宽为(包括风嘴)37.2m,桥面宽36.0m,设2%双向排水坡。主桥钢箱梁划分为D1、D2、D3、MH(合龙段)、JH(钢混结合段)等5种类型共49个梁段,梁段标准长度15.5m,合龙段长度8.2m,钢混结合段长度5.0m(钢混结合面设于主跨距离桥塔中心线2.5m的位置),梁段最大吊重约305t(JH节段)。每一个梁段由顶板、底板(包括斜底板)、外腹板、内腹板(仅JH段)、横隔板、锚拉板、风嘴等单元组成。

钢箱梁制造划分为三个阶段:板单元制造,梁段或块体制造,桥位连接。主桥钢箱梁制造流程:板单元制造→板单元运输→板块拼接→多梁段连续匹配组焊及预拼装→梁段涂装→梁段运输→桥位作业→最终涂装。

二、钢箱梁板单元制造

综合考虑钢箱梁结构特点、工艺装备、供料、运输及批量生产等因素,对钢箱梁板单元进行划分,如图3-8-1所示。主桥每个标准梁段划分成40块板单元,其中顶板单元12块,水平底板和斜底板单元11块,腹板单元2块,横隔板单元15块。划分时尽量实现板单元标准化,以便实现板单元生产规范化、产品标准化、质量稳定化。

板单元制造按照"钢板赶平及预处理→数控精确下料→零件加工(含U形加劲肋制造)→胎型组装→反变形焊接→局部修整"的顺序进行。

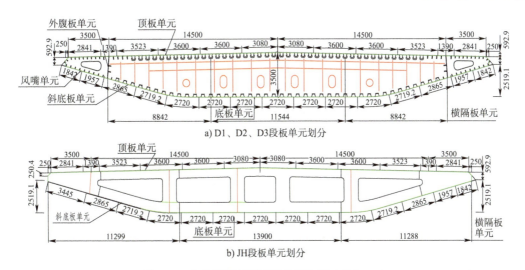

a) D1、D2、D3段板单元划分

b) JH段板单元划分

图 3-8-1 主桥钢箱梁节段板单元划分(尺寸单位:mm)

顶板单元、底板单元、横隔板单元、腹板单元以及锚拉板板单元的制造工艺流程分别如图 3-8-2~图 3-8-6 所示。

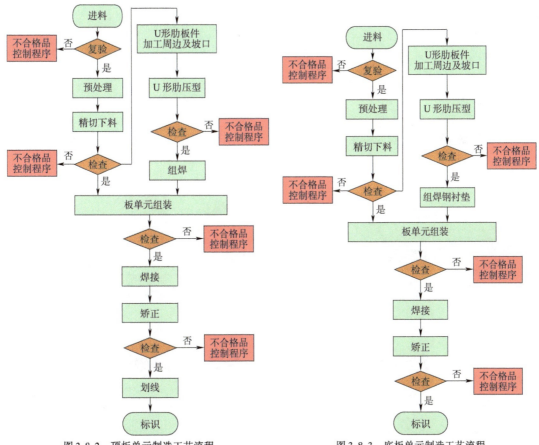

图 3-8-2 顶板单元制造工艺流程

注:采用相控阵检测技术对顶板与 U 形肋坡口角焊缝进行超声波探伤检验,控制 U 形肋焊缝的质量。

图 3-8-3 底板单元制造工艺流程

注:采用超声波探伤检测底板与 U 形肋坡口角焊缝,控制 U 形肋焊缝的质量。

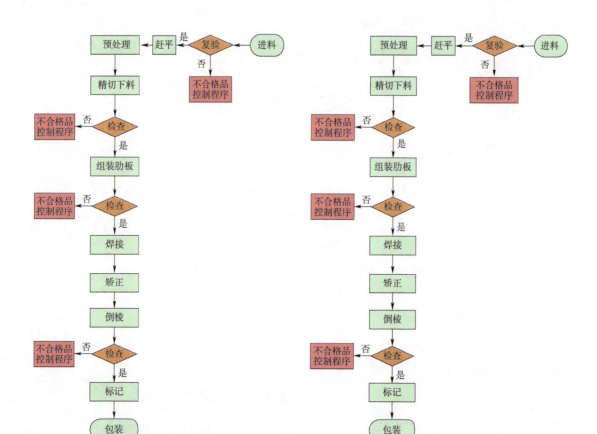

图 3-8-4　横隔板单元制造工艺流程　　　　　图 3-8-5　腹板单元制造工艺流程

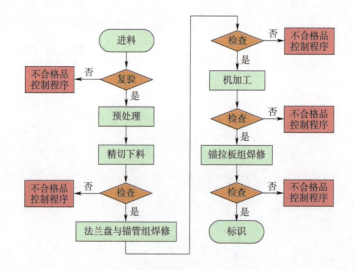

图 3-8-6　锚拉板板单元制造工艺流程

三、钢箱梁梁段制造

板单元制造完成后,用船运抵达拼装场。根据钢箱梁的结构特点,采用多节段连续匹配组装、焊接和预拼装同时完成的方案。主桥钢箱梁共 49 个吊装梁段,划分成十个轮次,按照架梁顺序及工期要求进行匹配制造。每轮预拼装合格后,标记梁段号,将最后一个梁段留下,参与下一轮预拼装,其余梁段出胎进入涂装工序。

在梁段制造中,按照中间底板→边底板→横隔板→腹板→中间顶板→边顶板→风嘴块体→锚拉板下顶板→锚拉板的顺序,实现立体阶梯形推进方式逐段组装与焊接。

1. 总拼胎架

胎架纵向各点高程按监控单位给定的线形设计;横向考虑焊接变形和重力的影响,设置适当的上拱度。

在胎架上设置纵、横基线和基准点,以控制梁段的位置及高度,确保各部尺寸和立面线形。胎架外设置独立的基线、基点,以便随时对胎架进行检测,胎架应满足运梁平车进出方便和安全的要求。每轮次梁段下胎后,应重新对胎架进行检测,做好检测记录,确认合格后,方可进行下一轮次的组拼。

2. 板块组焊

在顶(底)板单元参与梁段组装前,先在专用胎架上将二(或三)块顶(底)板单元拼焊成一个吊装板块。拼接时使用预留焊接收缩量的样板控制焊缝两侧相邻 U 形加劲肋的中心距,且预置反变形,以保证焊后板块的尺寸精度和平面度。

3. 梁段匹配组焊

板单元制造完成后在如皋基地拼装场进行多梁段连续匹配组焊,即梁段组焊在胎架上一次完成。组装采用"正装法",以胎架为外胎,以横隔板为内胎,各板单元按纵、横基线就位,辅以加固设施,以确保精度和安全。

4. 预拼装

为确保钢箱梁顺利架设,钢箱梁在拼装场采取预拼装与焊接一次完成的方案。当发现梁段尺寸有误或预拱度不符时,可在预拼装场进行尺寸修正和调整匹配件尺寸,从而避免在高空调整,降低高空作业难度和加快吊装速度,缩短架设周期。

1) 预拼装过程

多梁段(至少 5 个)匹配组拼,按制造线形及梁段间预留间隙,使相邻梁段连接断面相匹配,然后焊缝施焊,施焊完毕后,按制造长度(预留焊接间隙和焊接收缩量)配切节段,预留配切量端头。精确调整和测量线形、长度、端口尺寸、直线度等,检验合格后组焊工地临时匹配件,经监理工程师签认后,将其他梁段运出堆放,留下最后一个梁段,与后续梁段进行预拼装,预拼装顺序与梁段吊装顺序相同。吊装时不允许调换梁段号。

2) 预拼装检查

每轮梁段整体组焊完成后直接在胎架上进行预拼装检查,重点检查桥梁纵向线形、

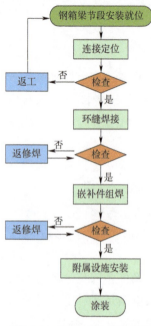

图 3-8-7 桥位连接作业流程图

梁段纵向累加长度、全桥预拼拱度、箱梁轴中心线偏差、横坡、扭曲、检查相邻节段端面的匹配和拼接处有无相互抵触的情况。

3) 预拼装拆卸顺序

每轮预拼装合格后,标记梁段号,将最后一个梁段留下,作为下一轮拼装的母梁段,参与下一轮预拼装,其余梁段出胎进入后续工序。

四、桥位连接作业

桥位现场连接作业系指梁段吊装就位并临时连接后,在形成整体过程中完成焊接、成桥涂装及相关作业,主要包括钢箱梁节段间 U 形肋和板肋嵌补件焊接、环缝的焊接,附属结构的现场安装和焊接等。除此之外,还需要配合安装、涂装等相关单位工作,以保证桥梁顺利施工。

桥位连接作业工艺流程如图 3-8-7 所示。

第二节 钢箱梁运输

一、运输货物情况

万州长江公路三桥主桥钢箱梁梁段采用正交异性桥面板,主桥钢箱梁节段共计 49 段,标准段长 15.5m,宽 36m,高 3.5m,节段最大质量 305t,总质量约 14000t,含 650t 人行道板。运输货物情况见表 3-8-1。

运输工程数量表　　　　　　表3-8-1

节段编号及附属结构	JH	D1	D2	D3	MH	连接板等附属结构
型材	Q345D	Q345D	Q345D	Q345D	Q345D	Q345D
节段质量(kg)	305052	264404	297012	240840	141733	
节段数量(个)	2	44	2	2	1	
质量小计(kg)	610104	11633776	594024	481680	141733	490983
全桥质量(kg)	13952300					

二、运输路线

钢箱梁节段由总拼基地通过长江航道运输至桥位。

三、钢箱梁装船方案

由两台大型液压平板车平行驶进待运梁段下方。在液压平板车上与梁段底部之间垫上 200mm×300mm×3000mm 的方木,方木垫以 5mm 厚橡胶板,方木位置对应于梁段的横隔板位置,将从存放区运至码头,置于预先布设在码头上的钢墩上,钢墩需设置于梁段的纵横隔板的交叉点上。同时运输船停靠码头,船舶到达码头时,调顺船向,将船舶移至承载装置斜船架上排,再通过船台滑拉轨道牵引甲板船至船台,利用浮式起重机直接将钢箱梁节段吊装到甲板船上实施装船。

四、钢箱梁运输控制安全措施

(1)对舱下加固点和受力点的焊缝、纵横舱壁的状态变化进行监视,开船后 40min 进行一次巡查,并将检查情况报告船长。以后在航行中每两小时查看一次,观察舱面各支点支墩捆扎绳变化情况。每两小时船员对捆扎钢绳进行一次紧固检查,并做好情况记录。

(2)航行中安排船员(不当班的)轮流值守看护支墩和捆扎绳。抛锚后每班两人轮流值守,为防止疲劳一小时一换,由随船管理岗位人员负责检查,交接班必须记录在案。为保证航行安全,船上工作人员合理安排轮流休息,驾驶部不值夜班。

(3)航行中,运输钢箱梁的船舶应积极主动向沿线相应海事主管机关报告船舶及航行的相关信息,并密切注意收听各种航行安全信息,根据实际情况及时调整航行计划。

(4)船舶驾驶员应运用良好船艺,避免用大舵角操舵或急操舵,严格控制船舶横摇幅度。

(5)运输钢箱梁的船舶在航行过程中,应充分注意与航行途中过往船舶保持有效的通信联络,及时掌握过往船舶的类型、大小及航速情况,防止高速船舶的航行波对本船的影响。

第三节 钢箱梁安装

一、钢箱梁总体安装工艺

1. 钢箱梁总体安装工艺流程

主跨钢箱梁总体安装工艺流程如图 3-8-8 所示。

2. 钢箱梁总体安装工序

钢箱梁总体安装工序见表 3-8-2。

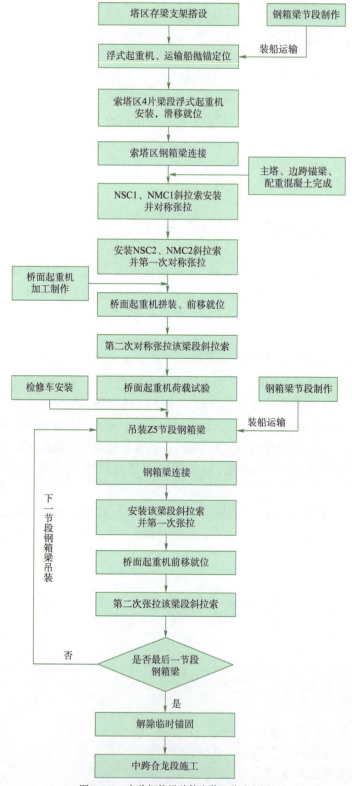

图 3-8-8 主跨钢箱梁总体安装工艺流程图

钢箱梁安装工序 表3-8-2

安装工序示意图	工序步骤
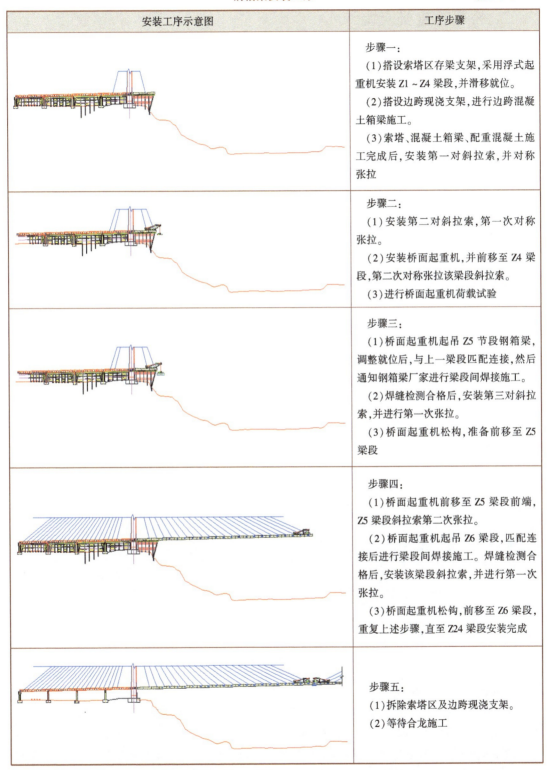	步骤一： (1) 搭设索塔区存梁支架，采用浮式起重机安装 Z1~Z4 梁段，并滑移就位。 (2) 搭设边跨现浇支架，进行边跨混凝土箱梁施工。 (3) 索塔、混凝土箱梁、配重混凝土施工完成后，安装第一对斜拉索，并对称张拉
	步骤二： (1) 安装第二对斜拉索，第一次对称张拉。 (2) 安装桥面起重机，并前移至 Z4 梁段，第二次对称张拉该梁段斜拉索。 (3) 进行桥面起重机荷载试验
	步骤三： (1) 桥面起重机起吊 Z5 节段钢箱梁，调整就位后，与上一梁段匹配连接，然后通知钢箱梁厂家进行梁段间焊接施工。 (2) 焊缝检测合格后，安装第三对斜拉索，并进行第一次张拉。 (3) 桥面起重机松构，准备前移至 Z5 梁段
	步骤四： (1) 桥面起重机前移至 Z5 梁段前端，Z5 梁段斜拉索第二次张拉。 (2) 桥面起重机起吊 Z6 梁段，匹配连接后进行梁段间焊接施工。焊缝检测合格后，安装该梁段斜拉索，并进行第一次张拉。 (3) 桥面起重机松钩，前移至 Z6 梁段，重复上述步骤，直至 Z24 梁段安装完成
	步骤五： (1) 拆除索塔区及边跨现浇支架。 (2) 等待合龙施工

注：表中梁段编号 Z1~Z4 分别对应 JH、D3、D2、D1 梁段。

二、桥面起重机安装

1.桥面起重机选用

标准梁段采用2台桥面起重机同步起吊,每台起重机额定起吊质量160t(不含吊具)。桥面起重机由主桁架、定滑轮组、行走系统、起升系统、动滑轮组、吊具、锚固系统、工作平台、液压系统、电气系统等组成,总机质量126t(含吊具)。

两台桥面起重机间横向间距21.76m,采用液压油缸推进自行前移;每台桥面起重机采用两片菱形桁架作为主承力结构,两片桁架间距2.4m,在两片桁架之间设置横向连接系,形成一个整体。

桥面起重机结构如图3-8-9所示。

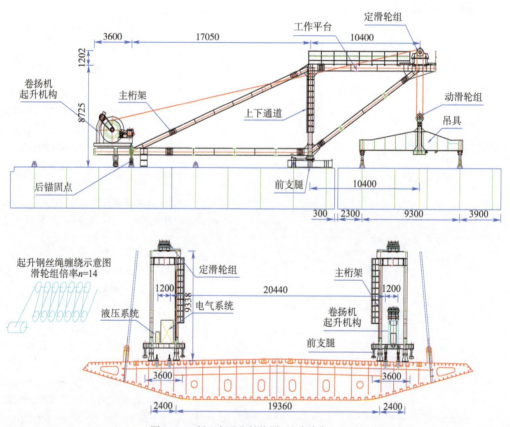

图3-8-9 桥面起重机结构图(尺寸单位:mm)

2.桥面起重机安装流程

桥面起重机利用塔式起重机将分散件吊装到索塔区钢箱梁桥面上进行拼装,桥面起重机拼装完毕后,分空载、加载和同步进行调试试验。

起重机安装流程:支撑及行走机构底座安装→钢桁架安装→提升系统安装→电控系统安装→吊具安装→附属设施安装。

三、梁段精确对位

钢箱梁的精确匹配调整：通过码板交叉限位、楔形块及千斤顶等方式进行调平。

(1) 当达到施工控制条件（钢箱梁顶、底板温差小于2℃）时进行精匹配作业。

(2) 进行悬臂前端局部测量（测量相邻三个梁段控制截面上的相对平面位置及高程），对比控制指令，确定所需调整量。

(3) 略微放松匹配件螺栓，根据调整量，微动起重机提升系统，分别调整梁段上、下游控制点相对高差。

(4) 在腹板位置布置千斤顶调整钢箱梁轴线。复测悬臂前端线形与轴线，满足精度控制要求后，焊接固定顶板处交叉限位板，拧紧锚座螺栓，锁定提升系统。调整吊装梁段轴线如图3-8-10所示。

(5) 锚腹板和顶板局部残余高差用码板配合千斤顶调整，完成梁段精匹配。腹板高差调整如图3-8-11所示。

图3-8-10 调整吊装梁段轴线

图3-8-11 腹板高差调整

四、标高及轴线纠偏方法措施

钢箱梁节段间采用焊接连接，施工现场会受到斜拉索不平衡索力及梁上不均衡荷载等因素的影响可能会出现一些偏差，施工中拟采取以下措施予以调整：

(1) 竖向标高调整的方法及措施

钢箱梁拼装完成后，当出现竖向标高上与理论标高存在差异时，应以调整当前梁段为主。若正在拼装的梁段端部标高低于理论标高时，通过调整对应的拉索初张索力来实现；若端部标高高于理论标高时，则在梁段悬臂端局部增加临时压重予以调整。

(2) 横向纠偏

钢梁在悬拼过程中应对其轴线进行严格控制，主梁安装后轴线的相对偏差控制在10mm以内，超出要求时均应进行轴线的横向纠偏调整。

具体措施：钢箱梁在悬拼时，可通过在钢箱梁与前一节段最前端横隔梁的梁底，设置斜向对拉（或对撑）装置来进行调整。斜向对拉装置由5t手拉葫芦和钢丝绳构成，对撑装置则由32t螺旋千斤顶组成；钢箱梁焊接后则通过适当增加当前上、下游拉索的不平衡索力来实现(不平衡索力控制在规范允许的偏差范围内)。

(3)扭转的调整

梁段与梁段之间由于扭转而不匹配时，可采用以下措施进行调整：扭转较大时通过索力调整，扭转较小时则采取增加临时压重和施加不平衡荷载的办法进行调整。

五、钢箱梁安装技术标准

钢箱梁运输、吊装过程中应采取可靠措施，防止构件变形、碰撞或损坏漆面；钢箱梁在出运前必须对其制作的相应实测项目进行检查记录，符合要求后方能出运至施工现场；钢箱梁运抵现场在吊装安装时须达到表3-8-3的安装精度要求。

钢箱梁安装实测项目

表3-8-3

编号	检查项目	规定值或允许偏差			检查方法和频率
		0号梁段	悬臂拼装段	合龙段	
1	轴线偏位(mm)	5	跨度$L≤200m,10$；$L>200m,L/20000$	10	经纬仪：每段测量2处
2	塔顶偏位(mm)	符合设计和施工控制要求；未要求时，纵向不大于30，横向不大于20			全站仪：每段测量1处
3	线形高程(mm)	符合设计和施工控制要求			全站仪：每段测量2处
4	梁顶水平度	20			
5	梁段上3点相对高差	±3	符合施工控制要求	符合施工控制要求	
6	相邻梁段匹配高差(mm)	2			
7	连接	焊缝尺寸	符合设计要求		量规：检查全部
		焊缝探伤			超声：检查全部 射线：按设计规定，设计未规定按10%抽查
		高强度螺栓扭矩	±10%		测力扳手：检查5%，且不少于2个

第四节 中跨合龙段施工

一、中跨合龙段施工方法

万州长江公路三桥采用模拟配重+温度配切法+北岸桥面起重机单侧起吊的方法，进行中跨合龙施工。该方法的施工重点在于,控制模拟配重情况下合龙口宽度、合龙口两侧高程、轴线、塔偏,根据实测及分析数据进行配切。在钢箱梁运抵桥位合龙口正下方后,利用北岸桥面起重机单侧起吊至合龙口,选择合适时间及温度条件嵌入合龙口并锁定、焊接。

二、中跨合龙段施工流程

中跨合龙段施工流程如图 3-8-12 所示。

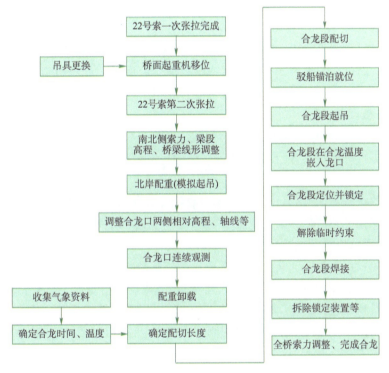

图 3-8-12　中跨合龙段施工流程图

三、中跨合龙施工准备

中跨合龙段梁段吊装前,要进行一些准备工作。
(1)根据合龙段的吊点位置需对吊具重新设计、加工,以及重新布置桥面起重机前后锚点位置。
(2)为方便合龙口处施工及观测人员的走行,施工前在合龙段下游侧搭设临时通道,通道两侧不与桥面板直接焊接固定,在主梁底部焊角钢作限位即可。
(3)在合龙口两侧梁段端部顶底板观测点位置安装临时护栏,确保合龙口观测过程中的人员安全。
(4)需布置合龙口观测点,观测点布置在南北两岸 Z24 号梁段的前端,测点布置间距为 2m/个,顶板、底板各 15 处,共计 30 处。

四、中跨合龙段施工

1. 合龙时间及温度

1）合龙施工时间

中跨合龙的施工时间为2018年10月26日。

2）合龙温度

中跨合龙的施工时间的当日温度为14℃~23℃。

2. 桥面起重机移位

待南北岸Z24号梁安装完成后，22号斜拉索第一次张拉完成，北岸桥面起重机吊具更换，前移12.4m，站位在起吊合龙段的位置锚固就位。南岸桥面起重机暂且停留在起吊Z24号梁的位置不动，且锚点保持锚固，作为配重配合北岸吊装。

3. 索力、高程、线形调整

22号斜拉索第二次张拉，并对合龙前最后3~4个悬臂施工梁段的高程、线形、轴线偏差及斜拉索索力进行严格控制，使合龙口两侧主梁的自然相对偏差满足合龙误差的要求。

4. 模拟配重

在梁悬臂的状态下，合龙口任何一侧单侧加载会对合龙口两端相对位置产生影响，而温度的昼夜温差变化也会对合龙口的宽度产生影响。为使加载后能准确把握合龙口宽度和高程数据，通过配重来模拟合龙段起吊。

（1）配重只在北岸侧进行，配重形式采用自卸货车装载砂石。

（2）配重加载后，对合龙口两侧相对高程、轴线等数据进行观测，并通过调索、配重调整等方法对合龙口高程进行调整（调整需根据监控指令进行）。轴线调整方法是采用钢丝绳对两侧梁端交叉对拉。钢丝绳可拴在箱梁两侧匹配锚座上，并通过手拉葫芦松紧进行调整。

5. 合龙口观测

合龙口各数据满足设计要求后，开始进行合龙口观测。观测前将桥面全部进行清理，不允许有其他杂物（除必要通道及吊笼平台外）。利用提前在南北岸Z24号梁段上布设的测量点对合龙口进行观测，观测内容包括合龙口宽度、高程、轴线偏位、索塔偏位，同时记录好大气温度。连续观测在夜间时间间隔以1h为宜，白天以2h为宜，连续观察48h。

6. 配重卸载

合龙口观测完毕后，卸载一半配重重量。配重卸载注意事项：

（1）货车在桥面行驶限速5km/h，防止在桥面引起大的冲击荷载。同时派专人引导货车行驶。

（2）两侧对称位置的货车需同时驶离桥面进行卸载，防止桥面出现偏载。

7. 合龙段配切

根据观测数据统计表，绘制钢箱梁温度变化曲线和合龙口间距随时间温度的变化曲线，由此计算出合龙段梁块的配切长度，由监控发出指令，对合龙段进行配切，配切完毕后由驳船运至合龙口处准备合龙。

8. 合龙段起吊

吊装前需对桥面起重机锚固系统、起升系统、吊索吊具系统、操作系统等进行逐项检查，确认无误后放下吊具。待驳船运输到桥面起重机投影下，由北岸起重机从江面垂直起吊钢箱梁。合龙段提升至合龙口下方时，停止提升，等待至合龙时间及合龙温度，再将合龙段嵌入合龙口。合龙段起吊的同时卸载剩余一半配重重量。

9. 合龙段定位

合龙段嵌入龙口后，对合龙段的高程、轴线、偏角、两侧缝宽进行对接定位。如合龙口两侧存在高程差，则通过配重车加载进行调整。

10. 合龙段锁定

合龙段定位完成后，采用锁定装置（匹配锚座）对合龙段两侧同时锁定。

11. 解除塔梁临时约束

合龙段锁定完成后，立即解除南北塔梁临时约束。南北岸塔梁临时约束共由64根纵向$\phi 32mm$预应力精轧螺纹钢和112个竖向锚栓组成。

12. 合龙段焊接

临时约束解除后，即可进行合龙段焊接。合龙段焊接前，先焊码板。钢箱梁桥上焊接时应遵循对称施焊的原则；对称焊接腹板、顶板、底板对接焊缝，顶板、底板从中间向两端对称施焊。

13. 索力及线形调整

合龙段焊接完成后，拆除锁定装置等，并根据监控指令对全桥线形、索力进行调整，完成合龙。主跨钢箱梁合龙验收标准见表3-8-4。

主跨钢箱梁合龙验收标准　　　　表3-8-4

项次	检查项目		规定值或允许偏差	说明
1	轴线偏位(mm)		10	全站仪
2	线形高程(mm)		符合设计和施工控制要求	
3	索力		满足设计要求	
4	锚固点高程及梁顶高程		$\pm L/10000$	
5	梁顶平整度(mm)		20	
6△	连接	焊缝无损探伤	符合设计要求	
		焊缝尺寸	符合设计要求	

注：L—主跨长度。

第九章 主桥斜拉索施工

第一节 主桥斜拉索制造

一、工程概述

1. 工程简介

万州长江公路三桥(牌楼长江大桥)每个主塔布有22对空间索,全桥共176根斜拉索,单根斜拉索最长390.6m,单根最大质量约为29t。钢丝总质量2412.3t,采用7mm镀锌铝高强平行钢丝,抗拉强度不低于1670MPa,经左旋轻度扭绞而成,扭绞后的裸索外加缠包带,带宽30~50mm,单层重叠宽度应不小于带宽的1/3,双层缠包。护套采用黑色内层白色外层双层结构,外层护套采用外表面外缠双螺旋线形护套以抑制雨振。锚具采用相应规格的PESM冷铸锚,塔端斜拉索锚具采用张拉端锚具,梁端采用固定端锚具。

2. 工程数量

万州长江公路三桥(牌楼长江大桥)斜拉索规格为 PES(C)7-121、PES(C)7-139、PES(C)7-163、PES(C)7-199、PES(C)7-223、PES(C)7-241、PES(C)7-253,共7种规格。斜拉索规格及锚具数量见表3-9-1。

斜拉索规格及锚具数量表 表3-9-1

序号	规格	钢丝强度(MPa)	斜拉索数量(根)	对应索号	锚具数量(套)
1	7-121	1670	16	NMC2-NMC5、SMC2-SMC5	32
2	7-139	1670	24	NSC2-NSC3、NMC1、NSC6-NSC8、SMC1、NSC6-NSC8、SSC2-SSC3	48
3	7-163	1670	24	NSC1、NSC4-NSC5、NMC9-NMC11、SMC9-SMC11、SSC1、SSC4-SSC5	48

续上表

序号	规格	钢丝强度（MPa）	斜拉索数量（根）	对应索号	锚具数量（套）
4	7-199	1670	28	NSC6-NSC8、NMC12-NMC15、SMC12-SMC15、SSC6-SSC8	56
5	7-223	1670	52	NSC9-NSC14、NMC16-NMC22、SMC16-SMC22、SSC9-SSC14	104
6	7-241	1670	24	NSC15-NSC20、SSC15-SSC20	48
7	7-253	1670	8	NSC21-NSC22、SSC21-SSC22	16
合计			176		352

二、斜拉索制造主要原材料

万州长江公路三桥（牌楼长江大桥）斜拉索制造主要原材料为高强镀锌铝钢丝、高密度聚乙烯护套料、冷铸锚具。

1. 高强镀锌铝钢丝

斜拉索钢丝采用 ϕ7mm 锌铝合金镀层的高强钢丝，钢丝强度不低于1670MPa，钢丝技术要求满足《桥梁缆索用热镀锌钢丝》（GB/T 17101—2008）、《锌-5%铝-混合稀土合金镀层钢丝、钢绞线》（GB/T 20492—2006）和《锌锭》（GB/T 470—2008）、《优质碳素钢热轧盘条》（GB/T 4354—2008），锌铝合金镀层中铝含量不小于4.2%。

2. 高密度聚乙烯护套

万州长江公路三桥（牌楼长江大桥）斜拉索采用内为黑色高密度聚乙烯、外层为白色高密度聚乙烯护套，高密度聚乙烯材料各项技术指标应符合《桥梁缆索用高密度聚乙烯护套料》（CJ/T 297—2016）的要求。

3. 冷铸锚具

万州长江公路三桥（牌楼长江大桥）锚具塔端采用张拉端锚具，梁端采用锚固端锚具。为保证冷铸锚质量的稳定性和长期使用的安全性能，锚具各零部件必须符合以下要求：

（1）锚杯采用合金结构钢，符合《合金结构钢》（GB/T 3077—2015）中40Cr的规定，锚圈采用优质合金钢40Cr或优质碳素钢45钢，其他部件采用优质碳素钢，碳素钢材料特性满足《优质碳素结构钢》（GB/T 699—2015）的要求，锚杯及锚圈的毛坯应为锻件，符合《冶金设备制造通用技术条件 锻件》（YB/T 036.7—1992）的要求。

（2）每副锚具的锚杯及锚圈应逐件按《锻轧钢棒超声检测方法》（GB/T 4162—2008）中B级要求进行超声波探伤和按《承压设备无损检测 第4部分：磁粉检测》（NB/T 47013.4—2005）中Ⅱ级要求进行磁粉探伤。

（3）锚杯、锚板、锚圈、连接筒、后盖、压板须经电镀锌处理，其镀锌厚度为20~40μm，锚杯及螺母电镀锌后进行脱氢处理。

（4）锚杯与锚圈均为梯形螺纹，符合《梯形螺纹 极限尺寸》（GB/T 12359—2008）的要求。

(5)锚杯和锚圈应刻上冷铸锚具规格及产品流水号,同一规格冷铸锚具的相同部件应保证互换性。

三、斜拉索制造工艺

1. 斜拉索制造工艺流程

斜拉索制造工艺流程如图 3-9-1 所示。

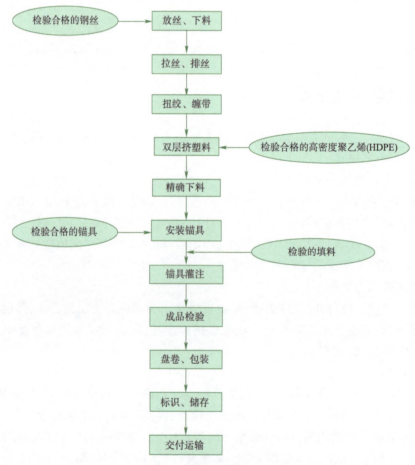

图 3-9-1　斜拉索制造工艺流程图

2. 斜拉索制造工艺

1) 放丝下料

将检验合格的直径为 7mm,强度为 1670MPa 的高强镀锌铝钢丝用行车逐盘吊入放丝盘,吊装时实行三点均衡起吊,且每次只吊一盘钢丝,确保钢丝置于放丝盘中心。

2) 拉丝排丝

利用快速紧固装置按顺序将钢丝固定在拉丝牵引小车前排的穿丝孔处,并设置好拉丝速度和拉丝长度等参数,利用全自动拉丝系统将钢丝拉至指定位置点。依据《斜拉桥热挤聚乙烯高强钢丝拉索技术条件》(GB/T 18365—2001)要求的斜拉索断面排列图，将钢丝逐一穿入分丝板排丝成正六边形或缺角正六边形的斜拉索断面。

3) 全自动同轴同步扭绞

根据工程用不同斜拉索的规格情况，在全自动同轴同步扭绞系统中设置斜拉索扭绞角度、牵引速度、缠带速度等参数，利用全自动同轴同步扭绞系统对已形成满足规范要求排列断面的钢丝进行同步扭绞并缠带固定成型。扭绞时，扭绞角度控制在 3°±0.5°范围内，确保扭绞节距均匀、稳定，以防止发生斜拉索在挂索过程中退扭现象。

4) 双层挤塑系统

严格设定和控制双层挤塑系统 11 个温区内各温区要求的温度，设置双层挤塑系统的挤出速度、挤出量和索体质量，使 HDPE 塑料均匀塑覆在扭绞成型钢丝束上，形成严密的HDPE 护套。双层挤塑系统挤出速度可达 1.6m/s，挤出效率高。挤出过程中严格控制自动喷雾冷却、自动喷水冷却和浸泡冷却参数，保证 HDPE 护套质量。HDPE 防护厚度挤出后偏差控制在 -0.5~+1.0mm 范围内。

斜拉索挤塑线加装电磁铁。斜拉索在挤塑出来冷却过程中，由于斜拉索索体塑料还没有完全冷却，斜拉索自重在滚轮上滚动会使索体表面塑料产生微小的塑性变形。加装电磁铁后，在挤塑过程中开启电磁铁，调节电磁铁电磁力，使斜拉索处于悬空状态下行走，克服了传统斜拉索表面塑料的塑性变形，保证斜拉索使用的安全性和耐久性。

5) 抗风雨振表面处理

根据万州长江公路三桥(牌楼长江大桥)设计要求，采用直径为 $\phi5$ 的双螺旋线缠绕，使风/雨激振得到抑制，确保拉索在设计风速下的风阻系数 $C_d \leqslant 0.8$，螺旋线螺距为 $7D$(D-斜拉索的直径)，冷却后的 HDPE 防护斜拉索表面采用整体多层缠绕包装，确保斜拉索表面无损伤。

6) 精确下料

根据本项目斜拉索设计无应力下料长度，考虑温度等修正值，计算出斜拉索在制造环境条件下的斜拉索无应力下料长度。用激光测距仪测量出斜拉索的精下料长度，做好下料标记(切割线两边用彩色记号笔划线，线的两边加指示箭头标记，并标识索号)；然后采用砂轮切割机精确切割，切割端面整齐并保持与斜拉索长度方向垂直。

7) 锚具灌注

将密封完成后的斜拉索起吊到灌锚架上进行垂直固定，先将锚具预热，再将经检验合格的冷铸填料从锚杯小端开始灌注，同时振动密实，振动时间 20~30min。灌注完成后将锚具放入固化炉中预热，预热温度 100℃，温度由控温仪控制。

8) 成品检验

每根成品索在出厂之前先进行预拉，以消除其非弹性延伸值和斜拉索受力后延伸不一致的影响，然后进行超张拉检验，合格后方能出厂。

9) 盘卷包装

斜拉索以脱盘成盘的形式包装运输，其盘绕内径不小于 20 倍斜拉索直径，且不小于1.8m。每盘成品斜拉索采用不损伤斜拉索表面质量的材料捆扎结实，然后用麻布条将整个圆周紧密包裹。两端的冷铸锚应有保护和固定措施，将其包装好后平稳整齐堆垛。成品索宜库内存放,若露天存放应加遮盖。

10)标识储存

斜拉索检验合格后,在每根斜拉索的两端锚具连接筒上,用红色油漆喷涂斜拉索编号与规格型号;每根斜拉索还应挂有合格标牌,标牌应牢固可靠地系于包装层外的两端冷铸锚上,标牌上注明斜拉索编号、规格型号、长度、重量、制造厂名、工程名称、生产日期等,字迹应清晰。

11)交付运输

斜拉索经工厂验收合格后运至桥位现场指定的位置,运输过程中采用有效的措施,保护斜拉索及附件表面不被划伤,避免锚具外表镀锌层损伤、螺纹碰伤等。

四、斜拉索制造质量检验

1. 主要原材料的检验

1)高强镀锌铝钢丝的检验

高强镀锌铝钢丝的检测内容及流程如下:

(1)验证制造厂家提供的质量文件

①钢丝用盘条材质报告中的主要技术性能指标和盘条的钢牌号,符合技术规范要求。

②钢丝质量证明书:钢丝松弛试验报告和质量证明书的各项检验项目(公称直径、圆度、力学性能指标、弹性模量、扭转性能、反复弯曲、硫酸铜试验等)技术指标必须符合标准和技术要求。

(2)包装及外观

①钢丝进场时,包装应符合合同规定要求,每盘必须挂有明显的标牌,标牌字迹应清楚,内容必须包括制造厂家名称和商标、产品名称、卷号和炉号、规格、重量等,并符合《钢丝验收、包装、标志及质量证明书的一般规定》(GB/T 2103—2008)。钢丝盘卷应整齐、不得紊乱。

②钢丝的表面光滑,无损伤、锈蚀以及其他使用上的缺陷;钢丝整卷长度内不得有任何形式的接头,不得有任何方式的机械加工;钢丝的长度方向不应呈波浪形、不得存在折弯、扭曲等缺陷。

(3)抽样频率及外委检测

每批钢丝进场后,按《斜拉桥热挤聚乙烯高强钢丝拉索技术条件》(GB/T 18365—2001)标准,按每批的5%随机抽样,送具备"CMA"资质的检测单位,进行力学性能试验(抗拉强度、屈服强度、延伸率),试验结果必须满足标准要求。在试验中,如有某一项结果不符合标准要求,则该盘退货,并从同一批未经试验的钢丝中抽取双倍数量的试样进行复验。不合格钢丝不准用于制作斜拉索。

2)高密度聚乙烯护套的检验

高密度聚乙烯护套的检测内容及流程如下:

(1)验证制造厂家提供的质量文件

验证厂家提供的检验报告,是否符合标准及技术要求。

(2)进场检验项目

对同一生产批次高密度聚乙烯护套料进行委外检验,检验项目为密度、熔体流动率、拉伸断裂应力、拉伸屈服应力、断裂标称应变、冲击强度、硬度、炭黑分散、炭黑含量。

3）冷铸锚具的检验

冷铸锚具的检测内容及流程如下：

(1) 验证制造厂家提供的质量文件

制造厂家提供的产品质量证明文件，必须满足冷铸锚具技术图纸要求。质量证明文件包括以下内容：材质证明书、热处理检测报告、表面处理报告、产品合格证及无损检测报告。

(2) 检验项目

①锚具外观检验，检验频率50%（目测）

锚具应无明显碰伤、撞伤；镀锌层应完整、均匀；锚具编号应清楚。

②配合、旋合检验，检验频率100%

定位环与连接筒之间配合检验；锚杯与锚圈、锚杯与连接筒之间旋合检验；锚固板孔眼尺寸符合设计要求。

③锚杯硬度和渗锌层厚度检验

硬度检验，检验频率100%；渗锌层厚度检验，检验频率50%。

④互换性检验，检验频率10%

同种规格相同部件具有互换性。

2. 制造过程的质量检验

1）编索成型工艺的质量检验

测量裸索索径，索径应符合标准要求，不能大于挤出口模内径；巡查裸索有无断带现象以及索股成型是否完好。若有断带及时用黏胶带捆扎；若索股成型较差，重新使用成型夹具恢复成型。

2）挤塑工艺质量检验

挤塑机各区的温度根据要求设定。升温过程中要随时观察控制柜上的数显温控仪温度是否正常。温控仪所显示的温度达到了挤出要求设定温度后，方可挤塑。

口模调试：聚乙烯（PE）防护索在热挤之前，必须先进行口模调试及试挤。口模调试后，索套截面应对中良好，防护层厚度均匀；试挤出索径必须在上偏差 +2mm，下偏差 -1mm 的标准范围内，索体应光滑、圆整，表面无气泡、无塑料流淌痕迹。挤出后的半成品索不允许有接头，拉索外径大小均匀、防护层厚度均匀、外观圆整、表面光滑、无气泡。

3）精下料工序的质量检验

精下料长度是考虑了各项修正后的拉索无应力长度。拉索精下料之前，质检人员必须到场复测拉索精下料长度，复核无误，索号及下料标记清楚，方可切割下料并做好质量记录。精下料待拉索冷却至室温时方可进行。

4）灌注工序的质量检验

锚具灌注前，验证配料清单数据是否符合生产技术部下达的受控"质量计划"；在首次配料前，必须用砝码先校核电子天平的准确性，再进行配料；灌注材料称量要准确，拌和要均匀，质检人员必须到场实施监督。灌注时，根据锚具规格大小确定震动时间，震动时间不宜过长，否则会引起灌注浆与钢球的分离。灌注完成后无剩料。

试件强度：灌注前，每件锚具在灌注材料搅拌均匀后进行取样。一组做三个试件，同炉固化。出炉后每组试件应准确注明索号及两端锚具号,试件端部打磨平整,试件尺寸应符合 $\phi25\times30$mm 要求,由质检科负责检测抗压强度(标准值≥147MPa)。

锚具密封及清洁:灌注完成后,锚具无漏浆现象,端盖与连接筒必须旋合紧密。用棉纱清洁锚具表面,剔除梯形螺纹残余的砂浆,用缠包带将拉索裸露部分捆扎,防止拉索在转运下道工序过程中护套被刮伤。

5)超张拉工序的质量检验

每根成品索在出厂之前先进行预拉,以消除其非弹性延伸值和斜拉索受力后延伸不一致的影响,而后进行超张拉检验,合格后方能出厂。

张拉前,对千斤顶、油泵、油压表等进行标定,并按三点均布原则选取测量点,测量分丝板初始值,即在锚具尾部选三个钢丝镦头做测量点,三个测量点至锚具中心的距离应大致相等,并互成120°。以锚杯外端面为基准,用深度卡尺测出测量点至基准面的垂直距离。

超张拉力按《斜拉桥热挤聚乙烯高强钢丝拉索技术条件》(GB/T 18365—2001)执行,并分为五级加载,加载速度不大于100MPa/min。经超张拉检验后的成品拉索,卸载或加载至20%的超张拉力时测量拉索长度,然后换算成零应力时的斜拉索长度。

卸荷后测量分丝板相应测点的终值,取三个测点张拉前后差值的平均值作为分丝板内缩值,计算内缩平均值不大于6mm。

检查超张拉后螺母和锚杯的旋合情况。

在每种规格型号的成品斜拉索各选取一根进行弹性模量检测,弹性模量的检测在超张拉检测后进行,成品索的弹性模量不小于 1.90×10^5 MPa。

3. 成品索的最终检验

1)主要检验项目

成品索由冷铸锚具、斜拉索体等组装而成,根据《大跨度斜拉桥平行钢丝拉索》(JT/T 775—2016)和《公路工程质量检验评定标准 第一册 土建工程》(JTG F80/1—2004)等相关规范和标准要求,成品斜拉索主要检验项目见表3-9-2。

成品斜拉索主要技术要求及检验项目 表3-9-2

项次	检查项目		规定值或允许偏差	检查方法
1	斜拉索长度	索长 $L\leqslant200$m	$\Delta L\leqslant0.02$m	逐根检查
		索长 $L>200$m	$\Delta L<(L/20000+0.010)$m	
2	锚板孔眼直径 D(mm)		$d<D<1.1d$	用卡规量
3	镦头锚纵向裂纹宽度(mm)		0.1	用放大镜观测,每索查10个
4	冷铸填料强度		不小于图纸或《斜拉桥热挤聚乙烯高强钢丝拉索技术条件》(GB/T 18365—2001)规定的强度	每盘3个按《斜拉桥热挤聚乙烯高强钢丝拉索技术条件》(GB/T 18365—2001)检验
5	防护层厚度(mm)		+1.0,-0.5	用卡规量,每种规格斜拉索抽查20%
6	锚具附近的密封处理		符合图纸要求	目视检查

注: d-钢丝直径。

2)外观检验

(1)钢丝束按规定整齐紧密排列,无错位,聚乙烯护套质地紧密,无气泡,厚度均匀。

(2)挤出后PE防护厚度允许偏差,正偏差为1mm,负偏差为0.5mm。

(3)成品拉索外观良好、完整,不允许有深于1mm的划痕。

(4)成品拉索两端冷铸锚外表面不得有划伤、锈蚀,锚圈和锚杯能自由旋合。

五、非常规试验

斜拉索在正式生产前,按材料、配方、工艺、制造工艺进行试验索制造,按《大跨度斜拉桥平行钢丝拉索》(JT/T 775—2016)及《斜拉桥热挤聚乙烯高强钢丝拉索技术条件》(GB/T 18365—2001)规定的方法进行,试验索动载试验、静载破断试验和水密性试验。试验索规格、数量及试验类型见表3-9-3。

试验索规格、数量及试验类型　　　　　表3-9-3

项目名称	斜拉索规格	试验类型	数量(根)
万州长江公路三桥	PESC7-121	静载破断试验	1
	PESC7-199		1
	PESC7-253		1
	PESC7-241	轴向疲劳试验	1
合计			4

第二节　斜拉索施工

一、斜拉索施工工艺流程

斜拉索安装采用"先塔端挂索安装,然后梁上锚固端牵引安装,再塔上牵引、张拉"的施工方法。斜拉索施工工艺流程如图3-9-2所示。

二、主要施工设施、设备的选用

1.卷扬机的选用

为满足斜拉索塔柱、梁端挂设、桥面展开等工序的操作方便、控制准确,需在塔顶和桥面布置可调速型牵引和桁吊卷扬机,各卷扬机均配置滑车组。

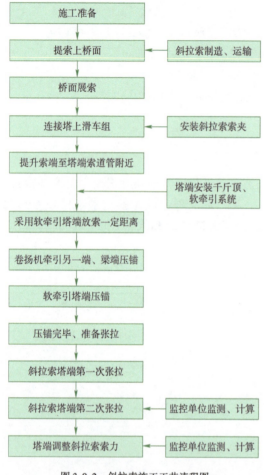

图 3-9-2　斜拉索施工工艺流程图

2. 斜拉索上桥面设备

斜拉索采用汽车运至桥面钢混结合段,然后使用塔式起重机或汽车起重机卸落至展索盘。斜拉索质量为 16t 以下时采用塔式起重机卸落,此时塔式起重机对应臂长为 20m,质量超过 16t 的斜拉索,采用汽车起重机进行卸装。

3. 桥面放索设施

1) 放索机

为保证斜拉索展开的顺直、平稳,放索时将索盘安置在电动放索机上进行施工。电动放索机可控制索盘转动速度,确保斜拉索桥面展开安全顺利进行。

2) 放索小车

为方便斜拉索在桥面的移动及展开,避免斜拉索与桥面的直接接触,防止斜拉索 PE 套损伤,斜拉索在桥面移动时采用放索小车。

3) 索夹

索夹采用壁厚 10mm 钢管与钢板焊接而成,为防止索夹损伤斜拉索 PE 套,挂索时在斜拉索与索夹接触处加垫优质橡胶垫。

4. 斜拉索梁端挂设设备

为满足斜拉索梁段挂设的施工要求,斜拉索梁端挂设使用的设备有桥面调整支架、桥面卷扬机牵引系统、桥面导向轮、25t 汽车起重机。

1) 梁端斜拉索牵引调整支架

调整设施用于斜拉索梁端软、硬牵引角度调整,确保斜拉索同索套管中心线重合,方便斜拉索锚头顺利进入索套管及在管内移动。角度调整设施主要由角度调整支架及手拉葫芦组成。

边跨侧安装 2 台斜拉索调整支架,主跨侧调整装置与桥面起重机一体化设计。斜拉索角度调整支架如图 3-9-3 所示。

2) 桥面导向轮

为了保护斜拉索在中跨梁端索管处的 PE 不受损坏,在钢箱梁锚拉板前设置导向轮。导向轮采用型钢加工,轮槽为马鞍形,周圈用胶水粘保护橡胶皮。

3) 软牵引系统设备

由于软牵引长度均较长,采用千斤顶进行软牵引。钢绞线软牵引系统主要由软牵引连续式千斤顶、油泵、牵引连接装置及钢绞线等组成。连续千斤顶达到行程后能自动收缸回油,从而减少软牵引时间,缩短施工工期。

图 3-9-3　斜拉索角度调整支架示意图

5. 斜拉塔柱端挂设主要设备

斜拉塔柱端挂设使用的设施、设备有塔外施工平台、塔顶起吊系统、塔顶牵引卷扬机、塔式起重机等。

1) 塔外施工平台

在塔柱主跨、边跨两侧面的中央处各布置一台起重小车,作为斜拉塔柱外施工使用工具。电动吊篮钢丝绳悬挂在塔顶 3t 卷扬机上,由卷扬机牵引升降,操作控制器设置在小车上,施工时沿小车轨迹线设置两道缆风绳。

2) 塔顶吊索鹰架系统

塔柱封顶后在塔顶安装吊索鹰架系统,用于牵拉斜拉索锚头提升至塔上进行挂设。吊索鹰架系统主要由起吊门架及卷扬机动力系统组成。

6. 张拉设备

斜拉索张拉索力 1081.5～4175kN,选用 200t 穿心式千斤顶用于塔端挂索,选用 350t、600t 穿心式千斤顶用于梁端的挂索及张拉。各类型千斤顶配备大容量的超高压电动油泵。

三、桥面展索及起吊

(1) 用塔式起重机或汽车起重机将拉索放置进放索架盘,放索盘设置在钢混结合段位置。斜拉索放入索盘如图 3-9-4 所示。

(2) 逐步展开斜拉索,在张拉端锚具上安装起吊吊点,再用塔式起重机(或塔顶起重架)提升拉索端部,使拉索在提升中展开。斜拉索桥面起吊如图 3-9-5 所示。

图 3-9-4 斜拉索放入索盘

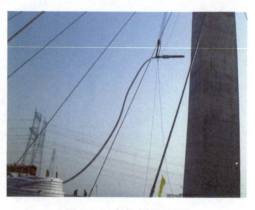

图 3-9-5 斜拉索桥面起吊

（3）待斜拉索塔上端安装完成后，桥面上用卷扬机反牵引索盘，使索盘中剩余的索在桥面上展开。

成圈索的展开（放索）：使用具有走轮、能水平转动的展索盘，把索放在转盘上，桥面卷扬机牵引索盘，使索盘转动将索放出。桥面展索如图 3-9-6 所示。

图 3-9-6 桥面展索

为保护拉索的外护套，在拉索展开过程中，每 3m 放置一个托辊捆绑式支承小车（图 3-9-7），避免拉索与桥面摩擦损坏，且在展索过程中派专人跟踪检查，随时调整托辊间距，保证拉索不与桥面接触。为避免钢丝绳直接拖拽对斜拉索索皮造成损伤，在拉索安装之前，首先在索上适当位置（与锚头间距比塔上预埋钢管长度略长 1~2m）安装专用索夹（内垫 PE 或橡胶皮）作为起吊点（图 3-9-8）。

图 3-9-7 斜拉索支撑小车

图 3-9-8　起吊索夹

四、斜拉索安装

1. 斜拉索塔端安装

斜拉索塔端安装流程如图 3-9-9 所示。

图 3-9-9　斜拉索塔端安装流程图

2. 斜拉索梁端安装

梁端压锚通过桥面布置的卷扬机牵引,在索的前端安装牵索夹,卷扬机钢丝绳通过前梁端索导管处的导向滑车组与索前端的索夹连接,牵引索头至索导管附近时,利用 25t 汽车起重机及简易门架将索头导入索导管,牵索至锚固。斜拉索梁端安装照片如图 3-9-10 所示。

图 3-9-10　斜拉索梁端安装照片

五、斜拉索张拉工艺

斜拉索安装完毕后,根据设计的要求、桥面施工荷载的变化以及桥面内力调整的需要,按照设计和监控的指令对斜拉索进行张拉和索力调整。

1. 斜拉索张拉程序

斜拉索采用梁端固定塔端张拉的方式。斜拉索张拉程序：斜拉索锚固端牵引到位→塔内安装张拉杆(通过变径螺母与锚头相连)→塔内安装张拉撑脚、千斤顶、索力计→拧紧张拉杆螺母，进入张拉阶段。索力调整施工程序与拉索张拉相同。

2. 斜拉索张拉顺序

1) 第一次张拉

第一次张拉在钢箱梁安装就位、焊接完成后进行。斜拉索采用塔端张拉模式，主跨、边跨同节段斜拉索同步张拉。

2) 第二次张拉

桥面起重机前移一个梁段，在塔端进行第二次张拉，张拉完成后，开始下一节段的钢箱梁吊装施工。

3. 斜拉索张拉控制措施

(1) 张拉操作人员必须与测量人员、设计监控人员保持密切联系，并随时监测桥面高程变化情况和塔柱位移情况。

(2) 张拉时要求同一塔柱同号索进行同步张拉，以保证结构的稳定性。

(3) 日照和环境温度对斜拉桥的塔、梁、索影响较大，张拉和索力调整要避免在温度变化较大的时段进行。

(4) 张拉时的桥面要求无动载，附加荷重应尽可能与设计、监控计算条件相一致。

第十章
主桥桥面铺装施工

第一节　主桥施工材料技术要求

一、主要铺装材料

主桥桥面铺装采用的主要原材料见表3-10-1。

主要原材料表　　　　　　　　　表3-10-1

序号	名称	备注
1	甲基丙烯酸树脂防水黏结体系	防腐、防水
2	浇注式改性沥青	浇注式改性沥青GA-10
3	高弹性改性沥青	高弹性改性沥青SMA-10
4	玄武岩	GA-10、SMA-10用
5	矿粉	石灰石矿粉
6	改性乳化沥青	黏层油
7	木质素纤维	高弹改性SMA-10用
8	黏结剂	索区铺装用
9	彩色胶结料	人行道用

二、防水黏结层材料技术要求

1. 主桥钢桥面防水材料

在喷砂除锈检验合格的钢桥面板上，施作甲基丙烯酸类树脂防水材料。甲基丙烯酸类树脂防水黏结体系材料技术要求见表3-10-2。

甲基丙烯酸类树脂防水黏结体系材料技术要求　　　　　　　表3-10-2

试验项目	要求	试验方法
丙烯酸防腐底漆		
黏结强度(与钢板,25℃)(MPa)	≥5.0	拉拔黏结强度测试仪
表干时间(23℃)(h)	≤0.5	《建筑防水涂料试验方法》(GB/T 16777—2008)
实干时间(23℃)(h)	≤1.0	《建筑防水涂料试验方法》(GB/T 16777—2008)
甲基丙烯酸树脂防水层		
拉伸强度(25℃)(MPa)	≥12	《建筑防水涂料试验方法》(GB/T 16777—2008)
断裂延伸率(25℃)(%)	≥130	《建筑防水涂料试验方法》(GB/T 16777—2008)
低温柔性(-20℃,φ20mm弯曲,90°)	表面无裂纹	《建筑防水涂料试验方法》(GB/T 16777—2008)
黏结强度(25℃)(MPa)	≥5.0	拉拔黏结强度测试仪
丙烯酸树脂黏结剂		
表干时间(23℃)(h)	≤0.5	《建筑防水涂料试验方法》(GB/T 16777—2008)
表干时间(23℃)(h)	≤1.0	《建筑防水涂料试验方法》(GB/T 16777—2008)
黏结强度(与铺装下层25℃)(MPa)	≥1	拉拔黏结强度测试仪

2.主桥边跨混凝土桥面防水材料

主桥边跨混凝土桥面防水材料采用溶剂型黏结剂防水材料,具体指标按规范要求执行。

三、铺装层主要材料技术要求

1.改性沥青结合料

1)主桥钢桥面用改性沥青结合料

浇注式改性沥青混凝土GA-10技术要求见表3-10-3,SMA-10高弹性改性沥青技术要求见表3-10-4。

浇注式改性沥青混凝土GA-10技术要求　　　　　　　表3-10-3

试验项目		指标要求	试验方法
针入度(25℃)(0.1mm)		20~50	《公路工程沥青及沥青混合料试验规程》(JTG E20—2011)T0604
延度(5℃)(cm)		≥15	《公路工程沥青及沥青混合料试验规程》(JTG E20—2011)T0605
软化点(℃)		≥85	《公路工程沥青及沥青混合料试验规程》(JTG E20—2011)T0606
弹性恢复率(25℃)(%)		≥90	《公路工程沥青及沥青混合料试验规程》(JTG E20—2011)T0662
闪点(克利夫兰开口杯)(℃)		≥250	《公路工程沥青及沥青混合料试验规程》(JTG E20—2011)T0611
TFOT (或RTFOT)	质量变化,不大于(%)	±1.0	《公路工程沥青及沥青混合料试验规程》(JTG E20—2011) T0610或T0609
	针入度比(25℃)(%)	≥65	
	弹性恢复率(25℃)(%)	≥72	

SMA-10 高弹性改性沥青技术要求　　　　　表 3-10-4

试验项目		要求	试验方法
针入度(25℃)(0.1mm)		70~100	《公路工程沥青及沥青混合料试验规程》(JTG E20—2011)T0604
软化度(℃)		≥80	《公路工程沥青及沥青混合料试验规程》(JTG E20—2011)T0606
延度(5℃)(cm)		≥50	《公路工程沥青及沥青混合料试验规程》(JTG E20—2011)T0605
黏度(135℃)(Pa·s)		≤3.0	《公路工程沥青及沥青混合料试验规程》(JTG E20—2011)T0625
弹性恢复率(25℃)(%)		≥90	《公路工程沥青及沥青混合料试验规程》(JTG E20—2011)T0662
闪点(℃)		≥230	《公路工程沥青及沥青混合料试验规程》(JTG E20—2011)T0611
旋转薄膜烘箱老化	质量变化,不大于(%)	±1.0	《公路工程沥青及沥青混合料试验规程》(JTG E20—2011)T0610
	针入度比(25℃)(%)	≥65	
	弹性恢复率(25℃)(%)	≥70	
	延度(5℃)(cm)	≥15	

2)主桥边跨桥面用改性沥青结合料

用于主桥边跨混凝土桥上面层和下面层 SBS 改性沥青结合料技术要求见表 3-10-5。

SBS 改性沥青结合料技术要求　　　　　表 3-10-5

试验项目	单位	指标要求	试验方法
针入度(25℃,5s,100g)	0.1mm	40~60	《公路工程沥青及沥青混合料试验规程》(JTG E20—2011)T0604
针入度指数 PI,不小于	—	0	《公路工程沥青及沥青混合料试验规程》(JTG E20—2011)T0604
延度(5℃、5cm/min),不小于	cm	20	《公路工程沥青及沥青混合料试验规程》(JTG E20—2011)T0605
软化点(TR&B),不小于	℃	60	《公路工程沥青及沥青混合料试验规程》(JTG E20—2011)T0606
运动黏度(135℃),不大于	Pa·s	3	《公路工程沥青及沥青混合料试验规程》(JTG E20—2011)T0625、T0619
闪点,不小于	℃	230	《公路工程沥青及沥青混合料试验规程》(JTG E20—2011)T0611
溶解度,不小于	%	99	《公路工程沥青及沥青混合料试验规程》(JTG E20—2011)T0607
TFOT(或 RTFOT)后残留物			
质量变化,不大于	%	±1.0	《公路工程沥青及沥青混合料试验规程》(JTG E20—2011)T0610/T0609
针入度比(25℃,5s,100g),不小于	%	65	《公路工程沥青及沥青混合料试验规程》(JTG E20—2011)T0604
延度(5℃),不小于	cm	实测记录	《公路工程沥青及沥青混合料试验规程》(JTG E20—2011)T0605

2.沥青层用集料及矿粉

主桥钢桥面和边跨路面沥青铺装层集料采用玄武岩集料。

1)粗集料

沥青混合料所用粗集料采用碎石,主桥钢桥面铺装高弹改性沥青玛琋脂 SMA-10 和浇注式改性沥青混合料 GA-10 用粗集料均采用玄武岩,其技术性能指标见表 3-10-6。主桥边跨路面沥青混合料用粗集料技术性能指标见表 3-10-7。

2)细集料

浇注式改性沥青混合料 GA-10、高弹性改性 SMA-10 沥青混合料用细集料采用机制砂。沥青混合料用细集料技术性能指标见表 3-10-8。

GA-10、高弹性 SMA-10 用粗集料技术性能指标 表 3-10-6

试验项目	技术要求	试验方法
压碎值(%)	≤18	《公路工程集料试验规程》(JTG E42—2005)T0316
洛杉矶磨耗损失(%)	≤22	《公路工程集料试验规程》(JTG E42—2005)T0317
表观密度	≥2.6	《公路工程集料试验规程》(JTG E42—2005)T0328
吸水率(%)	≤1.5	《公路工程集料试验规程》(JTG E42—2005)T0304
坚固性(%)	≤12	《公路工程集料试验规程》(JTG E42—2005)T0314
针片状颗粒含量(%)	≤8	《公路工程集料试验规程》(JTG E42—2005)T0312
软石含量(%)	≤3	《公路工程集料试验规程》(JTG E42—2005)T0320
磨光值(PSV)	≥42	《公路工程集料试验规程》(JTG E42—2005)T0321
黏附性(级)	5	《公路工程集料试验规程》(JTG E20—2011)T0616

主桥边跨路面沥青混合料用粗集料技术性能指标 表 3-10-7

指标	单位	要求 表面层	要求 其他层次	试验方法
压碎值,不大于	%	26	28	《公路工程集料试验规程》(JTG E42—2005)T0316
洛杉矶磨耗损失,不大于	%	28	30	《公路工程集料试验规程》(JTG E42—2005)T0317
表观相对密度,不小于	—	2.60	2.50	《公路工程集料试验规程》(JTG E42—2005)T0304
吸水率,不大于	%	2.0	3.0	《公路工程集料试验规程》(JTG E42—2005)T0304
坚固性,不大于	%	12		《公路工程集料试验规程》(JTG E42—2005)T0314
针片状颗粒含量(混合料)不大于	%	15	18	《公路工程集料试验规程》(JTG E42—2005)T0312
其中粒径大于 9.5mm,不大于	%	12	15	
其中粒径小于 9.5mm,不大于	%	18	20	
水洗法 <0.075mm 颗粒含量,不大于	%	1		《公路工程集料试验规程》(JTG E42—2005)T0310
软石含量,不大于	%	3	5	《公路工程集料试验规程》(JTG E42—2005)T0320
磨光值 PSV,不小于		42	40	《公路工程集料试验规程》(JTG E42—2005)T0321
粗集料与沥青的黏附性,不小于	—	5	4	《公路工程集料试验规程》(JTG E42—2005)T0616、T0663

沥青混合料用细集料技术性能指标 表 3-10-8

指标	单位	要求	试验方法
表观相对密度,不大于	—	2.50	《公路工程集料试验规程》(JTG E42—2005)T0328
坚固性(>0.3mm 部分),不小于	%	12	《公路工程集料试验规程》(JTG E42—2005)T0340
含泥量(<0.075mm 的含量),不大于	%	3	《公路工程集料试验规程》(JTG E42—2005)T0333
砂当量,不小于	%	60	《公路工程集料试验规程》(JTG E42—2005)T0334
亚甲蓝值,不大于	g/kg	25	《公路工程集料试验规程》(JTG E42—2005)T0349
棱角性(流动时间),不小于	s	30	《公路工程集料试验规程》(JTG E42—2005)T0345

3）矿粉

浇注式改性沥青混合料 GA-10、高弹性改性沥青 SMA-10 沥青混合料所用的矿粉采用石灰岩石料经磨细得到的矿粉，要求原石料不含泥土，矿粉应始终保持干燥、洁净，不成团块，能自由从矿粉仓自由流出，矿粉技术性能指标见表 3-10-9。

沥青混合料用矿粉技术性能指标　　　　表 3-10-9

项目		单位	指标	试验方法
表观密度，不小于		t/m³	2.5	《公路工程集料试验规程》(JTG E42—2005) T0352
含水率，不大于		%	1	《公路工程集料试验规程》(JTG E42—2005) T0103 烘干法
级配范围	<0.6mm	%	100	《公路工程集料试验规程》(JTG E42—2005) T0351
	<0.15mm	%	90~100	
	<0.075mm	%	75~100	
外观		—	无团粒结块	—
亲水系数		—	<1	《公路工程集料试验规程》(JTG E42—2005) T0353
塑性指数		%	<4	《公路工程集料试验规程》(JTG E42—2005) T0354
加热安定性		—	实测记录	《公路工程集料试验规程》(JTG E42—2005) T0355

3. 沥青混合料技术指标要求

高弹改性沥青 SMA-10、浇注式改性沥青混合料 GA-10 级配应满足表 3-10-10 的要求；各类沥青混合料所需集料规格组成见表 3-10-11；设计混合料性能需满足表 3-10-12、表 3-10-13 的要求。

混合料级配范围要求　　　　表 3-10-10

混合料类型	通过率(筛孔：mm)(%)								
	13.2	9.5	4.75	2.36	1.18	0.6	0.3	0.15	0.075
SMA-10	100	90~100	28~60	20~32	14~26	12~22	10~18	9~16	8~13
GA-10	100	80~100	63~80	48~63	38~52	32~46	27~40	24~36	20~30

沥青混合料集料规格组成　　　　表 3-10-11

混合料类型	集料规格(mm)	
GA-10	机制砂	玄武岩 5~10
SMA-10	机制砂	玄武岩 5~10

钢桥铺装面层高弹性改性沥青 SMA-10 混合料性能要求　　　　表 3-10-12

试验项目	要求	试验方法
空隙率(%)	3.0~4.0	《公路工程沥青及沥青混合料试验规程》(JTG E20—2011) T0705
矿料间隙率(%)	≥16.5	
马歇尔稳定度(kN)	≥7.0	《公路工程沥青及沥青混合料试验规程》(JTG E20—2011) T0709
冻融劈裂强度比(%)	≥80	《公路工程沥青及沥青混合料试验规程》(JTG E20—2011) T0729

续上表

试验项目	要求	试验方法
粗集料骨架间隙率 VCA_{mix}(%)	$\leq VCA_{DRC}$	《公路工程沥青及沥青混合料试验规程》(JTG E20—2011) T0705
沥青饱和度 VFA(%)	75~85	《公路工程沥青及沥青混合料试验规程》(JTG E20—2011) T0705
析漏量(%)	≤0.1	《公路工程沥青及沥青混合料试验规程》(JTG E20—2011) T0732
沥青混合料飞散损失(%)	≤15	《公路工程沥青及沥青混合料试验规程》(JTG E20—2011) T0733
车辙动稳定度(70℃)(次/mm)	≥2000	《公路工程沥青及沥青混合料试验规程》(JTG E20—2011) T0719
残留稳定度(%)	≥80	《公路工程沥青及沥青混合料试验规程》(JTG E20—2011) T0709

钢桥铺装浇注式改性沥青混合料 GA-10 性能要求　　　　表 3-10-13

试验项目	要求	试验方法
流动性(240℃)(s)	≤20(仅适用于实验室)	《公路钢箱梁桥面铺装设计与施工技术指南》附录 F
贯入度(60℃)(mm)	≤4	《公路钢箱梁桥面铺装设计与施工技术指南》附录 F
贯入度增量(60℃)(mm)	≤0.4	《公路钢箱梁桥面铺装设计与施工技术指南》附录 F
弯曲极限应变(-10℃)	$\geq 7 \times 10^{-3}$	《公路工程沥青及沥青混合料试验规程》(JTG E20—2011) T0715

注：低温弯曲试验试件尺寸：300mm×100mm×50mm。

4. 改性乳化沥青及添加剂术指标要求

1) 改性乳化沥青

在沥青铺装层间所用黏层和稀浆封层均采用改性乳化沥青。其性能指标要求见表 3-10-14。

改性乳化沥青性能指标　　　　表 3-10-14

试验项目		要求	试验方法
1.18mm 筛上余量(%)		≤0.1	《公路工程沥青及沥青混合料试验规程》(JTG E20—2011) T0652
储存稳定性(5d)(%)		≤5	《公路工程沥青及沥青混合料试验规程》(JTG E20—2011) T0655
黏度 C25.3(s)		8~25	《公路工程沥青及沥青混合料试验规程》(JTG E20—2011) T0621
蒸发残留含量(%)		≥55	《公路工程沥青及沥青混合料试验规程》(JTG E20—2011) T0651
蒸发残留物性质	针入度(25℃)(0.1mm)	40~100	《公路工程沥青及沥青混合料试验规程》(JTG E20—2011) T0604
	延度(5℃)(cm)	≥20	《公路工程沥青及沥青混合料试验规程》(JTG E20—2011) T0605
	软化点(℃)	≥55	《公路工程沥青及沥青混合料试验规程》(JTG E20—2011) T0606

2) 纤维

为改善 SMA 沥青混合料性能，吸附沥青，减少析漏，采用木质素纤维作为其稳定剂。木质素纤维质量技术要求见表 3-10-15。

木质素纤维质量技术要求　　　　表 3-10-15

试验项目	指标	试验方法
纤维长度	<6mm	水溶液用显微镜观测
灰分含量	18%±5%，无挥发物	高温 590~650℃燃烧后，测定残留物

续上表

试验项目	指标	试验方法
pH 值	7.5±1.0	水溶液用 pH 试纸或 pH 计测定
吸油率	不小于纤维质量的 5 倍	用煤油浸泡后,放在筛上,经振敲后称量
含水率	<5%(以质量计)	105℃烘箱烘 2h 后,冷却称重

第二节 钢桥面铺装施工

一、钢桥面喷砂施工

1.喷砂前的处理

(1)喷砂前,首先检查钢桥面板的外观,确保表面无焊瘤、飞溅物、针孔、飞边和毛刺等,否则必须通过打磨加以清除,必须将锋利的边角处理到半径 2mm 以上的圆角。

(2)用清洁剂或溶剂清洗钢桥面板表面的油、油脂、盐分及其他脏物。

(3)用高压清水清洁,直至无油污、尘垢为止。

2.喷砂除锈

1)环境检测

(1)遇下雨、结露等天气时,严禁除锈作业。

(2)钢板温度应高于露点 3℃以上,相对湿度≤85%,桥面相对湿度检测如图 3-10-1 所示。

2)磨料准备

(1)磨料采用钢丸、钢质棱角砂,其比例通过试验确定。

(2)磨料必须保持干燥、清洁,不含有害物质,如油脂、盐分。

图 3-10-1 桥面相对湿度检测

3)喷砂质量检测

(1)喷砂除锈后的钢桥面板表面应达到《涂覆涂料前钢材表面处理 表面清洁度的目视评定 第 1 部分:未涂覆过的钢材表面和全面清除原有涂层的钢材表面的锈蚀等级和处理等级》(GB/T 8923.1—2011)标准 Sa2.5 的要求。

(2)粗糙度 Rz 的要求必须达到 50~100μm。

喷砂除锈后清洁度与粗糙度检测如图 3-10-2 所示。

二、钢桥面防水施工

主桥钢桥面设计采用甲基丙烯树脂(高分子聚合物)防水黏结层,其由防腐底漆、甲基丙烯酸树脂防水层(两层)、黏结层组成,如图 3-10-3 所示。

图 3-10-2 喷砂除锈后清洁度与粗糙度检测

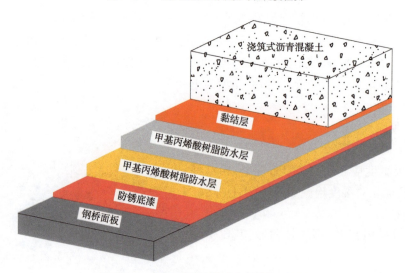

图 3-10-3 甲基丙烯酸树脂防水黏结层示意图

1. 施工布置

钢桥面单侧铺装净宽度为 11.75m,防水黏结层采用流水作业施工方式,防水黏结层流水作业施工工序转换与推进顺序。钢桥面防水黏结层流水作业顺序如图 3-10-4 所示。

2. 防水层喷涂

1)环境要求

(1)喷涂的基面必须干燥、洁净、无油污、无异物、无灰尘。

(2)遇下雨、下雪、结露等气候条件时,严禁涂布作业。

(3)环境温度 -10～50℃,相对湿度≤85%。

(4)钢板温度高于露点3℃以上。

钢板温度检测如图 3-10-5 所示。

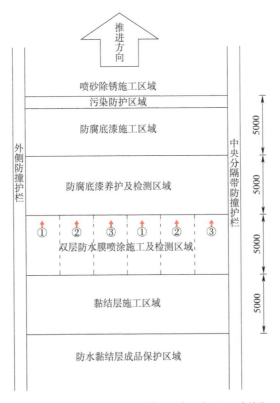

图 3-10-4　钢桥面防水黏结层流水作业顺序示意图(尺寸单位:cm)

2)涂布操作

(1)丙烯酸防腐底漆的施工

喷砂除锈检验合格后,在 3h 内实施防腐底漆。采用滚涂方式施工,底漆用量为 100～200g/m²。防腐底漆的干燥时间视现场环境而定,温度 25℃ 的固化时间约为 30min。丙烯酸防腐底漆涂布施工如图 3-10-6 所示。

图 3-10-5　钢板温度检测

图 3-10-6　丙烯酸防腐底漆涂布施工

(2)甲基丙烯酸树脂(高分子聚合物)防水层的施工

待防腐底漆固化后,喷涂(人工操作机械喷涂)甲基丙烯酸树脂防水材料,分两层施工,总用量2500~3500g/m²,待首涂层固化后,直接喷涂下一层。甲基丙烯酸树脂防水材料含两种树脂组分(A和B)和一种催化剂,施工前先将催化剂加入B组分充分搅拌均匀后,再和A组分搅拌喷涂。甲基丙烯酸树脂(高分子聚合物)防水层喷涂施工如图3-10-7所示。

图3-10-7　甲基丙烯酸树脂(高分子聚合物)防水层喷涂施工

图3-10-8　丙烯酸黏结层施工

(3)丙烯酸胶黏剂的施工

甲基丙烯酸树脂防水层喷涂结束并完全固化后,应立即施工胶黏剂。采用滚涂的方法施工胶黏剂。施工时,应用直尺或其他工具将胶黏剂与短期接头和搭接区分隔。胶黏剂的用量为100~200g/m²,待其完全固化后,搁置或进行下一道工序施工。丙烯酸黏结层施工如图3-10-8所示。

三、浇注式沥青混合料GA10施工

浇注式沥青混凝土是一种悬浮式结构的沥青混凝土,其混合料的组成特点主要是矿粉含量高(25%~30%),沥青含量高(7%~10%),拌和温度高(220~250℃),拌和后具有良好的流动性,浇注式沥青混凝土铺筑冷却后即成型(无需碾压)。因此浇注式沥青混凝土基本无空隙,不会出现因压实不足而表现出的缺陷病害,浇注式沥青混凝土是一种黏弹性材料,具有整体性非常好及变形性能强的优点,能够确保铺装层与桥面板的有效黏结,增大铺装层与桥面板的黏结强度,提高抗剪切性能,具有优良的变形性能,能够较好适应钢桥结构的变形。

1. 施工流程

钢桥面浇注式沥青混合料施工流程图如图3-10-9所示。

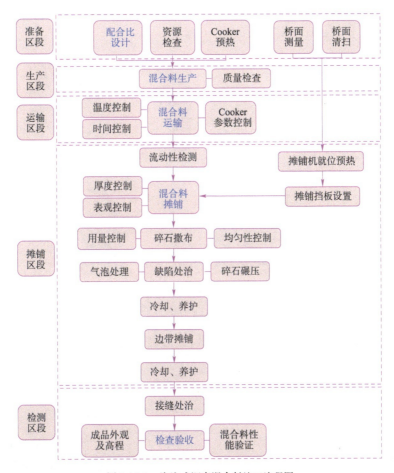

图 3-10-9 浇注式沥青混合料施工流程图

2. 浇注式沥青混合料摊铺

1）摊铺前的准备

（1）在浇注式沥青混合料摊铺之前，应保持防水层清洁干燥，必要时应用吹风机吹风和干燥，对油迹的污染，应及时清除，绝对不允许有油污；在施工前一天应仔细检查施工面积处防水体系层状况，如有破坏，应及时进行处理。

（2）由于浇注式摊铺根据垫块和侧限挡板高度控制铺装层的厚度及平整度，因此，需先进行精确测量，准确定位侧限挡板的高度。

（3）在 Cooker 运输车进入施工现场前，对其轮胎及底板进行清洗，防止运输车污染桥面。现场施工人员应穿上鞋套，以保持施工现场清洁。

（4）应保证材料及时供应，加强对施工机械的检查以及人员的调配，防止因材料、人员或机械产生的人为冷接缝。

（5）浇注式沥青混合料摊铺劳动强度大，环境温度高，应充分做好安全防护工作，配备必要的劳保用品。

2）行车道机械摊铺

行车道机械摊铺，应根据摊铺机及桥面宽度设定合理的摊铺宽度，尽量避免接缝位于行车道轮迹带内。万州长江公路三桥(牌楼长江大桥)机械摊铺宽度为10.15m,人工摊铺边带宽度2×0.8m。行车道机械摊铺如图3-10-10所示。

图3-10-10 浇注式沥青混合料行车道机械摊铺

3)人工摊铺

人工摊铺主要部位为中央分隔带和拉索区,边拉索区宽1.7m、中央分隔带宽度2.5m均采用人工摊铺,如图3-10-11所示。

图3-10-11 浇注沥青混合料人工摊铺

3. 接缝及边界处理

1)横向施工接缝

铺装过程中,除桥梁钢混结合段处,在其他部位未设置横向施工缝。如遇到等料及天气变化等情况,需在其他部位设置施工缝,按如下方法设置横向施工接缝:

使用边侧限制的钢制挡板,切割成浇注式摊铺宽度相同长度,放置于设置施工接缝的位置,将摊铺机升起少许,从横向挡板上移出,抵住横向挡板,手持人工抹板将混合料抹至紧贴挡板,并抹平敲打击实。固定横向挡板,待混合料冷却后,方可拆除挡板。最后应使混合料具有垂直的横向截面,并敲掉松散混凝土。

在接缝处铺筑浇注式混合料之前,沿接缝贴一条贴缝条,将摊铺机高度调至铺装层相同高度,待布料板将混合料均匀铺开后,便可开动摊铺机进行正常摊铺。应观察接缝处新铺的混合料,如出现松散麻面情况,应立即人工进行处理。

2)纵向接缝

由于桥面不能进行整幅摊铺,施工中会产生纵向接缝。用于边侧限制的挡板应涂刷隔离剂,并应让混合料冷却形成一定强度后,方可拆除挡板,使接缝保持光滑垂直的横截面。

在进行纵向接缝的施工前,应检查原沥青混合料接缝界面,及时除去出现麻面、松散以及下层发生脱落的浇注式沥青混合料,清除完成后,在纵向边缝处贴一条贴缝条,同时对接缝应进行预热处理,保证整个铺装的密实性和整体性。在摊铺机后,应安排专人对接缝出现漏铺以及麻面的地方及时处理,如有需要,另进行喷枪加热,使原铺装软化,并用工具搓揉,使其表面平整,并压入预拌碎石。

浇注纵向接缝处理如图 3-10-12 所示。

图 3-10-12　浇注纵向接缝处理

四、改性乳化沥青黏层施工

主桥浇注式 GA10 与 SMA10 铺装层间洒布改性乳化沥青,喷洒量一般为 $0.3\sim0.5\mathrm{kg/m^2}$,黏层施工控制要点如下:

(1)基面平整,洁净,无松散。

(2)改性乳化沥青材料性能和洒布量满足设计要求。

(3)根据施工面积反算重量,控制平均每平方米改性乳化沥青的实际用量,确保撒布量满足要求。

(4)黏层施工完毕并破乳后,立即进行 SMA10 改性沥青混合料施工。

五、SMA10 混合料施工

1. SMA10 混合料摊铺

摊铺厚度及平整度控制采用非接触式平衡梁方式自动找平,具体松铺系数根据试验段确定。

摊铺开始前 1h 左右,摊铺机在起点就位,并充分预热摊铺机熨平板。

摊铺机行走速度应尽可能放慢,以便与拌和楼拌和能力相匹配(摊铺能力适当低于拌和能力)。沥青混合料摊铺时,依据拌和能力,摊铺机行走速度一般控制在 $1.5\sim2.0\mathrm{m/min}$ 范围内,最高不超过 $3\mathrm{m/min}$,具体摊铺速度根据试验段确定。

摊铺机行走时,尽可能少地在浇注式铺装层上转弯。禁止在铺装层上面急转弯和掉头。施工管理人员应密切注意拌和料、运输车辆及摊铺机、压路机之间的协调统一,避免摊铺机长时间停机待料。

2. SMA10 混合料的压实

必须紧跟摊铺机碾压改性沥青 SMA 混合料,其初碾、复碾工作长度约 30m,不允许超过 50m。

(1)初碾

初碾压路机每次前进时,均应前行到接近摊铺机尾部位置。每次前进后均应在原轮迹上(重复)倒退,第二次前进应重复约 2/3 轮宽,往返一次为碾压一遍,需碾压 1~2 遍。铺装表面层施工时,行驶速度控制在 3km/h 范围内。

(2)复碾

SMA 铺装层复碾采用水平振荡压路机,碾压 2~4 遍。

(3)收迹碾压

收迹碾压:采用双钢轮压路机无振动碾压收迹 1~2 遍即可。收迹碾压终了温度应大于 120℃。在边缘难以用大型压路机压实的部位,需采用小型压路机及人工操作的机动夯锤夯实。

3. 施工缝设置与处理

在钢桥面铺装施工中,尽可能不设置横向施工缝(单向一次成型)。若遇特殊情况,需设置施工横缝时,横缝设置位置应在横梁间隔约 1/4 处,面层应设置在另一边约 1/4 处,上下层横缝错开 1.5m 以上。

横缝界面应涂布高性能改性乳化沥青黏结剂。

铺装下层横缝可使用边侧限制板横放的办法,或采用适宜的其他方法设置。

铺装上层横缝采用碾压成斜面并切割清除斜面部分,再进行下阶段施工。切割清除工作应在下阶段铺装施工前提前一天完成。切割界面在清洁、干燥后应满涂改性乳化沥青或黏结剂。

4. 交通开放

在面层 SMA10 施工完并清理干净后,铺装面层压实 1d 后,可开放 2t 以下轻型车辆交通,3d 后可正式开放交通。

第三节　主桥边跨混凝土箱梁桥面铺装施工

一、抛丸处理

喷砂前,应首先检查水泥面板的外观,确保表面无外露钢筋头等杂物影响抛丸设备行走,否则必须通过打磨加以清除。

1. 环境要求

遇下雨、结露等气候时,严禁抛丸作业。

2. 磨料要求

(1)磨料采用钢丸,其粒径通过试验确定。

(2)磨料必须保持干燥、清洁,不含有害物质,如油脂、盐分。

3. 抛丸质量要求

(1)抛丸后的水泥混凝土面板构造深度表面应到 0.4~1.0mm 的要求;

(2)水泥混凝土表面应干燥、洁净、无油污、无异物。

4. 喷砂设备

采用带吸尘装置的移动式自动无尘打砂机。

二、主桥边跨溶剂型黏结剂施工

1. 环境要求

(1)喷涂的基面必须干燥、洁净、无油污、无异物、无灰尘。

(2)遇下雨、下雪、结露等气候条件时,严禁涂布作业。

(3)喷涂环境温度:0~40℃。

2. 涂布操作

人工涂布:施工前,将溶剂型黏结剂倒入适当大小的容器中,轻微搅拌 3~5min,由操作人员用滚筒将溶剂型黏结剂均匀地涂布于基面上,用量为 300~400g/m²,注意应尽量滚涂均匀;溶剂型黏结剂材料施工后 3h,即可进行沥青层的施工。

3. 施工注意事项

(1)施工时,需要对基面进行处理。基面表层干燥、干净,表面不得有松散浮浆、掉皮、空鼓及严重开裂现象,对于油污需用溶剂清除。

(2)可采用人工涂刷或机械喷涂施工,涂布应均匀,同时需防止空气的浸入。

(3)溶剂型黏结剂用量需根据不同路面状况进行调整。

(4)施工时,空气温度应为 0~40℃,雨天、大风及冰冻天气不宜施工。

(5)施工过程中禁止抽烟,严禁一切烟火。

三、主桥边跨热熔沥青施工

热熔沥青一般宜选择在干燥和炎热的夏季施工。由于天气状况对沥青碎石封层的性能影响较大,禁止在出现大风、雨天和低温(路面温度低于 10℃)天气施工,同时在雨后路面湿度大(75%)和雨前不能保障碾压成型时,应当暂停施工。

其工序间的先后顺序依次为:开工→准备工作→清扫路面→洒布沥青→撒铺石料→碾压→养护。

对于普通道路沥青洒布温度宜控制在 150~165℃,沥青洒布后应立即均匀撒布碎石材料,碎石覆盖率应达到 100%,尽量不出现碎石重叠、沥青膜外露的现象。在碎石撒布后应立即采用压路机紧跟碾压。碾压时应保持 2~3km/h 匀速行驶,碾压遍数不小于 5 遍。

WANZHOU
CHANG JIANG GONGLU SANQIAO
(PAILOU CHANG JIANG DAQIAO)
ZHUQIAO JIANZAO GUANJIAN JISHU

PART FOUR

第四篇

科学专题及试验研究

第一章 仿真分析

第一节 仿真分析的意义及目的

一、仿真分析的意义

为充分掌握万州长江公路三桥（牌楼长江大桥）的各项特性，从而达到技术先进、经济合理的目的，能更好地推动新技术、新结构、新工艺、新材料的发展和应用，提高我国桥梁建造水平，为今后该类桥的设计、施工提供参考。因此，对该桥各关键部位的静力性能、受力与传力特性等方面进行系统深入研究显得非常必要。

对各关键部位进行仿真分析的必要性分述如下：

1. 索塔锚固区

本桥拉索索力大，最大单索索力约 6500kN，在强大的拉索压力作用下，结构易产生较大的应力集中等问题，一般的杆系计算理论不足以反映实际力的分布；且边跨索与中跨索之间由于偏角较大，导致塔柱产生较大的扭矩，上塔柱和上塔柱连接横梁受力复杂，需要对锚固区开展仿真计算分析研究。

2. 北塔下塔墩

北主塔下塔柱高度 13.7m，由于横向框架刚度大，在温度、收缩徐变及下横梁预应力作用下产生非常大的次内力，这使得北主塔下塔柱的设计成为整个主塔设计中的最大难点。非常有必要结合施工步骤，开展各工况下塔柱的仿真研究。

3. 主梁仿真分析

主桥的两边锚跨主梁均为异型混凝土箱梁，箱梁的自重大、宽度大，且采用了中央索面、加之配置了三向预应力体系，因而无论是箱梁的整体受力、局部受力均较复杂，存在应力集中、剪力滞、恒载活载剪力分配、应力扩散、预应力配置盲区等现实问题，而一般的设计理论不能准确把握两岸混凝土主梁的实际受力情况，必须开展主梁的仿真计算。

二、仿真分析的目的

通过对万州长江公路三桥(牌楼长江大桥)的整体静力分析,以及索塔锚固区、北塔下塔墩、边锚跨主梁的仿真分析,评价各关键部位的混凝土应力水平,优化施工工序,了解结构的工作性能,提出相应的设计建议和具体的设计修改意见,确保结构受力的合理性和安全性。

第二节　全桥整体模型静力分析结果

一、斜拉桥整体模型建立

1. 有限元分析方法

采用有限元法对桥梁结构进行静力分析。有限元建模时主要考虑结构的刚度、质量和边界条件,使有限元模型模拟的传力方式尽可能与实际桥梁结构接近,拟将模型大体分为主跨结构、下部结构、斜拉索与边界条件等4个模型子结构。

2. 整体模型建立

采用基于 midas Civil 2010 空间有限元程序建立万州长江公路三桥(牌楼长江大桥)主桥全桥模型,按照桥跨结构的空间构造对该桥进行整体结构静力分析。

各子结构有限元模型介绍如下:

(1)主跨结构

钢箱梁及混凝土箱梁均采用梁单元模拟,钢混结合段则采用施工阶段联合截面对其进行组合,实现钢与混凝土两种不同材料之间刚度的平顺过渡,以确保对刚度等截面特性的准确模拟。

(2)索塔与塔墩、辅助墩

索塔与塔墩、辅助墩在模型中均采用梁单元模拟。

(3)斜拉索

在模型中斜拉索利用只受拉的索单元模拟。

(4)边界条件

主墩、辅助墩墩底与基础均采用固结方式处理。

主桥全桥模型如图 4-1-1 所示。

3. 仿真分析参数

(1)恒载:一期恒载包括主梁、横隔梁等自重。主梁自重按尺寸计,预应力混凝土梁、桩、墩台及主塔重度 $26.25kN/m^3$,钢箱梁重度 $78.5kN/m^3$,横隔板按集中荷载考虑。二期恒载包括防撞护栏、桥面铺装及人行道等,按实际构造计。

(2)活载:公路—Ⅰ级、人群荷载。

(3)温度:设计合龙温度为 20℃±5℃。有效温度作用效应,混凝土结构 ±25℃,钢结构 ±30℃ 斜拉索与混凝土主梁、索塔间的温差 ±15℃;塔身左、右侧温差 ±5℃;主梁日照温差参照规范《公路桥涵设计通用规范》(JTG D60—2015)和《公路斜拉桥设计细则》(JTG/T D65-01—2007)。

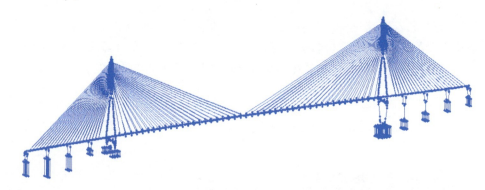

图 4-1-1 万州长江公路三桥(牌楼长江大桥)主桥全桥模型

(4)基础变位(不均匀沉降):主塔沉降按 2cm 计,辅助墩、边墩按 1cm 计。

(5)风荷载:根据抗风专题研究,桥址处设计基本风速 V_{10} 为 24m/s。风荷载标准值按《公路桥梁抗风设计规范》(JTG/T D60-01—2004)中有关规定计算;主梁、塔、墩、斜拉索上的风荷载及施工阶段的风荷载按《公路桥梁抗风设计规范》(JTG/T D65-01—2007)第 4.1~第 4.5 条规定计算。施工中裸塔抗风计算按重现期 10 年一遇取系数值 0.84。与汽车活载结合时,按桥面设计风速 $V_D=25$m/s 计。桥上无车时的极限风按 100 年一遇 $V_{10}=30.6$m/s 计。工程场地桥位处地表粗糙度系数 α 为 0.16,阵风风速系数 G_v 为 1.38。

二、施工阶段分析

按照设计图纸划分的施工阶段信息,对该桥进行施工阶段分析,计算各施工阶段下桥塔、主梁、斜拉索等主要受力构件内力和变形,验算其在施工期间的受力安全性,同时为该桥的局部仿真分析提供基础数据。

主要施工阶段工序见表 4-1-1。

主要施工阶段工序　　　　　　　　　　　表 4-1-1

序号	施工名称	持续时间	序号	施工名称	持续时间
1	基础施工	60	11	边跨混凝土主梁3	20
2	下塔柱施工	30	12	张拉3号孔预应力	10
3	下横梁	20	13	边跨混凝土主梁4	20
4	下横梁合龙	5	14	张拉4号孔预应力	10
5	中塔柱	30	15	钢梁22个阶段,每阶段12d	264
6	上塔柱	30	16	主桥合龙	10
7	边跨混凝土主梁1	20	17	全桥调索	2
8	张拉1号孔预应力	10	18	二期恒载	20
9	边跨混凝土主梁2	20	19	成桥10年	3650
10	张拉2号孔预应力	10			

三、荷载组合

根据仿真分析参数,共有三种永久作用和五种可变作用,具体见表4-1-2。

整体分析荷载工况 表4-1-2

荷载分类	计算项目	荷载分类	计算项目
永久作用	自重	可变作用	汽车荷载
	预应力荷载		人群荷载
			支座沉降
	混凝土收缩徐变		温度作用
			风荷载

对表4-1-2中的荷载按承载能力极限状态以及正常使用极限状态进行组合。

1. 承载能力极限状态

按承载能力极限状态组合时,采用基本组合。

基本组合:1.2恒载+1.4汽车活载(计冲击)+0.7×1.4人群荷载+0.7×1.1风荷载+0.7×1.4汽车制动力+0.7×1.4温度荷载+0.5沉降。

2. 正常使用极限状态

按正常使用极限状态组合时,分为短期效应组合以及长期效应组合。

短期效应组合:1.0恒载+0.7汽车活载(不计冲击)+1.0人群荷载+0.75风荷载+0.7汽车制动力+0.8温度荷载+1.0沉降。

长期效应组合:1.0恒载+0.4汽车活载(不计冲击)+1.0人群荷载+0.75风荷载+0.7汽车制动力+0.8温度荷载+1.0沉降。

四、整体分析计算结果

1. 各施工阶段关键结构的最大变形计算结果

考虑最大变形的情况,取主跨最大悬臂和成桥两个施工阶段。

(1)主跨最大悬臂施工阶段

主跨最大悬臂施工阶段变形如图4-1-2所示。变形只考虑竖向与纵向变形,横向忽略不计。具体变形值见表4-1-3。

图4-1-2 主跨最大悬臂施工阶段变形图

主跨最大悬臂施工阶段变形值 表4-1-3

位置	竖向位移及方向		纵向位移及方向	
	竖向位移(mm)	方向	纵向位移(mm)	方向
北主塔塔顶	−60.0	向下	−71.2	向左
南主塔塔顶	−79.1	向下	13.5	向右
跨中悬臂左顶端	−28.7	向下	−67.3	向左
跨中悬臂右顶端	−25.5	向下	67.5	向右

注：考虑北塔位于左侧，南塔位于右侧，下同。

(2)成桥施工阶段

成桥施工阶段变形如图4-1-3所示。具体变形值见表4-1-4。

图4-1-3 成桥阶段变形图

成桥阶段变形值 表4-1-4

位置	竖向位移及方向		纵向位移及方向	
	竖向位移(mm)	方向	纵向位移(mm)	方向
北主塔塔顶	−93.3	向下	−146.5	向左
南主塔塔顶	−117.5	向下	92.5	向右
跨中	−67.9	向下	4.0	向右

2.各施工阶段关键结构的应力最大值计算结果

取主跨最大悬臂和成桥两个施工阶段。

(1)主跨最大悬臂施工阶段

主跨最大悬臂施工阶段应力如图4-1-4所示。列取各部分的绝对值最大应力值，具体应力值见表4-1-5。

主跨最大悬臂施工阶段应力值 表4-1-5

位置	北岸		南岸	
	应力值(MPa)	类型	应力值(MPa)	类型
主跨钢箱梁	−67.9	受压	−67.7	受压
边锚梁	−11.9	受压	−11.3	受压
主塔	−11.7	受压	−10.5	受压

注：考虑北塔位于左侧，南塔位于右侧。下同。

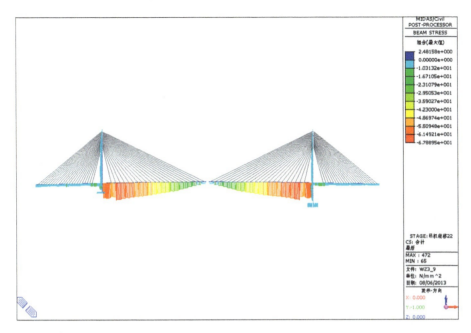

图 4-1-4　主跨最大悬臂施工阶段应力图(单位:MPa)

(2)成桥施工阶段

成桥施工阶段应力如图 4-1-5 所示。取各部分的绝对值最大应力值,具体应力值见表 4-1-6。

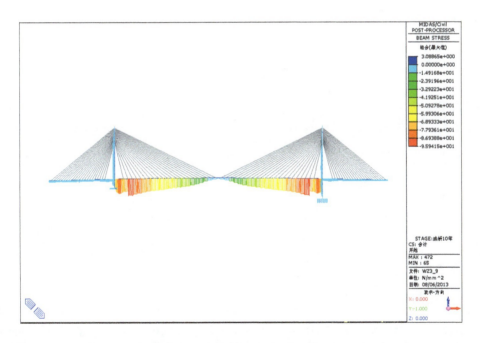

图 4-1-5　成桥阶段应力图(单位:MPa)

成桥阶段应力值　　　　　　　　　　　　　　　　　　表 4-1-6

位置	北岸		南岸	
	应力值(MPa)	类型	应力值(MPa)	类型
主跨钢箱梁	−95.9	受压	−95.6	受压
边锚梁	−12.7	受压	−13.0	受压
主塔	−12.9	受压	−12.0	受压

3. 主要施工阶段关键结构控制截面内力值、拉索内力值以及基础反力值

现取主跨成桥施工阶段。成桥施工阶段关键结构控制截面内力值、拉索内力值以及基础反力值采用 midas Civil 2010 有限元模型提取,具体计算结果见表 4-1-7 ~ 表 4-1-9。

控制截面内力值　　　　　　　　　　　　　　　　　　表 4-1-7

位置	轴向 (kN)	剪力-y (kN)	剪力-z (kN)	扭矩-x (kN·m)	弯矩-y (kN·m)	弯矩-z (kN·m)
北梁第一跨中	−141755.47	−43.99	−3086.65	422.96	−232.18	1408.26
Z05 墩顶	−148664.81	57.49	−7031.65	−1.38	31210.97	2446.56
北梁第二跨中	−149076.98	58.76	−1324.59	0.11	−19321.38	674.62
Z06 墩顶	−215424.25	−19.74	−13457.70	1.41	−1766.55	−912.33
北梁第三跨中	−201603.95	−18.74	4624.79	−0.49	40138.51	−304.26
Z07 墩顶	−177928.80	13.30	−17887.86	−68.85	−3638.69	172.00
北梁第四跨中	−258854.54	14.26	−4112.62	−71.06	16267.97	−212.74
Z08 墩顶	−277106.79	−4.81	−15597.36	75.23	−14287.51	−635.81
跨中悬臂左端跨中	−75550.48	−1.33	−1213.15	−0.35	1597.44	−32.58
跨中悬臂右端跨中	−75432.85	0.38	1259.32	−3.27	1738.71	−3.67
Z09 墩顶	−325539.12	1.71	−15482.90	1.34	−71014.00	−68.38
南梁第四跨中	−259170.04	1.71	4107.50	1.37	25796.67	−118.83
Z10 墩顶	−177129.95	−23.40	−12824.07	−0.87	7313.82	−167.52
南梁第三跨中	−190370.00	−23.33	−2951.35	−0.53	−4086.55	544.55
Z11 墩顶	−200812.51	169.82	−13536.06	12.27	−914.03	1180.21
南梁第二跨中	−161123.75	169.94	−3607.09	3.98	24097.00	−3417.36
Z12 墩顶	−167165.00	−155.85	−10555.17	781.77	6148.10	−8599.14
南梁第一跨中	−160232.11	−3501.27	−1829.50	452.48	1656.64	8432.77
北塔塔底(左)	−141755.47	−43.99	−3086.65	422.96	−232.18	1408.26
北塔塔底(右)	−148664.81	57.49	−7031.65	−1.38	31210.97	2446.56
南塔塔底(左)	−149076.98	58.76	−1324.59	0.11	−19321.38	674.62
南塔塔底(右)	−215424.25	−19.74	−13457.70	1.41	−1766.55	−912.33

注:Z 轴为竖向;X 轴为顺桥向;Y 轴横桥向。

拉索内力值

表 4-1-8

拉索编号	索塔锚固端 F(kN)	索梁锚固端 F(kN)	拉索编号	索塔锚固端 F(kN)	索梁锚固端 F(kN)
NSC1	5222.05	5367.05	SMC1	4327.52	4449.16
NSC2	5067.44	5210.51	SMC2	4311.82	4431.90
NSC3	4901.90	5036.17	SMC3	4303.98	4422.35
NSC4	4779.81	4912.10	SMC4	4269.79	4386.46
NSC5	4696.62	4826.91	SMC5	4193.61	4308.59
NSC6	4664.26	4792.53	SMC6	4097.94	4211.25
NSC7	4640.98	4767.25	SMC7	3958.27	4069.92
NSC8	4556.50	4680.77	SMC8	3715.36	3813.49
NSC9	4336.05	4449.18	SMC9	3571.95	3668.62
NSC10	4051.78	4163.07	SMC10	3359.67	3454.89
NSC11	3987.12	4096.55	SMC11	3277.74	3371.51
NSC12	3966.82	4074.39	SMC12	3053.80	3129.41
NSC13	3877.49	3982.93	SMC13	2949.20	3023.64
NSC14	3778.05	3881.94	SMC14	2844.32	2917.60
NSC15	3540.78	3631.83	SMC15	2633.76	2695.23
NSC16	3314.55	3403.83	SMC16	2515.03	2575.52
NSC17	3052.88	3140.39	SMC17	2391.62	2451.14
NSC18	2723.31	2793.41	SMC18	2178.32	2229.28
NSC19	2519.62	2587.89	SMC19	2058.06	2108.02
NSC20	2406.95	2463.46	SMC20	2154.73	2203.53
NSC21	2122.40	2177.10	SMC21	2096.67	2144.18
NSC22	2702.76	2764.55	SMC22	3026.97	3079.84
NMC1	3016.17	3069.04	SSC1	2668.12	2729.90
NMC2	2092.73	2140.25	SSC2	2075.48	2130.18
NMC3	2153.92	2202.73	SSC3	2344.68	2401.19
NMC4	2059.72	2109.69	SSC4	2429.91	2498.17
NMC5	2177.96	2228.92	SSC5	2624.26	2694.35
NMC6	2392.17	2451.69	SSC6	2930.69	3018.18
NMC7	2513.74	2574.23	SSC7	3203.99	3293.25
NMC8	2632.27	2693.75	SSC8	3451.31	3542.34
NMC9	2843.52	2916.79	SSC9	3709.59	3813.46
NMC10	2947.29	3021.74	SSC10	3844.48	3949.88
NMC11	3052.02	3127.64	SSC11	3965.33	4072.84
NMC12	3275.56	3369.34	SSC12	4004.52	4113.88
NMC13	3358.65	3453.88	SSC13	4068.63	4179.79
NMC14	3570.15	3666.83	SSC14	4342.71	4455.66
NMC15	3714.85	3813.00	SSC15	4555.09	4679.12
NMC16	3959.46	4071.11	SSC16	4645.09	4771.05
NMC17	4100.25	4213.57	SSC17	4686.63	4814.51
NMC18	4198.74	4313.73	SSC18	4741.00	4870.81
NMC19	4278.48	4395.16	SSC19	4836.24	4967.97
NMC20	4315.60	4433.98	SSC20	4956.12	5089.75
NMC21	4328.98	4449.07	SSC21	5113.99	5256.27
NMC22	4349.72	4471.38	SSC22	5258.16	5402.25

注：拉索编号对应施工设计图纸。

基础反力值 表4-1-9

位置	F_X(kN)	F_Y(kN)	F_Z(kN)	M_X(kN·m)	M_Y(kN·m)	M_Z(kN·m)
Z04	0.00	35.80	9169.79	3178.78	0.00	0.00
Z05	0.00	−100.87	24554.31	251.77	0.00	0.00
Z06	0.00	79.49	21293.65	133.62	0.00	0.00
Z07	0.00	−31.10	47298.59	12.84	0.00	0.00
Z08	0.00	19.08	0.00	0.00	0.00	0.00
Z09	0.00	−1.39	0.00	0.00	0.00	0.00
Z10	0.00	25.05	41000.01	44.83	0.00	0.00
Z11	0.00	−193.28	31748.78	−343.55	0.00	0.00
Z12	0.00	325.35	32828.20	−240.51	0.00	0.00
Z13	0.00	−147.18	17264.84	−8975.93	0.00	0.00

注：Z轴为竖向；X轴为顺桥向；Y轴为横桥向。

4. 内力包络图

内力包络组合采用基本组合。基本组合下内力包络图如图4-1-6所示。

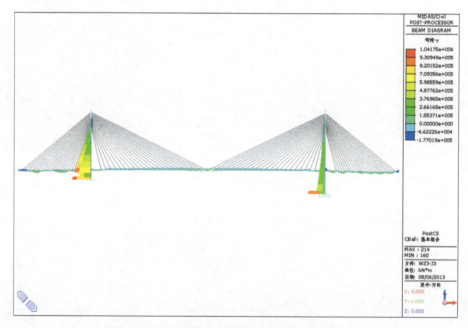

图4-1-6 基本组合下内力包络图(单位：kN·m)

最大内力出现在北塔下塔柱处。最大值为1.042×10^6 kN·m。

5. 位移包络图

位移包络组合采用正常使用极限状态中长期效应组合和短期效应组合。短期效应组合下位移包络图如图4-1-7所示、长期效应组合下位移包络图如图4-1-8所示。

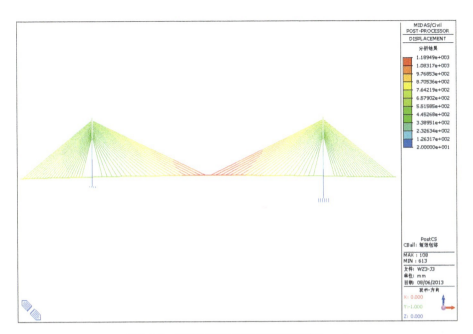

图 4-1-7　短期效应组合下位移包络图(单位:mm)

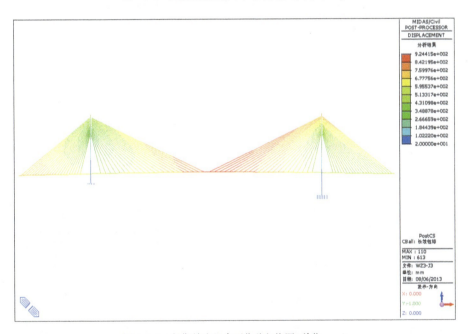

图 4-1-8　长期效应组合下位移包络图(单位:mm)

在正常使用极限状态中,长期与短期组合下最大位移出现在跨中位置处。其中短期组合最大位移为 1.189×10^3 mm,长期组合最大位移为 9.244×10^2 mm。

6. 关键结构的强度验算

1) 斜拉索的强度验算

标准组合下斜拉索最大拉应力如图 4-1-9 所示,最小拉应力如图 4-1-10 所示。

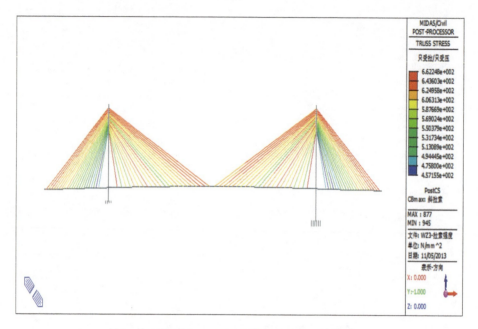

图 4-1-9 标准组合下斜拉索最大拉应力图(单位:MPa)

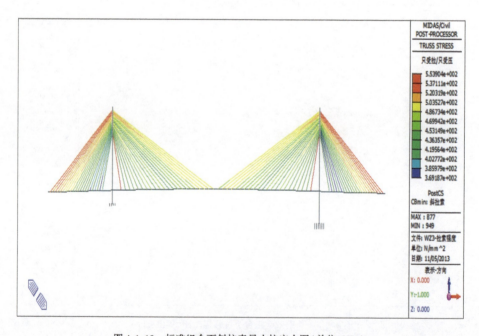

图 4-1-10 标准组合下斜拉索最小拉应力图(单位:MPa)

在运营状态下,标准组合:恒载+汽车活载(计冲击)+人群荷载,斜拉索最大拉应力出现在 SSC22 号索,应力值为 662.20MPa,安全系数为 2.81。斜拉索最小拉应力出现在 SSC6 号索,应力值为 381.60MPa,安全系数为 4.89。

全桥各拉索的安全系数见表 4-1-10。

拉索的安全系数

表 4-1-10

拉索编号	最大应力(MPa)	最小应力(MPa)	标准强度(MPa)	最大应力对应安全系数	最小应力对应安全系数
NSC1	655.70	550.40	1860.00	2.84	3.38
NSC2	639.00	533.90	1860.00	2.91	3.48
NSC3	646.60	541.40	1860.00	2.88	3.44
NSC4	633.50	527.80	1860.00	2.94	3.52
NSC5	624.90	518.70	1860.00	2.98	3.59
NSC6	621.90	515.30	1860.00	2.99	3.61
NSC7	620.20	511.80	1860.00	3.00	3.63
NSC8	611.50	500.70	1860.00	3.04	3.71
NSC9	625.40	513.00	1860.00	2.97	3.63
NSC10	592.00	478.60	1860.00	3.14	3.89
NSC11	584.30	470.20	1860.00	3.18	3.96
NSC12	581.80	466.80	1860.00	3.20	3.98
NSC13	570.90	455.60	1860.00	3.26	4.08
NSC14	557.70	442.40	1860.00	3.34	4.20
NSC15	577.80	462.90	1860.00	3.22	4.02
NSC16	545.70	431.90	1860.00	3.41	4.31
NSC17	508.20	396.80	1860.00	3.66	4.69
NSC18	539.60	431.80	1860.00	3.45	4.31
NSC19	501.60	399.30	1860.00	3.71	4.66
NSC20	542.20	447.60	1860.00	3.43	4.16
NSC21	479.40	393.60	1860.00	3.88	4.73
NSC22	501.50	427.20	1860.00	3.71	4.35
NMC1	653.50	547.50	1860.00	2.85	3.40
NMC2	567.70	433.30	1860.00	3.28	4.29
NMC3	600.10	449.50	1860.00	3.10	4.14
NMC4	590.20	433.20	1860.00	3.15	4.29
NMC5	620.40	461.90	1860.00	3.00	4.03
NMC6	600.90	444.00	1860.00	3.10	4.19
NMC7	623.50	468.40	1860.00	2.98	3.97
NMC8	644.60	491.60	1860.00	2.89	3.78
NMC9	603.90	453.50	1860.00	3.08	4.10
NMC10	618.90	470.70	1860.00	3.01	3.95
NMC11	634.10	488.10	1860.00	2.93	3.81
NMC12	573.70	430.30	1860.00	3.24	4.32
NMC13	583.70	442.30	1860.00	3.19	4.21
NMC14	610.80	471.50	1860.00	3.05	3.94

续上表

拉索编号	最大应力(MPa)	最小应力(MPa)	标准强度(MPa)	最大应力对应安全系数	最小应力对应安全系数
NMC15	628.90	492.20	1860.00	2.96	3.78
NMC16	604.00	470.00	1860.00	3.08	3.96
NMC17	619.20	487.30	1860.00	3.00	3.82
NMC18	629.70	498.40	1860.00	2.95	3.73
NMC19	637.70	506.30	1860.00	2.92	3.67
NMC20	640.00	508.10	1860.00	2.91	3.66
NMC21	638.90	505.80	1860.00	2.91	3.68
NMC22	638.70	502.60	1860.00	2.91	3.70
SMC1	634.90	499.20	1860.00	2.93	3.73
SMC2	636.00	503.30	1860.00	2.92	3.70
SMC3	637.90	506.40	1860.00	2.92	3.67
SMC4	636.20	505.10	1860.00	2.92	3.68
SMC5	628.80	497.80	1860.00	2.96	3.74
SMC6	618.90	487.00	1860.00	3.01	3.82
SMC7	603.90	469.90	1860.00	3.08	3.96
SMC8	629.00	492.30	1860.00	2.96	3.78
SMC9	611.10	471.80	1860.00	3.04	3.94
SMC10	583.90	442.60	1860.00	3.19	4.20
SMC11	574.00	430.70	1860.00	3.24	4.32
SMC12	634.40	488.50	1860.00	2.93	3.81
SMC13	619.30	471.00	1860.00	3.00	3.95
SMC14	604.00	453.60	1860.00	3.08	4.10
SMC15	644.90	491.80	1860.00	2.88	3.78
SMC16	623.70	468.60	1860.00	2.98	3.97
SMC17	600.90	443.90	1860.00	3.10	4.19
SMC18	620.50	462.10	1860.00	3.00	4.03
SMC19	590.10	433.10	1860.00	3.15	4.29
SMC20	600.70	450.10	1860.00	3.10	4.13
SMC21	569.10	434.90	1860.00	3.27	4.28
SMC22	656.10	550.40	1860.00	2.83	3.38
SSC1	493.20	421.00	1860.00	3.77	4.42
SSC2	467.40	384.20	1860.00	3.98	4.84
SSC3	527.00	435.40	1860.00	3.53	4.27
SSC4	483.60	384.60	1860.00	3.85	4.84
SSC5	520.20	415.70	1860.00	3.58	4.47
SSC6	488.70	380.60	1860.00	3.81	4.89

续上表

拉索编号	最大应力(MPa)	最小应力(MPa)	标准强度(MPa)	最大应力对应安全系数	最小应力对应安全系数
SSC7	527.90	417.40	1860.00	3.52	4.46
SSC8	563.00	451.20	1860.00	3.30	4.12
SSC9	547.00	434.50	1860.00	3.40	4.28
SSC10	564.70	451.90	1860.00	3.29	4.12
SSC11	579.60	467.00	1860.00	3.21	3.98
SSC12	584.80	472.70	1860.00	3.18	3.93
SSC13	592.70	481.40	1860.00	3.14	3.86
SSC14	625.20	514.70	1860.00	2.98	3.61
SSC15	610.70	501.40	1860.00	3.05	3.71
SSC16	620.50	512.90	1860.00	3.00	3.63
SSC17	625.10	517.90	1860.00	2.98	3.59
SSC18	631.00	523.70	1860.00	2.95	3.55
SSC19	641.40	534.10	1860.00	2.90	3.48
SSC20	654.80	547.40	1860.00	2.84	3.40
SSC21	646.40	538.70	1860.00	2.88	3.45
SSC22	662.20	553.90	1860.00	2.81	3.36

注:荷载组合为恒载+汽车活载(计冲击)+人群荷载。

综上所述,在运营状态下,标准组合:恒载+汽车活载(计冲击)+人群荷载,斜拉索安全系数在2.81~4.89,大于2.5,满足规范要求。

2)钢箱梁的强度验算

在运营状态标准组合[恒载+汽车活载(计冲击)+人群荷载]下,主梁拉应力计算图如图4-1-11所示,压应力如图4-1-12所示。

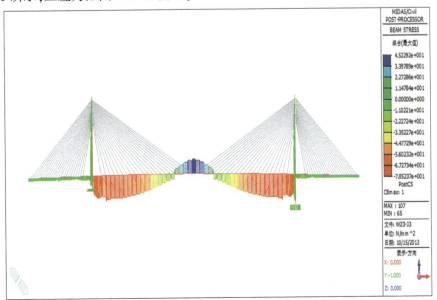

图4-1-11 标准组合下梁单元拉应力图(单位:MPa)

图 4-1-12　标准组合下梁单元压应力图(单位:MPa)

在运营状态标准组合[恒载+汽车活载(计冲击)+人群荷载]下,主梁最大拉应力出现在跨中截面底缘,应力值为 45.2MPa,小于 Q345 的基本容许应力 200MPa,满足规范要求。主梁最大压应力出现在距北塔柱 47m 处截面底缘,应力值为 −127.8MPa,小于 Q345 的基本容许应力 200MPa,满足规范要求。

3)边锚梁的强度验算

在承载能力极限状态基本组合条件下,梁单元计算内力包络图如图 4-1-13 所示。

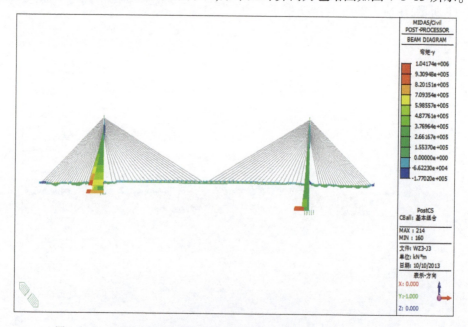

图 4-1-13　承载能力极限状态基本组合下梁单元计算内力包络图(单位:kN·m)

在承载能力极限状态下,基本组合:1.2 恒载 +1.4 汽车活载(计冲击) +0.7×1.4 人群荷载 +0.7×1.4 主塔左右侧温差 +0.7×1.1 活载顺风 +0.7×1.4 拉索升温 +0.7×1.4 主梁梯度升温 +0.7×1.4 整体降温 +0.5 沉降,使 NSC7 号索锚固点处梁截面出现最大正弯矩 M_u = 135517.2kN·m,结构重要性系数 γ 取 1.1,γM_u = 149068.9kN·m,小于截面抗力 403583.1kN·m,满足要求。南塔钢混结合段处锚梁截面出现最大负弯矩 M_u = 177020kN·m,γM_u = 194722kN·m,小于截面抗力 214242.4kN·m,满足要求。

在承载能力极限状态基本组合下,边梁各控制截面抗弯验算结果如表 4-1-11 所示。

边梁各控制截面抗弯验算结果　　　　表 4-1-11

位置	荷载组合	受力类型	弯矩(kN·m)	抗力(kN·m)	安全系数
北梁第一跨中	基本组合	下弯受拉	44600.02	314855.05	7.06
Z05 墩顶	基本组合	上弯受拉	-109697.98	-135693.35	1.24
北梁第二跨中	基本组合	下弯受拉	29053.43	313940.18	10.81
Z06 墩顶	基本组合	上弯受拉	-80774.09	-176869.79	2.19
北梁第三跨中	基本组合	下弯受拉	115604.01	404766.68	3.50
Z07 墩顶	基本组合	上弯受拉	-112023.30	-153631.92	1.37
北梁第四跨中	基本组合	下弯受拉	80817.75	546710.04	6.76
Z08 墩顶	基本组合	上弯受拉	-45045.86	-153631.92	3.41
Z09 墩顶	基本组合	上弯受拉	-131823.48	-171853.48	1.30
南梁第四跨中	基本组合	下弯受拉	57427.10	375024.23	6.53
Z10 墩顶	基本组合	上弯受拉	-88374.65	-137578.06	1.56
南梁第三跨中	基本组合	下弯受拉	87934.21	372908.37	4.24
Z11 墩顶	基本组合	上弯受拉	-103723.54	-137595.17	1.33
南梁第二跨中	基本组合	下弯受拉	58833.59	404877.05	6.88
Z12 墩顶	基本组合	上弯受拉	-44600.02	-314855.05	7.06
南梁第一跨中	基本组合	下弯受拉	109697.98	173024.30	1.58

综上所述,边梁各截面安全系数均大于 1.0,满足规范要求。

7. 关键结构的刚度验算

主梁在车道荷载(不计冲击)作用下的竖向位移如图 4-1-14 所示。

主梁在车道荷载(不计冲击)作用下的主跨跨中最大竖向挠度为 628.0mm,小于 $L/400$ = 1825.0mm,满足《公路斜拉桥设计细则》(JTG/T D65-01—2007)要求。

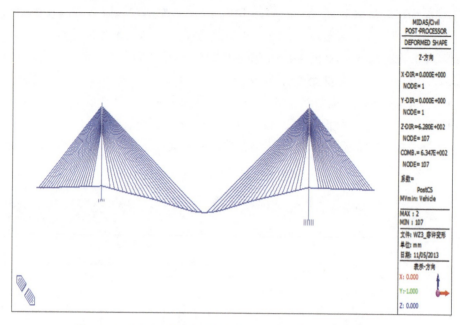

图4-1-14　主梁在车道荷载(不计冲击)作用下竖向位移图(单位:mm)

第三节　索塔锚固区受力仿真分析结果

主塔的拉索锚固部位是一个将拉索的局部集中力安全、均匀地传送到塔柱的重要受力构造,其受力状况是设计和施工中的重要问题。为了平衡斜拉索的强大集中力作用,目前塔柱采用大吨位的环向预应力束布置。在斜拉索和环向预应力束的作用下,塔柱受力复杂且局部应力集中现象明显,必须进行专门的有限元仿真分析,以揭示该区域的受力特征和应力分布规律。现利用大型有限元分析程序 ANSYS 对万州长江公路三桥(牌楼长江大桥)索塔锚固区(7.75m 节段)进行空间仿真分析。

一、有限元模型

模型采用空间块体单元进行模拟,混凝土采用八节点三维混凝土实体单元 SOLID45,混凝土弹性模量按现场实测值取 34500MPa,重度取 $26.25kN/m^3$,泊松比为 0.2;环形预应力钢束采用空间杆单元 LINK8,钢束弹性模量取 205000MPa,重度取 $78.5kN/m^3$,泊松比为 0.3;用 SOLID45 和 SHELL63 单元分别模拟斜拉索锚垫板和预埋索导管,弹性模量取值为 210000MPa,重度取 $78.5kN/m^3$,泊松比为 0.3;将整个索塔节段视为均质弹性体,未考虑普通钢筋和钢骨架的影响。

索塔锚固区节段模型的网格划分采用四面体自由划分的方式,节段共有 180045 个节点、900154 个单元,其中 880757 个 SOLID45 单元、14300 个 LINK8 单元、5097 个 SHELL63 单元,节段有限元模型、预应力钢束有限元模型及锚垫板有限元模型分别如图 4-1-15～图 4-1-17 所示。X 方向为横桥向方向，Z 方向为纵桥向方向，Y 方向为模型高度方向。

图 4-1-15　索塔锚固区节段有限元模型

图 4-1-16　索塔锚固区节段预应力钢束有限元模型

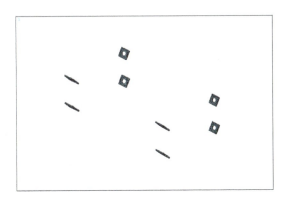
图 4-1-17　索塔锚固区节段锚垫板有限元模型

二、索力、预应力以及边界条件处理

模型模拟了实际的斜拉索锚固区形状，索力作为均布面力加在钢垫板所接触的环形区域，作用方向为斜拉索方向。

在模拟预应力钢筋时，先建立线，将建立的线定义成 LINK8 单元，在划分网格后将杆单元节点与混凝土单元节点耦合，这样两者即可共同工作。

预应力施加采用温降法施加。按照《公路钢筋混凝土及预应力混凝土桥涵设计规范》(JTG D62—2004) 计算各项预应力损失，按照损失值对各杆单元施加不同的温度。其中管道摩阻损失和锚具变形、钢束回缩引起的损失较大。预应力施加通过降温来实现，环向预应力筋产生的应力为张拉控制应力 $\sigma = 0.75 \times 1670 = 1252.5 (\text{MPa})$，根据经验，环向预应力筋永存预应力采用 $0.75\sigma_{k1}$❶；按上述方法降低各预应力钢筋温度，来模拟预应力对模型的作用。

计算模型底面沿高度 Y 方向的位移设置为零，并约束其 X、Z 方向位移，这样既可保证计

---

❶　σ_{k1} 为张拉控制应力。

算模型为静定结构,又较为准确地模拟实际边界约束情况。

三、混凝土有限元分析计算结果

主要计算工况如下:
计算工况1:环向预应力钢束单独作用。
计算工况2:正载工况(650t)。
计算工况3:偏载工况(200t)。
计算工况4:换索工况(700t)。
计算工况5:超载工况(900t)。
为便于分析,对索塔锚固区各部分做简单的划分,如图4-1-18所示。

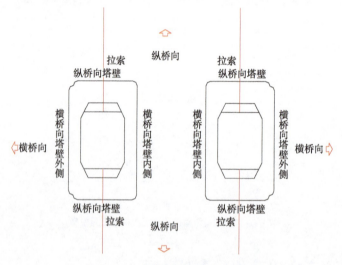

图 4-1-18 索塔锚固区各部分定义图

以计算工况5为例,对计算结果进行分析。工况5条件下索塔锚固区混凝土应力计算云图如图4-1-19所示。

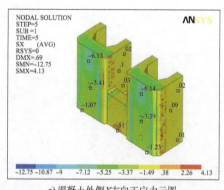

a) 混凝土外侧X方向正应力云图

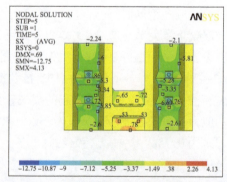

b) 混凝土内侧X方向正应力图

图 4-1-19

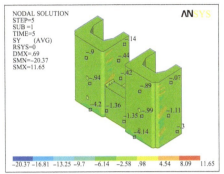
c) 混凝土外侧Y方向正应力云图

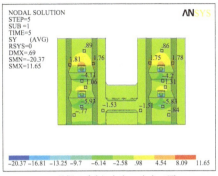
d) 混凝土内侧Y方向正应力云图

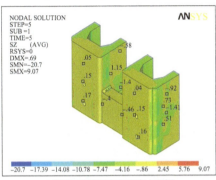
e) 混凝土外侧Z方向正应力云图

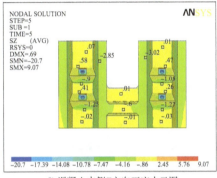
f) 混凝土内侧Z方向正应力云图

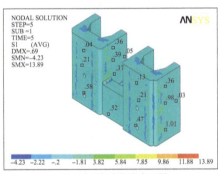
g) 混凝土外侧主拉应力云图

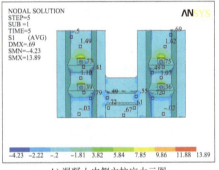
h) 混凝土内侧主拉应力云图

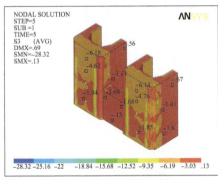
i) 混凝土外侧主压应力云图

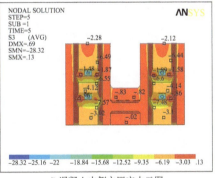
j) 混凝土内侧主压应力云图

图 4-1-19

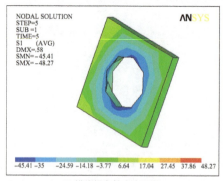
k) 锚垫板主拉应力云图

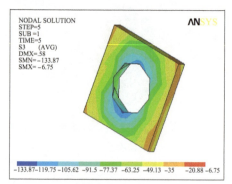
l) 锚垫板主压应力云图

图 4-1-19　工况 5 条件下索塔锚固区混凝土应力计算云图(单位:MPa)

在环向预应力钢束单独作用下,由 X 方向(横桥向)正应力云图[图 4-1-19a)、b)]可以看出,塔身存在应力集中区域,主要出现部位为预应力锚固区及纵、横桥向塔壁内侧与齿块交界处以及底部约束处;纵桥向塔壁外侧处于受压状态,压力最大值为 -6.14MPa;横桥向塔壁外侧处于均匀受拉状态,拉应力较小,最大值为 0.10MPa;塔壁内侧处于受压状态,最大压应力为 -6.63MPa。由 Y 方向(竖向)正应力云图[图 4-1-19c)、d)]可以看出,纵桥向塔壁外侧处于受压状态,压力最大值为 -4.42MPa;横桥向塔壁外侧处于受压状态,压应力最大值为 -1.11MPa;塔壁内侧最大压应力为 -5.93MPa,纵桥向塔壁内侧与齿块交界区域,出现较大拉应力,最大应力值 7.57MPa。由 Z 方向(顺桥向)正应力云图[图 4-1-19e)、f)]可以看出,纵桥向塔壁外侧处于受压状态,压力最大值为 -0.17MPa;横桥向塔壁外侧大部分区域处于受压状态,压应力最大值为 -1.41MPa,局部出现较小拉应力,拉应力最大值 1.15MPa;塔壁内侧大部分区域处于受压状态,压应力最大值为 -1.25MPa,在齿块与塔壁交界区域出现拉应力,应力最大值为 0.59MPa。

在超载索力 9000kN 作用下,由主拉应力云图[图 4-1-19g)、h)]可以看出,在齿块与塔壁交界处出现较大拉应力,主要分布在齿块上侧,其中齿块与纵桥向塔壁内表面交界处拉应力较大,应力为 7.57MPa 左右;齿块受力面主要受压应力,齿块下表面拉应力相对较小,不足 1.00MPa,塔壁内侧倒角区域均受拉应力,越靠近齿块拉应力越大,其余位置塔壁内侧均受拉应力作用,且拉应力相对较小,塔壁外侧受均匀较小的拉应力。由压拉应力云图[图 4-1-19i)、j)]可以看出,在超载索力 9000kN 作用下,塔身混凝土基本均为压应力。纵桥向混凝土塔壁外侧压应力分布较为均匀,相对于横桥向混凝土塔壁较大,压应力范围为 -6.18 ~ -1.85MPa;横桥向混凝土塔壁外侧压应力分布也较为均匀,压应力范围为 -1.18 ~ -0.56MPa;齿块受力面在设计索力作用下全部承受压力,最大约为 -32MPa,分布趋势为由孔道中心向外侧逐渐减小;齿块下表面越靠近中间压应力越大,塔壁内侧倒角区域均受压应力,越靠近齿块压应力越大;拉索孔道内侧压应力集中明显且数值较大,数值约为 -23MPa,沿索道管向外逐渐减小。应力较设计荷载工况有增加,基本呈线性变化。

在环向预应力和 9000kN 索力荷载作用下,由锚垫板主拉应力云图及主压应力云图[图 4-1-19k)、l)]可以看出,锚垫板边缘局部出现拉压应力,拉应力最大值为 45.41MPa;锚垫板压应力最大值为 -133.87MPa,分布趋势为由孔道中心向外侧逐渐减小。

综上所述,在环向预应力和 9000kN 索力荷载作用下,混凝土锚箱以及锚垫板的拉、压应力均处于合理范围内。

四、索塔锚固区的优化建议

由局部分析可得,索塔锚固区齿块、锚垫板,塔内壁与齿块交接处周围,以及预应力锚固点应力集中现象明显,由此可知,索塔拉索锚固齿块受力及锚固点构造复杂,设置必要的包裹钢板、锚垫板、导管和加劲板等措施可有效地将锚头及斜拉索强大的集中力传递给索塔,同时应加强对该部位混凝土浇筑质量的控制。

第四节　北塔墩受力仿真分析结果

主塔的下塔柱主要承担和传递上塔柱由于斜拉索索力产生的竖向压力、剪力、弯矩和扭矩,下横梁主要承担主梁通过支座传递的荷载,并将荷载传递给主塔。因此下塔柱为受压构件,下横梁为受弯构件,其受力状况需要在设计和施工中重点关注。为使下塔柱和下横梁能够有效传递荷载并保证结构的安全可靠,在下塔柱配置竖向预应力钢束,在下横梁配置抗弯预应力钢束。下塔柱和下横梁在上塔柱荷载、主梁作用和预应力束的作用下,下塔柱和下横梁受力复杂且局部应力集中现象明显,有必要进行专门的有限元仿真分析,以揭示该区域的受力特征和应力分布规律。利用大型通用有限元软件 ANSYS 对万州长江公路三桥(牌楼长江大桥)下塔柱和下横梁进行空间仿真分析。

一、有限元模型

模型高度为 23.2m,模型采用空间实体单元进行模拟,混凝土采用八节点三维混凝土实体单元 SOLID45,按照《公路钢筋混凝土及预应力混凝土桥涵设计规范》(JTG D62—2004)混凝土弹性模量取 34500MPa,重度取 26.25kN/m^3,泊松比为 0.2;预应力钢束采用空间杆单元 LINK8,钢束弹性模量取 195000MPa,重度取 78.5kN/m^3,泊松比为 0.3;将整个下塔柱节段视为均质弹性体,未考虑普通钢筋和钢骨架的影响,模型选取模型高度范围内全部预应力筋。

下塔柱节段模型的网格划分采用四面体自由划分的方式,节段共有 111562 个节点、397012 个单元,其中 358012 个 SOLID45 单元、39000 个 LINK8 单元,北塔墩下塔柱节段有限元模型和预应力钢束有限元模型分别如图 4-1-20、图 4-1-21 所示。X 方向为横桥向方向,Z 方向为顺桥向方向,Y 方向为模型高度方向。

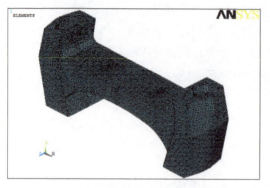

图 4-1-20　北塔墩下塔柱节段有限元模型

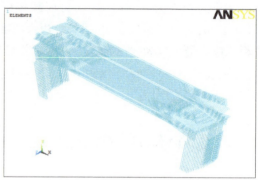

图 4-1-21　预应力束有限元模型

二、荷载、预应力以及边界条件处理

下塔柱主要承受上塔柱传递的荷载作用，横梁主要承担支座传递的荷载作用，由于模型只有下塔柱部分，因此下塔柱的作用荷载是通过 midas Civil 2010 对全桥进行整体计算，从而获得下塔柱和上塔柱连接处的截面内力及下横梁的支座反力，并将获得的内力和反力施加到有限元模型中，通过这种方法来模拟下塔柱和下横梁的受力情况。分别计算和分析了下横梁预应力张拉完毕工况、下塔柱受轴力最大工况、下塔柱受弯矩最大工况、下塔柱受弯矩最小工况下，下塔柱及下横梁的应力分布情况。各工况下塔柱和上塔柱连接处的截面内力值及下横梁的支座反力值见表 4-1-12。

各工况下塔柱和上塔柱连接处的截面内力值及下横梁的支座反力值　　表 4-1-12

位置	荷载	轴力最大		弯矩最大		弯矩最小	
		左塔柱	右塔柱	左塔柱	右塔柱	左塔柱	右塔柱
下塔柱和上塔柱连接处的截面	$F_x(N)$	2.63×10^8	3.01×10^8	2.67×10^8	2.72×10^8	2.65×10^8	2.70×10^8
	$F_y(N)$	-1.03×10^7	1.02×10^7	-8.90×10^6	9.85×10^6	-9.55×10^6	1.05×10^7
	$F_z(N)$	1.06×10^6	1.12×10^6	6.67×10^6	6.72×10^6	-3.26×10^6	-3.21×10^6
	$M_x(N \cdot mm)$	8.21×10^9	-6.27×10^9	6.28×10^{10}	-6.47×10^{10}	-3.29×10^{10}	3.51×10^{10}
	$M_y(N \cdot mm)$	1.01×10^{11}	1.04×10^{11}	9.50×10^{11}	9.53×10^{11}	-4.95×10^{11}	-4.92×10^{11}
	$M_z(N \cdot mm)$	2.54×10^{10}	-1.17×10^{11}	-3.20×10^{10}	-8.18×10^{10}	1.23×10^{10}	-1.25×10^{11}
左支座	$q_{左}(MPa)$	17.83		17.68		17.68	
右支座	$q_{右}(MPa)$	16.74		17.74		17.74	

注：表中内力值从整体模型提取已经过方向转变。

使用 midas Civil 2010 整体模型计算各项预应力损失，按照损失值对各杆单元施加不同的温度。通过计算：下横梁合龙工况（预应力张拉完成工况）下，预应力筋的有效预应力为初始张拉控制应力的 85% 左右，成桥十年工况下（下塔柱受轴力最大工况、下塔柱受弯矩最大工况、下塔柱受弯矩最小工况），预应力筋的有效预应力为初始张拉控制应力的 82% 左右，见表 4-1-13。

下塔柱有效预应力　　　　　　　　　　表4-1-13

预应力筋位置	预应力编号	下塔柱合龙			成桥十年		
		张拉控制应力（MPa）	有效预应力（MPa）	有效预应力百分比(%)	张拉控制应力（MPa）	有效预应力（MPa）	有效预应力百分比(%)
塔柱预应力筋	HLN-B2	1395	1143.90	82	1395	1143.90	79
	HLN-B3	1395	1185.75	85	1395	1185.75	82
	HLN-F0	1395	1185.75	85	1395	1185.75	82
	HLN-F1	1395	1199.70	86	1395	1199.70	82
	HLN-F10	1395	1199.70	86	1395	1199.70	83
	HLN-F2	1395	1199.70	86	1395	1199.70	82
	HLN-F3	1395	1199.70	86	1395	1199.70	82
	HLN-F4	1395	1199.70	86	1395	1199.70	82
	HLN-F5	1395	1185.75	85	1395	1185.75	82
	HLN-F6	1395	1185.75	85	1395	1185.75	82
	HLN-F7	1395	1185.75	85	1395	1185.75	82
	HLN-F8	1395	1185.75	85	1395	1185.75	82
	HLN-F9	1395	1185.75	85	1395	1185.75	82
	HLN-T1	1395	1185.75	85	1395	1185.75	81
横梁预应力筋	HLN-TA-1	1395	1199.70	86	1395	1199.70	81
	HLN-TA-2	1395	1199.70	86	1395	1199.70	82
	HLN-TA-2-1	1395	1199.70	86	1395	1199.70	81
	HLN-TA-2-2	1395	1199.70	86	1395	1199.70	82
	HLN-TA-3	1395	1213.65	87	1395	1213.65	84
	HLN-TA-4	1395	1213.65	87	1395	1213.65	83

注：表中预应力编号与局部模型中预应力编号对应。

计算模型底面沿高度 Y 方向的位移设置为零，并约束其 X、Z 方向位移，这样既可保证计算模型为静定结构，又较为准确地模拟实际边界约束情况。

三、混凝土有限元分析计算结果

下塔柱混凝土计算的主要工况如下：
工况1：预应力筋张拉完成工况。
工况2：下塔柱受轴力最大工况。
工况3：下塔柱受弯矩最大工况。
工况4：下塔柱受弯矩最小工况。
以计算工况3为例，对计算结果进行分析。工况3条件下下塔柱混凝土应力计算云图如图4-1-22所示。

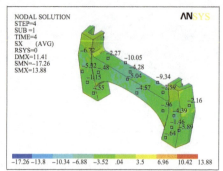
a) 混凝土外侧x方向正应力云图

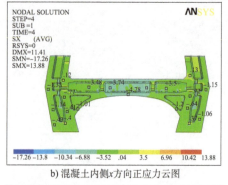
b) 混凝土内侧x方向正应力云图

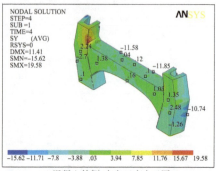
c) 混凝土外侧y方向正应力云图

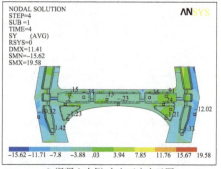
d) 混凝土内侧y方向正应力云图

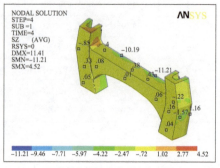
e) 混凝土外侧z方向正应力云图

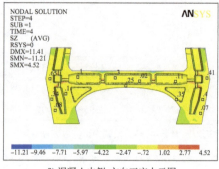
f) 混凝土内侧z方向正应力云图

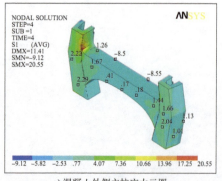
g) 混凝土外侧主拉应力云图

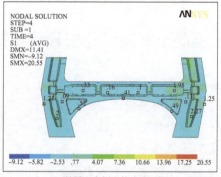
h) 混凝土内侧主拉应力云图

图 4-1-22

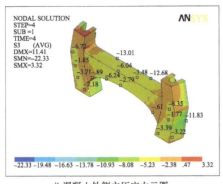 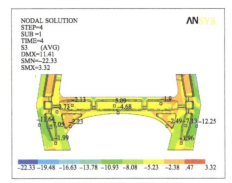

i) 混凝土外侧主压应力云图　　　　　　j) 混凝土内侧主压应力云图

图 4-1-22　工况 3 条件下下塔柱混凝土应力计算云图(单位:MPa)

在下塔柱受弯矩荷载最大工况下,由 x 方向(横桥向)正应力云图[图 4-1-22a)、b)]可以看出,塔柱隔板以及下横梁与塔柱相交的部位存在拉应力,这些部位产生的拉应力主要由应力集中现象产生的,同时在下塔柱底部出现较大应力,这是由于底部约束作用引起的应力集中现象,在分析过程中可不考虑应力集中现象造成的过大拉压应力;两侧塔柱内外侧混凝土均处于受压状态,外侧混凝土所受最大压应力为 -6.72MPa,内侧混凝土所受最大压应力为 -4.42MPa,下塔柱的横梁受力较为均匀,均处于受压状态,横梁外侧混凝土所受最大压应力为 -5.04MPa,内侧混凝土所受最大压应力为 -4.78MPa;由 y 方向(塔柱竖向)正应力云图[图 4-1-22c)、d)]可以看出,塔柱混凝土所受最大压应力为 -12.02MPa,横梁上支座位置处所受压应力最大值为 -11.85MPa,塔柱及横梁后侧(南岸为前进方向),所受拉应力较大,最大值在 2.24MPa;由 z 方向(顺桥向)正应力云图[图 4-1-22e)、f)]可以看出,两侧塔柱侧面的下部较小范围内受压应力外,其余部位均处于受拉状态,所受最大拉应力为 1.16MPa,外侧混凝土所受最大压应力均在 -1.57MPa,内侧混凝土所受最大压应力为 -1.51MPa,下塔柱的横梁受力相对较为均匀,均处于受拉状态,横梁外侧混凝土所受最大拉应力为 0.43MPa,内侧混凝土所受最大拉应力为 0.44MPa。

在下塔柱受弯矩荷载最大工况下,由主拉应力云图[图 4-1-22g)、h)]可以看出,压应力主要出现在下塔柱的上部位置,横梁支座位置处均受压应力作用,其余区域基本上承受拉应力。塔身存在应力集中区域,横梁与两侧塔柱相连接的地方,以及过人孔洞附近,应力分析时不考虑应力集中,塔柱及横梁后侧所受拉应力较大,最大值在 2.29MPa 左右;由主压应力云图[图 4-1-22i)、j)]可以看出,塔身第三主应力在两侧塔柱和横梁相连接的地方、过人孔洞附近以及主塔底部约束区域出现较小拉应力,塔身混凝土其他部分均为压应力,下塔柱两侧塔柱所受压应力相对均匀,最大压应力为 -12.25MPa,下塔柱横梁均受压应力作用,最大压应力为 -6.24MPa,横梁上支座位置受压应力作用,最大压应力为 -13.01MPa。

综上所述,在下塔柱受弯矩荷载最大工况下,混凝土下塔柱的拉应力和压应力均在安全范围内。

四、各工况下应力最大值、最小值

各工况下应力最大值、最小值见表 4-1-14。

各工况下应力最大值、最小值　　　　　表4-1-14

工况	应力分类	应力最小值(MPa)	应力最大值(MPa)
预应力筋张拉完成	SX	−9.31	0.24
	SY	−8.09	0.27
	SZ	−1.25	1.29
	S1	−1.83	2.25
	S3	−10.61	−0.12
轴力最大	SX	−11.17	−0.15
	SY	−14.30	−0.08
	SZ	−12.61	1.23
	S1	−10.27	1.44
	S3	−15.95	−1.01
弯矩最大	SX	−10.05	0.13
	SY	−11.85	2.24
	SZ	−11.21	1.16
	S1	−8.88	2.29
	S3	−13.01	−1.29
弯矩最小	SX	−11.13	0.11
	SY	−13.64	0.20
	SZ	−12.85	1.41
	S1	−10.23	1.76
	S3	14.89	−0.92

注：表中应力的符号均以受拉为正、受压为负来表示。

五、下塔柱预应力优化建议

根据对下塔柱的受力分析提出以下两点预应力优化建议：

(1)从下塔柱两侧的主塔应力分析可以看出，两侧主塔柱在外荷载和预应力作用下，最大压应力不超过混凝土的抗压极限承载能力。由主拉应力图：横桥向塔柱的外侧混凝土以及纵桥向后侧下部内表面混凝土、会受到拉力应力作用，拉应力最大为2.27MPa左右，接近混凝土的抗拉极限承载能力；纵桥向后侧混凝土，以及横梁以上塔柱部分混凝土会受到拉力作用，最大拉应力为2.29MPa左右，接近混凝土的抗拉极限承载能力。因此，为防止这些部位过早开裂甚至破坏而影响结构的耐久性及安全，建议在外腹板增加一定数量的竖向预应力钢筋，在横梁以上塔柱部分配置一定抗扭钢筋。

(2)从下塔柱两侧主塔间的横梁应力分析可以看出，下横梁在外荷载和预应力筋作用下，最大压应力不超过混凝土的抗压极限承载能力。最大弯矩荷载作用下，横梁与两侧塔柱交接处及附近区域，产生1.67MPa左右的拉应力，在塔柱后侧腹板增加竖向预应力筋以及横梁以上塔柱部分配置一定抗扭钢筋,可以改善此处的受力情况。此外由其他工况的主拉应力云图,横梁下部受到拉应力作用,但拉应力较小,最大值在 0.54MPa 左右,为防止横梁下部混凝土过早开裂而影响结构的耐久性,可以在横梁下部适当增加一定数量的抗弯预应力钢筋。

第五节　锚跨异型混凝土箱梁空间受力仿真分析结果

主桥的两边锚跨主梁均为异型混凝土箱梁,箱梁的自重大、宽度大,且由于采用了中央索面,加之配置了三向预应力体系,因而无论是箱梁的整体受力、均布受力均很复杂,存在应力集中、剪力滞、恒载活载剪力分配、应力扩散、预应力配置盲区等现实问题,而一般的设计理论不能准确把握两岸混凝土主梁的实际受力情况,须开展主梁的仿真计算。

一、有限元模型

万州长江公路三桥(牌楼长江大桥)北边锚跨异型混凝土箱梁节段模型包括边锚跨整个节段以及辅助墩外伸 12m 的混凝土梁段,模型共计 69.5m。模型采用空间实体单元进行模拟,混凝土采用八节点三维混凝土实体单元 SOLID65,混凝土弹性模量按《公路钢筋混凝土及预应力混凝土桥涵设计规范》(JTG D62—2004)取 35500MPa,重度取 26.25kN/m³,泊松比为 0.2;预应力钢束采用空间杆单元 LINK8,钢束弹性模量取 195000MPa,重度取 78.5kN/m³,泊松比为 0.3;斜拉索锚固横梁腹板竖向设置 ϕ32mm 的 40Si2MnMoV 精轧螺纹粗钢筋,采用空间杆单元 LINK8,弹性模量取 200000MPa,重度取 78.5kN/m³,泊松比为 0.3;将整个北边锚跨异型梁混凝土箱梁节段视为均质弹性体,未考虑普通钢筋和钢骨架的影响,模型选取 69.5m 长度范围内的所有预应力钢筋。

北边梁节段模型的网格划分采用四面体自由划分的方式,节段共有 170071 个节点、659581 个单元,其中 647151 个 SOLID65 单元、12430 个 LINK8 单元。锚跨异型混凝土箱梁节段有限元模型和预应力钢束有限元模型分别如图 4-1-23、图 4-1-24 所示。X 方向为横桥向方向,Z 方向为顺桥向方向,Y 方向为模型高度方向。

图 4-1-23　锚跨异型混凝土箱梁节段有限元模型

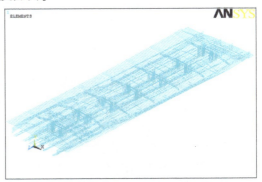

图 4-1-24　预应力束有限元模型

二、荷载、预应力以及边界条件处理

边锚跨异型梁混凝土箱梁主要承受自重荷载作用,且受斜拉索索力作用,边锚跨异型梁混凝土箱梁靠近塔柱截面采用施加等效荷载作用的方式进行约束,因此靠近塔柱截面的作用荷载是通过 midas Civil 2010 对全桥进行整体计算,从而获得该截面处的节点内力,并将获得的内力通过节点荷载的形式施加到有限元模型上,通过这种方法来模拟边锚跨异型梁混凝土箱梁的受力情况。

使用 midas Civil 2010 整体模型计算纵向预应力筋的预应力损失,横向预应力筋、竖向预应力筋的永存应力取经验值。按照损失值对各杆单元施加不同的温度。根据经验,直线预应力筋永存预应力采用张拉控制应力的 70%,北边梁预应力筋有效预应力见表 4-1-15。

北边梁预应力筋预应力损失 表 4-1-15

预应力筋位置	预应力编号	成桥十年		
		张拉控制应力(MPa)	有效预应力(MPa)	有效预应力百分比(%)
北边梁预应力筋	DS-B3	1395	1018.35	73
	DS-B4	1395	1060.20	76
	ST1	1396	1116.80	80
	T3-1	1397	963.93	69
	T3-2	1395	962.55	69
	T3-3	1395	962.55	69
	T3-4	1395	962.55	69
	T3-5	1395	976.50	70
	T3-6	1395	976.50	70
	T4-1	1395	1004.40	72
	T4-2	1395	1046.25	75
	T4-3	1395	1046.25	75
	T4-4	1395	1046.25	75
	T4-5	1395	1046.25	75
	T4-6	1395	1046.25	75

注:表中预应力编号与局部模型中预应力编号对应。

分别计算和分析了边锚跨异型梁混凝土箱梁靠近塔柱截面轴力最大工况、轴力最小工况、弯矩最大工况、弯矩最小工况下,边锚跨异型梁的应力分布情况。各工况下边锚跨异型梁混凝土箱梁靠近塔柱截面内力值及相应索力值见表 4-1-16。

计算模型分别在辅助墩的相应梁底部位置处约束 X、Y、Z 方向位移,在过渡的相应梁底部位置处约束 X、Y 方向位移,这样既可保证计算模型为静定结构,又较为准确地模拟实际边界约束情况。

各工况下边锚跨异型梁混凝土箱梁靠近塔柱截面内力值及相应索力值   表 4-1-16

位置	荷载	轴力最大	轴力最小	弯矩最大	弯矩最小
边锚跨异型梁混凝土箱梁靠近塔柱截面	$F_x(N)$	1.56×10^8	1.42×10^8	1.53×10^8	1.44×10^8
	$F_y(N)$	7.51×10^4	3.93×10^4	7.33×10^4	4.09×10^4
	$F_z(N)$	1.36×10^7	1.13×10^7	1.21×10^7	1.10×10^7
	$M_x(N \cdot mm)$	2.40×10^7	1.53×10^7	2.35×10^7	1.57×10^7
	$M_y(N \cdot mm)$	-1.02×10^{10}	3.76×10^{10}	5.29×10^{10}	-3.14×10^{10}
	$M_z(N \cdot mm)$	-2.29×10^9	-1.14×10^9	-2.23×10^9	-1.19×10^9
NSC1	$q_{NSC1}(MPa)$	6.75	5.18	6.63	5.20
NSC2	$q_{NSC2}(MPa)$	6.54	5.05	6.39	5.12
NSC3	$q_{NSC3}(MPa)$	6.23	4.92	6.07	5.00
NSC4	$q_{NSC4}(MPa)$	6.04	4.82	5.87	4.92
NSC5	$q_{NSC5}(MPa)$	5.90	4.79	5.72	4.88
NSC6	$q_{NSC6}(MPa)$	5.80	4.80	5.64	4.87
NSC7	$q_{NSC7}(MPa)$	5.70	4.82	5.55	4.88

注：表中内力值从整体模型提取已经过方向转变。

三、混凝土有限元分析计算结果

锚跨混凝土箱梁有限元分析的主要计算工况如下：

工况1：主梁截面弯矩最大。

工况2：主梁截面弯矩最小。

工况3：主梁截面轴力最大。

工况4：主梁截面轴力最小。

1. 锚跨混凝土箱梁空间应力分布研究

以计算工况1为例，对计算结果进行分析。工况1条件下锚跨混凝土箱梁应力计算云图如图4-1-25所示。

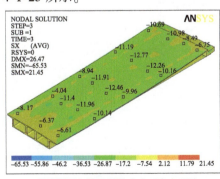 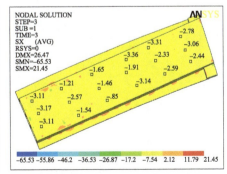

a) 锚跨混凝土箱梁顶板x方向正应力云图   b) 锚跨混凝土箱梁底板x方向正应力云图

图 4-1-25

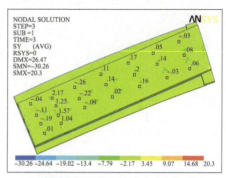

c) 锚跨混凝土箱梁顶板y方向正应力云图　　　d) 锚跨混凝土箱梁底板y方向正应力云图

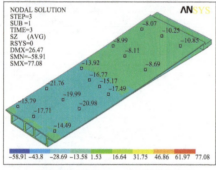

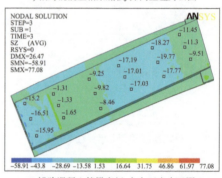

e) 锚跨混凝土箱梁顶板z方向正应力云图　　　f) 锚跨混凝土箱梁底板z方向正应力云图

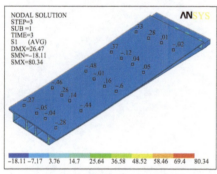

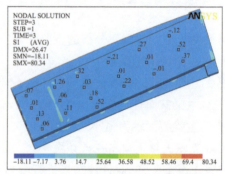

g) 锚跨混凝土箱梁顶板主拉应力云图　　　h) 锚跨混凝土箱梁底板主拉应力云图

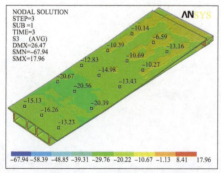

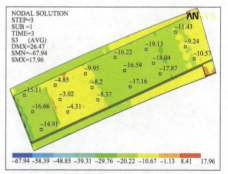

i) 锚跨混凝土箱梁顶板主压应力云图　　　j) 锚跨混凝土箱梁底板主压应力云图

图 4-1-25　工况 1 条件下锚跨混凝土箱梁应力计算云图(单位:MPa)

在锚跨混凝土箱梁靠塔侧主梁梁端截面受弯矩荷载最大工况下,由 x 方向(横桥向)正应力云图[图4-1-25a)、b)]可以看出,混凝土箱梁顶、底板与内外腹板相连接的位置、底板在过渡墩和辅助墩相应的支座约束位置,以及锚跨主梁近塔端施加等效荷载的截面位置处存在拉应力,这些部位产生的拉应力主要由应力集中现象产生;锚跨箱梁顶、底混凝土均处于受压状态,顶板混凝土所受最大压应力为 -12.77MPa,底板混凝土所受最大压应力为 -3.36MPa;由 y 方向(箱梁高方向)正应力云图[图4-1-25c)、d)]可以看出,锚跨箱梁顶板基本处于受压状态,斜拉索索梁锚固处于箱梁中间位置,因此在锚固位置对应的顶板位置存在拉应力作用,箱梁顶板混凝土所受最大压应力为 -0.89MPa,最大拉应力为0.26MPa,箱梁两侧翼缘底面部分受拉力作用,箱梁底板混凝土除两边腹板对应位置处存在拉应力作用外,其余位置均处于受压状态,混凝土所受最大压应力为 -0.19MPa,最大拉应力为0.20MPa;由 z 方向(顺桥向)正应力云图[图4-1-25e)、f)]可以看出,锚跨箱梁顶板均处于受压状态,箱梁顶板混凝土所受最大压应力为 -21.76MPa,最大压应力位于辅助墩截面处的顶板位置,箱梁底板混凝土均处于受压状态,混凝土所受最大压应力为 -19.77MPa。

在锚跨混凝土箱梁靠塔侧主梁梁端截面受弯矩荷载最大工况下,由主拉应力云图[图4-1-25g)、h)]可以看出,拉应力主要出现在锚跨箱梁斜拉索索梁锚固位置对应于箱梁中间位置的顶板范围内,其余箱梁顶板位置均处于受压状态,箱梁顶板所受最大拉应力0.33MPa,所受最大压应力为 -0.48MPa,箱梁底板大部分处于受拉状态,且最大拉应力出现在 NSC-18、NSC-19 号索锚固位置对应的底板位置处,其余位置处所受拉应力均较小或处于压应力状态,箱梁底板所受最大拉应力为1.26MPa,最大压应力为 -0.21MPa;由主压应力云图[图4-1-25i)、j)]可以看出,箱梁顶板均处于受压状态,由辅助墩向过渡墩方向顶板压应力逐渐减小,最大压应力为 -20.67MPa,箱梁底板均处于受压状态,在 NSC-18、NSC-19 号索锚固位置对应的底板位置处所受压应力最小,箱梁底板混凝土所受最大压应力为 -19.13MPa。

综上所述,在锚跨混凝土箱梁靠塔侧主梁梁端截面受弯矩荷载最大工况下,锚跨混凝土箱梁拉应力强度、压应力强度均满足混凝土的强度要求。

锚跨混凝土箱梁各工况下应力最大值、最小值见表4-1-17。

各工况下应力最大值、最小值　　　　表4-1-17

工况	应力分类	应力最小值(MPa)	应力最大值(MPa)
弯矩最大值	SX	-12.77	-1.21
	SY	-0.89	0.26
	SZ	-21.76	-1.31
	S1	-0.48	1.26
	S3	-20.67	-3.02
弯矩最小值	SX	-12.06	-0.85
	SY	-0.68	0.67
	SZ	-18.30	-3.06
	S1	-0.29	0.51
	S3	-19.95	-3.49

续上表

工况	应力分类	应力最小值(MPa)	应力最大值(MPa)
轴力最大值	SX	-11.62	-0.58
	SY	-0.59	0.24
	SZ	-19.46	-2.28
	S1	-0.46	1.10
	S3	-22.11	-2.49
轴力最小值	SX	-14.99	-0.56
	SY	-0.37	0.36
	SZ	-21.57	-1.77
	S1	-0.69	0.48
	S3	-21.21	-2.69

注：表中应力的符号均以受拉为正、受压为负来表示。

2. 锚跨混凝土箱梁索梁锚固区受力分析

以计算工况1为例，对计算结果进行分析。工况1条件下锚跨混凝土箱梁索梁锚固区应力计算云图如图4-1-26所示。

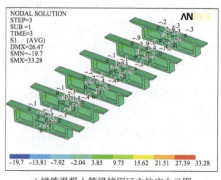 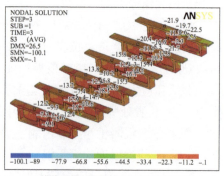

a) 锚跨混凝土箱梁锚固区主拉应力云图　　　　b) 锚跨混凝土箱梁锚固区主压应力云图

图4-1-26　工况1条件下锚跨混凝土箱梁索梁锚固区应力计算云图(单位：MPa)

在锚跨混凝土箱梁靠塔侧主梁梁端截面受弯矩荷载最大工况下，由主拉应力云图[图4-1-26a)]可以看出，拉应力主要出现在锚跨箱梁斜拉索索梁锚固齿块的正面位置、齿块两侧的腹板上也受拉应力作用以及齿块对应的底板位置处存在较小的拉应力作用，齿块两侧腹板对应的顶板位置处于受压状态，齿块正面所受的最大拉应力为2.90MPa，最大拉应力位于NSC-17、NSC-18号索锚固位置的齿块上，但最大拉应力基本满足混凝土抗拉强度要求，其余拉索锚固位置处的齿块正面所受拉应力相对较小，齿块两侧腹板和底板位置处于受拉状态，最大拉应力为0.50MPa左右，拉应力相对较小；由主压应力云图[图4-1-26b)]可以看出，箱梁锚固区位置处于受压状态，锚固齿块、齿块两侧对应位置的腹板以及齿块位置对应的底板位置压应力水平相对较低，齿块两侧腹板对应的顶板位置附近压应力水平较高，最大压应力为-22.50MPa。

综上所述，在锚跨混凝土箱梁靠塔侧主梁梁端截面受弯矩荷载最大工况下，锚跨混凝土箱梁锚固区拉应力强度、压应力强度基本满足混凝土的强度要求。

3. 锚跨混凝土箱梁剪力滞效应分析

以计算工况 1 为例，对计算结果进行分析。工况 1 条件下锚跨混凝土箱梁索梁锚固位置处横截面横桥向应力云图如图 4-1-27 所示。

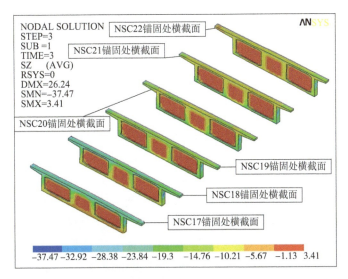

图 4-1-27 工况 1 条件下锚跨混凝土箱梁索梁锚固位置处横截面横桥向应力云图（单位：MPa）

工况 1 条件下锚跨混凝土箱梁索梁不同锚固位置处横截面横桥向节点应力之间的关系云图如图 4-1-28 所示。

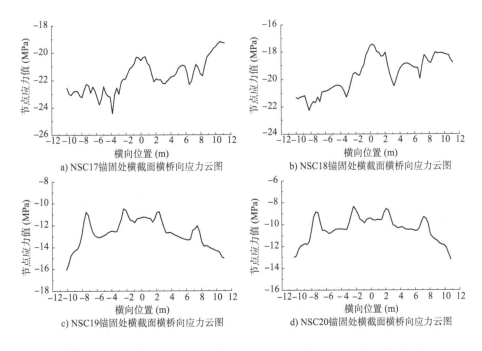

图 4-1-28

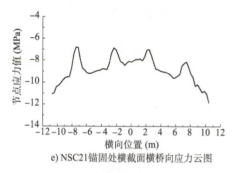 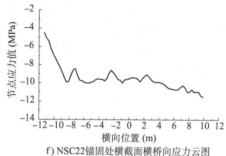

e) NSC21锚固处横截面横桥向应力云图　　f) NSC22锚固处横截面横桥向应力云图

图4-1-28　工况1条件下锚跨混凝土箱梁索梁不同锚固位置处横截面横桥向节点应力之间的关系云图

由图4-1-28可知，在锚跨混凝土箱梁靠塔侧主梁梁端截面受弯矩荷载最大工况下，在自重荷载、三向预应力和锚固位置处拉索索力作用下，各锚固横截面在两内腹板中间锚固位置处压应力最小，压应力在 $-3\sim-5\text{MPa}$，向两侧中腹板方向压应力逐渐增加，在中腹板位置与顶板相交位置有所下降，超过中腹板位置压应力继续增加，在中腹板和外腹板的中间位置达到最大，最大压应力为 $-16\sim-18\text{MPa}$，NSC22锚固处横截面横桥最大压应力相对其他横截面要小，在 -14MPa 左右，继而向外腹板与顶板相交的位置处的压应力出现逐渐减小的趋势，压应力减小到 $-3\sim-4\text{MPa}$，从外腹板与顶板相交的位置向两侧翼缘方向压应力又呈现增加的趋势，最大压应力达到 $-14\sim-16\text{MPa}$，由横截面应力变化规律可以看出，在两内腹板锚固位置及两外腹板与顶板相交位置处所受压应力最小，两侧内外腹板中间位置以及两侧翼缘板边缘压应力最大。

四、锚跨混凝土箱梁预应力优化建议

根据锚跨混凝土箱梁的受力分析，提出以下几点预应力优化建议：

（1）从锚跨混凝土箱梁的纵桥向应力分析可以看出，混凝土箱梁顶板在辅助墩处所受压应力较大，而在NSC17、NSC18、NSC22索梁锚固点位置对应的底板处所受拉应力较小，尤其在NSC17、NSC18索梁锚固点对应的底板压应力出现较低水平，甚至出现拉应力作用，分析其主要原因是底板纵向预应力在通过过渡墩和辅助墩时要有一部分弯起钢筋通过过渡墩和辅助墩对应的顶板位置处，这就使得NSC17、NSC18、NSC22索梁锚固点位置对应的底板位置配置的纵向预应力减小，从而使得其压应力变小。考虑到在辅助墩对应的顶板位置处压应力水平较高，因此可以考虑减小辅助墩顶板上的弯起钢筋，同时增加相应底板的纵向预应力钢筋，以提高底板压应力水平较低的情况；在过渡墩位置相应的顶、底板压应力相对较小，可以考虑增加部分通过渡墩处对应顶、底板上的纵向预应力。

（2）从锚跨混凝土箱梁的横桥向应力分析可以看出，锚跨箱梁混凝土顶板均处于受压状态，且受压应力作用比较均匀，压应力水平较高，因此横向预应力在顶板处的配置较为合理，也可适当在锚固点所对应的顶板处适当增加一定的横向预应力，来保证施工过程中可能出现过大的拉索力造成混凝土顶板出现拉应力作用。由箱梁混凝土底板的横向应力分布可以看出，底板所受压应力水平较低，一般在 2MPa 左右，因此可以考虑在箱梁混凝土底板位置处增加一定的横向预应力,以提高混凝土的压应力水平,防止施工过程中会出现较大荷载情况下,使底板出现拉应力。

(3)从锚跨混凝土箱梁的竖向应力分析可以看出,箱梁混凝土底板除在对应的锚固位置设置竖向预应力处处于受压状态外,两侧边腹板所对应的底板位置处出现拉应力作用,但拉应力水平较低,最大值为 0.5MPa 左右,同时在箱梁混凝土的顶板位置除锚固点处配置了纵向预应力而存在较小的压应力外,其余位置基本处于受拉状态,锚固点处所受压应力最大值横梁在外荷载和预应力筋作用下基本上处于受压状态,且最大压应力不超过 1MPa。因此,在拉索索力作用下混凝土顶板所受压应力水平较低,极易在施工过程中出现过大荷载而造成顶板出现拉应力,建议在锚固位置处适当增加竖向预应力,同时在横截面的两侧外腹板位置增加适当的竖向预应力,减小两侧外腹板所对应位置的顶、底出现的拉应力。

第六节 结 论

(1)全桥整体分析可得:全桥整体计算结果可为局部提供准确的数据支持,全桥整体刚度及强度均满足规范要求。

(2)通过索塔锚固区受力仿真分析可得:各工况下,混凝土锚箱的拉、压应力均满足规范要求或合理范围内。

(3)下塔柱在受轴力荷载最大、弯矩荷载最大及弯矩荷载最小工况下,下塔柱两侧主塔柱和下横梁基本上均处于受压状态,个别部位存在较小的拉应力作用,最大拉应力与最大压应力均满足规范要求,因此混凝土下塔柱的拉应力强度、压应力强度均在安全范围内。

(4)锚跨混凝土箱梁靠塔侧主梁梁端截面受弯矩荷载最大、弯矩荷载最小、轴力荷载最大与轴力荷载最小工况下,锚跨混凝土箱梁基本上均处于受压状态。各工况情况下,在 NSC-18、NSC-19 号索锚固位置对应的底板位置和锚固位置对应的顶板位置存在拉应力作用,最大拉应力与最大压应力均满足规范要求,因此锚跨混凝土箱梁拉应力强度、压应力强度均满足混凝土的强度要求。

(5)锚跨混凝土箱梁靠塔侧主梁梁端截面受弯矩荷载最大、弯矩荷载最小、轴力荷载最大与轴力荷载最小工况下,锚跨混凝土箱梁锚固区基本上均处于受压状态,在 NSC-17、NSC-18 号索锚固位置处的齿块正面以及对应的腹板和底板处存在一定的拉应力,可以适当优化这些位置处的竖向预应力来降低拉应力水平,锚跨混凝土箱梁锚固区拉应力强度、压应力强度基本满足混凝土的强度要求。

第二章 全桥气动弹性模型风洞试验研究

第一节 研究目的

万州长江公路三桥(牌楼长江大桥)主桥结构构造特点为塔较高、跨径大、柔性、弱阻尼。为了评价其主桥在成桥运营阶段和施工架设阶段的抗风性能,参照日本、美国、英国等国的桥梁抗风规范及《公路桥梁抗风设计规范》(JTG/T D60-01—2004),通过 1:100 全桥气弹模型风洞试验和计算分析,详细研究桥梁在成桥状态和最大单悬臂施工状态主梁的颤振和涡激振动性能,并在紊流场条件下测试得到不同风攻角和不同风向角条件下桥梁的抖振响应,为结构的抗风性能综合评估提供必要的依据。

第二节 抗风设计风参数

根据桥位附近主要气象台站提供的年最大风速资料,见表 4-2-1,可得到桥址处距地面 10m 高度处 100 年重现期一遇的 10min 平均年最大风速为 24.1m/s,即:

$$U_{10} = 24.1 \text{m/s} \tag{4-2-1}$$

桥梁的抗风设计取 100 年重现期,10min 最大平均风速 U_{10} 符合指数律,即:

$$\frac{U_z}{U_{10}} = \left(\frac{Z}{10}\right)^\alpha \tag{4-2-2}$$

式中:U_z——高度 Z 处的风速(m/s);

U_{10}——桥址区的基本风速(m/s)。

桥梁区域的地表粗糙度属于 B 类,取平均风速剖面指数 $\alpha = 0.16$。主梁中心距离水面的最大高度为 63.58m。根据风速剖面指数律公式,该桥主梁高度处设计基本风速为:

$$U_d = 24.1 \times \left(\frac{63.58}{10}\right)^{0.16} = 32.4 \text{(m/s)}$$

根据《公路桥梁抗风设计规范》(JTG/T D60-01—2004)的规定,桥梁的颤振检验风速为 $[U_{cr}]=1.2\mu_f U_d$。其中,1.2 为综合安全系数;μ_f 为考虑风的脉动特性以及空间相关特性影响的修正系数,根据跨径和地表粗糙度类别 μ_f 取 1.28,所以成桥状态的颤振检验风速为:

$$[U_{cr}] = 1.2 \times 1.27 \times 32.4 = 49.4 (m/s)$$

对于施工阶段,取重现期为 30 年,相应的 10m 高处 10min 平均年最大风速为 $U_{10}=22.16m/s$,对应的施工阶段设计风速为:

$$U_d = 22.16 \times \left(\frac{63.58}{10}\right)^{0.16} = 29.8 (m/s)$$

施工阶段的颤振检验风速为:

$$[U_{cr}] = 1.2 \times 1.27 \times 29.8 = 45.4 (m/s)$$

桥梁的静力扭转发散检验风速 $[U_{tr}]=2U_d$,其中,2 为综合安全系数,所以成桥状态的静风失稳检验风速为:

$$[U_{tr}] = 2 \times 32.4 = 64.8 (m/s)$$

施工状态静风失稳检验风速为:

$$[U_{tr}] = 2 \times 29.8 = 59.6 (m/s)$$

根据抗风设计要求,万州长江公路三桥(牌楼长江大桥)成桥运营阶段和施工阶段颤振临界风速、驰振临界风速必须大于上述检验风速。表 4-2-2 为万州长江公路三桥(牌楼长江大桥)成桥状态及施工状态各种风速标准汇总。

万州长江公路三桥(牌楼长江大桥)桥位附近主要气象台站的基本风速(m/s)　　表 4-2-1

台站名	海拔(m)	50 年一遇风速(m/s)	100 年一遇风速(m/s)
龙宝站	187.6	18.02	19.65
天城站	257.0	13.80	15.04
规范值	186.7	22.3	24.1

万州长江公路三桥(牌楼长江大桥)成桥及施工状态的风速标准　　表 4-2-2

风速类型	成桥状态	施工状态
设计基准风速(m/s)	32.4	29.8
颤振检验风速(m/s)	49.4	45.4
静风失稳检验风速(m/s)	64.8	59.6

第三节　结构动力特性分析

一、结构有限元模型的建立

单幅桥面结构计算模型采用传统的"鱼骨梁"模型,如图 4-2-1 和图 4-2-2 所示。主梁和桥塔按照实际空间位置离散为三维梁单元,拉索离散为三维索单元,桥墩和交界墩也离散为三维梁单元,并按照各自的截面特性和材料特性赋值进行计算。详细的截面特性参数和材料参数见表4-2-3~表4-2-5。主梁的质量及质量惯性矩采用质量点单元进行模拟。

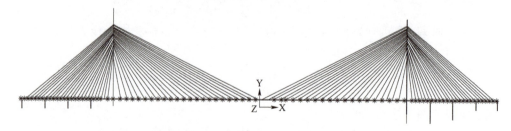

图4-2-1　万州长江公路三桥(牌楼长江大桥)有限元模型图(成桥整体)

图4-2-2　万州长江公路三桥(牌楼长江大桥)有限元模型图(成桥局部)

万州长江公路三桥(牌楼长江大桥)主梁截面特性　　　　　　　　表4-2-3

梁段号	面积(m^2)	竖向抗弯矩(m^4)	横向抗弯矩(m^4)	抗扭矩(m^4)
钢梁标准段	1.276	2.665	101.514	7.345
混凝土梁段	24.482	40.671	1898	129.701

桥塔截面特性　　　　　　　　表4-2-4

截面号	面积(m^2)	顺桥向抗弯矩(m^4)	横桥向抗弯矩(m^4)	抗扭矩(m^4)
北塔1-1	20.984	138.28	48.307	120.86
南塔1-1	20.984	138.28	48.307	120.86
北塔2-2	46.15	296.13	151.28	352.18
南塔2-2	46.15	296.13	151.28	352.18
北塔3-3	45.591	600.7	184.2	503.22
南塔3-3	52.589	720.89	245.33	651.42
北塔4-4	81.399	915.02	322.59	857.08
南塔4-4	119.19	1540.2	886.59	1990.1
上部横梁	6.08	0.32427	29.265	1.211
中横梁	39.83	111.9	559.37	319.09

材料参数　　　　　　　　表4-2-5

类型	弹性模量(GPa)	泊松比	密度(kg/m^3)
主梁	210	0.33	7800
桥塔	34.5	0.167	2500
拉索	195	0.3	7800

成桥状态约束条件为:桥塔底部和交界墩底部按照实际条件设置固定约束,6个自由度

全部限定；主梁和桥塔耦合竖向、横向2个自由度，其他几个自由度放开；主梁和边墩，交界墩耦合竖向、横向2个自由度，放开其余几个自由度。主梁和拉索通过刚臂进行连接，桥塔和拉索共用节点连接。施工状态约束条件：需在桥塔位置设置临时纵向约束措施。

二、有限元模型动力特性计算结果

采用有限元分析软件ANSYS对万州长江公路三桥（牌楼长江大桥）成桥状态、最大单悬臂状态的动力特性进行计算分析。

1. 成桥状态

成桥状态结构的边界约束条件为：

（1）索塔底部、辅助墩底部及交界墩底部均与承台顶面嵌固，即六个方向的自由度均约束。

（2）主梁于交界墩顶及桥台处，竖向位移、横桥向位移及沿桥轴的扭转受到交界墩及桥台的约束，其余自由度放松。

（3）主梁于梁塔交接处横桥向和竖向位移受到索塔的约束，其余自由度放松。

（4）主梁于辅助墩顶仅竖向位移受到索塔的约束，其余自由度放松。

图4-2-3所示成桥状态全桥三维有限元模型。表4-2-6为成桥状态结构动力特性分析结果，从中可知该桥的刚度较大，尤其扭转刚度较大，扭转频率较高，发生颤振及静风失稳的可能性较小。

图4-2-3　成桥状态全桥三维有限元模型

成桥状态结构动力特性分析结果　　　　　　　　表4-2-6

阶次	频率(Hz)	主梁纵向等效质量(t/m)	主梁竖向等效质量(t/m)	主梁横向等效质量(t/m)	主梁扭转等效质量(t·m²/m)	振型特点
1	0.17860	—	—	26.402	—	L-S-1
2	0.25290	467.397	37.698	—	—	V-S-1

续上表

阶次	频率（Hz）	主梁纵向等效质量（t/m）	主梁竖向等效质量（t/m）	主梁横向等效质量（t/m）	主梁扭转等效质量（t·m²/m）	振型特点
3	0.33740	—	31.574	—	—	V-A-1
4	0.37700	—	—	633.816	—	南塔横弯
5	0.37800	92.940	95.278	—	—	V-S-2
6	0.44890	—	—	—	—	北塔横弯
7	0.48500	656.673	32.857	—	—	V-S-3
8	0.49980	—	—	28.771	—	L-A-1
9	0.56720	1290.547	33.601	—	—	V-A-2
10	0.58540	—	—	309.428	—	南塔横弯
11	0.63960	1507.090	46.531	—	—	V-S-4
12	0.70840	981.429	38.556	—	—	V-S-5
13	0.75830	—	48.275	—	—	V-S-6
14	0.76900	—	—	545.299	3632.896	T-S-1
15	0.78790	—	—	1432.626	5858.221	T-A-1
16	0.82580	—	34.929	—	—	V-A-3
17	0.88550	—	—	—	—	辅助墩纵弯
18	0.94600	—	26.296	—	—	V-S-7
19	0.99340	—	—	28.257	31460.553	L-S-2
20	1.02240	163.358	439.450	—	—	V-A-4
21	1.10830	619.350	111.986	—	—	V-A-5
22	1.11540	—	31.005	—	—	V-A-6
23	1.15640	—	—	—	1993.618	T-A-2
24	1.16720	98.276	479.880	—	—	V-S-8
25	1.31620	—	26.261	—	—	V-S-9
26	1.34620	—	—	—	—	辅助墩纵弯
27	1.47230	—	—	—	2012.465	T-S-2
28	1.55050	—	26.268	—	—	V-A-7
29	1.56590	—	—	37.706	—	L-A-2
30	1.57810	—	—	993.990	52657.295	T-A-3

注：1. L-横向；V-竖向；T-扭转；S-对称；A-反对称。例如 V-S-3 表示第三对称竖弯。
2. 本表中的频率单位为Hz，等效质量单位为kg，等效质量惯性矩的单位为kg·m²/m，表格中"—"表示数值较大，即在该方向没有振动。
3. 以下同。

2. 最大单悬臂状态

最大单悬臂状态选取北塔和辅助墩及交界墩连接在一起，并且即将和相邻跨连接在一起的状态，对应结构的边界条件为：

（1）索塔底部于承台顶面嵌固，即六个方向的自由度均约束。

（2）边跨主梁梁端于交界墩和辅助墩顶处，横向位移及沿桥轴的扭转受到约束，竖向位移与墩顶发生耦合，其余自由度放松。

（3）主梁在桥塔位置约束横向和纵向自由度，与挑梁耦合竖向自由度。图 4-2-4 所示为最大单悬臂状态结构有限元模型，表 4-2-7 为其结构动力特性统计。

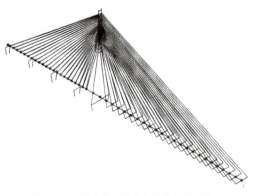

图 4-2-4　最大单悬臂状态结构有限元模型

最大单悬臂状态结构动力特性统计　　　　表 4-2-7

阶次	频率（Hz）	主梁纵向等效质量（t/m）	主梁竖向等效质量（t/m）	主梁横向等效质量（t/m）	主梁扭转等效质量（t·m²/m）	振型特点
1	0.1341	—	—	19.796	—	L-1
2	0.3036	—	23.166	—	—	V-1
3	0.4503	—	—	—	—	塔横弯
4	0.5137	—	22.775	—	—	V-2
5	0.6554	132.162	102.588	—	—	梁纵飘及竖弯
6	0.7357	151.306	26.366	—	—	梁纵飘及竖弯
7	0.7729	—	—	129.549	12458.92	梁横弯及扭转
8	0.8059	—	—	52.905	5274.26	T-1
9	0.8977	144.795	58.68	—	—	梁纵飘及竖弯
10	0.9242	—	—	39.651	3537.475	T-2
11	1.0421	—	20.687	—	—	V-3
12	1.1463	299.046	154.395	—	—	梁纵飘及竖弯
13	1.4301	—	19.155	—	—	V-4
14	1.6118	—	—	—	1677.585	T-3
15	1.9577	—	21.223	—	—	V-5
16	1.9931	—	—	—	6121.591	T-4
17	2.0213	—	—	—	120989.5	T-5
18	2.1124	—	66.454	—	—	V-6
19	2.205	—	—	—	125032.3	T-6
20	2.325	—	56.983	—	—	V-7
21	2.3285	—	—	379.968	1767.584	梁横弯及扭转
22	2.3488	—	—	24.588	28746.22	梁横弯及扭转
23	2.3875	—	312.054	—	—	V-8

续上表

阶次	频率 （Hz）	主梁纵向 等效质量 （t/m）	主梁竖向 等效质量 （t/m）	主梁横向 等效质量 （t/m）	主梁扭转 等效质量 （t·m²/m）	振型特点
24	2.5433	—	—	51.232	—	L-2
25	2.5658	—	—	—	—	塔纵弯
26	2.5852	—	44.642	—	—	V-9
27	2.6848	—	—	—	5884.421	T-7
28	2.8244	—	24.72	—	—	V-10
29	2.8794	95.092	95.786	—	—	梁纵飘及竖弯
30	2.9066	31.886	292.523	—	—	梁纵飘及竖弯

从以上两种不同状态主桥的动力特性计算结果来看，桥的主要振型以竖向弯曲为主；扭转振动频率较高，振型模态也较稀少。

第四节 气动弹性模型设计和制作

根据力学相似理论，用于风洞试验的气动弹性模型应遵循准则：在原型（实桥）和模型之间保持下列无量纲参数的一致性。

重力参数 $\frac{gB}{U^2}$，弹性参数 $\frac{EA}{\rho U^2 B^2}$、$\frac{EI}{\rho U^2 B^4}$、$\frac{GK}{\rho U^2 B^4}$，惯性参数 $\frac{m}{\rho B^2}$、$\frac{I_m}{\rho B^4}$，阻尼参数 ζ，黏性参数 $\frac{\rho BU}{\mu}$。

其中，g 为重力加速度；U 为风速；B 为结构特征尺度；m 为单位长度质量；I_m 为单位长度质量惯性矩；ρ 为空气密度；μ 为空气动黏性系数；EA、EI 和 GK 分别为拉压刚度、弯曲刚度和自由扭转刚度；ζ 为结构阻尼比。

在气动弹性模型设计中，重力参数、弹性参数、惯性参数和阻尼参数的一致性条件均需要严格满足，以保证模型的结构动力特性与原型相似，模型的位移、内力等力学参量与原型相似，从而使得试验所得到的动静力响应能准确推算到实桥。考虑风洞试验段的实际尺寸，以及万州长江公路三桥（牌楼长江大桥）的结构特点，将模型的几何缩尺比和风速比定为 $C_L = 1:100$ 和 $C_U = 1:10$，由相似条件可得频率比 $C_f = 10:1$。

关于黏性参数即雷诺数的一致性条件，目前缩尺模型风洞试验中不可能满足。大量风洞试验研究表明：对于桥梁结构这类钝体，雷诺数条件并不显著影响其绕流的流态相似，将不会有决定性的影响。该桥成桥态和典型施工态的气动弹性模型主要由主梁、桥塔、拉索、桥面附属设施等组成，这些主要结构的外形、刚度及质量（主梁包括质量惯矩）都应满足相似关系。

模型的各结构设计与构造如下所述：

一、主梁

万州长江公路三桥(牌楼长江大桥)主梁采用钢箱梁。为了满足万州长江公路三桥(牌楼长江大桥)几何相似和竖向、横向、扭转刚度相似条件,试验时采用芯梁以准确模拟主梁刚度,保证芯梁的横弯、竖弯及扭转刚度与实桥满足相似关系,主梁的气动外形则采用工程塑料进行模拟。气弹模型芯梁是一根沿桥轴方向矩形截面的纵梁,整个芯梁采用钢材料,通过数控机床加工,再铆焊和校正而成。整个模型的主梁由塑料外形和芯梁共同组成。根据相似关系,确定芯梁和外模后,主梁模型的质量还需要通过调整配重质量及位置才能满足要求。每标准梁段长310mm,边跨梁段长180mm。各段之间留有2mm的细缝,并用刚度非常小的密封带先密封再均匀切开,尽可能减少流入节段间的缝隙气流,并防止密封带提供附加刚度。全桥气弹模型主梁模拟如图4-2-5所示,塑料外形和主梁芯梁装配如图4-2-6所示。

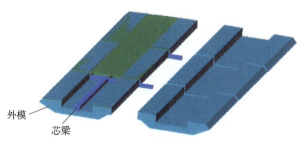
图4-2-5 全桥气弹模型主梁模拟示意图

图4-2-6 塑料外形和主梁芯梁装配图

二、桥塔

桥塔的弯曲刚度由A3钢制成的芯梁提供,芯梁截面为矩形,使塔柱、横梁在面内外的弯曲刚度满足相似关系,由于桥塔在横桥上是一超静定框架结构,必须对该桥塔的刚度整体考虑,才能使得横向刚度符合要求,从而达到结构动力特性相似。桥塔的气动外形由优质木材制作,其构造原则与主梁相同。为了消除实木外形对刚度的影响,并能准确模拟结构的振动振型,将制作桥梁外形的木材沿竖向划分多个小段分别进行安装。为了避免各段之间的碰撞影响试验精度,段与段之间留有2mm的空隙,各段安装在模型上以后,再用0.1mm厚的胶带纸将缝隙密封后再沿缝隙均匀切开,既保证了木外形不提供刚度,又避免气流流入节段间的缝隙,不影响气流的流动。此外,为了保证桥塔在质量上与实桥满足相似要求,采用铅配重调整各段的质量。

三、斜拉索

模型的斜拉索采用铜芯绝缘电线模拟,其拉伸刚度通过固定在其上的弹簧提供。由于电线的自重已接近于相似关系所要求质量,因此未对斜拉索进行额外的配重。斜拉索装配如图4-2-7所示。

图4-2-7 斜拉索装配示意图

第五节 试验设备

图4-2-8 风洞试验段内的大气边界层模拟装置

万州长江公路三桥(牌楼长江大桥)全桥气动弹性模型长达21.44m,在试验段将安装由尖塔、粗糙元和挡板组成的大气边界层模拟装置,以模拟《公路桥梁抗风设计规范》(JTG/T D60-01—2004)所要求的风场(风剖面、紊流剖面、风谱等)。为满足试验对流场品质的要求,专门对边界层模拟装置进行调整(图4-2-8)。

试验流场的测量由热线风速仪完成,模型抖振位移的测量采用激光位移计,加速度传感器用于模态测试。数据采集由动态数据采集系统CRAS完成。

第六节 风洞试验内容

万州长江公路三桥(牌楼长江大桥)全桥气弹模型试验的目的是检验桥梁在不同风攻角和风向角条件下,成桥状态和典型施工状态全桥的颤振稳定性、涡激振动特性,以及在大气边界层作用下的抖振响应。在准确模拟结构外形、刚度、质量及桥位处地貌外,必须对模拟的来流风场进行校测,同时必须在试验开始前,在无风条件下对结构参数进行校测。为了获得详细的结构风致振动特性,需要进行表4-2-8列出的试验工况和测试内容。

全桥气弹模型风洞试验　　　　表4-2-8

工况号	工况描述	流场	攻角(°)	测试内容
1	成桥态0°风向角	均匀流,紊流场	0, +3	颤振,抖振响应
2	成桥态10°风向角	紊流场	0	抖振响应
3	成桥态15°风向角	紊流场	0	抖振响应
4	成桥态20°风向角	紊流场	0	抖振响应
5	施工态20°风向角	紊流场	0	抖振响应
6	施工态15°风向角	紊流场	0	抖振响应
7	施工态10°风向角	紊流场	0	抖振响应
8	施工态0°风向角	均匀流,紊流场	0, +3	颤振,抖振响应

考虑到万州长江公路三桥(牌楼长江大桥)成桥状态和施工状态的主梁振动可能由对称竖弯、反对称竖弯、对称扭转和反对称扭转四个振型构成,其成桥状态最大响应值可能位于跨中截面和1/4跨径处,而施工状态则出现在悬臂的末端,因此试验时分别采用6个激光位移计测量相应断面的竖向位移和扭转位移,同时测量横向位移。典型试验工况的气弹模型如图4-2-9~图4-2-12所示。

图4-2-9　安装在风洞中的全桥气弹模型(立面)

图4-2-10　20°风向角下的全桥气弹模型

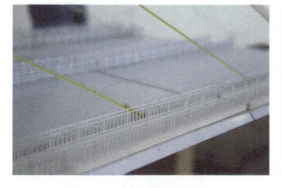

图4-2-11　全桥气弹模型(细部)

图4-2-12　15°风向角下的全桥气弹模型(施工态)

第七节　模型的动力特性检验

为了检验模型的结构动力特性是否符合实桥和模型之间的相似关系,在试验之前进行结构动力特性检验,即模态测试。测试方法为瞬态激励法和自由振动法,测量内容包括振型、固有频率及结构阻尼。

表 4-2-9、表 4-2-10 分别给出了成桥状态和单悬臂状态结构动力特性测试结果。

成桥状态结构动力特性测试结果　　　　　　　　　　　　　　　　　表 4-2-9

振型特点	实桥频率(Hz)	模型要求(Hz)	模型实测(Hz)	频率差异(%)	模型阻尼比(%)
L-S-1	0.1786	1.786	1.714	-4.03	0.71
V-S-1	0.2529	2.529	2.625	3.80	0.58
V-A-1	0.3374	3.374	3.517	4.24	0.44
V-S-2	0.3780	3.78	3.923	3.78	0.63
V-A-2	0.5672	5.672	5.383	-5.10	0.52
T-S-1	0.7690	7.69	7.322	-4.79	0.67

单悬臂状态结构动力特性测试结果　　　　　　　　　　　　　　　　表 4-2-10

振型特点	实桥频率(Hz)	模型要求(Hz)	模型实测(Hz)	频率差异(%)	模型阻尼比(%)
L-1	0.1341	1.341	1.285	-4.18	0.65
V-1	0.3036	3.036	3.175	4.58	0.53
V-2	0.5137	5.137	5.363	4.40	0.47
T-1	0.8059	8.059	8.306	3.06	0.59

从上述各表可以看出:模型重要模态的频率测试值与要求值吻合良好,施工阶段模型的阻尼比与实桥设定值相比,大部分都控制在了《公路桥梁抗风设计规范》(JTG/T D60-01—2004)所规定的误差范围以内。模态测试结果表明:万州长江公路三桥(牌楼长江大桥)全桥气动弹性模型的设计与制作满足试验要求,可利用该模型开展相关风洞试验。

第八节　大气边界层流场校测

除气弹模型满足相似关系之外,在风洞内模拟实际大气边界层流场是保证试验结果正确的另一重要方面。流场模拟所考虑的相似性指标为:平均风速剖面、湍流强度剖面和湍流风速谱等。

《公路桥梁抗风设计规范》(JTG/T D60-01—2004)中用指数 α 作为区分不同地表的指

标。针对万州长江公路三桥(牌楼长江大桥)所处的位置及气象观测报告,其边界层应属 B 类地区,即 α=0.16 的流场。为此,对改进边界层装置后的流场进行流场校测。

在风洞试验中,最重要的是模拟平均风速剖面,其次是模拟风的湍流强度和风速谱等。在大气边界层内,平均风速剖面符合如下的指数分布律:

$$\frac{U_Z}{U_G} = \left(\frac{Z}{Z_G}\right)^\alpha \tag{4-2-3}$$

式中:U_Z——任一高度 Z 处的风速;
U_G——边界层顶部风速;
Z——离地高度;
Z_G——边界层高度;
α——风速剖面指数。

湍流强度定义为 $\frac{\sigma_u}{U}$,其中 σ_u 为 v' 脉动风速的均方根值;U 为平均风速。湍流强度随着粗糙度尺度的增大而增大,在近地面达到最大值,向上逐渐衰减。

湍流的积分尺度反映了边界层内旋涡的整体大小。大气中旋涡的尺度在 150m 量级。湍流积分尺度的测量可以采用"谱拟合"技术。Von Karman 推导了绝热条件下,某一分量大气湍流的归一化谱 $\frac{nS_i(n)}{\sigma_i^2}$ ($i=u,v,w$),如果横坐标采用风速和积分尺度无量纲化值 $\ln\left(\frac{nL_i}{U}\right)$ ($i=u,v,w$),则这种谱的形状是唯一的。如果在风洞中某一高度、某一风速 U 下测得一个风速功率谱,通过非线性拟合,将得到最佳拟合的 Von Karman 谱:

$$\frac{nS(n)}{\sigma_u^2} = \frac{4(nL_u^x/U)}{[1+70.8(nL_u^x/U)^2]^{5/6}} \tag{4-2-4}$$

式中:L_u^x——正确模拟的湍流尺度;
n——脉动风频率。

图 4-2-13、图 4-2-14 和图 4-2-15 分别为模型加劲梁高度处的实测和拟合的 B 类地表风剖面图(已换算为实桥)、风洞模拟 B 类地表的紊流强度(Iu)剖面图和大气边界层模拟风谱(顺风向)与 Van Karman 风谱的比较图。

从图 4-2-13~图 4-2-15 中可以看出:风洞边界层模拟的风剖面曲线(换算至实桥)与 B 类地表粗糙度地区理论曲线接近,桥面高度处紊流强度约为 $I_u=14\%$,模拟风谱在桥梁抖振所依赖的折算频率范围内与目标风谱(Karman 风谱)吻合良好,满足抖振试验要求。

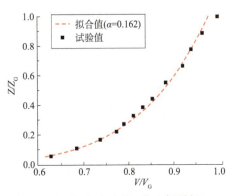

图 4-2-13 实测和拟合的 B 类地表风剖面

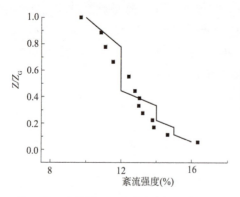

图 4-2-14　风洞模拟 B 类地表的紊流强度剖面

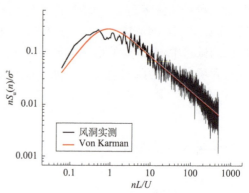

图 4-2-15　大气边界层模拟风谱(顺风向)与 Van Karman 风谱的比较图

第九节　均匀流场中气动弹性模型试验

均匀流场中的气弹模型试验主要是考查成桥和施工阶段的颤振稳定性。本试验设定的最大风速为 6m/s,已高于成桥阶段的颤振检验换算风速 4.9m/s 和施工阶段的颤振检验换算风速 4.5m/s。试验中,风速的观测高度为模型桥面高度。表 4-2-11 给出了均匀流场中的试验结果,即成桥和典型施工状态气弹模型和实际桥梁的颤振临界风速。试验结果表明,万州长江公路三桥成桥及施工状态主梁的颤振临界风速均远高于检验风速。

全桥气弹模型颤振试验结果　　　　表 4-2-11

状态	攻角(°)	模型颤振风速(m/s)	实桥颤振风速(m/s)
成桥状态	0	>6	>60
	3	>6	>60
最大单悬臂	0	>6	>60
	3	>6	>60

此外,试验还检验全桥气弹模型的涡激振动性能。试验结果表明:在均匀流条件下,成桥态及典型施工态均未发现涡激振动现象。

第十节　紊流场中气动弹性模型抖振试验

紊流场中气动弹性模型试验主要目的是研究成桥和施工阶段的抖振响应。试验时桥面高度处的最大试验风速均高于实桥成桥阶段和施工阶段的设计风速(换算到风洞中分别为 3.24m/s、2.98m/s),试验最高风速为 5.8m/s。各阶段模型的攻角分别为 0°、+3°。

图 4-2-16~图 4-2-19 分别给出了成桥状态跨中和施工态悬臂端位置在 0°风向角和

+3°风向角下典型的竖向位移时程数据和功率谱(0°攻角,4.5m/s 风速)。由成桥状态跨中主梁的抖振时程和功率谱可见,成桥状态的抖振响应主要包含了前两阶对称和反对称竖弯振型的贡献,其他高阶成分的所占比例较小;扭转振型并没有出现在竖向振动的功率谱曲线中,因此扭转对该桥的抖振影响基本可以忽略。从施工状态悬臂端部的功率谱可以看出,无论是竖向抖振,还是横向抖振,都是基阶振型参与工作,而没有观察到其他振型(包括扭转)参与。

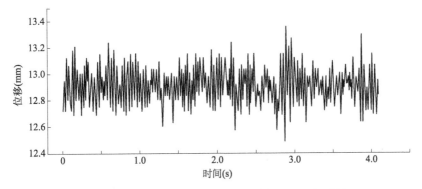

图 4-2-16　0°风向角 0°风攻角跨中竖向抖振响应的时程曲线

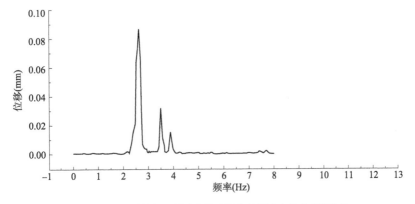

图 4-2-17　0°风向角 0°风攻角跨中竖向抖振响应的功率谱曲线

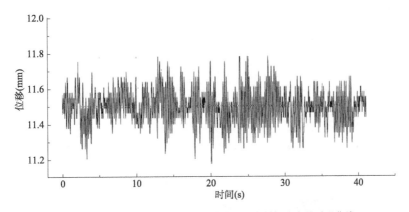

图 4-2-18　0°风向角 +3°风攻角悬臂端部竖向抖振响应的时程曲线

269

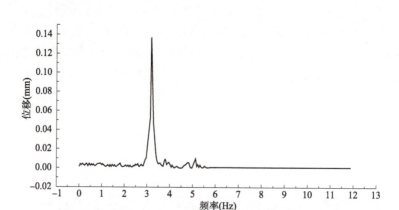

图 4-2-19　0°风向角 +3°风攻角悬臂端部竖向抖振响应的功率谱曲线

对于成桥状态,试验时在 0°风向角(正交风)条件下考察了 0°攻角和 +3°攻角下分别考察了二分点和四分点的抖振响应,在 10°、15°和 20°攻角下分别考察了二分点和四分跨的抖振响应,测量方向分别为主梁的竖向以及横向。对于最大单悬臂施工状态,测点位置在施工态的悬臂端和四分点处,测量方向分别为主梁的竖向和横向。

在 0°攻角和 +3°攻角以及 0°风向角(正交风)条件下,二分点和四分点的竖向和横向以及扭转位移随风速变化的曲线如图 4-2-20 ~ 图 4-2-27 所示。

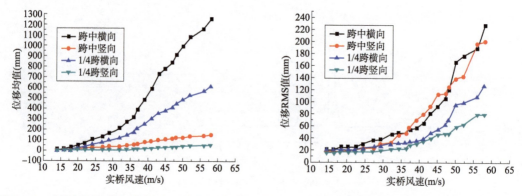

图 4-2-20　成桥态竖向和横向位移均值(0°攻角 0°风向角)　　图 4-2-21　成桥态竖向和横向位移 RMS 值(0°攻角 0°风向角)

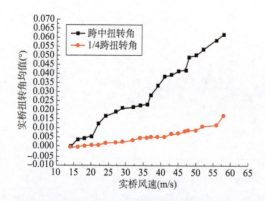
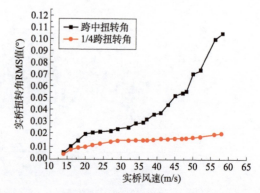

图 4-2-22　成桥态扭转位移值(0°攻角 0°风向角)　　图 4-2-23　成桥态扭转位移 RMS 值(0°攻角 0°风向角)

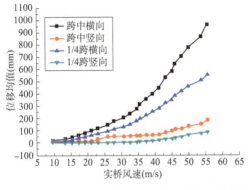

图 4-2-24　成桥态竖向和横向位移均值(3°攻角 0°风向角)　　图 4-2-25　成桥态竖向和横向位移 RMS(3°攻角 0°风向角)

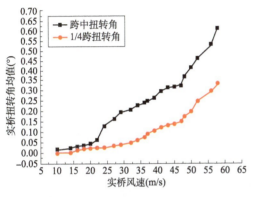
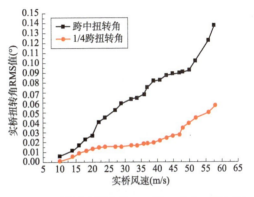

图 4-2-26　成桥态扭转位移均值(3°攻角 0°风向角)　　图 4-2-27　成桥态扭转位移 RMS 值(3°攻角 0°风向角)

从图 4-2-20～图 4-2-27 中可以看出,0°攻角下,成桥状态主跨主梁的竖向抖振响应主要受对称振型的影响,1/2 跨的响应比 1/4 跨的大;横向也受第一阶横向对称振型影响,1/2 跨的位移比 1/4 跨的要大。3°攻角条件下,竖向和横向的抖振位移值仍受对称振型影响,略大于 0°攻角下的值。扭转振型对抖振几乎没有影响,相对于其他两个方向的位移值而言,扭转位移很小。

在 0°攻角和 +3°攻角以及 0°风向角(正交风)条件下,悬臂梁端点和四分点的竖向和横向抖振位移随风速变化的曲线如图 4-2-28～图 4-2-35 所示。

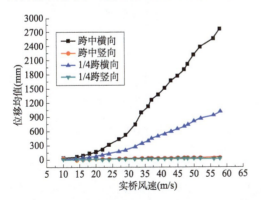
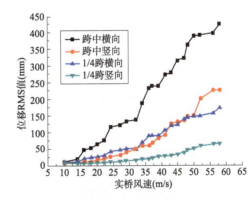

图 4-2-28　施工态竖向和横向位移均值(0°攻角 0°风向角)　　图 4-2-29　施工态竖向和横向位移 RMS 值(0°攻角 0°风向角)

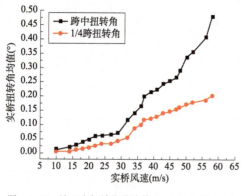

图 4-2-30　施工态扭转位移均值(0°攻角0°风向角)

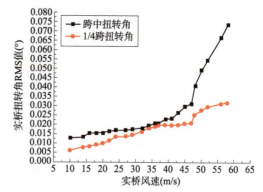

图 4-2-31　施工态扭转位移 RMS 值(0°攻角0°风向角)

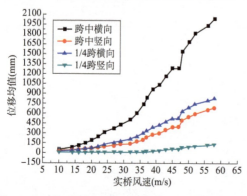

图 4-2-32　施工态竖向和横向位移均值(3°攻角0°风向角)

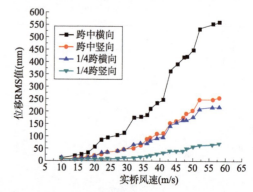

图 4-2-33　施工态竖向和横向位移 RMS 值(3°攻角0°风向角)

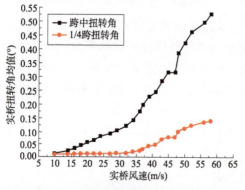

图 4-2-34　施工态扭转位移均值(3°攻角0°风向角)

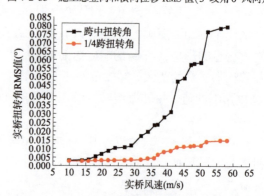

图 4-2-35　施工态扭转位移 RMS 值(3°攻角0°风向角)

从图 4-2-28～图 4-2-35 中可以看出,3°攻角条件下,竖向和横向的抖振位移值小于0°攻角下的值。结合施工态梁端抖振位移功率谱曲线,可以看出扭转振型同样对施工状态桥梁的抖振响应几乎没有影响,相对于其他两个方向的位移值而言,扭转位移很小。

万州长江公路三桥(牌楼长江大桥)成桥状态和施工状态主梁测点在设计风速下的竖向、横向以及扭转抖振位移均值和位移 RMS 值统计见表 4-2-12～表 4-2-15。按随机振动理论,位移均方根值(RMS)乘以峰值因子 $g \approx 3.5$ 即响应峰值,响应峰值和抖振位移均值之和即为测点的抖振位移值。万州长江公路三桥成桥状态和施工状态主梁测点在设计风速下竖向横向以及扭转抖振位移值见表 4-2-16、表 4-2-17。

成桥状态主梁测点设计风速下抖振位移均值　　　　　　　　表 4-2-12

工况	二分点			四分点		
	横向(mm)	竖向(mm)	扭转(°)	横向(mm)	竖向(mm)	扭转(°)
0°风向角 0°风攻角	362.939	62.972	0.1344	203.084	10.420	0.0801
0°风向角 3°风攻角	350.558	96.456	0.3632	229.218	6.828	0.0895
10°风向角 0°风攻角	541.638	69.733	0.2898	279.077	35.583	0.0892
15°风向角 0°风攻角	353.766	66.970	0.2884	213.964	37.745	0.0947
20°风向角 0°风攻角	487.648	47.472	0.1431	264.737	30.655	0.0952
最大值	541.638	96.456	0.3632	279.077	37.745	0.0952

成桥状态主梁测点设计风速下抖振位移 RMS 值　　　　　　　表 4-2-13

工况	二分点			四分点		
	横向(mm)	竖向(mm)	扭转(°)	横向(mm)	竖向(mm)	扭转(°)
0°风向角 0°风攻角	80.465	55.119	0.0267	53.844	37.136	0.0068
0°风向角 3°风攻角	65.844	54.815	0.0876	40.394	26.077	0.0294
10°风向角 0°风攻角	64.460	74.305	0.0435	44.505	40.840	0.0265
15°风向角 0°风攻角	81.782	69.046	0.0806	47.236	34.969	0.0273
20°风向角 0°风攻角	48.249	69.525	0.0625	35.736	36.143	0.0287
最大值	81.782	74.305	0.0876	53.844	40.840	0.0294

施工状态主梁测点设计风速下抖振位移均值　　　　　　　　表 4-2-14

工况	悬臂端			四分点		
	横向(mm)	竖向(mm)	扭转(°)	横向(mm)	竖向(mm)	扭转(°)
0°风向角 0°风攻角	394.473	12.495	0.1812	155.182	11.755	0.0659
0°风向角 3°风攻角	428.088	15.845	0.1589	171.485	5.160	0.0669
10°风向角 0°风攻角	403.701	28.481	0.0756	169.258	5.912	0.0333
15°风向角 0°风攻角	444.503	133.189	0.1034	180.980	11.722	0.0159
20°风向角 0°风攻角	540.407	40.354	0.0759	218.315	14.206	0.0371
最大值	540.407	133.189	0.1812	218.315	14.206	0.0669

施工状态主梁测点设计风速下抖振位移 RMS 值　　　　　　　表 4-2-15

工况	悬臂端			四分点		
	横向(mm)	竖向(mm)	扭转(°)	横向(mm)	竖向(mm)	扭转(°)
0°风向角 0°风攻角	125.610	44.184	0.0333	48.551	18.136	0.0135
0°风向角 3°风攻角	130.112	56.150	0.0320	50.932	15.909	0.0131
10°风向角 0°风攻角	117.017	50.983	0.0241	45.689	15.071	0.0138
15°风向角 0°风攻角	117.928	49.190	0.0124	46.310	13.427	0.0040
20°风向角 0°风攻角	136.905	41.090	0.0324	52.934	15.248	0.0117
最大值	136.905	56.150	0.0333	52.934	18.136	0.0138

成桥状态主梁测点设计风速下抖振位移值　　　　　　　　　　　表 4-2-16

工况	二分点			四分点		
	横向(mm)	竖向(mm)	扭转(°)	横向(mm)	竖向(mm)	扭转(°)
0°风向角 0°风攻角	644.566	255.889	0.2276	391.538	140.396	0.1040
0°风向角 3°风攻角	581.012	288.310	0.6696	370.598	98.097	0.1925
10°风向角 0°风攻角	767.247	329.801	0.4421	434.845	178.522	0.1819
15°风向角 0°风攻角	640.002	308.632	0.5704	379.290	160.138	0.1901
20°风向角 0°风攻角	656.519	290.809	0.3617	389.815	157.155	0.1957
最大值	767.247	329.801	0.6696	434.845	178.522	0.1957

施工状态主梁测点设计风速下抖振位移值　　　　　　　　　　　表 4-2-17

工况	二分点			四分点		
	横向(mm)	竖向(mm)	扭转(°)	横向(mm)	竖向(mm)	扭转(°)
0°风向角 0°风攻角	834.107	167.140	0.2976	325.112	75.232	0.1131
0°风向角 3°风攻角	883.481	212.369	0.2709	349.747	60.841	0.1126
10°风向角 0°风攻角	813.262	206.921	0.1601	329.169	58.662	0.0816
15°风向角 0°风攻角	857.250	305.353	0.1469	343.066	58.717	0.0300
20°风向角 0°风攻角	1019.574	184.169	0.1895	403.585	67.576	0.0782
最大值	1019.574	305.353	0.2976	403.585	75.232	0.1131

结合不同工况下的位移-风速曲线，可以得出以下结论：

（1）万州长江公路三桥（牌楼长江大桥）成桥状态的风致抖振响应主要受前 3 阶竖向弯曲模态的影响；

（2）万州长江公路三桥（牌楼长江大桥）施工状态的风致抖振响应基本只受第 1 阶竖向弯曲模态和横向弯曲模态的影响；

（3）万州长江公路三桥（牌楼长江大桥）成桥和施工状态主梁的扭转抖振均较小；

（4）万州长江公路三桥（牌楼长江大桥）成桥和施工状态，+3°攻角下的抖振响应略大于 0°攻角下的响应；

（5）万州长江公路三桥（牌楼长江大桥）成桥状态的最大抖振位移出现的 10°风向角条件下，最大竖向抖振位移 329.8mm，最大横向抖振位移为 767.2mm；

（6）万州长江公路三桥（牌楼长江大桥）最大单悬臂施工状态的最大抖振位移出现在 15°和 20°风向角下的，最大竖向抖振位移 305.4mm，最大横向抖振位移为 1019.6mm；

（7）由于最大单悬臂施工状态大桥横向刚度较小，因此其横向抖振位移值显著大于成桥状态的值，但竖向抖振位移值与成桥状态的值相当。

第十一节　结　论

（1）万州长江公路三桥（牌楼长江大桥）成桥和施工状态主梁的颤振临界风速远高于检

验风速,静风失稳风速大于检验风速,表明整体结构具有良好的气动稳定性。

(2)全桥气弹试验中未发现主梁涡激振动现象。

(3)在紊流条件下,成桥状态和施工状态的主梁均发生了明显的抖振,成桥态主要受到前3阶竖向弯曲模态的影响,施工态主要受到基阶模态的影响。

(4)万州长江公路三桥(牌楼长江大桥)成桥状态的最大抖振位移出现的10°风向角条件下,最大竖向抖振位移329.8mm,最大横向抖振位移为767.2mm。

(5)万州长江公路三桥(牌楼长江大桥)最大单悬臂施工状态的最大抖振位移出现在15°和20°风向角下,最大竖向抖振位移305.4mm,最大横向抖振位移为1019.6mm。

第三章 抗震性能研究

第一节 研究目的

万州长江公路三桥(牌楼长江大桥)场地特点可概括为:"局部场地人工填土土层较厚、两岸工程地质相异"。万州长江公路三桥(牌楼长江大桥)工程场地地震安全性评价报告,给出了本桥100年超越概率10%的概率水平下的场地峰值加速度为PGA = 101.7gal。本桥主桥结构特点可概括为"塔高且不等高、桩较长、跨大、弱阻尼",桥址处地震动峰值加速度较大,结构的地震响应较大。因此,从构造上研究主桥结构的小震不坏、中震可修、大震不倒,保证在地震时生命线工程的畅通无阻,则是本桥抗震设计的重要所在,通过对万州长江公路三桥(牌楼长江大桥)开展抗震性能的研究,以确保其主桥结构的抗震安全性。

第二节 结构抗震设防标准及性能目标

本桥为公路大跨径桥梁,同时又是城市大跨径桥梁。对于大跨径斜拉桥的抗震设防,首先要依据《公路桥梁抗震设计细则》(JTG/T B02-01—2008)(以下简称《公路桥震规》)和《城市桥梁抗震设计规范》(CJJ 166—2011)(以下简称《城市桥震规》),确定一个安全经济合理的抗震设防标准。

一、按《公路桥震规》确定主桥的抗震设防标准

按《公路桥震规》的划分,本桥主桥为A类桥梁,且《公路桥震规》的条文说明的3.1.1条规定:A类桥梁的抗震设防目标是E1地震作用下一般不受损坏或不需修复可继续使用,E2地震作用下可发生局部轻微损伤,不需修复或经简单修复可继续使用。

《重庆市万州长江公路三桥(牌楼长江大桥)场地地震安全性评价报告》提供的本桥场

地地表水平向设计反应谱参数见表 4-3-1。

场地地表水平向设计反应谱参数(阻尼比 0.05)　　　　表 4-3-1

工程场地	超越概率	T_1(s)	T_g(s)	A_{max}(gal)	β_{max}	α_{max}	c
主桥南桥墩	50 年 10%	0.1	0.45	51.14	2.5	0.128	0.9
	100 年 40%	0.1	0.45	30.34	2.5	0.076	0.9
	100 年 10%	0.1	0.45	70.07	2.5	0.175	0.9
	100 年 4%	0.1	0.45	100.86	2.5	0.252	0.9
	100 年 2%	0.1	0.45	123.57	2.5	0.309	0.9
主桥北桥墩	50 年 10%	0.1	0.45	71.84	2.4	0.172	0.9
	100 年 40%	0.1	0.45	43.12	2.45	0.106	0.9
	100 年 10%	0.1	0.45	101.72	2.35	0.239	0.9
	100 年 4%	0.1	0.45	137.58	2.3	0.316	0.9
	100 年 2%	0.1	0.45	169.28	2.3	0.389	0.9

表 4-3-1 所给出的概率水平是 50 年及 100 年设计基准期下不同超越概率的地震动参数,结合《公路桥震规》的规定,本桥主桥的 E1 地震作用(重现期约为 475 年)相当于表 4-3-2 中的概率水平是 50 年 10%;E2 地震作用(重现期约为 2000 年)在表 4-3-1 中未提供。

二、按《城市桥震规》确定主桥的抗震设防标准

按《城市桥震规》的划分,本桥主桥为甲类桥梁,且《城市桥震规》3.1.2 条规定:甲类桥梁的抗震设防目标是 E1 地震作用下结构总体反应在弹性范围,基本无损伤;E2 地震作用下可发生局部轻微损伤,地震后不需修复或经简单修复可继续使用。

由表 4-3-1 所给出的概率水平是 50 年设计基准期下不同超越概率的地震动参数,结合《城市桥震规》的规定,本桥主桥的 E1 地震作用 E1(重现期约为 475 年)相当于表 4-3-1 中的概率水平是 50 年 10%,E2 地震作用(重现期约为 2500 年)相当于表 1 中的概率水平是 100 年 4%。

上述论述表明:主桥结构按《公路桥震规》和《城市桥震规》的 E1 地震作用是一致的,但 E2 地震作用有点差异,为安全起见,E2 地震作用按《城市桥震规》取用。

三、主桥的抗震性能目标

《公路桥震规》对抗震设防的规定,其实质上是以重现期为 475 年对应的地震动峰值加速度为基本值,不同概率水准下的地震作用通过乘以不同的重要性系数来得到。由于本桥主桥属于 A 类桥梁,故 E1 地震作用的重要性系数取 1.0,E2 地震作用的重要性系数取 1.7。

《城市桥震规》对抗震标准的规定,其实质上也是以重现期为 475 年对应的地震动峰值加速度为基本值,不同概率水准下的地震作用乘以不同的地震调整系数来得到。由于本桥

主桥属于 A 类桥梁,故 E1 地震作用的地震调整系数取 1.0,E2 地震作用的地震调整系数取 2.2。

根据《建筑工程抗震设防分类标准》(GB 50223—2008)的 3.0.2 条规定,本桥主桥应划为特殊设防类,应按高于本地区抗震设防烈度的要求确定其地震作用。

《公路桥震规》对主跨超过 150m 的大跨径斜拉桥作为特殊桥梁来研究,《城市桥震规》对主跨超过 150m 的大跨径斜拉桥也列出了专门的章节来给出其抗震设计原则。本桥主跨达 730m,既是过江通道,又是城市重要枢纽,为此,本桥主桥的抗震设防标准应适当再提高。

《公路桥涵设计通用规范》(JTG D60—2015)的第 1.0.3 条的规定,公路桥涵结构的设计基准期为 100 年,因此本桥主桥考虑采用"设计基准期 100 年"作为抗震使用年限来进行抗震设计,即对主桥的 E1 地震作用按 100 年超越概率 10% 的概率水平来考虑,以适当地提高结构的抗震设防标准,由此确定主桥抗震设防水准及性能目标,见表 4-3-2。

主桥结构抗震设防标准及性能目标　　　　表 4-3-2

抗震设防水准	构件类别	结构性能要求	受力状态	验算准则
E1 地震作用 (重现期 950 年)	桩基础	无损伤	保持弹性状态	$M \leq M_y$
	主塔	无损伤	保持弹性状态	$M \leq M_y$
	过渡墩、辅助墩	无损伤	保持弹性状态	$M \leq M_y$
	支座	无损伤	正常工作	满足位移及承载力要求
E2 地震作用 (重现期 2500 年)	桩基础	中等损伤	可接近屈服	$M \leq M_{eq}$
	主塔	中等损伤	可接近屈服	$M \leq M_{eq}$
	过渡墩、辅助墩	严重损伤	允许进入延性	塑性铰极限转角变形验算
	支座	一定的变形	允许进入塑性	满足位移要求

注:M-按恒载和地震作用最不利组合下的弯矩;M_y-截面相应最不利轴力时的最外层钢筋首次屈服时对应的弯矩;M_{eq}-按截面相应于最不利轴力时的等效屈服弯矩。

根据《重庆市万州长江公路三桥(牌楼长江大桥)场地地震安全性评价报告》给出的场地水平向设计反应谱参数(表 4-3-1),偏保守的取用主桥北桥墩的地震动参数。主桥的抗震设防标准取用如下:

(1)E1 地震作用(重现期 950 年)下的水平地震动峰值加速度 $A_{max}=0.104g$。

(2)E2 地震作用(重现期 2500 年)下的水平地震动峰值加速度 $A_{max}=0.140g$。

第三节　主桥结构动力特性分析

一、计算图式

采用有限元程序 midas Civil 软件,建立空间有限元模型进行计算分析。主梁采用鱼骨梁模型,主塔、墩及承台均采用空间梁单元模拟。斜拉索采用索单元模拟,索的垂度效应采用 Ernst 公式进行修正,并考虑索力对结构几何刚度的影响。引桥对主桥动力特性的影响主要集中在最邻近的引桥孔跨,计算模型按照质量等效原则在过渡墩中予以考虑。

土-桩-结构的相互影响采用简化计算模拟,采用如下两种简化模型对主桥的动力计算分析进行模拟。

模型一:群桩基础在承台底处采用六弹簧单元模拟,简称六弹簧模型。

模型二:群桩基础在一般冲刷线以下一定深度嵌固,简称等效嵌固模型。

模型一的桩基础常用处理方法是在承台底部加上六个方向的弹簧来模拟桩基础的作用,并由承台底部的内力按照静力方法反推单桩最不利受力。弹簧刚度根据土层状况和桩的布置形式按静力等效的原则确定,其中桩的内力根据"m"法确定。模型一六弹簧模型的计算图式如图 4-3-1 所示。

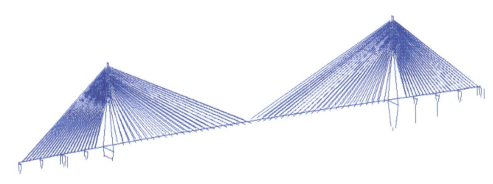

图 4-3-1　模型一的计算图式(六弹簧模型)

对于高桩承台基础,另一种常用的方法是将桩在一般冲刷线以下一定深度处嵌固,来简化计算分析过程,对于动力问题,桩在冲刷线以下的等效嵌固深度 H 根据单桩水平刚度等效的原则确定,H 一般在 3~5 倍桩径范围内。本桥辅助墩及边墩位置均含人工填土,桩基础的嵌固深度按 20m 考虑。模型二等效嵌固模型的计算图式如图 4-3-2 所示。

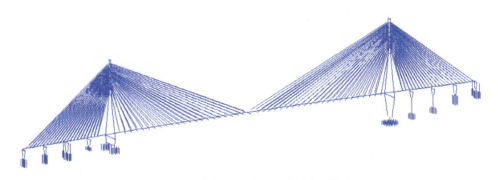

图 4-3-2　模型二的计算图式(等效嵌固模型)

二、边界条件

主桥在成桥状态下结构各部位边界条件见表 4-3-3。

主桥成桥状态结构各部位边界条件　　　　　　表4-3-3

结构主要部位		Δx	Δy	Δz	θ_x	θ_y	θ_z
六弹簧单元模型	过渡(辅助)墩、主塔在承台底处	K	K	K	K	K	K
等效嵌固模型	过渡(辅助)墩、主塔在桩嵌固处	1	1	1	1	1	1
塔梁交接处		0	1	1	1	0	0
过渡墩与主桥侧主梁交接处		0	1	1	0	0	0
辅助墩与主梁交接处		0	1	1	0	0	0

注：Δx、Δy、Δz-沿纵桥向、横桥向、竖桥向的线位移；θ_x、θ_y、θ_z-绕纵桥向、横桥向、竖桥向的转角位移；1-约束，0-放松；K-基础弹簧刚度。

根据本桥地质资料可得到各墩和主塔下的群桩基础的刚度。六弹簧模型的群桩基础刚度见表4-3-4。

六弹簧模型的群桩基础刚度　　　　　　表4-3-4

墩号	K_x (kN/m)	K_y (kN/m)	K_z (kN/m)	K_{xx} (kN·m/rad)	K_{yy} (kN·m/rad)	K_{zz} (kN·m/rad)
Z04~Z07、Z12、Z13	3.10×10^6	2.84×10^6	2.65×10^7	2.15×10^8	5.13×10^8	1.05×10^8
Z10、Z11	9.34×10^6	8.19×10^6	5.44×10^7	7.63×10^8	2.35×10^9	5.65×10^8
Z08 主塔	1.20×10^7	1.24×10^7	6.14×10^7	3.10×10^9	1.72×10^9	1.07×10^9
Z09 主塔	1.11×10^7	1.11×10^7	1.77×10^8	1.72×10^{10}	1.96×10^{10}	2.49×10^9
Z06、Z13 匝道侧墩	8.50×10^5	8.20×10^5	5.11×10^6	1.90×10^7	2.07×10^7	9.19×10^6

注：K_x、K_y、K_z-沿纵桥向、横桥向、竖桥向线刚度；K_{xx}、K_{yy}、K_{zz}-沿纵桥向、横桥向、竖桥向转角刚度。

三、结构动力特性分析

六弹簧模型及等效嵌固模型的主桥成桥状态振型的主要特性见表4-3-5。

主桥成桥状态动力特性　　　　　　表4-3-5

序号	六弹簧模型		等效嵌固模型		$f_{嵌固}/f_{弹簧}$
	振型主要特性	自振频率 $f_{弹簧}$(Hz)	振型主要特性	自振频率 $f_{嵌固}$(Hz)	
1	体系纵向振动	0.0825	体系纵向振动	0.0852	1.03
2	主跨主梁对称横弯	0.1818	主跨主梁对称横弯	0.1825	1.00
3	主跨主梁对称竖弯	0.2719	主跨主梁对称竖弯	0.2727	1.00
4	Z9 号塔侧弯	0.3164	4 号塔侧弯	0.3401	1.07
5	主梁反对称竖弯	0.3431	主梁反对称竖弯	0.3442	1.00
6	主梁对称竖弯	0.4636	主梁对称竖弯	0.4676	1.01
7	主梁横弯	0.5057	主梁横弯	0.5048	1.00
8	主跨主梁扭转	0.6275	主跨主梁扭转	0.6288	1.00

从表 4-3-5 可以看出,采用两种模型所计算出的结构动力特性,主桥部分各阶频率值基本相当,总体上两种计算模型表现出较好的吻合。

第四节　一致激励作用下主桥结构的抗震性能分析

桥梁结构抗震设计包含了三个方面,即抗震概念设计、抗震计算设计和抗震构造设计。抗震概念设计是从概念上,特别是从结构总体上考虑抗震的工程决策;抗震计算设计主要包括结构地震响应计算、构件强度验算、结构和支座变形验算等。抗震构造设计是在构造措施方面的施工图设计。

一、抗震概念设计

桥梁的抗震概念设计包括正确的场地选择、合理的桥型布置、理想的结构体系选择等。

万州长江公路三桥(牌楼长江大桥)为双塔斜拉桥,双塔斜拉结构体系一般可分为 7 类,各种结构体系的分类及其抗震性能和适用范围的比较见表 4-3-6。

双塔斜拉桥的纵桥向结构各约束体系的抗震性能及适用范围比较表　　表 4-3-6

结构体系	塔梁、墩梁处的纵向约束特点	抗震性能	适用范围及典型桥例
①飘浮体系	塔梁分离(有时塔与梁之间设 0 号索);墩梁处设纵向滑动支座	与其他体系相比,体系①的纵桥向刚度最小,自振周期最长,因此,在地震作用下,结构的位移响应最大。应用这种体系的关键是解决位移问题	适用于主跨不大,场地地震动峰值加速度也不大的斜拉桥。上海南浦大桥、武汉军山大桥
②塔梁墩固结体系(刚构体系)	塔梁墩固结;墩梁处设纵向滑动支座	与体系①相比正好相反,体系②、③的纵桥向刚度最大,自振周期最小。因此,在地震作用下,结构的位移响应最小,塔柱的内力响应较大。应用这两种体系的关键是解决内力问题	适用于主墩较高,跨径不大的斜拉桥。不适用于超大跨、主墩不太高的斜拉桥,尤其是场地地震动峰值加速度较大的斜拉桥。香港汲水门大桥
③塔梁固定铰体系	在飘浮体系的塔梁间设固定铰支座;墩梁处设纵向滑动支座		

续上表

结构体系	塔梁、墩梁处的纵向约束特点	抗震性能	适用范围及典型桥例
④塔梁不对称约束体系	在飘浮体系的塔梁一端采用固定铰支座,另一端采用纵向滑动支座;墩梁处设纵向滑动支座	体系④的结构不对称,两塔的地震内力响应相差悬殊(达几倍之多)	不是一种理想的抗震结构体系,尤其在场地地震动峰值加速度较大的地区。 福州青州闽江大桥
⑤弹性约束体系	在飘浮体系的塔梁之间除设滑动铰支座外,还增设纵向弹性约束装置或构件;墩梁处设纵向滑动支座	体系⑤、⑥、⑦是体系①、②、③的一个折中体系,自振周期介于三者之间,因此,在地震作用下,通过调整弹性约束刚度和阻尼参数,使结构的内力和位移响应二者兼顾。应用这三种体系的关键是如何选用弹性和阻尼参数	适用于大、中、小跨,强、中、小震地区的斜拉桥。 是一种理想的抗震结构体系。 武汉白沙洲大桥
⑥阻尼约束体系	在飘浮体系的塔梁间设置阻尼约束;墩梁处设纵向滑动支座		
⑦阻尼和弹性并用体系	在飘浮体系的塔梁间设置阻尼和水平弹性约束;墩梁处设纵向滑动支座		

本桥主桥采用上述第⑥类结构体系,即在塔梁交接处纵桥向设置液体黏滞阻尼器,可约束加劲梁在地震作用下的纵向位移,同时可减小结构的地震响应。阻尼约束体系是大跨径斜拉桥结构抗震最理想的结构体系。

二、抗震计算设计

桥梁结构的抗震计算设计的分析方法分为反应谱法和动态时程法。反应谱法分单振型反应谱法、多振型反应谱法和等效线性化方法;动态时程法分线性时程法和非线性时程法。

1. 地震动输入

万州长江公路三桥(牌楼长江大桥)结构地震反应分析采用多振型反应谱法和非线性时程法两种方法,本次计算选取地表面的地震动参数对主桥进行结构地震响应计算分析,且计算按照一致激励作用考虑。

(1)设计反应谱

地震动输入采用如下两种组合:①水平纵向+竖直向;②水平横向+竖直向。

方向组合采用 SRSS 方法。

钢混结构各振型阻尼计算方法采用应变能因子方法，其中钢结构的阻尼比取 2%，混凝土结构阻尼比取 5%。应变能因子方法就是基于应变能的各振型阻尼比的计算方法，midas Civil 程序内部根据在"组阻尼比"中输入的各单元和边界的阻尼计算各振型的阻尼比，然后构建整个结构的阻尼矩阵。

E1 地震作用采用 100 年 10% 概率水准反应谱，E2 地震作用采用 100 年 4% 概率水准反应谱。

(2) 地震动加速度时程

地震动输入采用如下两种组合：①水平纵向+竖直向；②水平横向+竖直向。

阻尼计算方法同反应谱分析时采用的方法，即应变能因子方法。

E1 地震作用采用 100 年 10% 概率水准下人工地震波，E2 地震作用采用 100 年 4% 概率水准下人工地震波。地震响应计算结果取三条人工地震波的最大值。

2. 弹性反应谱分析

主桥结构的抗震计算，首先计算表 4-3-6 中结构体系①的结构地震响应，即对未设置液体黏滞阻尼器的结构进行了线性反应谱分析，分别对六弹簧模型和等效嵌固模型进行反应谱计算分析，取计算结果较大者进行抗震验算。反应谱分析振型组合采用 CQC 方法，取前 500 阶振型进行组合。方向组合采用 SRSS 方法。

(1) 六弹簧模型的内力计算结果见表 4-3-7、表 4-3-8，位移计算结果见表 4-3-11。

E1 地震作用下结构各主要部位地震响应(反应谱)(六弹簧模型)　　表 4-3-7

墩号	截面	纵向反应			横向反应		
		$M(kN \cdot m)$	$Q(kN)$	$N(纵+竖)(kN)$	$M(kN \cdot m)$	$Q(kN)$	$N(横+竖)(kN)$
Z8 号	塔梁处上	569482	8011	31498	183273	6694	39773
	塔梁处下	550361	10382	32812	98598	20653	41795
	塔根	623708	11718	33603	245863	20880	42219
	承台底	695956	19121	38971	253974	18992	50451
Z9 号	塔梁处上	473791	5759	29545	125269	6015	48089
	塔梁处下	464317	7237	33259	212085	15409	52202
	塔根	732860	11408	37983	680301	17311	54456
	承台底	1609870	52073	90632	2250220	55007	68195

E2 地震作用下结构各主要部位地震响应(反应谱)(六弹簧模型)　　表 4-3-8

墩号	截面	纵向反应			横向反应		
		$M(kN \cdot m)$	$Q(kN)$	$N(纵+竖)(kN)$	$M(kN \cdot m)$	$Q(kN)$	$N(横+竖)(kN)$
Z8 号	塔梁处上	748112	10497	31907	241531	8821	52413
	塔梁处下	723008	13573	33359	129920	27218	55077
	塔根	819080	15329	34162	324023	27516	55636
	承台底	913691	25004	39465	334708	25026	66485

续上表

墩号	截面	纵向反应			横向反应		
		$M(kN·m)$	$Q(kN)$	$N(纵+竖)(kN)$	$M(kN·m)$	$Q(kN)$	$N(横+竖)(kN)$
Z9号	塔梁处上	620736	7544	29892	165065	7926	63375
	塔梁处下	608243	9281	33628	279559	20313	68798
	塔根	957403	14864	38362	896769	22817	71767
	承台底	2107850	67776	91302	2966380	72471	89849

(2)等效嵌固模型的内力计算结果见表4-3-9、表4-3-10,位移计算结果见表4-3-12。

E1地震作用下结构各主要部位地震响应(反应谱)(等效嵌固模型)　　表4-3-9

墩号	截面	纵向反应			横向反应		
		$M(kN·m)$	$Q(kN)$	$N(纵+竖)(kN)$	$M(kN·m)$	$Q(kN)$	$N(横+竖)(kN)$
Z8号	塔梁处上	612205	9542	22031	178593	7024	41452
	塔梁处下	590824	12438	22940	103589	19460	42930
	塔根	689674	14683	24239	232650	20257	43490
	承台底	793817	24493	27567	219112	20723	50306
Z9号	塔梁处上	464169	5840	19937	136886	5731	44716
	塔梁处下	455149	7360	22254	232880	17073	50011
	塔根	735559	12085	24404	740654	18754	51924
	承台底	1634570	56110	62644	2505910	58350	63432

E2地震作用下结构各主要部位地震响应(反应谱)(等效嵌固模型)　　表4-3-10

墩号	截面	纵向反应			横向反应		
		$M(kN·m)$	$Q(kN)$	$N(纵+竖)(kN)$	$M(kN·m)$	$Q(kN)$	$N(横+竖)(kN)$
Z8号	塔梁处上	806295	12571	29027	235361	9255	54622
	塔梁处下	778135	16386	30225	136493	25646	56571
	塔根	908357	19344	31936	306611	26696	57308
	承台底	1045560	32268	36325	288766	27306	66295
Z9号	塔梁处上	611327	7694	26267	180379	7551	58926
	塔梁处下	599449	9696	29321	306905	22500	65905
	塔根	968868	15923	32155	976107	24715	68426
	承台底	2153110	73927	82578	3302560	76879	83617

E2地震作用下控制点的位移(反应谱)(六弹簧模型)　　表4-3-11

结构位置	纵桥向(mm)	横桥向(mm)
Z8主塔塔顶	790	107
Z9主塔塔顶	793	260
跨中	698	484
梁端	696	53

E2地震作用下控制点的位移(反应谱)(等效嵌固模型)　　表4-3-12

结构位置	纵桥向(mm)	横桥向(mm)
Z8主塔塔顶	761	107
Z9主塔塔顶	766	254
跨中	673	460
梁端	670	47

(3)六弹簧模型和等效嵌固模型计算结果对比见表4-3-13。

六弹簧模型和等效嵌固模型计算结果对比(E1地震作用)　　　表4-3-13

部位	单元	横向弯矩比较			纵向弯矩比较		
		$M_{六弹簧模型}$ (kN·m)	$M_{等效嵌固模型}$ (kN·m)	$M_{六弹簧模型}/M_{等效嵌固模型}$	$M_{六弹簧模型}$ (kN·m)	$M_{等效嵌固模型}$ (kN·m)	$M_{六弹簧模型}/M_{等效嵌固模型}$
Z4 过渡墩	承台底	71357	78505	0.91	213105	225503	0.95
Z5 辅助墩	承台底	66361	44698	1.48	187005	187587	1.00
Z6 辅助墩	承台底	78158	78306	1.00	27739	24360	1.14
Z7 辅助墩	承台底	61650	77209	0.80	78674	87140	0.90
Z8 主塔	承台底	695956	793817	0.88	253974	219112	1.16
Z9 主塔	承台底	1609870	1634570	0.98	2250220	2505910	0.90
Z10 辅助墩	承台底	245455	252235	0.97	273415	300352	0.91
Z11 辅助墩	承台底	236641	215819	1.10	361156	302654	1.19
Z12 辅助墩	承台底	64298	67590	0.95	153410	184243	0.83
Z13 过渡墩	承台底	67910	76017	0.89	192016	195326	0.98

从表4-3-13可以看出,六弹簧模型和等效嵌固模型两个模型中主塔、边墩和辅助墩地震作用的内力的计算结果基本相当,等效嵌固模型稍大,结构主要部位的位移差别也是控制在10%以内。因此本桥偏安全地取等效嵌固模型进行地震响应计算分析。

3. 线性时程分析

对主桥进行线性时程分析,与反应谱计算结果进行对比,相互验证校核,线性时程分析只针对等效嵌固模型进行,计算模型同反应谱分析模型,即对未设置液体黏滞阻尼器的结构进行了线性时程分析,E1、E2地震作用下的线性时程计算结果,见表4-3-14~表4-3-16。时程法分析和反应谱法分析结果对比见表4-3-17。

E1地震作用下结构各主要部位地震响应(线性时程)(等效嵌固模型)　　　表4-3-14

墩号	截面	纵向反应			横向反应		
		$M(kN·m)$	$Q(kN)$	$N(纵+竖)(kN)$	$M(kN·m)$	$Q(kN)$	$N(横+竖)(kN)$
Z8号	塔梁处上	677519	10456	21567	197520	7563	51059
	塔梁处下	652200	13462	23860	132612	24869	51833
	塔根	777394	15296	24941	273834	26968	52467
	承台底	872613	25997	29908	277016	33807	60966
Z9号	塔梁处上	488514	7300	24432	125348	4685	56662
	塔梁处下	478967	8706	28186	259134	18670	64489
	塔根	835271	13305	32302	767802	20275	67828
	承台底	1880200	60580	75981	2593450	68502	75722

E2 地震作用下结构各主要部位地震响应(线性时程)(等效嵌固模型)　　表 4-3-15

墩号	截面	纵向反应			横向反应		
		$M(kN \cdot m)$	$Q(kN)$	$N(纵+竖)(kN)$	$M(kN \cdot m)$	$Q(kN)$	$N(横+竖)(kN)$
Z8 号	塔梁处上	846474	13828	30191	284279	9608	81701
	塔梁处下	816550	19682	32428	206998	34502	80797
	塔根	965863	23955	34858	356910	36413	83050
	承台底	1075580	42186	41228	354593	42107	84648
Z9 号	塔梁处上	642453	9236	32627	181244	6039	79388
	塔梁处下	632016	10416	38796	362421	24368	91880
	塔根	1123880	17924	44714	1089470	27465	97310
	承台底	2605900	80351	96132	3493440	97218	91677

E2 地震作用下控制点的位移(线性时程)(等效嵌固模型)　　表 4-3-16

结构位置	纵桥向(mm)	横桥向(mm)
Z8 主塔塔顶	743	136
Z9 主塔塔顶	745	239
跨中	639	395
梁端	644	43

时程法和反应谱法分析结果对比表(E1 地震作用)(等效嵌固模型)　　表 4-3-17

位置	部位	横向弯矩比较			纵向弯矩比较		
		$M_{线性时程}$ $(kN \cdot m)$	$M_{线性反应谱}$ $(kN \cdot m)$	$M_{线性时程}/M_{线性反应谱}$	$M_{六弹簧模型}$ $(kN \cdot m)$	$M_{等效嵌固模型}$ $(kN \cdot m)$	$M_{六弹簧模型}/M_{等效嵌固模型}$
Z4 过渡墩	承台底	71408	78505	0.91	210965	225503	0.94
Z5 辅助墩	承台底	43747	44698	0.98	194192	187587	1.04
Z6 辅助墩	承台底	94466	78306	1.21	23560	24360	0.97
Z7 辅助墩	承台底	66246	77209	0.86	97003	87140	1.11
Z8 主塔	承台底	872613	793817	1.10	277016	219112	1.26
Z9 主塔	承台底	1880200	1634570	1.15	2593450	2505910	1.03
Z10 辅助墩	承台底	262386	252235	1.04	332769	300352	1.11
Z11 辅助墩	承台底	211695	215819	0.98	311849	302654	1.03
Z12 辅助墩	承台底	65645	67590	0.97	207190	184243	1.12
Z13 过渡墩	承台底	73446	76017	0.97	199645	195326	1.02

由表 4-3-17 结果对比可知，线性时程分析结果和线性反应谱分析结果吻合得较好。线性时程分析中承台底纵向弯矩比线性反应谱分析结果大。控制截面内力计算结果差别基本在 20% 之内，满足《公路桥梁抗震设计细则》(JTG/T B02-01—2008)第 6.5.3 条的规定，即在 E1 地震作用下，线性时程法的计算结果不应小于反应谱法计算结果的 80%。这说明时程法计算时选取的三条人工地震波是基本合理的。

三、结构抗震验算

由线性时程法和线性反应谱法对比结果可知,线性时程分析中控制截面内力及控制点的位移比线性反应谱分析结果大。因此,本桥抗震验算时采用线性时程分析法计算结果进行验算,分析判断各控制截面在地震作用下是否进入弹塑性。

本桥主桥结构的抗震验算根据《公路桥梁抗震设计细则》(JTG/T B02-01—2008)的抗震验算方法,根据截面的配筋,采用纤维单元,考虑在恒载和地震作用下的最不利轴力组合对主塔、过渡墩、辅助墩和群桩基础最不利单桩的控制截面进行了强度-弯矩-曲率(P-M-ϕ)分析,得出各控制截面的抗弯能力,从而进行抗震性能验算。

主塔、过渡墩、辅助墩和桩基础截面的抗弯能力(强度)采用纤维单元法进行的弯矩-曲率(考虑相应轴力)分析确定,将截面混凝土根据需求划分为纤维单元束,而单根钢筋则作为一个纤维单元。

采用纤维单元,对各控制截面进行划分(图4-3-3～图4-3-6),应用实际的钢筋和混凝土应力-应变关系,计算了各控制截面的弯矩-曲率关系,从而得到各控制截面的初始屈服弯矩M_y和等效屈服弯矩M_{eq}。

图4-3-3 主塔塔底验算截面图示意图

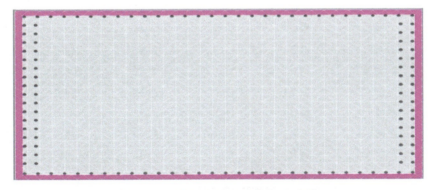

图4-3-4 过渡墩(辅助墩)验算截面示意图

E1地震作用下,结构校核目标是主塔、过渡墩、辅助墩和桩基础均在弹性范围内工作,其地震反应小于初始屈服弯矩;E2地震作用下,结构校核目标是桥塔、桩基础可出现微小裂缝,不影响使用,桥塔、桩基的地震反应小于等效屈服弯矩,但过渡墩、辅助墩可进入延性。桥塔、墩和桩基础截面抗震验算结果见表4-3-18～表4-3-21。

图 4-3-5　主塔桩基($\phi 3.0m$)

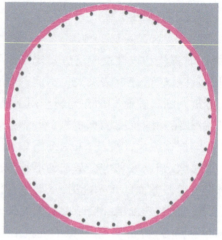

图 4-3-6　过渡墩(辅助墩)桩基($\phi 2.5m$)

桥塔(墩)截面抗震验算(E1 地震作用)　　　　　表 4-3-18

组合工况	墩号	位置	最不利轴力 $P(kN)$	弯矩 $M(kN\cdot m)$	初始屈服弯矩 $M_y(kN\cdot m)$	安全系数
恒载 ± (纵向 + 竖向 地震作用)	Z4 过渡墩	墩底	14187	26865	60400	2.2
	Z5 辅助墩	墩底	12017	14119	58130	4.1
	Z6 辅助墩	墩底	13314	37531	59480	1.6
	Z7 辅助墩	墩底	12139	21932	58250	2.7
	Z8 主塔	塔底	305733	777394	2427000	3.1
	Z9 主塔	塔底	361390	835271	2945000	3.5
	Z10 辅助墩	墩底	38620	225692	321400	1.4
	Z11 辅助墩	墩底	39337	167445	322500	1.9
	Z12 辅助墩	墩底	13112	24429	59280	2.4
	Z13 过渡墩	墩底	15611	22832	61900	2.7
恒载 ± (横向 + 竖向 地震作用)	Z4 过渡墩	墩底	11457	68988	89490	1.3
	Z5 辅助墩	墩底	11904	69864	90190	1.3
	Z6 辅助墩	墩底	−3566	59384	64330	1.1
	Z7 辅助墩	墩底	14101	60425	93690	1.6
	Z8 主塔	塔底	278207	273834	1647000	6.0
	Z9 主塔	塔底	325864	767802	2389000	3.1
	Z10 辅助墩	墩底	40923	282691	935500	3.3
	Z11 辅助墩	墩底	41461	253471	938200	3.7
	Z12 辅助墩	墩底	13279	79781	92380	1.2
	Z13 过渡墩	墩底	14552	65096	94410	1.5

桥塔(墩)截面抗震验算(E2 地震作用) 表 4-3-19

组合工况	墩号	位置	最不利轴力 $P(kN)$	弯矩 $M(kN \cdot m)$	等效屈服弯矩 $M_y(kN \cdot m)$	安全系数
恒载± (纵向＋竖向 地震作用)	Z4 过渡墩	墩底	13302	38338	79820	2.1
	Z5 辅助墩	墩底	10185	22260	76400	3.4
	Z6 辅助墩	墩底	10729	52776	77020	1.5
	Z7 辅助墩	墩底	10060	28870	76260	2.6
	Z8 主塔	塔底	295816	965863	3029000	3.1
	Z9 主塔	塔底	348979	1123880	3733000	3.3
	Z10 辅助墩	墩底	31642	335010	414700	1.2
	Z11 辅助墩	墩底	30582	265233	412900	1.6
	Z12 辅助墩	墩底	11513	31334	77890	2.5
	Z13 过渡墩	墩底	14394	30584	80800	2.6
恒载± (横向＋竖向 地震作用)	Z4 过渡墩	墩底	9798	94970	115400	1.2
	Z5 辅助墩	墩底	9888	80963	115600	1.4
	Z6 辅助墩	墩底	－10277	76699	77690	1.0
	Z7 辅助墩	墩底	13378	74837	122000	1.6
	Z8 主塔	塔底	247624	356910	1891000	5.3
	Z9 主塔	塔底	296382	1089470	2835000	2.6
	Z10 辅助墩	墩底	35803	391056	1312000	3.4
	Z11 辅助墩	墩底	33790	388806	1301000	3.3
	Z12 辅助墩	墩底	11416	111336	118400	1.1
	Z13 过渡墩	墩底	12815	76884	120900	1.6

最不利单桩截面抗震验算(E1 地震作用) 表 4-3-20

组合工况	墩号	位置	最不利轴力 $P(kN)$	弯矩 $M(kN \cdot m)$	初始屈服弯矩 $M_y(kN \cdot m)$	安全系数
恒载± (纵向＋竖向 地震作用)	Z4 过渡墩	桩顶	2507	842	13570	16.1
	Z5 辅助墩	桩顶	3101	1403	14030	10.0
	Z6 辅助墩	桩顶	921	995	12340	12.4
	Z7 辅助墩	桩顶	1586	1905	12860	6.8
	Z8 主塔	桩顶	43828	7008	44170	6.3
	Z9 主塔	桩顶	20990	7809	34610	4.4
	Z10 辅助墩	桩顶	2501	2279	13570	6.0
	Z11 辅助墩	桩顶	3909	2441	14620	6.0
	Z12 辅助墩	桩顶	2226	891	13360	15.0
	Z13 过渡墩	桩顶	2271	1434	13390	9.3

续上表

组合工况	墩号	位置	最不利轴力 $P(\text{kN})$	弯矩 $M(\text{kN·m})$	初始屈服弯矩 $M_y(\text{kN·m})$	安全系数
恒载 ± （横向+竖向地震作用）	Z4 过渡墩	桩顶	-920	4781	10850	2.3
	Z5 辅助墩	桩顶	-891	4248	10880	2.6
	Z6 辅助墩	桩顶	5325	6938	15650	2.3
	Z7 辅助墩	桩顶	181	4178	11740	2.8
	Z8 主塔	桩顶	48482	10766	44550	4.1
	Z9 主塔	桩顶	18532	8760	32750	3.7
	Z10 辅助墩	桩顶	7126	3437	16950	4.9
	Z11 辅助墩	桩顶	3891	3828	14610	3.8
	Z12 辅助墩	桩顶	-879	2964	10890	3.7
	Z13 过渡墩	桩顶	-250	3711	11400	3.1

最不利单桩截面抗震验算（E2 地震作用） 表 4-3-21

组合工况	墩号	位置	最不利轴力 $P(\text{kN})$	弯矩 $M(\text{kN·m})$	等效屈服弯矩 $M_y(\text{kN·m})$	安全系数
恒载 ± （纵向+竖向地震作用）	Z4 过渡墩	桩顶	610	1413	16860	11.9
	Z5 辅助墩	桩顶	1221	1871	17320	9.3
	Z6 辅助墩	桩顶	-1484	1111	15240	13.7
	Z7 辅助墩	桩顶	-381	2739	16100	5.9
	Z8 主塔	桩顶	38533	12576	54060	4.3
	Z9 主塔	桩顶	17562	10291	39510	3.8
	Z10 辅助墩	桩顶	-1803	3142	14980	4.8
	Z11 辅助墩	桩顶	-417	3161	16070	5.1
	Z12 辅助墩	桩顶	890	1156	17070	14.8
	Z13 过渡墩	桩顶	621	2236	16870	7.5
恒载 ± （横向+竖向地震作用）	Z4 过渡墩	桩顶	-3768	5621	13500	2.4
	Z5 辅助墩	桩顶	-2785	6144	14200	2.3
	Z6 辅助墩	桩顶	2746	8219	18510	2.3
	Z7 辅助墩	桩顶	-1237	4889	15430	3.2
	Z8 主塔	桩顶	44319	13348	56800	4.3
	Z9 主塔	桩顶	14295	12532	36570	2.9
	Z10 辅助墩	桩顶	327	4489	16640	3.7
	Z11 辅助墩	桩顶	-265	5513	16190	2.9
	Z12 辅助墩	桩顶	-3996	4376	13310	3.0
	Z13 过渡墩	桩顶	-1967	4792	14850	3.1

由验算结果可以得出:

(1)主塔、过渡墩、辅助墩和桩基础的控制部位在 E1 地震作用下,结构的安全系数均大于1,结构保持在弹性范围工作。

(2)E2 地震作用下,主塔、过渡墩、辅助墩控制截面的安全系数均大于1,主塔、过渡墩、辅助墩下的桩基础最不利单桩截面的安全系数亦大于1,说明主塔、过渡墩、辅助墩及其桩基础构件只发生可修复损伤,满足 E2 地震作用下的抗震性能目标要求。

(3)主梁在 E2 地震作用下梁端纵向位移达 696mm(反应谱分析结果),位移值较大,梁端伸缩缝难以满足要求。因此,本桥主桥需要通过采取减震措施来满足结构的抗震性能要求。

四、液体黏滞阻尼器参数设计

由上节抗震验算可知,主梁梁端纵向位移较大,因此为了限制结构在地震作用下的纵向位移,本桥主桥在两主塔和主梁之间纵桥向应设置液体黏滞阻尼器。

液体黏滞阻尼器的规格选择,需要通过参数分析确定阻尼器的参数。单个阻尼器参数见表 4-3-22。

单个阻尼器参数　　　　　表 4-3-22

序号	项目	Z8 号塔参数	Z9 号塔参数
1	阻尼系数 $c_\alpha[\mathrm{kN}/(\mathrm{m/s})^{0.3}]$	2300	2600
2	阻尼指数 α	0.3	0.3
3	最大阻尼力 $F(\mathrm{kN})$	1500	1700
4	最大冲程(mm)	±750	±750
5	数量(套)	4	4

五、非线性时程分析及抗震验算

1.非线性时程分析

由于主桥设置了液体黏滞阻尼器,因此需对结构进行非线性时程分析。考虑等效嵌固模型进行结构的地震响应计算,在计算中采用有限元软件 midas Civil 2012 中的边界非线性单元模拟液体黏滞阻尼器,结构主要部位在 E1 和 E2 地震作用下的非线性时程计算结果见表 4-3-23~表 4-3-25。

E1 地震作用下结构各主要部位地震响应(非线性时程)(等效嵌固模型)　表 4-3-23

墩号	截面	纵向反应			横向反应		
		$M(\mathrm{kN\cdot m})$	$Q(\mathrm{kN})$	$N(纵+竖)(\mathrm{kN})$	$M(\mathrm{kN\cdot m})$	$Q(\mathrm{kN})$	$N(横+竖)(\mathrm{kN})$
Z8 号	塔梁处上	242006	9179	24077	221294	8688	60672
	塔梁处下	231816	11779	26280	142745	29290	61093
	塔根	334038	13029	27735	326817	32102	61666
	承台底	436272	20129	30146	335084	38677	74287

续上表

墩号	截面	纵向反应			横向反应		
		$M(kN \cdot m)$	$Q(kN)$	$N(纵+竖)(kN)$	$M(kN \cdot m)$	$Q(kN)$	$N(横+竖)(kN)$
Z9号	塔梁处上	181469	5453	23688	127761	5040	59328
	塔梁处下	178867	6796	27728	285504	19381	69048
	塔根	471782	13861	32332	798538	20743	72821
	承台底	1155480	65371	72839	2667420	75526	90416

E2 地震作用下结构各主要部位地震响应(非线性时程)(等效嵌固模型) 表 4-3-24

墩号	截面	纵向反应			横向反应		
		$M(kN \cdot m)$	$Q(kN)$	$N(纵+竖)(kN)$	$M(kN \cdot m)$	$Q(kN)$	$N(横+竖)(kN)$
Z8号	塔梁处上	321464	13631	29810	283362	11571	93914
	塔梁处下	303031	16497	31866	216076	37954	93369
	塔根	510133	18417	34317	408275	40403	94402
	承台底	669024	33193	40684	404610	42162	95939
Z9号	塔梁处上	265622	6979	32707	179181	7075	78443
	塔梁处下	260073	10432	38546	359847	24300	90806
	塔根	708724	17377	42823	1082380	29988	96367
	承台底	1736110	85011	93731	3486300	104543	93697

E2 地震作用下结构控制点的位移(非线性时程)(等效模型) 表 4-3-25

结构位置	纵桥向(mm)	横桥向(mm)
Z8 主塔塔顶	185	141
Z9 主塔塔顶	204	278
主梁跨中	142	449
梁端	143	51

2. 非线性时程分析结果的验算

1)E2 地震作用下的结构主要部位的内力和位移验算

通过在塔梁交接处设置液体黏滞阻尼器,主梁在 E2 地震作用下梁端位移由原来飘浮体系(线性时程结果)的 644mm 降到 143mm,减幅达 79%,可满足抗震要求;Z8 主塔塔底的纵向地震弯矩(线性时程结果)由 777394kN·m 减小到 334038kN·m,减幅达 57%;Z9 主塔塔底的纵向地震弯矩(线性时程结果)由 835271kN·m 减小到 471782kN·m,减幅达 41%。因此塔梁之间顺桥向设置液体黏滞阻尼器能有效抑制梁端的纵向地震位移,同时减小了结构的纵向地震内力。

在塔梁交接处设置液体黏滞阻尼器后,无论是内力响应,还是位移响应均满足要求。

2)E2 地震作用下的地基承载力的验算

E2 地震作用下,地基承载能力验算参照《公路桥梁抗震设计细则》(JTG/T B02-01—2008)中 4.2 进行,其中地基土抗震容许承载能力调整系数取值见表 4-3-26。

地基土抗震容许承载能力调整系数　　　　　　　　　　表 4-3-26

岩土名称和性状	调整系数 K
岩石,密实的碎石土,密实的砾、粗(中)砂,$f_{a0} \geqslant 300\text{kPa}$ 的黏性土和粉土	1.5
中密、稍密的碎石土,中密和稍密的砾、粗(中)砂,密实和中密的细、粉砂,$150\text{kPa} \leqslant f_{a0} < 300\text{kPa}$ 的黏性土和粉土,坚硬黄土	1.3
稍密的细、粉砂,$100\text{kPa} \leqslant f_{a0} < 150\text{kPa}$ 的黏性土和粉土,可塑黄土	1.1
淤泥、淤泥质土、松散的砂、杂填土、新近堆积黄土及流塑黄土	1.0

注:f_{a0}-由荷载试验等方法得到的地基承载能力基本容许值(kPa)。

E2 地震作用下,单桩轴向受压承载能力验算结果见表 4-3-27。

E2 地震作用下单桩轴向受压承载能力验算结果　　　　　表 4-3-27

组合工况	墩号	单桩最大轴压力(kN)	单桩抗震受压承载能力容许值(kN)	验算结果
恒载 +（横+竖向地震作用）	Z4 过渡墩	37148	51453	通过
	Z5 辅助墩	35356	51453	通过
	Z6 辅助墩	27578	49383	通过
	Z7 辅助墩	15442	30715	通过
	Z8 主塔	67295	88334	通过
	Z9 主塔	71334	108393	通过
	Z10 辅助墩	28611	55822	通过
	Z11 辅助墩	25625	55822	通过
	Z12 辅助墩	18779	40718	通过
	Z13 过渡墩	18208	40718	通过
恒载 +（纵+竖向地震作用）	Z4 过渡墩	37148	51453	通过
	Z5 辅助墩	35279	51453	通过
	Z6 辅助墩	27578	49383	通过
	Z7 辅助墩	15442	30715	通过
	Z8 主塔	80318	88334	通过
	Z9 主塔	69357	108393	通过
	Z10 辅助墩	30564	55822	通过
	Z11 辅助墩	27143	55822	通过
	Z12 辅助墩	13924	40718	通过
	Z13 过渡墩	15530	40718	通过

由表 4-3-27 可知,主塔、辅助墩、过渡墩地基承载能力满足要求。

第五节　多点激励作用下主桥结构地震响应分析

一、多点激励效应

地震时的地面运动是一个复杂的时间-空间过程,以前的抗震设计研究往往把注意力放在地震动的时变特性上,而对地震动的空间变化特性考虑较少。地震时,从震源释放的能量以地震波的形式传到地表面并引起地面震动。对于平面尺寸较小的建筑物,忽略地震动的空间变化,采用所谓的"一致激励"假定进行分析,能够满足此类结构的抗震设计要求;但对于平面尺寸较大的结构,地震动的空间变化将对结构反应产生重要影响,这一点已被许多强震观测记录所证实。

本桥的主桥主跨达730m,两主塔的基础及主塔的刚度均有差异,采用"一致激励"的方法进行结构的地震响应计算将带来一定的误差。因此,必须考虑地震动的空间变化,在地震响应计算分析中须考虑"多点激励"的方法。

地震动传播时的空间变化带来的行波效应、局部场地效应、不相干效应和衰减效应,都能对结构的地震响应产生影响。但由于不相干效应需要建立空间相关矩阵函数来体现地震场的空间相关性,计算较为复杂且不成熟,本桥计算暂不考虑;而衰减效应对相干函数影响很小,一般可以忽略。

因此,本桥进行多点激励的抗震计算分析主要考虑行波效应及局部场地效应两种因素对结构地震响应的影响。

二、多点激励作用的时程分析模型

多点地震动激励时程反应分析的模型采用加速度输入模型。在加速度输入模型中,通常也有两种求解方法:一种是相对运动法,将结构在绝对坐标系下的位移响应分解为拟静力反应和动力反应,分别进行求解;另一种是大质量法,在结构支承处加大质量,对大质量块施加加速度时程,作用在大质量块的加速度以力的方式传给结构,直接求得结构的反应。

加速度模型中的大质量法不能考虑桩基础和土层的性质,具有一定的局限性,故一般采用相对运动法。因此,本桥采用加速度输入模型的相对运动法计算多点激励下的结构地震响应。

三、多点激励作用下地震响应时程分析

1. 行波效应的影响分析

非一致地震动输入的确定性方法主要是通过在不同支承点输入不同的地震波或以某条

波为基准在不同点进行相位调整(即行波法)来考虑地震动的空间变化特性。行波法假定地震波沿着地面按一定的速度传播,波形保持不变,只出现时间上滞后,不考虑振幅的衰减,并且将地震波的传播速度视为常数。行波效应的时域方法基于时间历程分析,用时间差、相位差直观体现地震动的传递特性,计算原理明确。

本桥行波效应的计算利用 midas Civil 程序自带的"多支座激振"功能进行行波效应分析,计算模型利用前述的等效嵌固模型进行。计算时假设地震波是沿着整体坐标正向传播,则先到达 Z8 主塔的时间纵桥向定义为 0,竖向也定义为 0;而到达 Z9 主塔的时间纵向定义为相应视波速对应的时间差,竖向定义为 0,即竖向不考虑行波效应。

根据 Z8 主塔和 Z9 主塔处钻孔地质柱状图可知,Z9 号主塔桩基位于自由基岩场地,Z8 主塔土层的剪切波速为 207~698m/s,行波效应计算需要视波速,不能将剪切波速简单认为是视波速。本场地在中风化砂岩下有强风化砂岩,钻孔深度在 80m 以内,砂岩的视波速一般为 2000~4000m/s,结合钻孔资料,本次比较计算最大视波速达到了 3000m/s,即相位差为 0.26~3.7s 来考虑相位差对反应的影响。

纵向地震行波效应对结构的纵向位移和内力响应见表 4-3-28~表 4-3-30。

纵向地震行波效应对结构的位移和内力响应(第一条波) 表 4-3-28

视波速 (m/s)	两塔相位差	纵向位移(mm)			塔底纵向弯矩(kN·m)	
		塔顶		主梁梁端		
		Z8	Z9		Z8	Z9
200	3.7	613	593	528	786183	871936
300	2.4	623	618	548	774642	946454
400	1.8	618	629	525	840575	906286
500	1.5	611	625	531	782119	883912
600	1.2	601	641	543	709320	894399
700	1.0	612	645	535	702524	882063
1400	0.5	618	644	538	712433	818052
2000	0.36	624	643	546	725717	869423
3000	0.26	625	647	547	722431	878577
一致激励		613	630	639	772271	893747

纵向地震行波效应对结构的位移和内力响应(第二条波) 表 4-3-29

视波速 (m/s)	两塔相位差	纵向位移(mm)			塔底纵向弯矩(kN·m)	
		塔顶		主梁梁端		
		Z8	Z9		Z8	Z9
200	3.7	406	361	353	649166	753395
300	2.4	475	469	419	671163	848493
400	1.8	514	505	432	757386	882387
500	1.5	515	522	441	753274	851653

续上表

视波速	两塔	纵向位移(mm)			塔底纵向弯矩(kN·m)	
(m/s)	相位差	塔顶		主梁梁端		
		Z8	Z9		Z8	Z9
600	1.2	521	541	480	748307	860093
700	1.0	535	551	451	734062	859981
1400	0.5	528	571	468	768364	848898
2000	0.36	530	579	481	820150	879023
3000	0.26	534	584	476	800308	881898
一致激励		536	591	473	821726	863938

纵向地震行波效应对结构的位移和内力响应(第三条波)　　　表4-3-30

视波速	两塔	纵向位移(mm)			塔底纵向弯矩(kN·m)	
(m/s)	相位差	塔顶		主梁梁端		
		Z8	Z9		Z8	Z9
200	3.7	465	411	410	632683	664008
300	2.4	518	540	457	650221	694769
400	1.8	533	569	474	667744	752422
500	1.5	543	571	485	682959	758823
600	1.2	562	582	491	671971	764423
700	1.0	562	584	495	670647	768302
1400	0.5	567	596	505	672496	782999
2000	0.36	575	598	509	683468	804116
3000	0.26	576	603	513	692056	785874
一致激励		581	612	521	740287	810007

由表4-3-28～表4-3-30多点激励行波效应分析结果表明：

(1)结构的位移响应随本桥视波速的增大而有所增大,并且都略小于一致激励的地震响应位移结果,视波速超过1000m/s,位移趋于一致激励的结果。

(2)结构的地震内力响应随本桥地震动水平视波速呈震荡变化,总体呈现增大的趋势。视波速超过2000m/s时,塔的纵向弯矩趋于一致激励的结果。

(3)考虑行波效应的内力小于一致激励下的计算结果,同时行波效应的位移也是略小于一致激励作用下的位移结果,因此本桥的地震响应可按一致激励输入。

2.局部场地效应的影响分析

根据万州长江公路三桥(牌楼长江大桥)地质资料可知,靠近Z8主塔的场地类别为Ⅱ类,Z8主塔位置有5m左右厚度的人工填土,人工填土底为砂岩,场地较好,而Z9主塔位置处于自由基岩场地。

因此,在考虑局部场地效应的影响时,计算Z8主塔及同一侧的桥墩的地震动输入采用北桥墩的场地地震动参数,而 Z9 主塔及同一侧的桥墩的地震动输入采用该侧基岩地震动参数,即南桥墩的地震动参数。考虑局部场地效应的分析工况见表 4-3-31。

考虑局部场地效应的分析工况 表 4-3-31

塔号	工况 1	工况 2	工况 3
Z8 主塔	北桥墩地震动激励 1	北桥墩地震动激励 2	北桥墩地震动激励 3
Z9 主塔	南桥墩地震动激励 1	南桥墩地震动激励 2	南桥墩地震动激励 3

注:工况 1、2、3 分别代表 E1 地震作用下人造地震动加速度时程曲线 1、2 和 3。

局部场地效应和一致激励对结构的内力响应比较见表 4-3-32,对结构的纵向位移响应比较见表 4-3-33。

局部场地效应和一致激励对结构的内力响应比较 表 4-3-32

工况	位置	塔底纵向弯矩(kN·m)			塔底横向弯矩(kN·m)		
		场地效应	一致激励	场地效应/一致激励	场地效应	一致激励	场地效应/一致激励
工况 1	Z8 主塔	648612	772271	0.84	329056	326361	1.01
	Z9 主塔	789005	893747	0.88	603616	754351	0.80
工况 2	Z8 主塔	769295	821726	0.94	262967	266363	0.99
	Z9 主塔	897107	863939	1.04	579905	801232	0.72
工况 3	Z8 主塔	680418	740287	0.92	265638	237347	1.12
	Z9 主塔	824087	810074	1.02	773709	777182	1.00

局部场地效应和一致激励对结构的纵向位移响应比较 表 4-3-33

工况	位置	场地效应	一致激励	场地效应/一致激励
工况 1	Z8 主塔	737	630	1.17
	Z9 主塔	724	639	1.13
	主梁	755	550	1.37
工况 2	Z8 主塔	546	536	1.02
	Z9 主塔	540	591	0.91
	主梁	573	473	1.21
工况 3	Z8 主塔	710	581	1.22
	Z9 主塔	884	612	1.44
	主梁	543	521	1.04

考虑局部场地效应后,由表 4-3-32、表 4-3-33 分析可知:

(1)塔底的纵向内力响应比一致激励作用下的内力响应总体偏小,个别输入地震波的响应相当。

(2)位于较软场地上的 Z8 塔底的横向内力响应影响不大,而位于较硬场地上的 Z9 主塔的内力响应比一致激励作用小 20% 左右。

(3)结构的总体纵向位移值增大,塔梁纵向位移增大值均在 40% 以内。

因此,考虑局部场地条件存在差异时,地震内力响应结构总体偏小,但不超过20%,故本桥结构抗震设计直接采用较软场地对应的地震动作为一致激励输入,从结构的内力设计的角度来看是偏于安全的;但考虑局部场地条件存在差异时,塔梁地震位移响应比一致激励偏大,这是因为主塔属于高耸结构,受场地影响较大。

第六节　混合梁斜拉桥钢混结合点的抗震性能分析

一、混合梁斜拉桥的抗震性能特点

一般而言,抗震不控制斜拉桥的设计时,应优先考虑提高总体刚度,混合梁斜拉桥较其他类型的斜拉桥具有明显的优势。而在强震地区或中强地震地区,抗震可能控制斜拉桥的设计,就要在适当降低总体刚度以利抗震和适当提高总体刚度以利抗风两者之间寻找合理平衡点,以达经济合理之目的。

混合梁斜拉桥的结构特点,决定了其在地震作用下的易损性特性,其薄弱位置之一的钢混连接点处的过渡结合段是混合梁斜拉桥的易损位置,必须加以关注。

二、混合梁斜拉桥的钢混过渡结合段的抗震设计原则

在中强地震地区的混合梁斜拉桥的钢混连接点处的过渡结合段是抗震的薄弱位置,从混合梁斜拉桥地震响应方面研究分析钢混连接点的合理位置的确定,分析地震作用下钢混连接点位置改变时,全桥内力的变化规律和结合段自身的变化规律十分重要。从抗震角度出发,钢混连接点位置选择应满足如下的原则:

(1)结构关键部位地震响应较小的原则。

不同的钢混连接点的位置对不同方向地震作用下全桥位移和内力的影响较大,钢混连接点处的过渡结合段自身内力也改变明显,因此,钢混连接点的位置的设置应以结构关键部位地震响应较小。

(2)钢混连接点的过渡结合段有足够的抗震性能,其强度应高于两侧的钢梁和混凝土梁的原则。

为了保证钢混连接点过渡结合段有足够的抗震性能,在地震作用下,钢混连接点过渡结合段的剪力和弯矩要小,钢混连接点处的竖向和横向线位移及转角位移也要小,其强度应高于两侧的钢梁和混凝土梁。

三、钢混连接点位置对结构主要部位的抗震性能影响的分析

混凝土梁与钢梁的连接点位置一般设在主塔附近,可以在主跨侧,也可以在靠近主塔的辅助跨侧,如日本的生口桥和中国的鄂东长江大桥;也有设在主塔附近的第一个辅助墩上或

第一个辅助墩附近的靠近主塔的辅助跨侧,如我国汕头的宕石大桥(设在辅助墩上)和湛江海湾大桥(设在靠近主塔的辅助跨,距辅助墩1.8m)。可见,混合梁斜拉桥的钢混连接点的位置设置不尽一致。

本桥钢混连接点的位置按中跨至边跨依次为工况一、工况二、工况三、工况四,见表4-3-34。

万州长江公路三桥(牌楼长江大桥)主桥钢混连接点位置设置工况 表4-3-34

工况	钢混连接点位置		工况	钢混连接点位置	
	所在跨	位置		所在跨	位置
一	主跨	距主塔2.5m	三	靠近主塔的辅助跨	距主塔47.5m,距辅助墩10m
二	靠近主塔的辅助跨	距主塔10m,距辅助墩47.5m	四	辅助墩处	距主塔57.5m,在辅助墩上

按表4-3-34所示的四种工况,计算E2地震作用下的结构主要部位的地震响应和主梁过渡结合段的正应力和剪应力。

1. 钢混连接点工况一的结构主要部位的地震内力响应

E2地震作用下,钢混连接点工况一的结构主要部位的地震内力响应和主梁过渡结合段的正应力和剪应力见表4-3-35~表4-3-37。

E2地震作用下结构主要部位的地震内力响应(工况一) 表4-3-35

地震作用方向	截面	横向反应			主梁的竖向反应或主塔的纵向反应		
		$M(kN \cdot m)$	$Q(kN)$	$N(横+竖)(kN)$	$M(kN \cdot m)$	$Q(kN)$	$N(纵+竖)(kN)$
横+竖	靠左岸结合段混凝土	724969	11361	5533	22284	1854	—
	靠左岸结合段钢	724968	10980	5546	22431	1334	—
	靠右岸结合段钢	723891	12863	5555	30665	2329	—
	靠右岸结合段混凝土	724338	13673	5542	30455	5248	—
	8号塔塔根	404610	42162	95939	—	—	—
	9号塔塔根	1082380	29988	96367	—	—	—
纵+竖	靠左岸结合段混凝土	5626	218	—	28611	1686	10344
	靠左岸结合段钢	5626	182	—	28620	1241	10447
	靠右岸结合段钢	6082	211	—	37004	2375	9161
	靠右岸结合段混凝土	6086	373	—	36757	5019	9090
	8号塔塔根	—	—	—	510133	18417	34317
	9号塔塔根	—	—	—	708724	17377	42823

E2地震作用下主梁过渡结合段的正应力(工况一) 表4-3-36

截面	横+竖地震作用(MPa)	纵+竖地震作用(MPa)
靠左岸结合段混凝土	4.7	1.3
靠左岸结合段钢	40.1	10.2
靠右岸结合段钢	39.3	7.5
靠右岸结合段混凝土	4.5	1.1

E2地震作用下主梁过渡结合段的剪应力(工况一) 表4-3-37

截面	横+竖地震作用(MPa)	纵+竖地震作用(MPa)
靠左岸结合段混凝土	0.77	0.15
靠左岸结合段钢	1.06	0.29
靠右岸结合段钢	1.02	0.28
靠右岸结合段混凝土	0.75	0.14

2. 钢混连接点工况二的结构主要部位的地震内力响应

E2 地震作用下,钢混连接点工况二的结构主要部位的地震内力响应和主梁过渡结合段的正应力和剪应力见表 4-3-38 ~ 表 4-3-40。

E2 地震作用下结构主要部位的地震内力响应(工况二)　　　表 4-3-38

地震作用方向	截面	横向反应			主梁的竖向反应或主塔的纵向反应		
		$M(kN \cdot m)$	$Q(kN)$	$N(横+竖)(kN)$	$M(kN \cdot m)$	$Q(kN)$	$N(纵+竖)(kN)$
横+竖	靠左岸结合段混凝土	664819	10536	5475	19918	1886	
	靠左岸结合段钢	664836	10882	5505	19949	2366	
	靠右岸结合段钢	634719	11860	5833	26960	2835	
	靠右岸结合段混凝土	634713	11846	5808	26939	2088	
	8 号塔塔根	440129	36882	70888	—	—	—
	9 号塔塔根	1086882	31549	95827	—	—	—
纵+竖	靠左岸结合段混凝土	3701	574	—	24700	1952	9819
	靠左岸结合段钢	3700	599	—	24733	2329	9862
	靠右岸结合段钢	5052	571	—	32054	3272	10224
	靠右岸结合段混凝土	5051	523	—	31939	2427	10180
	8 号塔塔根	—	—	—	473312	19416	36389
	9 号塔塔根	—	—	—	737549	17095	45512

E2 地震作用下主梁过渡结合段的正应力(工况二)　　　表 4-3-39

截面	横+竖地震作用(MPa)	纵+竖地震作用(MPa)
靠左岸结合段混凝土	5.7	1.2
靠左岸结合段钢	37.2	7.4
靠右岸结合段钢	36.9	6.9
靠右岸结合段混凝土	5.3	1.0

E2 地震作用下主梁过渡结合段的剪应力(工况二)　　　表 4-3-40

截面	横+竖地震作用(MPa)	纵+竖地震作用(MPa)
靠左岸结合段混凝土	0.91	0.14
靠左岸结合段钢	1.00	0.43
靠右岸结合段钢	1.05	0.39
靠右岸结合段混凝土	0.88	0.14

3. 钢混连接点工况三的结构主要部位的地震内力响应

E2 地震作用下,钢混连接点工况三的结构主要部位的地震内力响应和主梁过渡结合段的正应力和剪应力见表 4-3-41 ~ 表 4-3-43。

E2 地震作用下结构主要部位的地震内力响应(工况三)　　　表 4-3-41

地震作用方向	截面	横向反应			主梁的竖向反应或主塔的纵向反应		
		$M(kN \cdot m)$	$Q(kN)$	$N(横+竖)(kN)$	$M(kN \cdot m)$	$Q(kN)$	$N(纵+竖)(kN)$
横+竖	靠左岸结合段混凝土	327988	8440	5809	17243	8440	—
	靠左岸结合段钢	327981	8844	5843	17257	8844	
	靠右岸结合段钢	498760	10037	6466	23675	10037	
	靠右岸结合段混凝土	498781	9890	6493	23542	9890	
	8 号塔塔根	444656	38833	70871	—	—	—
	9 号塔塔根	1071558	31544	94210	—	—	—

续上表

地震作用方向	截面	横向反应			主梁的竖向反应或主塔的纵向反应		
		$M(kN \cdot m)$	$Q(kN)$	$N(横+竖)(kN)$	$M(kN \cdot m)$	$Q(kN)$	$N(纵+竖)(kN)$
纵+竖	靠左岸结合段混凝土	4694	184	—	17131	1786	9320
	靠左岸结合段钢	4693	187	—	17089	1568	9389
	靠右岸结合段钢	3764	155	—	23523	2774	10190
	靠右岸结合段混凝土	3764	147	—	23393	3127	10158
	8号塔塔根	—	—	—	487164	19792	37009
	9号塔塔根	—	—	—	750360	16638	45037

E2 地震作用下主梁过渡结合段的正应力(工况三)　　表4-3-42

截面	横+竖地震作用(MPa)	纵+竖地震作用(MPa)
靠左岸结合段混凝土	2.3	0.8
靠左岸结合段钢	37.9	11.1
靠右岸结合段钢	37.2	10.5
靠右岸结合段混凝土	2.5	0.7

E2 地震作用下主梁过渡结合段的剪应力(工况三)　　表4-3-43

截面	横+竖地震作用(MPa)	纵+竖地震作用(MPa)
靠左岸结合段混凝土	0.7	0.21
靠左岸结合段钢	1.64	1.71
靠右岸结合段钢	1.61	1.66
靠右岸结合段混凝土	0.72	0.20

4. 钢混连接点工况四的结构主要部位的地震内力响应

E2 地震作用下,钢混连接点工况四的结构主要部位的地震内力响应和主梁过渡结合段的正应力和剪应力见表4-3-44~表4-3-46。

E2 地震作用下结构主要部位的地震内力响应(工况四)　　表4-3-44

地震作用方向	截面	横向反应			主梁的竖向反应或主塔的纵向反应		
		$M(kN \cdot m)$	$Q(kN)$	$N(横+竖)(kN)$	$M(kN \cdot m)$	$Q(kN)$	$N(纵+竖)(kN)$
横+竖	靠左岸结合段混凝土	275912	6287	5819	24971	4381	—
	靠左岸结合段钢	276189	8250	5746	25058	1707	—
	靠右岸结合段钢	521664	9493	6261	29017	2189	—
	靠右岸结合段混凝土	521948	10116	6153	29110	5452	—
	8号塔塔根	444748	38908	71331	—	—	—
	9号塔塔根	1061068	31726	94513	—	—	—
纵+竖	靠左岸结合段混凝土	6700	126	—	29598	4870	10085
	靠左岸结合段钢	6696	259	—	29627	2107	10290
	靠右岸结合段钢	4144	121	—	29769	2378	10796
	靠右岸结合段混凝土	4150	367	—	29711	5802	10577
	8号塔塔根	—	—	—	470414	19248	37312
	9号塔塔根	—	—	—	758484	16580	44730

E2 地震作用下主梁过渡结合段的正应力（工况四）

表 4-3-45

截面	横+竖地震作用（MPa）	纵+竖地震作用（MPa）
靠左岸结合段混凝土	2.01	0.72
靠左岸结合段钢	35.6	15.4
靠右岸结合段钢	34.8	14.8
靠右岸结合段混凝土	2.95	0.69

E2 地震作用下主梁过渡结合段的剪应力（工况四）

表 4-3-46

截面	横+竖地震作用（MPa）	纵+竖地震作用（MPa）
靠左岸结合段混凝土	0.29	0.46
靠左岸结合段钢	2.27	1.53
靠右岸结合段钢	2.31	1.61
靠右岸结合段混凝土	0.35	0.48

5. 钢混连接点各工况的结构主要部位的地震位移响应

E2 地震作用下，钢混连接点各工况的钢混连接点处的地震位移响应见表 4-3-47。

E2 地震作用下钢混连接点处的地震位移响应

表 4-3-47

工况		横向位移（mm）	纵向位移（mm）	竖向位移（mm）
工况一	8 号塔侧	7	109	2
	9 号塔侧	58	111	3
工况二	8 号塔侧	10	103	9
	9 号塔侧	51	106	15
工况三	8 号塔侧	24	98	3
	9 号塔侧	42	101	4
工况四	8 号塔侧	25	98	1
	9 号塔侧	42	102	1

表 4-3-34 ~ 表 4-3-47 给出了在 E2 地震作用下，钢混连接点各工况的结构主要部位的地震内力响应和主梁过渡结合段的正应力和剪应力，可以看出：钢混连接点的位置由中跨主塔附近逐步移至辅助跨，直至辅助墩墩顶。结构主要部位的地震响应有如下的结论：

（1）对于塔根处的横向弯矩，9 号塔变化不大，但 8 号塔塔根处的横向弯矩随着钢混连接点的位置由中跨主塔附近逐步移至辅助跨，工况一、二、三、四逐渐增大，增大幅度为 11%。

（2）对于塔根处的纵向弯矩，8 号塔塔根处的纵向弯矩随着钢混连接点的位置由中跨主塔附近逐步移至辅助跨，工况一略大，工况二 ~ 工况四变化不大；9 号塔塔根处的纵向弯矩随着钢混连接点的位置由中跨主塔附近逐步移至辅助跨，工况一 ~ 工况四逐渐增大，增大幅度为 7%。

（3）对于过渡结合段在地震作用下的应力及剪应力。钢混连接点的位置由中跨主塔附近逐步移至辅助跨，其应力及剪应力均不大，钢结构的应力不超过 41MPa，混凝土最大应力不超过 6MPa，最大剪应力不超过 2.31MPa，均满足结构性能要求。

（4）对于过渡结合段在地震作用下的位移。钢混连接点的位置相同时，8 号主塔侧的位移明显小于 9 号主塔侧，这是由于两主塔刚度相异而造成的；而当钢混连接点的位置由中跨主塔附近逐步移至辅助跨，其竖向位移值变化由小至大依次为工况四、工况一、工况三、工况二。

四、钢混连接点位置的优化分析

混合梁斜拉桥钢混连接点位置的选择原则为:在 E2 地震作用下,结构主要部位的地震内力响应和位移响应最小。

由表 4-3-34～表 4-3-47 给出的在 E2 地震作用下,钢混连接点各工况的结构主要部位的地震响应和主梁过渡结合段的正应力和剪应力及上述分析,各工况评价结果见表 4-3-48。

钢混连接点位置设置的各工况的地震响应评价　　　　　表 4-3-48

工况		评价内容			
		塔根横向内力	塔根纵向内力	连接点竖向位移	结合段应力
一	主跨距主塔 2.5m 处	最小	略大	次小	相当
二	靠近主塔的辅助跨,距主塔 10m,距辅助墩 47.5m 处	次小	相当	最大	
三	靠近主塔的辅助跨,距主塔 47.5m,距辅助墩 10m 处	次大		次大	
四	辅助墩上	最大		最小	

由表 4-3-48 评价结果表明:在 E2 地震作用下,按结构主要部位的地震内力响应和位移响应最小原则来选择钢混连接点的位置,以工况一为最优。

故本桥钢混连接点的位置选择结果为:将边跨混凝土箱梁往中跨伸入 2.5m。验算结果表明,将边跨混凝土箱梁往中跨伸入 2.5m,主桥结构抗震性能及连接点过渡结合段的抗震性能均有足够保证。

第七节　结　　论

一、本桥的抗震设防标准及性能目标

(1)针对本桥既是公路桥,又是城市桥的特点,提出了按两种规范综合考虑本桥的抗震设防标准;

(2)针对本桥的结构特点,提出了本桥主桥的抗震性能目标。

二、一致激励作用下主桥结构的抗震性能

(1)在 E1 地震作用下,主塔塔柱、过渡墩、辅助墩和全部桩基础的最不利截面弯矩均小于截面初始屈服弯矩,主塔塔柱、过渡墩、辅助墩和全部桩基础保持在弹性范围之内,满足抗

震设计要求。

（2）在 E2 地震作用下，在未采取减震措施前，主塔、过渡墩、辅助墩、桩基础等构件只发生可修复损伤，满足 E2 地震作用下的抗震性能目标要求，但是主梁在 E2 地震作用下梁端纵向位移达 696mm，位移值较大，梁端伸缩装置设计较为困难。

（3）通过对液体黏滞阻尼器参数的优化设计，全桥设置 8 套液体黏滞阻尼器。其中 $C_\alpha = 2300 \text{kN}/(\text{m/s})^{0.3}$，$\alpha = 0.3$ 作为本桥主桥北塔的阻尼器特征参数，单个阻尼器的最大阻尼力为 1500kN，最大冲程为 ±750mm，全桥共四套。$C_\alpha = 2600 \text{kN}/(\text{m/s})^{0.3}$，$\alpha = 0.3$ 作为本桥主桥南塔的阻尼器特征参数，单个阻尼器的最大阻尼力为 1700kN，最大冲程为 ±750mm，全桥共四套。

（4）在主塔和主梁交接处纵桥向设置液体黏滞阻尼器后，主梁梁端的纵向地震位移减幅达 78%，Z8 主塔塔底的纵向地震弯矩减幅达 57%，Z9 主塔塔底的纵向地震弯矩减幅达 41%。通过对采取减震措施的主桥结构进行抗震验算，主桥结构在 E2 地震作用下的强度和位移均能满足设计要求。

（5）在 E2 地震作用下，主塔、辅助墩、过渡墩地基承载能力均满足要求。

三、多点激励作用下主桥结构的地震响应分析结论

（1）考虑本桥行波效应的多点激励，与不考虑两主塔的相位差的一致激励相比，其内力响应小于一致激励下的计算结果；考虑行波效应的位移也是略小于一致激励作用下的位移结果。

故考虑行波效应的多点激励较不考虑行波效应的一致激励的地震响应（内力和位移）偏小，按一致激励的地震响应进行结构主要部位的抗震验算是偏于安全的。

（2）本桥考虑局部场地效应的多点激励，与直接采用较软场地对应的地震动作为一致激励输入相比，其内力响应小于一致激励下的计算结果，塔梁处的地震位移响应比一致激励偏大。

故考虑局部场地效应的多点激励较不考虑局部场地效应的一致激励的内力响应偏小，塔梁处的地震位移响应则偏大。因此，按一致激励的地震响应进行结构主要部位的抗震计算可能带来结构抗震性能的不安全。

四、钢混连接点位置对主桥结构抗震性能的影响

（1）在 E2 地震作用下，按结构主要部位的地震内力响应和位移响应最小原则来选择钢混连接点的位置，以工况一为最优，即钢混连接点位置为将边跨混凝土箱梁往中跨伸入 2.5m。

（6）按本桥所选择的钢混连接点的位置进行验算，结果表明：主桥结构抗震性能及连接点过渡结合段的抗震性能均有足够保证。

第四章
钢混结合段模型试验研究

第一节 研究目的

根据钢混结合部的功能和基本要求,提出混合梁桥钢混结合部的基本形式及特性,制定钢混结合部设计原则、具体规定和基本控制指标,明确内力计算的规则,建立主要部件内力(承压板抗剪、承压板下混凝土局部承压、剪力键群内力)的计算方法,给出从整体到各组成部分(包括典型受力单元、承压板、承压板下混凝土、剪力键、预应力以及钢隔室、加劲肋等细部构造等)设计流程。针对万州长江公路三桥(牌楼长江大桥)钢混结合部进行有限元计算,针对万州长江公路三桥(牌楼长江大桥)钢混结合部进行静力模型试验和疲劳试验。验证万州长江公路三桥(牌楼长江大桥)钢混结合段各部件的承载能力和安全可靠性,验证其抗疲劳能力和耐久性,为该桥钢混结合段结构合理构造设计和优化提供依据。

第二节 钢混结合部设计方法

一、钢混结合部内力计算

(1)通过全桥有限元分析,确定正常使用极限状态和承载能力极限状态下钢混结合部设计最不利荷载组合下的受力状况。

(2)根据全桥计算得到的钢混结合部内力,选取钢混结合部位典型传力单元作为计算基本构件,进行理论分析或精细化有限元分析,确定剪力连接件布置、结合段长度、承压板厚度等结合段基本设计参数。

(3)根据初等梁理论,将钢混结合部结合面混凝土梁侧的弯矩和轴力分解为顶底板传力单元的轴力,作为分析计算的基础。

(4)钢混结合部的剪力应优先通过设置结合面预应力钢束,以预应力产生的摩擦力传递剪力。在结合段腹板及承压板上可按构造设置抗剪连接件,加强剪力传递的可靠性。在施工条件许可及焊接质量得到保证的前提下,也可在承压板表面采用熔透角焊缝焊接横向和竖向的钢板条,混凝土梁的纵向钢筋直接搭接在钢板上,钢板条作为刚性剪力连接件计算。

二、承压板及板下混凝土设计计算

承压板的厚度一般由混凝土的局部承压承载能力控制,或承压板的厚度由钢结构侧的应力大小决定,与承压板相连的顶底板的内力越大,则要求承压板的厚度越大。

(1)通过承压板扩散到承压板下混凝土面上的长度 c 可按下式计算:

$$c = h\sqrt{\frac{f_d}{3f_{cl}}} + 2t \tag{4-4-1}$$

式中:h——承压板厚度;

t——对承压板施加压力的板件厚度;

f_d——承压板钢材抗拉强度设计值;

f_{cl}——承压板下混凝土局部承压强度设计值,可取棱柱体强度设计值的 1.35 倍。

(2)对于承压式钢混结合部的承压板下局部承压,其承载力按《公路钢筋混凝土及预应力混凝土桥涵设计规范》(JTG D62—2004)关于局部承压的要求计算。

(3)对于承压传剪式钢混结合部承压板局部承压承载能力可按《公路钢筋混凝土及预应力混凝土桥涵设计规范》(JTG D62—2004)计算,并可将计算结果提高 1.25 倍,以反映结合部的约束效应可提高局部承载力。

三、钢混结合部设计流程

钢混结合部设计可采用下列流程进行:

(1)通过全桥有限元分析,确定正常使用极限状态和承载能力极限状态下钢混结合部设计最不利荷载组合下的受力状况。

(2)根据桥梁特点和结合部位受力状态,设置结合面预应力,保证结合面在任何工况下均处于受压状态。

(3)初步设定钢混结合部的构造形式,依据钢顶板、底板厚度确定承压板厚度,可采用 4 倍的顶板、底板厚度作为承压板厚度初值。

(4)根据结合部构造,选择典型受力单元,并根据平截面假定,偏保守确定受力单元上作用的内力。

(5)进行承压板及板下混凝土承载力检算,如果满足规范要求,可选择承压式钢混结合部或焊接连接式钢混结合部。

(6)如果不满足规范要求,进行承压传剪式钢混结合部设计,确定需要通过剪力键分配的内力比例及数值,可偏安全地取偏大的比例。

(7) 选择剪力键类型及规格,按照剪力键的承载力及承压传剪式钢混结合部多排多列剪力键的不均匀系数(可取2.0),初步设置剪力键数量及布置,确定剪力键的平均应力水平,验算剪力键最大内力,确保内力不超过弹性承载能力。

(8) 确定承压板下混凝土的设计应力水平,验算承压板下混凝土的局部承压能力,验算承压板自身的抗剪能力。

(9) 剪力键、承压板和板下混凝土验算满足规范要求,通过;否则,重新设置剪力键。

(10) 进行结合部剪力作用下剪力键设计,验算结合部剪力作用下,传递竖向剪力的剪力键承载力是否满足要求。

(11) 进行结合部构造细部设计,包括钢隔室、承压板加劲肋、钢梁过渡段、混凝土梁过渡段等细部设计。钢梁过渡段和混凝土梁过渡段的设置目的是改善钢混结合部的受力状况。承压板加劲肋设计应注意加劲肋与承压板的连接焊缝的抗撕裂能力。对于承压传剪式钢混结合部的钢格室高度一般为600~1000mm,且不宜超过梁高的1/3,每个格室宽度为800~1200mm。

(12) 在确定钢混结合部设计参数后,采用精细化有限元分析进行最终校核,进行钢混结合部优化。

第三节 钢混结合段有限元计算

借助大型有限元软件Ansys,根据实桥钢混结合段布置情况,建立三维空间模型,设置与实桥一致的边界条件和材料属性,进行实桥承载能力极限状态下的荷载组合加载计算。通过相关计算成果,从理论上对结合段的承载能力和安全性进行评判,对随后的理论研究的方向和目标,细化有限元仿真计算的对象,以及试验研究的目的、试验设计和试验验证方向提供依据。

一、计算模型

万州长江公路三桥(牌楼长江大桥)钢混结合段建模中,混凝土采用体单元模拟,钢梁采用壳单元模拟,预应力钢绞线则采用线单元模拟。根据计算需要,模型在重点关注部位,网格划分更细。整个结合段模型最多有358753个混凝土体单元,38898个钢梁壳单元,1574个钢绞线线单元,共节点数为112067个。钢混结合段分析模型如图4-4-1所示。

结合段分析模型钢梁远端截面采用固结约束,在混凝土远端截面施加内力组合。荷载按照结合段各关心截面上的控制内力为依据。各断面上的内力(轴力和剪力)都通过截面施加到模型上,弯矩则通过延伸一段刚臂施加力偶实现。钢混结合段结构的模拟,按照以往计算经验,在结合段整体模型中假设其钢与混凝土连接良好。预应力钢绞线与混凝土之间的连接,则采用节点耦合方法,使两者共同受力且变形协调。钢混结合段整体仿真分析模型主要用于分析结合段各部分总体应力、变形的分布情况。

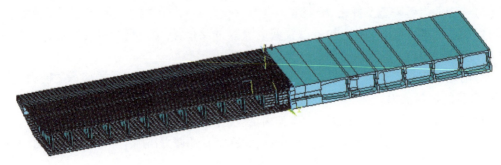

图4-4-1 钢混结合段分析模型

计算时混凝土箱梁混凝土采用C55,弹性模量 E 为 3.55×10^4 MPa,泊松比 μ 为0.167;钢梁弹性模量 E 采用 2.1×10^5 MPa;钢绞线钢梁弹性模量 E 采用 1.95×10^5 MPa,泊松比 μ 为0.3。

钢混结合段结合部位刚度最大,往两侧依次减小,因此两侧的过渡段刚度变化会较大,在传力过程中,容易形成应力集中。因此计算将分别针对钢混结合段结合面、距离结合面5.8m处钢梁及距结合面8.75m处混凝土梁三个截面进行分析,分别考虑承载能力极限状态最大轴力、最大剪力、最大弯矩三种最不利工况荷载组合。

承载能力极限状态下的荷载组合计算依据《公路桥涵设计通用规范》(JTG D60—2004)4.1.8规定:结构构件当需进行弹性阶段截面应力计算时,除特别指明外,各作用效应的分项系数及组合系数应取为1.0,各项应力极值按各设计规范规定采用。因此本次荷载组合为:

$$S_{组合}=S_{恒荷载}+S_{沉降}+S_{活载}+S_{温度}+S_{风载} \tag{4-4-2}$$

承载能力极限状态下各截面内力荷载组合见表4-4-1。

承载能力极限状态下各截面内力荷载组合　　　表4-4-1

荷载工况	轴力(kN)	剪力(kN)	弯矩(kN·m)
主梁结合面内力			
最大轴力组合	133164	12190	-125788
最大剪力组合	119840	16370	-222324
最大弯矩组合	122752	15430	-245544
主梁(混凝土梁)距结合面8.75m处内力			
最大轴力组合	133164	-14268	-34073
最大剪力组合	113929	-20212	-93879
最大弯矩组合	124358	-16414	-109105
主梁(钢梁)距结合面5.8m处内力			
最大轴力组合	133164	9210	-77233
最大剪力组合	119852	13324	-156425
最大弯矩组合	122812	12079	-179122

二、钢混结合部位及附近钢梁段计算结果

根据钢混结合面的荷载组合,计算钢混结合部位及附近钢梁(距承压板 −800~2000mm 范围,靠近混凝土端为负,靠近钢梁端为正,下同)的应力及变形结果。

1. 最大轴力内力组合工况

最大轴力内力组合工况钢混结合部位及附近钢梁的应力分布及钢梁变形分布如图 4-4-2 所示。

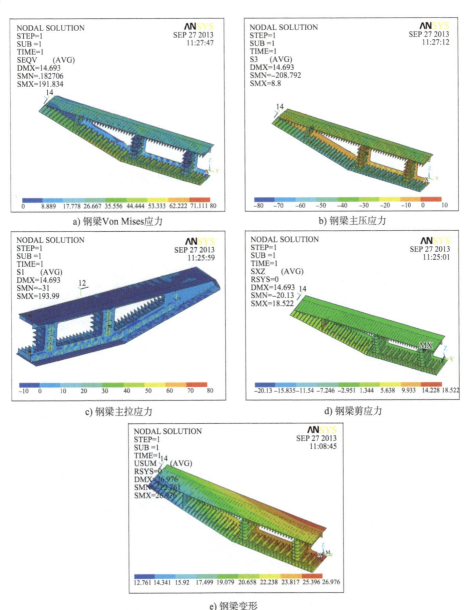

图 4-4-2　最大轴力工况钢梁应力及变形(应力单位:MPa;变形单位:mm)

计算结果表明,最大轴力工况下:

(1)钢混结合段及其附近钢梁(距承压板 -800~2000mm 范围)大多数部位 Von Mises 应力都在 0~80MPa 之间,仅在过渡段腹板与承压板连接处、过渡段底板加劲肋与承压板连接处等较小局部区域应力偏大,但最大值仍然不超过 200MPa。

(2)主压应力基本都在 -80~0MPa 之间,应力较大位置位于过渡段底板加劲肋与承压板连接处等较小局部区域;由于受到负弯矩的作用,顶板压应力要明显比底板小,基本在 -30~0MPa。

(3)主拉应力基本都在 80MPa 以内,仅在过渡段腹板与承压板连接处出现点状应力集中,但区域面积很小。

(4)由于该部位承受剪力较小,因此结构剪应力水平不高,基本都在 20MPa 以内。

(5)钢梁变形较为平顺,从结合部位往过渡段方向逐渐减小。结合部位与附近部位的相对变形较小,表明钢梁刚度过渡较为平稳。

总体上,在最大轴力工况下,钢混结合段及其附近钢梁处于受压状态,且应力基本在 80MPa 以内。

2. 最大弯矩内力组合工况

最大弯矩内力组合工况下,钢混结合段及附近钢梁的应力分布及变形如图 4-4-3 所示。

a) 钢梁 Von Mises 应力

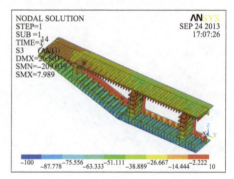

b) 钢梁主压应力

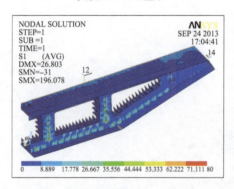

c) 钢梁主拉应力

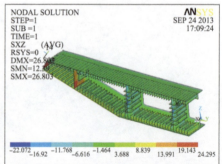

d) 钢梁剪应力

图 4-4-3

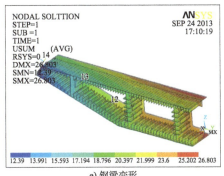

e) 钢梁变形

图 4-4-3　最大弯矩内力组合工况下钢梁应力及变形(应力单位:MPa;变形单位:mm)

计算结果表明,最大弯矩工况下:

(1)弯矩工况组合与最大轴力工况相比,轴力相当,弯矩要大很多。因此,在荷载作用下,钢梁应力分布规律基本与轴力工况一致,但计算结果要偏大。钢混结合段及其附近钢梁Von Mises 应力在 100MPa 之间,最大应力同样位于过渡段腹板与承压板连接处、过渡段底板加劲肋与承压板连接处等局部。

(2)主压应力基本都在 -100~0MPa 之间;而主拉应力在 0~80MPa 之间;剪应力水平不高,都在 25MPa 以内;应力较大位置多位于板件之间的连接部位。

(3)从变形图来看,弯矩工况与轴力工况基本类似,钢梁变形较为匀顺。

(4)钢箱梁顶板应力总体变化较大,在靠近纵桥向中心线附近最大,并从中线向边箱方向逐渐减小,形成较明显的负剪力滞效应。

3.最大剪力内力组合工况

最大剪力内力组合工况下钢混结合段及其附近钢梁的应力分布及变形如图 4-4-4 所示。

计算结果表明:最大剪力工况荷载与最大弯矩工况荷载基本相似,因此在该工况荷载作用下,钢梁应力分布规律与弯矩工况基本一致,应力计算结果略小。结合面附近梁段 Mises 应力基本都在 0~100MPa 之间;主压应力基本都在 -100~0MPa 之间;而主拉应力在 0~80MPa 之间;剪应力在 30MPa 以内。

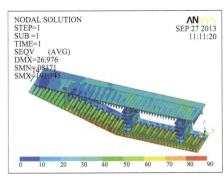
a) 钢梁Von Mises应力

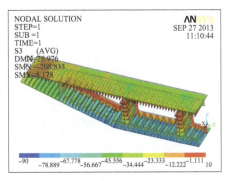
b) 钢梁主压应力

图　4-4-4

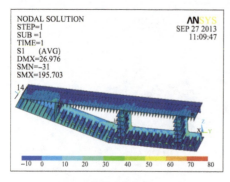

c) 钢梁主拉应力

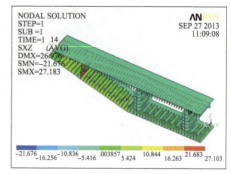

d) 钢梁剪应力

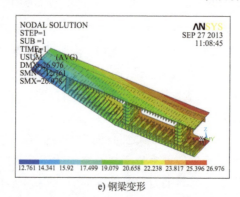

e) 钢梁变形

图 4-4-4　最大剪力内力组合工况钢梁应力及变形(应力单位:MPa;变形单位:mm)

三、钢混结合部位混凝土梁段计算结果

1. 最大轴力内力组合工况

在最大轴力组合下,钢混结合部位混凝土梁段(距承压板 -5000~1450mm 范围)应力及变形如图 4-4-5 所示。

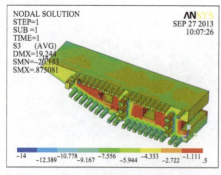

a) 混凝土主压应力

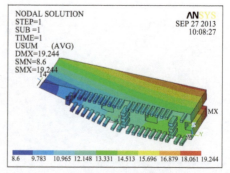

b) 混凝土主压竖向变形

图 4-4-5

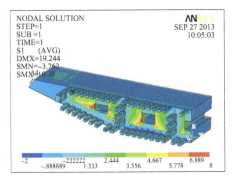
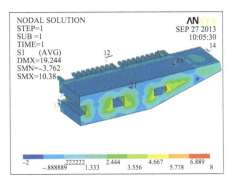

c) 混凝土主拉应力

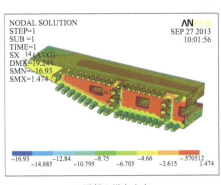
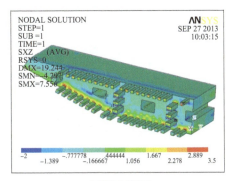

d) 混凝土纵向应力　　　　　　　　　　e) 混凝土剪应力

图 4-4-5　最大轴力组合工况钢混结合部位混凝土梁段应力和变形(应力单位:MPa;变形单位:mm)

计算结果表明,最大轴力工况下:

(1)钢混结合段混凝土梁段主压应力基本在 -14~0MPa 之间,应力较大位置位于预应力锚固局部区域。

(2)结构顶底板大多数部位主拉应力基本在 -1.5~1.5MPa 之间,但在结合部位横梁开孔周围较大面积出现主拉应力较大的情况,应力范围在 2~8MPa 之间;另外,靠近混凝土端横梁开孔周围,也出现主拉应力较大情况,应力范围在 2~6.5MPa 之间。

(3)混凝土纵向应力在 -14~1.4MPa 之间,其中拉应力区域主要出现在横梁开孔周围区域,另外底板压应力相对较大,基本在 -13~-6MPa 之间,而顶板压应力相对较小,基本在 -7~-1.4MPa 之间。

(4)结合段混凝土剪应力水平基本都在 -2~3.5MPa 之间,应力较大区域位于锚固段与横梁连接的局部区域。

(5)结合段混凝土桥面中心区域竖向变形比边缘位置要大,但总体较为平顺。

总体来说,在最大轴力工况下,结合段混凝土基本处于受压状态,但在横梁开孔周围区域出现受拉情况。

2.最大弯矩内力组合工况

最大弯矩工况下,结合部位混凝土梁段应力分布及变形如图 4-4-6 所示。

计算结果表明,最大弯矩工况下:

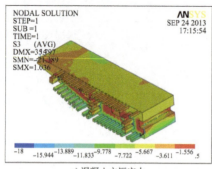
a) 混凝土主压应力

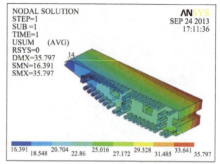
b) 混凝土变形

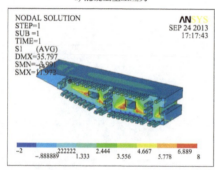

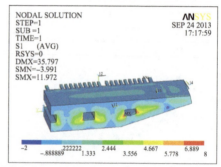
c) 混凝土主拉应力

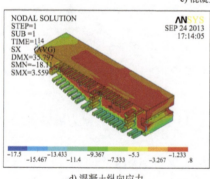
d) 混凝土纵向应力

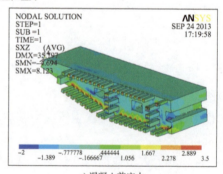
e) 混凝土剪应力

图4-4-6 最大弯矩工况钢混结合部位混凝土梁段应力和变形(应力单位:MPa;变形单位:mm)

(1)该位置弯矩工况相比轴力工况,轴力相当,但弯矩增加了75000kN·m,因此使得结构相对轴力工况略为不利。其中主压应力基本在-18~0MPa之间,应力较大位置位于预应力锚固局部、底板与混凝土分界线局部较小区域等。

(2)结构顶底板大多数部位主拉应力基本在-1.5~1.5MPa之间,但在结合部位横梁两端开孔周围较大面积,仍出现主拉应力较大的情况,应力范围在2~8MPa之间。

(3)混凝土纵向应力在-17.5~0.8MPa之间,其中底板压应力相对较大,基本在-17.5~-8MPa之间,应力较大位置主要出现在锚固局部区域、底板钢板与混凝土分界线局部区域,而顶板呈拉压临界状态,应力基本在-5~0.8MPa之间。

(4)结合段混凝土剪应力水平基本都在-2~3.5MPa之间,应力较大区域仍位于锚固段与横梁连接的局部区域。

(5)混凝土梁顶板应力变化也较大,也是基本从中线向翼缘板方向逐渐减小,仅在翼缘板位置略有变化,总体来说,顶板还是呈明显的负剪力滞效应。

总体来说,在最大弯矩工况下,结合段混凝土底部基本处于受压,而顶部出现轻微受拉,另外在横梁开孔周围区域出现受拉情况。

3. 最大剪力内力组合工况

最大剪力工况下,结合段混凝土梁的应力分布及变形如图 4-4-7 所示。

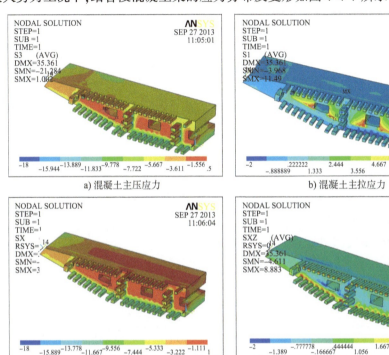

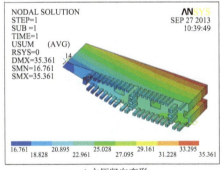

图 4-4-7 最大剪力工况钢混结合段混凝土应力及变形(应力单位:MPa;变形单位:mm)

计算结果表明,最大剪力工况下:

(1)最大剪力工况荷载与最大弯矩工况荷载基本相似,因此在该工况荷载作用下,钢梁应力分布规律与弯矩工况基本一致,应力计算结果较之略小。

(2)结构变形与前两工况相似,结合部位与附近梁段没有突变情况,表明该结构刚度过渡较为平稳。

第四节　钢混结合段静力模型试验

一、模型设计及试验方法

模型的几何缩尺比取为 $1:4(\lambda = L_s/L_m = 4)$。按照模型试验的相似理论,无因次量 $\varepsilon_s = \varepsilon_m$,当模型与原形的弹性模量 $E_s = E_m$,应力相等,模型与实桥各物理量相似关系如下:

$$A_s/A_m = \lambda^2 = 16$$
$$F_s/F_m = L_s L_s E_s \varepsilon_s / L_m L_m E_m \varepsilon_m = \lambda^2$$
$$M_s/M_m = L_s L_s L_s E_s \varepsilon_s / L_m L_m L_m E_m \varepsilon_m = \lambda^3$$

式中:λ——几何相似比;

L_s、L_m——原形和模型的几何尺寸;

A_s、A_m——原形和模型的面积;

F_s、F_m——原形和模型的轴力;

M_s、M_m——原形和模型的弯矩和扭矩。

模型与实桥相似关系见表4-4-2。

模型与实桥(模拟范围)相似关系　　　　表4-4-2

主要参数	模型各参数相似比	主要参数	模型各参数相似比
长度	$L_m/L_p = 1/4$	弹性模量	$E_m/E_p = 1$
宽度	$L_m/L_p = 1/4$	密度	$\rho_m/\rho_p = 1$
高度	$h_m/h_p = 1/4$	应变	$\varepsilon_m/\varepsilon_p = 1$
惯性模量	$I_m/I_p = 1/256$	应力	$\sigma_m/\sigma_p = 1$
弯矩	$M_m/M_p = 1/64$	挠度	$f_m/f_p = 1/4$
力	$N_m/N_p = 1/16$	位移	$v_m/v_p = 1/4$
剪力	$\tau_m/\tau_p = 1/16$		

模型设计时,其宽度定为一个箱室,高度为全高,长度为钢混结合段及其附近梁段。按1:4缩尺后,得到模型长度为4860mm、宽度为1417.5mm、高度为881mm。

模型与实桥采用相同材料制造,钢材为Q345qD,混凝土采用C55。模型采用与实桥一致规格和间距的HRB335钢筋,分别采用$\phi 22$的纵筋和$\phi 16$的横向和竖向构造筋;预应力模拟原则为预应力荷载效应完全模拟,因此,模型也采用$\phi^s 15.2$低松弛高强钢绞线,抗拉强度标准值$f_{pk} = 1860$MPa,弹性模量1.95×10^5MPa,锚下张拉控制应力$\sigma_{con} = 1395$MPa,钢束股数及布置保证模型与实桥预应力大小和预应力形心位置产生的效应一致。锚具与钢绞线相匹配的成套产品,包括锚垫板、锚头、夹片和螺旋筋等。实桥栓钉为$\phi 22 \times 200$圆柱头栓钉,材质为ML15。横向间距为200mm,纵向和竖向间距为220mm。根据剪切刚度和承载力等效原则,选定市面上规格最小的 φ13×75mm 作为模型栓钉。

模型总体构造设计图如图 4-4-8 所示。

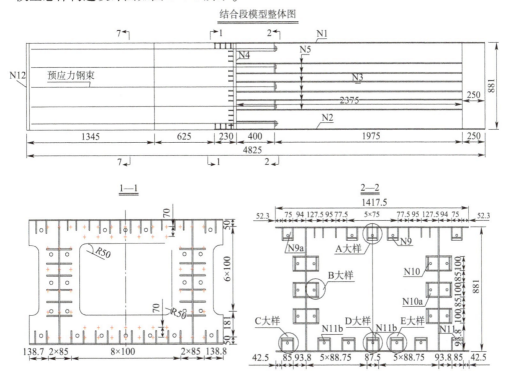

图 4-4-8　模型总体构造设计图(尺寸单位:mm)

模型加载架设计为模型结合段承压板截面位置提供轴力、弯矩、剪力。模型轴力采用张拉预应力钢绞线及精轧螺纹钢进行自锚式加载。内部预应力采用张拉钢绞线,外部轴力采用张拉精轧螺纹钢。其中钢绞线一端锚固在承压板位置,另一端在混凝土端张拉;而精轧螺纹钢一端锚固在钢梁端面反力梁上,另一端锚固在混凝土端面的反力梁位置。模型弯矩主要由两部分组成:一部分是由剪力提供弯矩,并调整反力架距支点的距离;另一部分是轴力加载形成的偏心矩,模型剪力通过千斤顶及反力架给模型施加竖向力,对模型进行弯矩和剪力加载。模型加载照片如图 4-4-9 所示。

图 4-4-9　模型加载照片

在承压板附近选择8个能反映钢混结合段受力特点和传力机理的有代表性的截面作为应变测试截面，混凝土箱梁、钢箱梁、钢混组合段均有测试截面，并在模型底面沿纵向布置若干个百分表进行变形测试。应变及变形测点布置如图4-4-10所示。

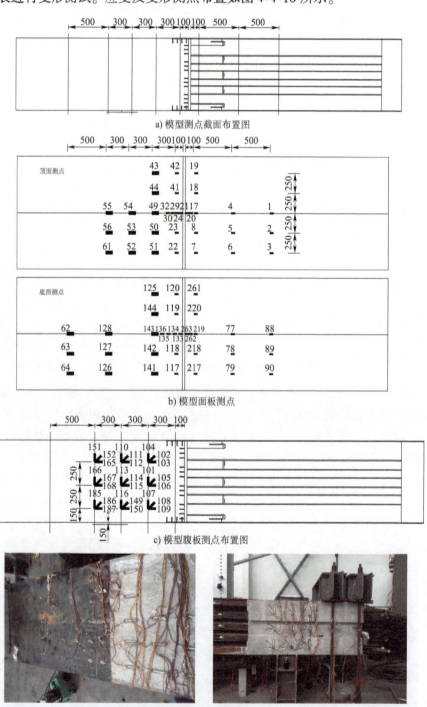

图 4-4-10

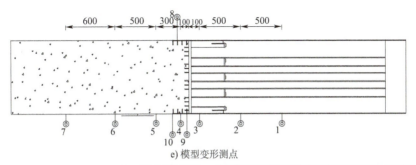

e) 模型变形测点

f) 模型变形测点照片

图 4-4-10　模型应变及变形测点布置(尺寸单位:mm)

模型试验将在浇筑混凝土梁 28d 后,混凝土强度达到 100% 后进行。试验时,将分别对模型进行体内预应力加载、1.0 倍最不利设计荷载及 1.8 倍最不利设计荷载三个大级别的加载,其中每个级别加载又分若干个子级别加载。

第一级加载(体内预应力加载):分 5 子级进行,采取横向对称加载的方式,表 4-4-3 为体内预应力索加载。

第二级加载(1.0 倍最不利设计荷载加载):分 $0.2P$、$0.4P$、$0.6P$、$0.8P$、$0.9P$ 及 $1.0P$ 共 6 级加载(P 为设计荷载)。每步加载力见表 4-4-4。

体内预应力索加载　表 4-4-3

分级	张拉预应力筋号	张拉值(kN)
1	Fa	181.7
2	JT	114.7
3	JF	66.9
4	JB	47.8
5	Jt1、Jb1	28.7

1.0 倍最不利设计荷载加载　表 4-4-4

分级	轴力张拉值(kN)	剪力张拉值(kN)
$0.2P$	198.1	38.58
$0.4P$	396.2	77.16
$0.6P$	594.3	115.74
$0.8P$	792.4	154.32
$1.0P$	990.5	192.9

卸载和重复加载:在完成第二级加载后,将加载端荷载完全卸除,重复进行第二级加载,然后卸载。

第三级加载(1.8 倍最不利设计荷载加载):完成卸载后,再进行 1.8 倍最不利设计荷载。分 $1.1P$、$1.2P$、$1.3P$、$1.4P$……,直至加载到 1.8 倍最不利设计荷载(若模型不产生破坏)。每步加载力见表 4-4-5。

在上述每个试验工况加载和卸载完成后,进行钢梁、混凝土箱梁的应变值测试,同时测量钢梁、混凝土箱梁及结合部位位移值,试验过程中注意观察混凝土结构是否开裂及开裂荷载、钢结构是否屈曲、结构位移是否突然增大和局部应力集中部位应力水平是否超过屈服强度等结构破坏迹象。

1.8 倍最不利设计荷载加载　　　　　　　　　　　　　　　　　表 4-4-5

分级	轴力张拉值(kN)	剪力张拉值(kN)	分级	轴力张拉值(kN)	剪力张拉值(kN)
1.1P	1089.55	212.19	1.4P	1386.7	270.06
1.2P	1188.6	231.48	⋮		
1.3P	1287.65	250.77			

二、钢混结合段模型仿真计算

根据设计最终成桥计算成果,实桥结合段后承压板位置承载能力极限状态荷载组合见表 4-4-6。

实桥结合段后承压板位置承载能力极限状态荷载组合　　　表 4-4-6

荷载工况	主梁结合面内力		
	轴力(kN)	剪力(kN)	弯矩(kN·m)
最大轴力组合	133164	12190	-125788
最大剪力组合	119840	16370	-222324
最大弯矩组合	122752	15430	-245544

从表 4-4-6 中可以看出:结合段处的受力特点是轴力、弯矩很大,而剪力较小。将各荷载工况组合施加到钢混结合段有限元计算模型上,进行应力分析,结果表明,最大弯矩工况作用下,结合段上下缘应力最大。因此,模型试验选取最大弯矩工况下对应的作用力进行加载,换算得到的模型试验荷载见表 4-4-7。

换算得到的模型试验荷载　　　　　　　　　　　　　　　　表 4-4-7

最不利设计荷载加载			
最不利设计荷载组合	轴力(kN)	剪力(kN)	弯矩(kN·m)
实桥最不利设计荷载组合	122752	15430	-245544
模型 1.0 最不利设计荷载组合	1918.0	385.8	-959.2
模型 1.8 最不利设计荷载组合	3452	694	-1726

注:本表没有把预应力列入,在模型试验中,考虑了预应力效应,并根据等效原则对预应力筋进行了张拉。

有限元模型混凝土采用 Solid45 单元模拟,钢板采用 Shell63 单元模拟。计算时混凝土箱梁混凝土采用 C55,弹性模量 E 为 3.55×10^4 MPa,泊松比 μ 为 0.167;钢梁弹性模量 E 采用 2.1×10^5 MPa;钢绞线钢梁弹性模量 E 采用 1.95×10^5 MPa,泊松比 μ 为 0.3。有限元模型如图 4-4-11 所示。

根据实桥与模型在 1.0 倍最不利设计荷载组合下的计算结果,比较钢混结合部位的纵向应力。实桥和模型钢混结合段顶、底板纵向应力如图 4-4-12 所示。

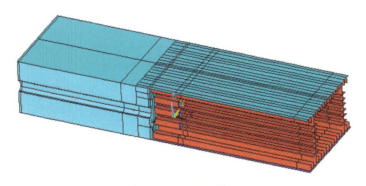

图 4-4-11　有限元模型

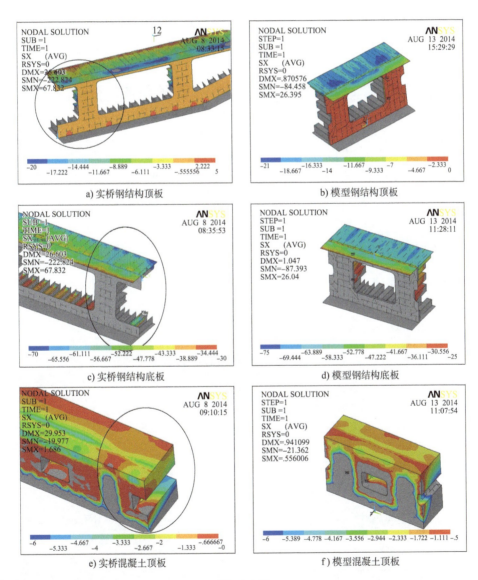

图 4-4-12

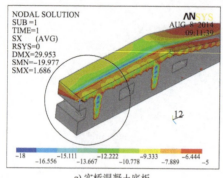
g) 实桥混凝土底板

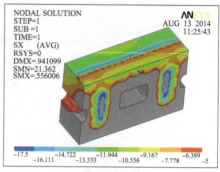
h) 模型混凝土底板

图 4-4-12　实桥与模型钢混结合段顶底板纵向应力（单位：MPa）

由图 4-4-12 可知，实桥钢结构顶板部位应力基本在 -20~5MPa 之间，钢结构底板应力基本在 -70~-30MPa 之间；混凝土顶板应力基本在 -6~0MPa 之间，混凝土底板应力基本在 -18~-5MPa 之间。

模型钢结构顶板部位应力基本在 -25~0MPa 之间，钢结构底板应力基本在 -75~-25MPa 之间；混凝土顶板应力基本在 -6~-0.5MPa 之间，混凝土底板应力基本在 -17.5~-5MPa 之间。

从应力计算结果来看，模型与实桥在结合段部位的顶底板纵向应力，分布大小、规律基本一致，且模型极值应力要略大于实桥。因此，可以认为在同样的荷载工况下，模型的应力分布能够代表实桥，模型试验结果能够反映实桥的受力状况和承载能力。

三、试验结果

1. 顶面钢板应力

图 4-4-13 和表 4-4-8 分别为钢混结合段顶面钢板应力纵向分布及部分测点测试应力与计算应力结果对比表。

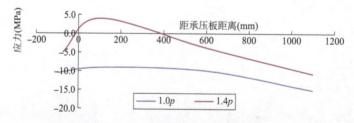

图 4-4-13　顶面钢板应力纵向分布

顶面钢板部分测点测试应力与计算应力结果对比表（单位：MPa）　　表 4-4-8

线号	1.0p 测试	1.0p 计算	结构校验系数	线号	1.0p 测试	1.0p 计算	结构校验系数
1	-14.3	-17.9	0.80	4	-8.2	-16.4	0.50
2	-13.7	-23.6	0.58	5	-9.5	-18.3	0.52
3	-15.1	-25.6	0.59	6	-9.9	-18.5	0.53

续上表

线号	1.0p 测试	1.0p 计算	结构校验系数	线号	1.0p 测试	1.0p 计算	结构校验系数
7	-9.0	-12.2	0.74	22	-10.5	-8.5	1.24
8	-9.2	-14.3	0.65	23	-13.9	-11.2	1.24
17	-8.8	-17.5	0.50	29	-18.1	-12.8	1.41
18	-9.9	-14.3	0.69	41	-5.5	-11.2	0.49
19	-4.2	-12.2	0.34	42	-10.5	-8.5	1.24

由图 4-4-13 和表 4-4-8 可以看出：钢混结合段位于支座附近的结构反弯矩区域；受轴力和弯矩作用，在 1.0 倍最不利设计荷载组合下，结构完全受压；测点应力在 -24.3~0MPa 之间，顶面钢板部分测点实测应力/计算应力基本上都在 0.50~1.24 之间。在 1.4 倍最不利设计荷载组合下，由于弯矩应力增量比轴力应力增量要大，钢梁出现受拉，测点应力在 -20.4~5.9MPa 之间。总之，顶面钢板测点应变在最不利设计荷载组合下，最大应变要远小于 Q345qD 钢容许应力。

2. 底面钢板应力

图 4-4-14 和图 4-4-15 分别为钢混结合段底面钢板应力纵向分布及底钢板部分测点应力与荷载关系曲线，表 4-4-9 为底面钢板部分测点测试应力与计算应力结果对比表。

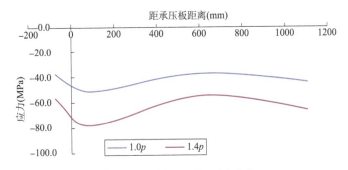

图 4-4-14 底面钢板应力纵向分布

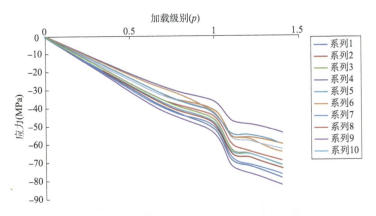

图 4-4-15 底面钢板部分测点应力与荷载关系曲线（MPa）

323

底面钢板部分测点测试应力与计算应力结果对比表（单位：MPa）　　　表4-4-9

线号	通道号	1.0p	1.0p 计算应力	结构校验系数	线号	通道号	1.0p	1.0p 计算应力	结构校验系数
77	90	−52.1	−42.3	1.23	219	98	−48.5	−58.7	0.83
78	91	−49.4	−41.8	1.18	220	99	−54.4	−61.1	0.89
80	92	−48.3	−37.5	1.29	261	100	−47.3	−63.6	0.74
79	93	−36.8	−40.2	0.91	262	101	−41.8	−58.8	0.71
89	94	−43.3	−35.2	1.23	117	108	−37.2	−43.6	0.85
90	95	−43.5	−36.1	1.20	118	109	−43.7	−42.5	1.03
217	96	−50.6	−63.6	0.80	119	110	−45.8	−42.5	1.08
218	97	−45.4	−61.1	0.74	120	111	−51.0	−43.6	1.17

从图4-4-14、图4-4-15和表4-4-9可以看出：在1.0倍最不利设计荷载组合下，底面钢板应力基本在−55.4~−33.2MPa之间，实测应力与计算应力之比基本上都在0.74~1.29之间。在1.4倍最不利设计荷载组合下，底面钢板测点应力结果分布规律与1.0倍基本一致，应力基本在−113.6~−46.4MPa之间，各测点底面应力随着荷载的增加而线性增大，处于弹性状态。各测点最大应力均小于Q345qD钢容许应力，有较大的安全余量。

3. 顶面混凝土应力

图4-4-16为顶面混凝土应力纵向分布，表4-4-10为顶面混凝土部分测点测试应力与计算应力结果对比表。

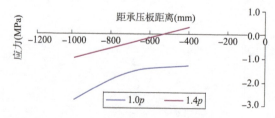

图4-4-16　顶面混凝土应力纵向分布

顶面混凝土部分测点测试应力与计算应力结果对比表（单位：MPa）　　　表4-4-10

线号	通道号	1.0p	1.0p 计算应力	结构校验系数	线号	通道号	1.0p	1.0p 计算应力	结构校验系数
43	52	−0.6	−2.1	0.30	54	59	−1.6	−2.5	0.63
44	53	−1.1	−1.9	0.59	55	60	−2.8	−3.4	0.81
49	54	−1.3	−1.6	0.81	56	61	−2.5	−3.6	0.70
50	55	−1.2	−1.9	0.63	61	62	−1.9	−3.8	0.51
53	58	−1.5	−2.6	0.57					

从图4-4-16和表4-4-10可以看出：在1.0倍最不利设计荷载组合下，顶面混凝土完全受压，应力在−2.8~−0.6MPa之间，各测点实测应力多数小于计算应力，与计算应力之比在0.51~0.81之间。在1.4倍最不利设计荷载组合下，由于弯矩应力增量较大，使得混凝土表面出现受拉，测点应力基本在−1.7~2.1MPa之间，最大拉应力出现在支座对应截面位置。

4. 底面混凝土应力

图 4-4-17 为底面混凝土应力纵向分布,图 4-4-18 为部分测点应力-荷载曲线,表 4-4-11 为部分测点测试应力与计算应力结果对比表。

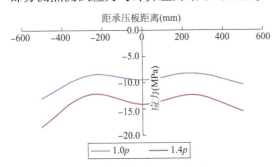

图 4-4-17 钢混结合段底面混凝土应力纵向分布

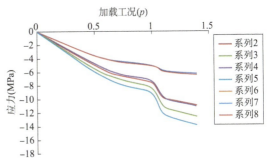

图 4-4-18 底面混凝土应力-荷载曲线

底面混凝土部分测点测试应力与计算应力结果对比表(单位:MPa)　　表 4-4-11

线号	通道号	1.0p	1.0p 计算应力	结构校验系数	线号	通道号	1.0p	1.0p 计算应力	结构校验系数
141	112	−13.0	−14.5	0.90	125	116	−10.3	−14.5	0.71
142	113	−8.5	−13.8	0.61	126	117	−5.7	−9.5	0.60
143	114	−9.4	−11.2	0.84	127	118	−5.6	−9.5	0.59
144	115	−8.2	−13.8	0.59	128	119	−5.7	−9.5	0.60

从图 4-4-17、图 4-4-18 和表 4-4-11 可以看出:在 1.0 倍最不利设计荷载组合下,钢混结合段底面混凝土完全受压,应力在 −13.0 ~ −5.6MPa 之间,底面钢板各测点实测应力与计算应力之比基本上都在 0.59 ~ 0.90 之间。在 1.4 倍最不利设计荷载组合下,底面混凝土应力在 −18.3 ~ −7.1MPa 之间,基本随着荷载的增加而线性增大。

5. 腹板混凝土应力

图 4-4-19 为钢混结合段混凝土内部应力纵向分布,表 4-4-12 为钢腹板混凝土部分测点测试应力与计算应力结果对比表。

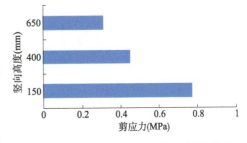

图 4-4-19 钢混结合段混凝土内部应力纵向分布

钢腹板混凝土部分测点测试应力与计算应力结果对比表(单位:MPa)　　表 4-4-12

编号	线号	通道号	主应力 σ_1	剪应力	主应力 σ_1 计算值	剪应力 计算值	主应力 效率系数	剪应力效率系数
1号	103	65	0.32	0.41	0.24	0.35	1.33	1.17
	102	64						
	104	66						
2号	106	68	0.22	0.60	0.12	0.62	—	0.97
	105	67						
	101	63						

续上表

编号	线号	通道号	主应力 σ_1	剪应力	主应力 σ_1 计算值	剪应力 计算值	主应力 效率系数	剪应力效率系数
4号	112	164	0.31	0.33	0.26	0.46	1.19	0.72
	111	163						
	110	162						
5号	115	167	0.48	0.87	0.54	1.15	0.89	0.76
	114	166						
	113	165						
6号	150	80	0.77	1.05	0.87	1.68	0.89	0.63
	149	169						
	116	168						
8号	168	86	0.34	0.87	0.55	1.56	0.62	0.56
	167	85						
	166	84						

从图4-4-19和表4-4-12可以看出:在1.0倍最不利设计荷载组合下,钢混结合段及其附近部位混凝土主拉应力测试值基本在1.0MPa以内,剪应力在 -1.05 ~ -0.33MPa 之间,最大应力出现在支座附近。底面钢板部分测点实测应力与计算应力之比基本上都在0.56~1.17之间。

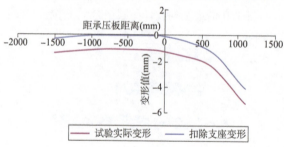

图4-4-20 结合段模型竖向挠度变形

6. 挠度及相对滑移

1) 挠度

图4-4-20为结合段模型竖向变形,其中承压板位置为坐标原点,正方向为钢梁段,负方向为混凝土段。

从图4-4-20中可以看出:扣除支座变形后,承压板附近的两个测点变形都非常小,在1.0倍最不利设计荷载下的变形仅为0.08mm和0.28mm,可以认为结合段附近由于变形产生的折角是非常微小的。另外,从结构整体变形来看,模型变形较为平顺,没有出现突然变形较大等情况,因此可以认为钢混结合段刚度过渡平顺。

2) 相对滑移

试验加载过程中测试了钢板与混凝土的相对滑移,结果如表4-4-13和图4-4-21所示。

钢板与混凝土的相对滑移(单位:mm) 表4-4-13

项目	线号	通道号	1.0p	1.4p
滑移测点	8	151	0.013	0.023
	9	152	0.063	0.088
	10	153	0.025	0.038

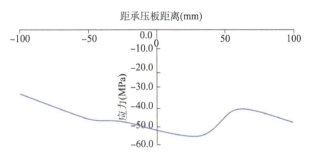

图 4-4-21　钢格室钢板与混凝土相对滑移纵向分布

从图 4-4-21 和表 4-4-13 可以看出：在 1.0 倍承载能力极限状态下，最大滑移量为 0.063mm，1.4 倍承载能力极限状态下，最大滑移值也只有 0.088mm，滑移量均较小，表明钢壳体与混凝土形成整体，共同参与受力。

第五节　钢混结合段疲劳试验研究

一、钢混结合段抗疲劳分析

1. 结合段等效疲劳荷载

1）标准疲劳车辆的影响线加载

通过万州长江公路三桥（牌楼长江大桥）的整体计算结果，得出结合段轴力和弯矩影响线，如图 4-4-22 所示。

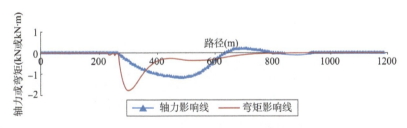

图 4-4-22　结合段轴力和弯矩影响线

对于斜拉桥的结合段而言，其荷载幅度等于桥上疲劳加载引起的轴力和弯矩幅度。而大跨径斜拉桥的轴力和弯矩影响线很长，1 辆车引起的轴力和弯矩主要取决于车重，与轴重的分布关系不大。英国桥梁设计规范 BS5400 和美国国家高速公路和交通运输协会颁布的 AASHTO 两个规范均采用疲劳标准车辆进行加载，其中 BS5400 规范是采用 4 轴 320kN 的标准疲劳车，AASHTO 则是采用 3 轴 325kN 的标准疲劳车，在采用这两个规范计算时，统一认为标准疲劳车重为 325kN。当 1 车道上通过 325kN 的标准疲劳车辆时，结合段轴力和弯矩变化曲线如图 4-4-23 所示。

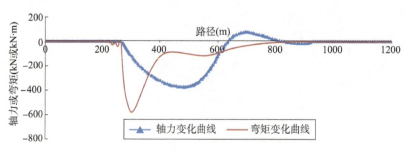

图 4-4-23 结合段轴力和弯矩变化曲线

通过图 4-4-23 发现,结合段在一辆标准疲劳车辆通过时,产生两次较大的轴力循环和一次较大的弯矩循环,根据疲劳损伤等效的原则,按下式,把一次轴力和两次弯矩循环等效为一个轴力幅和弯矩幅:

$$T_e = \left(\sum k_i T_i^5 \right)^{\frac{1}{5}} \qquad (4\text{-}4\text{-}3)$$

式中:T_e——等效的轴力幅或弯矩幅;

T_i——各轴力或弯矩。

结合段轴力和弯矩变化幅值见表 4-4-14。

结合段轴力和弯矩变化 表 4-4-14

峰值	谷值	轴力幅	等效轴力变程
结合段轴力(kN)			
77.3	−372.0	450.1	450.1
结合段弯矩(kN·m)			
0	−579.3	579.3	579.3

2)按照 AASHTO 计算桥梁设计寿命内疲劳荷载循环次数

万州长江公路三桥(牌楼长江大桥)的设计寿命为 100 年,预测在 2036 年日平均交通流量达到 48789 辆/d。同时为偏于安全,认为万州长江公路三桥(牌楼长江大桥)一通车就达到《公路工程技术标准》(JTG B01—2014)中规定的一级公路的日平均交通量上限值 55000 辆/d。根据 AASHTO 规范第 3.6.1.4.2 条的规定,疲劳荷载的频率应取单车道日平均货车交通量 ADTTSL 计算,在缺少更可靠资料的情况下,单车道日平均货车交通量应取为:

$$\text{ADTTSL} = p \times \text{ADTT}$$

式中:ADTT——单向货车日交通量;

p——单车道货车交通量所占的比例,单向车道数大于或等于 3 时取 $p = 0.8$。

根据交通流量的预测结果,将可能引起疲劳损伤的大客车、中型货车等都计为货车,由此,统计到货车所占的比例为 18.28%,则单向货车日交通量 ADTT = 0.1828 × 55000/2 = 5027(辆/d)。单车道日平均货车交通量 ADTTSL = p × ADTT = 0.8 × 5027 = 4022(辆/d)。通过等效换算后,可认为每通过 1 辆车在结合段上产生 1 次轴力和 1 次弯矩循环,于是在 100 年的设计寿命内,对应 6 个车道的内力循环总次数为：
$$N_s = 365 \times 100 \times 4022 \times 6 = 880818000(次)$$

这说明对于万州长江公路三桥(牌楼长江大桥)实桥钢混结合段,如果用 1 辆 325kN 的货车产生的轴力幅值 450.1kN、弯矩幅值 579.3kN·m,再分别乘上 1.15 的动荷载增计值,则只要结构经历 880818000 次加载循环后还没有破坏,就可以认为结构满足疲劳强度要求。

3) 结合段疲劳幅计算

由于在目前条件下,不可能进行几亿次到几十亿次的加载试验,所以必须提高荷载幅度,以减少循环次数。由于本次疲劳试验是针对结合段典型传力单元疲劳模型进行试验,荷载幅值相对较小,因此取按常幅应力 20 万次进行疲劳试验。而在小于 1000 万次时,疲劳曲线的斜率的倒数 $m=3$。所以,如果要按 20 万次进行疲劳试验加载,并产生等效的疲劳积累损伤,则荷载的幅度应为原来的 n 倍。n 值如下：

$$n = \left(\frac{880818000}{200000}\right)^{\frac{1}{3}} = 16.4$$

在 AASHTO 规范中,动荷载增计值为 15%,于是疲劳试验内力幅值应为：
$$\Delta N = 16.4 \times 1.15 \times 450.1 = 8488.9(\text{kN})$$
$$\Delta M = 16.4 \times 1.15 \times 579.3 = 10925.6(\text{kN} \cdot \text{m})$$

按 AASHTO 规范疲劳车加载引起的内力幅为本桥结合段疲劳内力幅,即轴力 8488.9kN、弯矩 10925.6kN·m。

2. 钢混结合段的疲劳问题

任何结构的耐久性或抗疲劳能力通常由该结构中最薄弱的部分控制,原则上该最薄弱部分的疲劳破坏将导致结构整体的抗疲劳能力下降、受力条件劣化、结构失效,进而破坏。钢混结合段包括栓钉、混凝土、钢结构和预应力结构等,其耐久性或抗疲劳能力需要通过对外界作用及各部分的抗疲劳性能分析确定。

(1) 钢结构:通常预应力构造系统不存在疲劳问题。至于钢混结合段中的钢结构,由于钢混结合段存在强大的恒载轴力,受压的轴力使该部位不易出现拉应力。部件在承受压-压应力循环时,钢结构中的初始缺陷或微裂纹通常不会扩展,因此不需要考虑疲劳问题。

(2) 混凝土结构:对于混凝土材料的疲劳问题的研究,可以分别从微观和宏观两个不同的角度来考虑。从微观角度来说,就是用微观连续介质力学理论、断裂力学理论、损伤力学理论来考虑混凝土中微裂纹的形成、微裂纹的稳定扩展、微裂纹的不稳定扩展直至形成宏观裂纹而破坏的过程,或者研究材料内部损伤核的产生、损伤的发展直至破坏的过程,这种研究是建立在材料疲劳破坏机理之上或者是和材料疲劳破坏机理紧密相连的。

从宏观的角度来说,就是考虑疲劳寿命与诸如应力范围、应变范围、平均应力、最大应变、残余应变和环境等变量之间的关系。通过大量的试验,根据试验结果并通过概率统计的方法将试验结果组织成简单易用的形式,常见的有 S-N 曲线等。根据《混凝土结构设计规范》(GB 50010—2010)中表 4.1.6 可知,混凝土结构的疲劳寿命主要与应力比有关,由于本工程结合段混凝土应力以恒载为主,考虑疲劳等效荷载后,计算可得结合段应力比大于 0.5,根据

《混凝土结构设计规范》(GB 50010—2010)要求,其疲劳强度无折减,因此该工程结合段混凝土疲劳性能满足要求。

(3)钢绞线:根据《公路桥梁预应力钢绞线用锚具、夹具和连接器》(JT/T 329—2010)的要求,钢绞线锚具组装件应能经受住200万次的疲劳试验,疲劳幅为80MPa。本结合段处锚固的预应力钢绞线均为公称直径15.2mm、抗拉强度1860MPa的高强低松弛钢绞线。钢混结合段预应力钢绞线统计见表4-4-15。

钢混结合段预应力钢绞线统计   表4-4-15

钢绞线类别	部位	股数	数量	标准规定的最小疲劳内力幅(kN)
结合段钢绞线	腹板束	7	26	2023.8
	顶板束	12	41	5471.0
	底板束	5	39	2168.4
纵向钢绞线	腹板束	19	20	4225.6
	底板束	7	12	934.1
施工钢绞线		3	30	1000.8
合计				15823.8

由表4-4-15计算可得:从结合面穿过的钢绞线的抗疲劳内力幅为15823.8kN,这个值大于等效轴力幅8488.9kN,而轴力幅实际上不仅由钢绞线承受,还有很大一部分是由钢结构传递的,因此可以认为钢绞线的抗疲劳能力具有较大余量,不控制结合段的长期耐久性。

(4)栓钉:由于钢与混凝土之间变形的不协调,在运营活载作用下,结合段剪力连接件的剪力会发生变化,有必要对其发生疲劳的可能性进行分析。

因此,在排除了钢结构、混凝土结构和预应力结构发生疲劳破坏的可能性之后,钢混结合段的抗疲劳能力研究实质上就归结于对密集型群钉的抗疲劳能力的研究,以及密集型群钉中受力最不利栓钉的疲劳抗力分析和讨论。

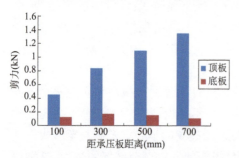

图4-4-24 等效内力幅作用下顶、底板名义剪力幅分布图

3. 结合段栓钉剪力幅计算

根据荷载谱计算得到本桥结合段疲劳内力幅为轴力8488.9kN、弯矩10925.6kN·m。将该荷载组合施加到有限元模型,计算得到等效内力幅作用下顶、底板名义剪力幅分布如图4-4-24所示。

从图4-4-24可以看出:顶板栓钉剪力幅要明显大于底板栓钉,且名义剪力幅在混凝土端头位置最大,在靠近承压板位置较小,最大名义剪力幅度为1.4kN,平均名义剪力幅为0.93kN,整体受力不均匀系数为2.1。

栓钉200万次名义剪力幅最大为1.4kN,则计算可得其名义剪应力幅为1.4kN/(3.14×22×22/4mm^2)=3.7MPa,该值远小于按照《铁路桥梁钢结构设计规范》(TB 10002.2—2005)规定的容许应力幅80.6MPa。因此可以认为结合段的栓钉的抗疲劳能力满足规范要求,栓钉不会发生疲劳破坏,并有较大的安全储备。由于钢混结合段抗疲劳性能由栓钉的抗疲劳承载能力控制,因此,认为结构疲劳应力水平不控制万州长江公路三桥(牌楼长江大桥)钢混结合段结构的耐久性。

二、疲劳模型试验

虽然从万州长江公路三桥(牌楼长江大桥)钢混结合段荷载谱研究和仿真计算结果可知,结合段的抗疲劳性能满足要求,结合段栓钉和钢结构部分不会发生疲劳破坏,但为验证理论分析结果,设计典型传力单元模型,以进行疲劳试验。

1. 模型设计

疲劳模型取钢混结合段中单个传力单元,模型比例为1:1,模型总高为1320mm,其中结合部分长700mm。模型一端混凝土高出钢结构,在其上施加疲劳荷载。为真实反映实桥钢混结合段受力情况,模型设计时,保证构造细节(如纵向栓钉排数、间距、焊接以及板件厚度等)与实桥一致,即采用纵向4排、间距为220mm栓钉,承压板和面板厚度采用120mm和24mm等。

钢构件采用Q345qD,材料性能应符合《桥梁用结构钢》(GB/T 714—2008)的要求;焊接材料采用与母材相匹配的焊丝、焊剂和手工焊条,且符合相应的设计要求;模型采用C55钢纤维混凝土;采用HRB335钢筋,其技术标准应符合《钢筋混凝土用钢 第2部分:热轧带肋钢筋》(GB/T 1499.2—2007)的有关规定。栓钉为$\phi 22 \times 200$圆柱头栓钉,间距为220mm。疲劳模型如图4-4-25所示。

2. 试验荷载

由于模型内部应力分布复杂,为了研究典型传力单元各构件的受力状态,本次研究对传力单元梁端受力更明确的钢梁加强段和混凝土过渡段进行计算,并求出内力值,施加到模型上。由于传力单元模型内部和外部的受力是呈线性关系的,因此可以认为本次加载可以真实反映格室内部受力。

首先对承压板临近的钢梁加强段进行加载,可计算出传力单元区域的轴应力和弯曲应力。其中,为了试验偏于安全,认为传力单元模型在弯曲作用下,以最不利应力数值均匀分布,则得出模型承受的内力为396.7kN;同时考虑到分摊格室的轴力49.7kN,最终换算到格室区域的总内力为435.3kN。

以同样的方法,对钢混结合段混凝土过渡段进行弯矩和轴力计算,最终换算到过渡段钢格室区域的轴力为394.4kN。求其平均值,最终确定对钢格室模型的试验荷载为414.8kN。

3. 疲劳试验

模型在MTS6000kN试验机上施加等幅正弦疲劳荷载,疲劳荷载循环加载次数为2×10^5。根据计算分析,疲劳试验荷载幅为414.8N,考虑加载下限为20kN,加载上限为440kN。疲劳试验加载如图4-4-26所示。

万州长江公路三桥(牌楼长江大桥)钢混结合段模型在经过20万次疲劳循环加载后,模型没有出现肉眼可见的疲劳损伤,理论分析和疲劳试验研究结果都表明万州长江公路三桥(牌楼长江大桥)钢混结合段具有足够的抗疲劳性能,满足设计要求。

图 4-4-25　疲劳模型照片　　　　　　　图 4-4-26　疲劳试验加载

第六节　结　　论

一、钢混结合部设计方法

(1)对混合梁桥钢混结合部的两种基本类型:承压式钢混结合部和承压传剪式钢混结合部的适用条件、优缺点进行了分析研究,为设计单位在选择钢混结合部的类型和总体构造上提供了依据和方法。

(2)给出了混合梁桥钢混结合部的设计流程,建立了混合梁桥钢混结合部各主要部件内力(承压板抗剪、承压板下混凝土局部承压、剪力键最大内力)的设计计算方法,为钢混结合部细部构造设计的参数选择和确定提供了依据和方法。

二、万州长江公路三桥(牌楼长江大桥)钢混结合段承载能力试验研究

通过对万州长江公路三桥(牌楼长江大桥)钢混结合段进行细致的分析和有限元计算,从理论上明确了设计的安全性,针对万州长江公路三桥(牌楼长江大桥)钢混结合段构造和受力特点,按照几何、物理及边界条件相似原则,设计和制作了实桥结合段几何缩尺比 1:4 的静力模型,针对模型进行了 1.0 倍最不利设计荷载和 1.4 倍最不利设计荷载的加载,结论如下:

(1)计算结果表明:在各最不利荷载工况下,钢混结合段各部位基本处于受压状态,钢结构、混凝土应力水平均满足相关规范要求,但在混凝土横梁局部、混凝土过渡段腹板与底板连接部位局部区域出现主拉应力偏大情况,需要在构造上采取相应措施进行处理。

(2)在 1.0 倍、1.4 倍最不利设计荷载组合作用下,模型钢结构、混凝土测试应力均没有

超出 Q345qD 钢的容许应力、C55 混凝土的设计强度，表明结构有较大的安全储备。另外，在试验过程中没有观察到结合段混凝土结构开裂、钢结构屈曲、结构位移突然增大等结构破坏迹象；结合段挠度及钢与混凝土之间的相对滑移都很小，钢壳体与混凝土形成良好整体，这些表明了钢混结合段使用性能良好、结构安全可靠。

三、万州长江公路三桥(牌楼长江大桥)钢混结合段疲劳性能评价

结合国内外相关规范及资料，通过万州长江公路三桥(牌楼长江大桥)内力影响线分析，按疲劳损伤等效原则，获得了 20 万次疲劳循环等效荷载。根据等效疲劳荷载，对钢混结合段的钢绞线、钢结构、混凝土、剪力键等关键构件进行了疲劳评估。结果表明，结合段主要构件(包括钢绞线、结合段混凝土及结合段剪力键)的疲劳性能均能满足设计要求，万州长江公路三桥(牌楼长江大桥)钢混结合部的疲劳性能不控制结构设计。

四、关于完善设计的建议

(1) 建议增加混凝土过渡段顶底板厚度

计算分析表明，在最不利工况下，混凝土过渡段腹板与底板连接线局部区域出现应力较大情况；另外混凝土过渡段底板压应力储备相对不高。通过增加底板顶厚度，可以较好改善该部位的受力。

(2) 对结合段预应力钢绞线进行细部调整

由于受剪力滞效应的影响，钢混结合面上，腹板对应顶板位置在最大弯矩工况下出现小范围最大拉应力为 0.4MPa 的消压区域，为保证结合面压应力储备、增强结合段耐久性，建议对结合段预应力钢绞线进行细部调整，以消除拉应力区域。

(3) 在混凝土横梁两端增加防裂钢筋等措施，以增强其抗裂性能

计算结果表明，在结合部位横梁两端部开孔周围出现主拉应力较大的情况，需要增加防裂钢筋等措施，防止该部位局部开裂。

第五章
斜拉索阻尼器选型研究

第一节 研究目的

  大跨径斜拉桥的拉索构件极易在外界环境,特别是在中等风速并伴有中等强度降雨的气候条件下,极易发生由风雨导致的所谓风雨振动,最大振幅有时达到索直径的 3~4 倍。拉索的大幅振动引起锚固端的疲劳,或者损坏拉索端部的腐蚀保护系统,降低拉索的使用寿命,因此,斜拉索的振动控制已成为保证桥梁安全运营的重要环节。

  万州长江公路三桥(牌楼长江大桥)是长江上游地区最大跨径的斜拉桥,国内排名靠前,因此无论采用何种形式的阻尼器,都将会成为长江上游地区采用那种形式阻尼器的最大跨径斜拉桥。因此,从某种角度来说,万州长江公路三桥(牌楼长江大桥)斜拉索阻尼器选型工作不仅具有重要的工程实用价值,也具有重要的国际参考意义。

  如果拉索的锚固点位于主梁内部或底板下,大跨径斜拉桥的拉索往往采用内置阻尼器;对于锚拉板式主梁,由于桥面处的拉索锚固点较高,采用何种阻尼器都必须考虑性能、耐久与美观因素。通过研究万州长江公路三桥(牌楼长江大桥)采用外置式与内置式阻尼器的可能性、适用性与美学效果,提出相应的拉索减振方案建议。因此,开展万州长江公路三桥(牌楼长江大桥)斜拉索阻尼器选型研究具有重要的理论意义与工程实用价值。

第二节 拉索的振动类型及减振措施

一、拉索的振动类型

  根据对国内外大跨径斜拉桥拉索振动研究成果和实桥观测结果分析,主要有以下几种类型的拉索振动:

(1) 涡激振动:由漩涡脱落引起,为圆形截面拉索容易发生的振动。
(2) 风雨激振:在风雨共同作用下发生的斜拉索振动现象。
(3) 参数振动和线性内部共振:当桥面或索塔的振动频率和拉索的横向振动频率成整数倍关系时,微小的桥面振动产生的拉索张力变化能激起较大振幅的拉索横向振动,拉索的振动频率与拉索张力有关,张力周期性改变会引起频率的周期性改变,而频率是振动系统的参数之一,所以称为参数振动。另外,当桥梁整体的某阶振型的固有振动频率与某一拉索的某阶自振频率相同时,也会引起拉索的共振,称为线性内部共振。
(4) 此外,在欧洲寒冷地区,观察到了斜拉桥拉索结冰驰振的现象。

二、常见的拉索减振措施

目前,采用较多的斜拉索减振措施主要有三种。
(1) 气动措施:通过改变拉索的横断面形状或拉索的表面形态来改变拉索的气动特性,使流经拉索的气流不再引起拉索的振动。
(2) 结构控制(辅助索)措施:用辅助索将多根拉索横向连接起来,能起到增大单根拉索自振频率、提高附加质量和结构阻尼的效果,主要用来抑制拉索的参数振动和线性内部共振。
(3) 机械减振(阻尼器)措施:在拉索的适当部位(通常是在拉索锚固端附近)安装各种形式的阻尼器,可通过提高拉索的模态阻尼来耗散拉索的振动能量。阻尼器是一种"广谱的"减振措施,对各种拉索振动都有良好的减振效果。阻尼器分为内置式与外置式两种形式。

理论上讲,斜拉桥拉索的减振将针对不同机制的拉索振动,可以采用上述一种或几种措施的组合。

第三节 万州长江公路三桥(牌楼长江大桥)拉索的减振目标

一、拉索的最大阻尼比要求

拉索自身的阻尼比相对于结构而言,其值很小,一般在 0.001~0.003 之间。因此,拉索必须设置阻尼器来增加拉索的阻尼比,从而达到控制拉索振动的目的。不同国家或国际组织的规范要求,斜拉索阻尼器的要求并不完全一致。

1. FIB 对拉索的要求

国际结构混凝土联合会(The International Federation for Structural Concrete,FIB)对拉索的要求:阻尼装置产生 3%~4% 的对数衰减时,足以控制因风振产生的拉索振动;

对数衰减率 $\delta = \ln(f_n/f_{n+1}) = 2\pi\xi = \pi\dfrac{\Delta l}{l}$，其中阻尼率 $\xi = 0.5\dfrac{\Delta l}{l}$。

式中：f_n——n 次循环下拉索振幅；

f_{n+1}——$n+1$ 次循环下拉索振幅；

Δl——阻尼器安装距离；

l——索长。

2. CIP 对拉索的要求

法国国际预应力委员会（French International Commission on Prestressing，CIP）对拉索的要求：对于长度超过 80m，阻尼装置产生 3% 的对数衰减时有效。

3. PTI 对拉索的要求

后张法预应力研究所（Post-Tensioning Institute，PTI）关于质量-阻尼系数 S_c [即 Scruton number（斯科顿数）] 的规定：拉索的质量-阻尼参数 $S_c \geq 10$；当斜拉索表面有气动措施时，$S_c \geq 5$。S_c 的表达式如下：

$$S_c = \dfrac{m\xi}{\rho D^2}$$

式中：ρ——空气密度；

D——索直径；

m——每米质量；

ξ——结构阻尼率。

4.《公路斜拉桥设计细则》（JTG D65-01—2007）对拉索的要求

该规范对拉索的减振措施有具体要求，如对拉索表面的气动措施规定采用螺旋形、凹坑等措施，但对拉索阻尼比的最低要求没有明确的条文规定。

二、拉索减振的控制目标

斜拉索振动控制的目标主要是：对数衰减率控制和振幅控制。

（1）对数衰减率的控制目标：在加设减振措施后斜拉索阻尼器系统的对数衰减率 δ 大于 0.03~0.04。

（2）振幅的控制目标：振幅目标见图 4-5-1，在加设减振措施后应满足：

$$\dfrac{y}{L} < \dfrac{1}{1700}$$

式中：y——斜拉索中部的最大振幅；

L——斜拉索的自由索长。

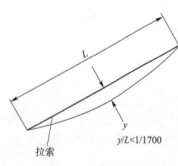

图 4-5-1 振幅控制目标示意图

考虑万州长江公路三桥（牌楼长江大桥）拉索的特点，计算分析时，拉索的最低阻尼比取 3.0%。

第四节 万州长江公路三桥(牌楼长江大桥)斜拉索的基频计算

斜拉索的索力与自振频率关系的研究已有较多,以下为其基本公式。

斜拉索可以模拟为具有张力 T 的两端固结的索,运动方程为:

$$EI\frac{\partial^4 v(x,t)}{\partial x^4} - T\frac{\partial^2 v(x,t)}{\partial x^2} + m\frac{\partial^2 v(x,t)}{\partial t^2} = 0 \quad (4\text{-}5\text{-}1)$$

式中:EI——抗弯刚度;

T——张力,设为常数;

m——吊杆线密度;

$v(x,t)$——吊杆上各点在时刻 t 的横向位移。

水平张紧弦的横向振动的分析模型如图 4-5-2 所示。

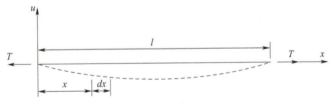

a) 水平张紧弦的横向振动

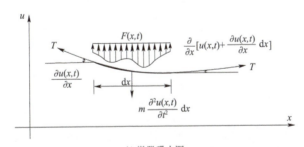

b) 微段受力图

图 4-5-2 水平张紧弦的横向振动的分析模型

式(4-5-1)无法得到张力 T 与频率 f 解析式,可采用近似法和有限元方法来求解,假定振型函数:

$$v(x,t) = y(t)\cos(wt + \theta) \quad (4\text{-}5\text{-}2)$$

由式(4-5-2)得,吊杆振动时,动能为:

$$E_T = \frac{1}{2}\int_0^L mv(x,t)^2 \mathrm{d}x \quad (4\text{-}5\text{-}3)$$

总位能为:

$$E_V = EI\int_0^L v''(x,t)^2 dx + \frac{1}{2}\int_0^L v'(x,t)^2 dx$$

根据能量守恒原理 $E_T + E_V = E_{Tmax} = E_{Vmax}$，得到：

$$\omega^2 = \frac{EI\int_0^L y''(x)^2 dx + T\int_0^L y'(x)^2 dx}{m\int_0^L y(x)^2 dx} \tag{4-5-4}$$

$y(x)$ 取均布荷载 q 作用下，铰支、固支梁的挠曲函数：

铰支：

$$y(x) = \frac{ql^4}{24EI}\left[-\left(\frac{x}{l}\right)^4 + 2\left(\frac{x}{l}\right)^3 - \frac{x}{l}\right] \tag{4-5-5}$$

固支：

$$y(x) = \frac{ql^4}{24EI}\left[-\left(\frac{x}{l}\right)^4 + 2\left(\frac{x}{l}\right)^3 - \left(\frac{x}{l}\right)^2\right] \tag{4-5-6}$$

将式(4-5-5)代入式(4-5-4)得，铰支情况下，张力 T 与频率 f 的关系(一阶)为：

$$f^2 = \frac{756EI}{31\pi^2 ml^4} + \frac{153T}{62\pi^2 ml^2} \text{ 或 } T = \frac{62}{153}\pi^2 ml^2 f^2 - \frac{378EI}{153l^2} \tag{4-5-7}$$

将式(4-5-6)代入式(4-5-4)得，固支情况下，张力 T 与频率 f 的关系(一阶)为：

$$f^2 = \frac{126EI}{\pi^2 ml^4} + \frac{3T}{\pi^2 ml} \text{ 或 } T = \frac{1}{3}\pi^2 ml^2 f^2 - 42\frac{EI}{l^2} \tag{4-5-8}$$

如果两端边界条件为铰接时，则：

$$T = \frac{4mf^2 l^2}{n^2} - EI\frac{n^2\pi^2}{l^2} \tag{4-5-9}$$

由上述公式可见，斜拉索的索力与自振频率之间的关系取决于两个方面，边界条件和抗弯刚度。其中抗弯刚度的影响与边界条件无关，而边界条件的影响主要为第1项，即 $mf_1^2 l^2$ 的系数由 1.8141 变化到 4。由于万州长江公路三桥(牌楼长江大桥)属于大跨径斜拉桥，其拉索长度较大，一般忽略拉索的抗弯刚度，并认为其两端是铰接约束，但是分析时计入桥面处与桥塔处的导角长度。

不计入抗弯刚度，可以得到万州长江公路三桥(牌楼长江大桥)中跨侧拉索与边跨侧拉索的基频，见表 4-5-1 与表 4-5-2。

从表 4-5-1 与表 4-5-2 可以看出：边跨侧最长索的基频仅为 0.428Hz，跨中侧最长索的基频仅为 0.292Hz，其值很小，在外界的风荷载与汽车荷载激励下，万州长江公路三桥(牌楼长江大桥)的长索极易产生振动，因此必须慎重选择合适的阻尼器，以控制拉索的振动，增强桥梁结构的安全性。

万州长江公路三桥(牌楼长江大桥)的中跨侧拉索基本数据与基频

表 4-5-1

索号	钢丝数目	索长 (m)	单位索长的质量 (kg/m)	截面面积 (cm²)	倾角 (°)	外径 (mm)	桥面处的导角长度 (m)	桥塔处的导角长度 (m)	自由长度 (m)	成桥索力 (kN)	基频 (Hz)	周期 (s)
SMC1	139	122.1	44.8	53.5	75.2	111	1.4	9.0	121.1	2531	0.982	1.02
SMC2	121	130.5	39.2	46.5	69.4	104	1.4	6.3	129.5	1915	0.854	1.17
SMC3	121	139.2	39.2	46.5	64.0	104	1.4	4.9	138.2	2187	0.855	1.17
SMC4	121	132.1	39.2	46.5	54.8	104	1.4	4.1	131.1	2195	0.903	1.11
SMC5	121	159.2	39.2	46.5	55.0	104	1.4	3.6	158.2	2249	0.757	1.32
SMC6	139	170.1	44.8	53.5	51.1	111	1.4	3.3	169.1	2425	0.688	1.45
SMC7	139	181.6	44.8	53.5	47.8	111	1.4	3.0	180.6	2461	0.649	1.54
SMC8	139	193.8	44.8	53.5	44.9	111	1.4	2.8	192.8	2547	0.618	1.62
SMC9	163	206.4	52.6	62.7	42.3	120	1.5	2.7	205.4	2760	0.558	1.79
SMC10	163	219.4	52.6	62.7	40.0	120	1.5	2.6	218.4	2835	0.532	1.88
SMC11	163	232.7	52.6	62.7	38.0	120	1.5	2.5	231.7	2950	0.511	1.96
SMC12	199	246.3	64.1	76.5	36.2	131	1.6	2.4	245.3	3213	0.456	2.19
SMC13	199	260.2	64.1	76.5	34.6	131	1.6	2.4	259.2	3397	0.444	2.25
SMC14	199	274.1	64.1	76.5	33.2	131	1.6	2.3	273.2	3627	0.435	2.30
SMC15	199	288.4	64.1	76.5	31.9	131	1.6	2.3	287.4	3785	0.423	2.36
SMC16	223	302.8	71.7	85.8	30.7	140	1.6	2.2	301.8	4042	0.393	2.54
SMC17	223	317.2	71.7	85.8	29.7	140	1.6	2.2	316.2	4166	0.381	2.62
SMC18	223	331.8	71.7	85.8	28.7	140	1.6	2.2	330.8	4163	0.364	2.75
SMC19	223	346.5	71.7	85.8	27.8	140	1.6	2.1	345.5	4147	0.348	2.87
SMC20	223	361.2	71.7	85.8	27.0	140	1.6	2.1	360.2	4021	0.329	3.04
SMC21	223	376.1	71.7	85.8	26.2	140	1.6	2.1	375.1	3836	0.308	3.25
SMC22	223	390.9	71.7	85.8	25.5	140	1.6	2.1	389.9	3707	0.292	3.42

表 4-5-2 万州长江公路三桥（牌楼长江大桥）的边跨侧拉索基本数据与基频

索号	钢丝数目	索长(m)	单位索长的质量(kg/m)	截面面积(cm²)	倾角(°)	外径(mm)	桥面处的导角长度(m)	桥塔处的导角长度(m)	自由长度(m)	成桥索力(kN)	基频(Hz)	周期(s)
SSC1	163	126.28	52.6	62.7	74.8	120	3.647	8.289	125.28	2575	0.883	1.13
SSC2	139	133.57	44.8	53.5	71.6	111	3.712	6.806	132.57	2079	0.812	1.23
SSC3	139	140	44.8	53.5	68.5	111	3.79	5.835	139	2291	0.813	1.23
SSC4	163	146.47	52.6	62.7	65.7	120	3.877	5.194	145.47	2389	0.733	1.36
SSC5	163	152.88	52.6	62.7	63.1	120	3.97	4.696	151.88	2527	0.722	1.39
SSC6	199	159.26	64.1	76.5	60.7	131	4.073	4.236	158.26	2820	0.663	1.51
SSC7	199	165.96	64.1	76.5	58.4	131	4.177	4.026	164.96	3055	0.662	1.51
SSC8	199	173.01	64.1	76.5	56.3	131	4.428	3.78	172.01	3242	0.654	1.53
SSC9	223	180.09	71.7	85.8	54.4	140	4.26	3.582	179.09	3457	0.613	1.63
SSC10	223	187.6	71.7	85.8	52.4	140	4.189	3.399	186.6	3621	0.602	1.66
SSC11	223	194.93	71.7	85.8	50.9	140	4.424	3.271	193.93	3748	0.589	1.70
SSC12	223	202.66	71.7	85.8	49.4	140	4.539	3.158	201.66	3866	0.576	1.74
SSC13	223	210.52	71.7	85.8	48.0	140	4.65	3.053	209.52	4163	0.575	1.74
SSC14	223	218.36	71.7	85.8	46.6	140	4.62	2.962	217.36	4389	0.569	1.76
SSC15	241	226.33	77.8	92.7	45.4	145	4.625	2.896	225.33	4602	0.540	1.85
SSC16	241	234.49	77.8	92.7	44.2	145	4.729	2.831	233.49	4695	0.526	1.90
SSC17	241	242.84	77.8	92.7	43.2	145	4.932	2.769	241.84	4749	0.511	1.96
SSC18	241	251.01	77.8	92.7	42.2	145	4.885	2.716	250.01	4633	0.488	2.05
SSC19	241	259.39	77.8	92.7	41.2	145	4.981	2.667	258.39	4701	0.476	2.10
SSC20	241	267.83	77.8	92.7	40.4	145	5.131	2.623	266.83	4652	0.458	2.18
SSC21	253	276.32	81.4	97.3	39.5	147	5.17	2.582	275.32	4794	0.441	2.27
SSC22	253	284.7	81.4	97.3	38.7	147	5.231	2.545	283.7	4799	0.428	2.34

第五节　斜拉索的振动分析

阻尼器是一种"广谱"的减振器,几乎对斜拉索所有振动都有减振效应。因此,有必要分析一下斜拉索的主要振动形式与振动原因。

一、抖振

抖振是一种顺风向响应,它由风中的紊流成分引起,是一种强迫振动。其实,对于一般柔性结构都有风所引起的抖振问题。抖振虽不像尾流驰振和风雨激振那样具有自激和发散的特性,但由于发生抖振响应的风速低、频度大,将会使拉索在锚固端处锚具产生疲劳破坏。

增大阻尼可有效抑制抖振现象,一般认为拉索的阻尼比大于3%将会有效抑制拉索的抖振。根据拉索减振控制目标可知,只要把拉索的最低阻尼比(对数衰减率)设置在3.0%即可有效抑制抖振。

二、涡激振动

Strouhal通过试验发现当流体绕过圆柱体后,在尾流中将出现交替脱落的旋涡,且涡脱频率f、风速v和圆柱直径d之间有一定关系：$S_t = fd/v$。

无量纲的S_t数称为Strouhal数(斯托哈尔数),它随断面形状和雷诺数R_e的变化而变化,对于圆形截面,$S_t \approx 0.2$。

由$f_1 = f_s$的共振条件,可知发生涡激振动的临界风速为：

$$V_{cr} = \frac{f_1 D}{S_t} \tag{4-5-10}$$

对于万州长江公路三桥(牌楼长江大桥)而言,中跨侧与边跨侧拉索涡激振动的临界风速值计算见表4-5-3与表4-5-4。

拉索一阶涡激振动的临界风速仅有1m/s的量级,如此低的风速所产生的涡激力将难以提供激起拉索低阶大振幅振动的能量。一般而言,拉索的涡激振动往往是较高阶的振动(对于长索可达十几阶的高频)。

事实上,根据既有工程实践,对于涡激振动,只要拉索的对数衰减率δ达0.01~0.015,即可有效抑制拉索的涡激振动;涡激振动也可以采取气动措施加以解决,设置一些防涡激振动装置(如螺旋线)消除旋涡的规则脱落,即可防止过大的涡激振动振幅。

万州长江公路三桥(牌楼长江大桥)的中跨侧拉索涡激振动的临界风速值　表4-5-3

索号	索长(m)	外径(m)	自由长度(m)	基频(Hz)	涡激振动的临界风速(m/s)
SMC1	122.1	111	121.1	0.982	0.55
SMC2	130.5	104	129.5	0.854	0.44

续上表

索号	索长(m)	外径(m)	自由长度(m)	基频(Hz)	涡激振动的临界风速(m/s)
SMC3	139.2	104	138.2	0.855	0.44
SMC4	132.1	104	131.1	0.903	0.47
SMC5	159.2	104	158.2	0.757	0.39
SMC6	170.1	111	169.1	0.688	0.38
SMC7	181.6	111	180.6	0.649	0.36
SMC8	193.8	111	192.8	0.618	0.34
SMC9	206.4	120	205.4	0.558	0.33
SMC10	219.4	120	218.4	0.532	0.32
SMC11	232.7	120	231.7	0.511	0.31
SMC12	246.3	131	245.3	0.456	0.30
SMC13	260.2	131	259.2	0.444	0.29
SMC14	274.1	131	273.2	0.435	0.28
SMC15	288.4	131	287.4	0.423	0.28
SMC16	302.8	140	301.8	0.393	0.28
SMC17	317.2	140	316.2	0.381	0.27
SMC18	331.8	140	330.8	0.364	0.25
SMC19	346.5	140	345.5	0.348	0.24
SMC20	361.2	140	360.2	0.329	0.23
SMC21	376.1	140	375.1	0.308	0.22
SMC22	390.9	140	389.9	0.292	0.20

万州长江公路三桥(牌楼长江大桥)的边跨侧拉索涡激振动的临界风速值　表4-5-4

索号	索长(m)	外径(m)	自由长度(m)	基频(Hz)	涡激振动的临近风速(m/s)
SSC1	126.28	120	125.28	0.883	0.53
SSC2	133.57	111	132.57	0.812	0.45
SSC3	140	111	139	0.813	0.45
SSC4	146.47	120	145.47	0.733	0.44
SSC5	152.88	120	151.88	0.722	0.43
SSC6	159.26	131	158.26	0.663	0.43
SSC7	165.96	131	164.96	0.662	0.43
SSC8	173.01	131	172.01	0.654	0.43
SSC9	180.09	140	179.09	0.613	0.43
SSC10	187.6	140	186.6	0.602	0.42
SSC11	194.93	140	193.93	0.589	0.41
SSC12	202.66	140	201.66	0.576	0.40
SSC13	210.52	140	209.52	0.575	0.40

续上表

索号	索长(m)	外径(m)	自由长度(m)	基频(Hz)	涡激振动的临近风速(m/s)
SSC14	218.36	140	217.36	0.569	0.40
SSC15	226.33	145	225.33	0.54	0.39
SSC16	234.49	145	233.49	0.526	0.38
SSC17	242.84	145	241.84	0.511	0.37
SSC18	251.01	145	250.01	0.488	0.35
SSC19	259.39	145	258.39	0.476	0.35
SSC20	267.83	145	266.83	0.458	0.33
SSC21	276.32	147	275.32	0.441	0.32
SSC22	284.7	147	283.7	0.428	0.31

三、干索驰振

干索驰振指的是斜拉索在有风无雨的条件下发生的一种发散型风致振动。根据日本学者 Saito 的研究结果,采用下式来预测干索驰振的发生。

$$U_R = 35fD\sqrt{S_c} \tag{4-5-11}$$

$$S_c = \frac{4\pi m\zeta}{\rho D^2} \tag{4-5-12}$$

式中:U_R——临界风速速度;

f——拉索自振频率;

m——单位长度斜拉索的质量;

ζ——阻尼比;

ρ——空气密度;

S_c——Scruton 数;

D——斜拉索的直径。

万州长江公路三桥(牌楼长江大桥)的中跨侧与边跨侧拉索干索驰振的临界风速值见表 4-5-5 与表 4-5-6。根据计算结果,万州长江公路三桥(牌楼长江大桥)的所有拉索在设计风速下都会发生干索驰振,事实这一振动现象仅在风洞试验中发生过,而实桥中尚未发现此类振动现象。只要把拉索的最低阻尼比(对数衰减率)设置在 3.5%,即可有效抑制干索驰振。万州长江公路三桥(牌楼长江大桥)斜拉索采用的螺旋线的气动减振措施也可有效抑制干索驰振的振幅,从而达到减振效果。

万州长江公路三桥(牌楼长江大桥)的中跨侧拉索干索驰振的临界风速值 表 4-5-5

索号	自由长度(m)	第一阶	第二阶	索径(mm)	单位长度的索的质量(kg/m)	自身阻尼比(%)	Scruton 数	临界风速(m/s)
SMC1	125.28	0.982	1.964	120	44.8	1.00	4.8	10.33
SMC2	132.57	0.854	1.708	111	39.2	1.00	4.7	8.22

续上表

索号	自由长度（m）	第一阶	第二阶	索径（mm）	单位长度的索的质量（kg/m）	自身阻尼比（%）	Scruton 数	临界风速（m/s）
SMC3	139	0.855	1.71	111	39.2	1.00	4.6	8.14
SMC4	145.47	0.903	1.806	120	39.2	1.00	4.5	9.19
SMC5	151.88	0.757	1.514	120	39.2	0.90	4.4	7.62
SMC6	158.26	0.688	1.376	131	44.8	0.90	4.2	7.48
SMC7	164.96	0.649	1.298	131	44.8	0.90	4.1	6.97
SMC8	172.01	0.618	1.236	131	44.8	0.90	4.1	6.56
SMC9	179.09	0.558	1.116	140	52.6	0.80	3.9	6.17
SMC10	186.6	0.532	1.064	140	52.6	0.80	3.7	5.73
SMC11	193.93	0.511	1.022	140	52.6	0.80	3.6	5.43
SMC12	201.66	0.456	0.912	140	64.1	0.70	3.5	4.78
SMC13	209.52	0.444	0.888	140	64.1	0.70	3.3	4.52
SMC14	217.36	0.435	0.87	140	64.1	0.70	3.2	4.26
SMC15	225.33	0.423	0.846	145	64.1	0.70	3.1	4.22
SMC16	233.49	0.393	0.786	145	71.7	0.60	3	3.95
SMC17	241.84	0.381	0.762	145	71.7	0.60	2.8	3.70
SMC18	250.01	0.364	0.728	145	71.7	0.60	2.7	3.47
SMC19	258.39	0.348	0.696	145	71.7	0.50	2.5	3.19
SMC20	266.83	0.329	0.658	145	71.7	0.50	2.4	2.96
SMC21	275.32	0.308	0.616	147	71.7	0.50	2.4	2.81
SMC22	283.7	0.292	0.584	147	71.7	0.50	2.4	2.66

万州长江公路三桥(牌楼长江大桥)的边跨侧拉索干索驰振的临界风速值　　表4-5-6

索号	自由长度（m）	第一阶	第二阶	索径（mm）	单位长度的索的质量（kg/m）	自身阻尼比（%）	Scruton 数	临界风速（m/s）
SSC1	121.05	0.883	1.766	111	44.8	1.10	4.9	8.68
SSC2	129.46	0.812	1.624	104	39.2	1.00	4.7	7.32
SSC3	138.2	0.813	1.626	104	39.2	1.00	4.6	7.25
SSC4	131.06	0.733	1.466	104	39.2	1.00	4.7	6.61
SSC5	158.19	0.722	1.444	104	39.2	0.90	4.1	6.16
SSC6	169.05	0.663	1.326	111	44.8	0.90	4	5.89
SSC7	180.61	0.662	1.324	111	44.8	0.80	3.8	5.73
SSC8	192.76	0.654	1.308	111	44.8	0.80	3.6	5.51
SSC9	205.38	0.613	1.226	120	52.6	0.70	3.4	5.43
SSC10	218.39	0.602	1.204	120	52.6	0.70	3.2	5.17
SSC11	231.72	0.589	1.178	120	52.6	0.60	3	4.90

续上表

索号	自由长度 (m)	第一阶	第二阶	索径 (mm)	单位长度的索的质量 (kg/m)	自身阻尼比 (%)	Scruton 数	临界风速 (m/s)
SSC12	245.33	0.576	1.152	131	64.1	0.60	2.8	5.05
SSC13	259.17	0.575	1.15	131	64.1	0.50	2.5	4.76
SSC14	273.2	0.569	1.138	131	64.1	0.50	2.4	4.62
SSC15	287.41	0.54	1.08	131	64.1	0.50	2.4	4.28
SSC16	301.75	0.526	1.052	140	71.7	0.50	2.3	4.47
SSC17	316.22	0.511	1.022	140	71.7	0.50	2.3	4.24
SSC18	330.8	0.488	0.976	140	71.7	0.50	2.3	4.14
SSC19	345.47	0.476	0.952	140	71.7	0.50	2.3	4.04
SSC20	360.23	0.458	0.916	140	71.7	0.50	2.3	3.89
SSC21	375.05	0.441	0.882	140	71.7	0.50	2.3	3.75
SSC22	389.85	0.428	0.856	140	71.7	0.50	2.3	3.63

四、风雨激振

风雨激振是指在风雨共同作用下,拉索发生的一种大幅振动。它是拉索风致振动最严重的一种类型,其起振条件易满足,振幅大,个别情况达到相邻拉索发生碰撞的程度。拉索的风雨激振最早由日本学者 Hikami 发现并于 1988 年首次报道,在国内外均发现了类似的风雨激振,上海杨浦大桥尾索在风雨作用下也发生过强烈振动,振幅超过 1m。

由于拉索风雨振的频繁出现以及它的异常大振幅,所以它成为已知的拉索振动形式中危害严重的一种。

在《公路斜拉桥设计细则》(JTG D65-01—2007)中,引用参考文献《斜拉桥设计阶段斜拉索雨振的估算》(何向东,奚绍中.《国外桥梁》2001 年第 2 期)给出了以下斜拉索风雨振时最大振幅的估算公式,见式(4-5-13)。该公式计算相对简单,不用通过风洞试验与现场实测就能快速得到斜拉索风雨振时最大振幅,具有较大的参考意义。

$$\left(\omega_1 \frac{y}{v}\right)^2 = \frac{6}{\dfrac{\mathrm{d}^3 C_y}{\mathrm{d}^3 \alpha}} \left(-\frac{\mathrm{d}C_y}{\mathrm{d}\alpha} - \frac{2\xi m \omega_1}{\dfrac{1}{2}\rho v D}\right) \tag{4-5-13}$$

式中:v——风速度(m/s);

m——斜拉索的单位长度质量(kg/m);

ξ——阻尼比;

ω_1——斜拉索自振圆频率(Hz);

ρ——空气质量密度(kg/m³);

D——斜拉索直径(m);

y——斜拉索振动的振幅(m);

α——风的相对攻角(°);

C_y——斜拉索在竖直方向上的风荷载系数,为相对攻角 α 的函数。

风雨振时圆形截面斜拉索的升力系数与沿索而下的水路形状、大小及条数有关。20世纪80年代以来,进行了大量的测试,以找出升力系数与风的攻角、索的倾角以及水路在索套上的位置、大小及运动之间的关系。对于倾斜的索,在其表面可观察到两条水路。既有的风洞试验与现场实测的结果表明:只有上水路对 C_y 的值有很大影响。

通常认为上水路的特性取决于以下几点:

(1)索套表面与水之间的附着力:有很多报道表明 PE 索套和水之间有很好的附着力。

(2)风速:在较低风速下没有水路形成,而在太高风速下水路将被吹离斜拉索表面。根据不同文献中的数据,可形成水路的风速范围为 6.0~20.0m/s。

(3)紊流:紊流度小时形成水路要容易得多,而在大的紊流度下,水路的运动很容易受到干扰。

(4)斜拉索的竖向倾角 α。

(5)斜拉索的水平偏角 β。

(6)斜拉索的直径 D。

为了预测斜拉索风雨振的振幅,可采用最不利状态法的思路。此时,斜拉索发生风雨振的细节并不重要,而主要的是要预测风雨振的最大振幅。

如果将这些参数代入式(4-5-13),就可根据斜拉索的阻尼、固有频率及质量计算出风雨振的振幅。如果在某一风速及阻尼比范围内重复计算,则可得到多条风速~振幅曲线。为预测可能的雨振振幅,计算时应选定风速范围为 6.0~20.0m/s。估算风雨振振幅的具体步骤如下:

(1)确定斜拉索的直径、单位长度质量,以及固有频率。

(2)选择一个适当的斜拉索阻尼比。

(3)确定适当的相关参数的值。

(4)计算临界风速及更高风速下的振幅。

(5)用其他的阻尼比值重复上述计算。

(6)由于风雨振风速一般低于20m/s,故应研究在此风速范围内,斜拉索是否会发生强烈的振动,可根据限定斜拉索的振动于一定范围内这一条件来估计所需要的阻尼比。

(7)如有必要,在 0.8~3.0Hz 的固有频率范围内重复上述计算。

以边跨侧拉索为例,不同风速下的振幅通过式(4-5-13)计算得出,见表4-5-7。从表4-5-7中可以看出:拉索振幅随风速逐渐增大,最大拉索振幅可达 0.774m,其值较大,值得高度关注。

边跨侧拉索 SSC22 在不同风速下的振幅值　　表 4-5-7

风速(m/s)	振幅(m)	风速(m/s)	振幅(m)
5	0.120	14	0.518
6	0.167	16	0.603
8	0.257	18	0.689
10	0.345	20	0.774
12	0.432	—	—

五、阻尼器安装要求

不同的国家规范对如何控制拉索风雨振,有着不同的规定。各规范的详细说明见本篇第三节"一、拉索的最大阻尼比要求"。具体如下:

(1)CIP 规范要求长度大于 80m 的斜拉索的最低阻尼比要大于 3.0%,来保证拉索不发生风雨振。

万州长江公路三桥(牌楼长江大桥)斜拉索的长度均在 120m 以上,但拉索本身的阻尼比均小于 3.0%,因此所有拉索都应安装阻尼器。

(2)FIB 规范要求所有拉索需增加 3.0%~4% 的附加阻尼比,用以控制拉索风雨振激发的振幅。万州长江公路三桥(牌楼长江大桥)斜拉索本身的阻尼比均小于 3.0%,因此所有拉索也应安装阻尼器。

(3)PTI 规范则要求拉索的质量-阻尼参数 $S_c \geq 10$;但是如果拉索采用了螺旋线等气动减振措施,则要求 $S_c \geq 5$。

万州长江公路三桥(牌楼长江大桥)的斜拉索的质量-阻尼参数计算值见表 4-5-8,可见不论中跨拉索还是边跨拉索,所有拉索的质量-阻尼参数计算值均小于 5。因此,按照 PTI 要求,所有拉索均应安装阻尼器。

万州长江公路三桥(牌楼长江大桥)的斜拉索的质量-阻尼参数计算值　　表 4-5-8

	中跨侧拉索					边跨侧拉索			
索号	自由长度(m)	拉索本身阻尼比(%)	PTI 标准		索号	自由长度(m)	拉索本身阻尼比(%)	PTI 标准	
			参数	<5				参数	<5
SMC1	121.05	1.10	4.9	是	SSC1	125.28	1.00	4.8	是
SMC2	129.46	1.00	4.7	是	SSC2	132.57	1.00	4.7	是
SMC3	138.2	1.00	4.6	是	SSC3	139	1.00	4.6	是
SMC4	131.06	1.00	4.7	是	SSC4	145.47	1.00	4.5	是
SMC5	158.19	0.90	4.1	是	SSC5	151.88	0.90	4.4	是
SMC6	169.05	0.90	4	是	SSC6	158.26	0.90	4.2	是
SMC7	180.61	0.80	3.8	是	SSC7	164.96	0.90	4.1	是
SMC8	192.76	0.80	3.6	是	SSC8	172.01	0.90	4.1	是
SMC9	205.38	0.70	3.4	是	SSC9	179.09	0.80	3.9	是
SMC10	218.39	0.70	3.2	是	SSC10	186.6	0.80	3.7	是
SMC11	231.72	0.60	3	是	SSC11	193.93	0.80	3.6	是
SMC12	245.33	0.60	2.8	是	SSC12	201.66	0.70	3.5	是
SMC13	259.17	0.50	2.5	是	SSC13	209.52	0.70	3.3	是
SMC14	273.2	0.50	2.4	是	SSC14	217.36	0.70	3.2	是
SMC15	287.41	0.50	2.4	是	SSC15	225.33	0.70	3.1	是
SMC16	301.75	0.50	2.3	是	SSC16	233.49	0.60	3	是

续上表

中跨侧拉索					边跨侧拉索				
索号	自由长度（m）	拉索本身阻尼比（%）	PTI 标准		索号	自由长度（m）	拉索本身阻尼比（%）	PTI 标准	
			参数	<5				参数	<5
SMC17	316.22	0.50	2.3	是	SSC17	241.84	0.60	2.8	是
SMC18	330.8	0.50	2.3	是	SSC18	250.01	0.60	2.7	是
SMC19	345.47	0.50	2.3	是	SSC19	258.39	0.50	2.5	是
SMC20	360.23	0.50	2.3	是	SSC20	266.83	0.50	2.4	是
SMC21	375.05	0.50	2.3	是	SSC21	275.32	0.50	2.4	是
SMC22	389.85	0.50	2.3	是	SSC22	283.7	0.50	2.4	是

（4）我国规范《公路斜拉桥设计细则》（JTG D65-01—2007）则认为，固有频率在 0.8～3.0Hz 范围的斜拉索，在风速范围 6.0～20.0m/s 都可能发生风雨振。

万州长江公路三桥（牌楼长江大桥）的边跨侧拉索基频在 1.3～2.34Hz 之间，中跨侧拉索基频在 1.02～3.42Hz 之间。除了拉索 SMC20、SMC21、SMC22 之外，其他拉索的基频都在 0.8～3.0Hz 的固有频率之间，局部满足风雨振的必要条件。但是，拉索 SMC20、SMC21、SMC22 的基频也与 3.0Hz 相差不大，同时拉索长度较大，也基本具备风雨振的必要条件。

由上述分析可知，CIP 规范、FIB 规范、PTI 规范以及我国规范《公路斜拉桥设计细则》（JTG D65-01—2007）均认为，万州长江公路三桥（牌楼长江大桥）斜拉索的长度较长（拉索长度范围为 120～400m），拉索本身的阻尼比较小，均小于 2.0%，所有拉索均应安装阻尼器，用以控制拉索振动。

第六节　万州长江公路三桥（牌楼长江大桥）斜拉索的阻尼器选型

一、内置阻尼器的特点

从万州长江公路三桥（牌楼长江大桥）斜拉索的设计图可知，如果采用外置阻尼器，中跨侧拉索的外置阻尼器的安装高度达到 5m，最低的安装高度也有 4.27m，这对万州长江公路三桥（牌楼长江大桥）结构的外形美观有较大影响，同时由于高度较高，对阻尼器支架、预埋件、拉索的减振效果都有较大的影响，实际的减振效果值得进一步思考与探讨。从既有的实桥拉索阻尼器的实际减振效果来看，有些油阻尼器在运营过程中有漏油现象发生；有些桥梁拉索的阻尼器支架在运营过程中变形、断裂等破坏现象，较高的拉索支架由于刚度小，往往最容易破坏。这些都引发了对外置阻尼器减振效果的担忧，尤其是耐久性与美观效果。

内置阻尼器不需要在主梁上预选布设预埋件，安装相对方便，因此具有一定的优势。内置阻尼器外形美观、耐久性好和性能可靠。

常见的内置阻尼器有摩擦阻尼器(摩擦片采用原装进口)与橡胶阻尼器两类。目前,国内外均有不同型号的摩擦阻尼器与橡胶阻尼器,但是橡胶阻尼器往往需要进口的产品才能保证其耐久性与工作性能。

摩擦阻尼器是一种通过摩擦吸收能量的阻尼装置。通常安装在拉索锚具导向管的端部,可以应用于新建结构或是已经建成的结构上,摩擦阻尼器所有的组件均采用双半设计,方便安装。

橡胶阻尼器是通过高阻尼橡胶的弹性变形来吸收能量的减振装置。通常安装在拉索锚具导向管的端部,可以应用于新建桥梁或已经建成的桥梁上,也可以作为体外减振器使用。橡胶阻尼器所有的组成部件均采用双半设计,安装方便。

内置阻尼器的安装高度相对较低,一般安装在桥面预埋导管的端部,便于施工安装和保养。内置式阻尼器对拉索各方向的振动都能产生阻尼作用,减振效果好。与直接暴露在外接环境中的外置阻尼器相比,内置式阻尼器为内置式安装,受到桥面防撞钢锥管的保护;安装高度较低,便于检查、部件更换,或重新做表面防腐。

二、边跨侧拉索的内置阻尼器安装

万州长江公路三桥(牌楼长江大桥)是混合梁斜拉桥,边跨采用预应力混凝土箱梁,拉索锚固在箱梁的顶板下,然后穿过主梁,拉索的下锚固点位于混凝土箱梁内。因此,边跨侧拉索达到桥面时,已经距离下锚固点有一定长度,这个长度往往能满足内置阻尼器的安装高度。

阻尼器设计条件:
(1)拉索结构阻尼(对数衰减率)取 0.002。
(2)安装索端阻尼器后,拉索阻尼应达到 0.03 以上。
(3)当阻尼器参数优化设计时,附加阻尼 $\delta = \lambda \pi x_c / L$ (x_c-阻尼器安装位置;L-索长)。考虑到实际阻尼器非线性特性、拉索锚固端边界条件、阻尼器连接刚架等不利因素的影响,本设计对附加阻尼进行了折减,根据已有的实索减振试验结果,折减系数 λ 按 0.3 考虑。
(4)在梁端和塔端均安装阻尼器时,附加阻尼为两端阻尼器单独安装时附加阻尼的线性叠加,应避免在拉索同一端同时安装两处以上的阻尼器。
(5)如果仅在梁端安装阻尼器,则需提高梁端阻尼器的安装位置,确保满足拉索减振要求。
(6)评价针对风雨激振的阻尼效果时,同时考虑阻尼器和气动措施的综合减振效果。

对于边跨侧的拉索阻尼器可以安装在桥面处,不需要额外安装导管。经过对比摩擦型阻尼器(FD)与橡胶型阻尼器(RD)可知,摩擦型阻尼器(FD)可以满足边跨侧拉索的安装要求。

万州长江公路三桥(牌楼长江大桥)边跨侧阻尼器安装方案见表4-5-9。

万州长江公路三桥(牌楼长江大桥)边跨侧阻尼器安装方案

表 4-5-9

索号	自由长度(m)	最低阻尼比(%)	导管长度(m)	摩擦型阻尼器(FD)				橡胶型阻尼器(RD)			选用的阻尼器类型
				延伸管长度	安装点X坐标(m)	安装长度比例(%)	最大的附加阻尼比(%)	延伸管长度	安装点X坐标(m)	橡胶板个数	最大的附加阻尼比(%)	
SSC1	125.3	3.00	3.647	0	3.147	2.50	7.20	0	3.147	3	2.30	FD
SSC2	132.6	3.10	3.712	0	3.212	2.40	6.90	0	3.212	3	2.10	FD
SSC3	139	3.10	3.79	0	3.29	2.40	6.70	0	3.29	3	2.10	FD
SSC4	145.5	3.10	3.877	0	3.377	2.30	6.60	0	3.377	3	2.10	FD
SSC5	151.9	3.20	3.97	0	3.47	2.30	6.50	0	3.47	3	2.20	FD
SSC6	158.3	3.20	4.073	0	3.573	2.30	6.40	0	3.573	3	2.10	FD
SSC7	165	3.20	4.177	0	3.677	2.20	6.30	0	3.677	3	2.00	FD
SSC8	172	3.20	4.428	0	3.928	2.20	6.40	0	3.928	3	2.10	FD
SSC9	179.1	3.30	4.26	0	3.86	2.20	5.90	0	3.86	4	1.90	FD
SSC10	186.6	3.30	4.189	0	3.689	2.00	5.30	0	3.689	4	1.90	FD
SSC11	193.9	3.30	4.424	0	3.924	2.00	5.40	0	3.924	4	1.90	FD
SSC12	201.7	3.30	4.539	0	4.039	2.00	5.30	0	4.039	4	1.90	FD
SSC13	209.5	3.40	4.65	0	4.15	2.00	5.20	0	4.15	4	1.90	FD
SSC14	217.4	3.40	4.62	0	4.12	1.90	4.90	0	4.12	4	1.80	FD
SSC15	225.3	3.40	4.625	0	4.125	1.80	4.90	0	4.125	4	1.70	FD
SSC16	233.5	3.40	4.729	0	4.129	1.80	4.80	0	4.129	4	1.70	FD
SSC17	241.8	3.40	4.932	0	4.432	1.80	4.80	0	4.432	4	1.70	FD
SSC18	250	3.40	4.885	0	4.285	1.80	4.60	0	4.285	4	1.60	FD
SSC19	258.4	3.40	4.981	0	4.481	1.70	4.50	0	4.481	4	1.60	FD
SSC20	266.8	3.50	5.131	0	4.631	1.70	4.50	0	4.631	4	1.60	FD
SSC21	275.3	3.50	5.17	0	4.67	1.70	4.10	0	4.67	4	1.60	FD
SSC22	283.7	3.50	5.231	0	4.731	1.70	4.10	0	4.731	4	1.60	FD

从表4-5-9可以看出,选用摩擦型阻尼器(FD)可以增加4.1%~7.2%额外的附加阻尼比,满足3.0%的拉索最低阻尼比要求。

边跨侧拉索的内置阻尼器安装效果图如图4-5-3所示,从图中可以看出,其安装高度小,基本与防撞护栏同高,与桥梁相协调,行人距离中央分隔带较远,基本看不见边跨侧拉索的阻尼器护筒,美学效果较好。

图4-5-3　边跨侧拉索的内置阻尼器安装效果图

三、中跨侧拉索的内置阻尼器安装

万州长江公路三桥(牌楼长江大桥)是大跨径混合梁斜拉桥,中跨采用钢箱梁,拉索锚固位于桥面处,且对桥梁的外形美观要求很高。万州长江公路三桥(牌楼长江大桥)中跨索梁锚固区在桥面上位于人行道与车行道之间,行人较容易看见索梁锚固区和阻尼器套筒(如有)。

由于中跨侧的索梁锚固区位于桥面以上,因此,如果采用外置阻尼器,则需要更高的阻尼器支架,对美观造成极大影响。如果采用内置阻尼器,可以避免阻尼器支架,美观效果相对较好;由于内置阻尼器套筒的直径是拉索直径的3倍左右,较长或安装较高的内置阻尼器也对美观效果有较大的影响。

方案1:在拉索两端安装内置阻尼器

为了达到阻尼效果,较长的中跨侧拉索还需要在拉索的两侧安装阻尼器。在桥塔端安装阻尼器,与在边跨侧类似,拉索锚固点位于桥塔塔壁内侧,拉索穿出塔壁后距锚固端就有了一定距离,因此在塔壁外侧安装阻尼器有一定的优势。万州长江公路三桥(牌楼长江大桥)中跨侧阻尼器的安装方案1见表4-5-10。

中跨侧拉索在桥面端的具体阻尼器安装方案为:桥面增加延伸管,在延伸管上端部安装摩擦阻尼器;延伸管长1.3~2.6m(含原设计的0.6m),高出桥面2.0~3.0m。

中跨侧拉索在桥塔端的具体阻尼器安装方案为:S12~S16桥塔增加延伸管,在延伸管端上安装橡胶阻尼器(RD),延伸管长0.4~1.2m,水平方向上伸出桥塔0.5~1.2m,在1.5m内易于接近;S17~S22桥塔增加延伸管,在延伸管端上安装摩擦阻尼器(FD),延伸管长0~1.2m,水平方向上伸出桥塔0.2~1.3m,在1.5m内易于接近。

万州长江公路三桥（牌楼长江大桥）中跨侧阻尼器安装方案1（长度单位为：m）　　表4-5-10

索号	自由长度（m）	最低阻尼比（%）	摩擦型阻尼器（FD）					橡胶型阻尼器（RD）					附加阻尼比（%）	提供的阻尼比（%）	阻尼器选择方案
			导管长度（m）	延伸管（m）	安装点X坐标（m）	安装长度比例（%）	最大附加阻尼比（%）	导管长度（m）	延伸管长度（m）	安装点X坐标（m）	安装长度比例（%）	摩擦片个数			
SMC1	120.7	3.4	0.784	1.3	1.584	1.30	3.80	8.976	—	—	—	—	—	3.80	FD（桥面）
SMC2	129.1	3.5	0.786	1.4	1.686	1.30	3.80	6.252	—	—	—	—	—	3.80	FD（桥面）
SMC3	137.8	3.5	0.786	1.4	1.686	1.20	3.50	4.905	—	—	—	—	—	3.50	FD（桥面）
SMC4	130.7	3.6	0.786	1.5	1.786	1.40	3.90	4.13	—	—	—	—	—	3.90	FD（桥面）
SMC5	157.8	3.6	0.786	1.7	1.986	1.30	3.60	3.626	—	—	—	—	—	3.60	FD（桥面）
SMC6	168.7	3.6	0.784	1.9	2.184	1.30	3.70	3.278	—	—	—	—	—	3.70	FD（桥面）
SMC7	180.2	3.6	0.784	2	2.284	1.30	3.60	3.025	—	—	—	—	—	3.60	FD（桥面）
SMC8	192.4	3.6	0.784	2.2	2.484	1.30	3.70	2.835	—	—	—	—	—	3.70	FD（桥面）
SMC9	205	3.6	0.894	2.3	2.694	1.30	3.70	2.704	—	—	—	—	—	3.70	FD（桥面）
SMC10	218	3.6	0.894	2.4	2.794	1.30	3.60	2.587	—	—	—	—	—	3.60	FD（桥面）
SMC11	231.3	3.6	0.894	2.6	2.994	1.30	3.60	2.492	—	—	—	—	—	3.60	FD（桥面）
SMC12	244.9	3.6	0.935	2.6	3.035	1.20	3.30	2.43	0.4	2.33	0.90	4	0.80	4.10	FD（桥面）+RD（桥塔）
SMC13	258.8	3.6	0.935	2.6	3.035	1.20	3.20	2.364	0.4	2.26	0.90	4	0.70	3.90	FD（桥面）+RD（桥塔）
SMC14	272.8	3.6	0.935	2.6	3.035	1.10	3.00	2.307	0.6	2.41	0.90	4	0.70	3.70	FD（桥面）+RD（桥塔）
SMC15	287	3.6	0.935	2.6	3.035	1.10	2.80	2.259	0.9	2.66	0.90	4	0.80	3.60	FD（桥面）+RD（桥塔）
SMC16	301.4	3.6	0.958	2.6	3.058	1.00	2.70	2.222	1.2	2.92	1.00	5	0.90	3.60	FD（桥面）+RD（桥塔）
SMC17	315.8	3.6	0.958	2.6	3.058	1.00	2.50	2.186	0	1.69	0.50	—	1.50	4.00	FD（桥面）+FD（桥塔）
SMC18	330.4	3.6	0.958	2.6	3.058	0.90	2.40	2.156	0.4	2.06	0.60	—	1.70	4.10	FD（桥面）+FD（桥塔）
SMC19	345.8	3.6	0.958	2.6	3.058	0.90	2.30	2.13	0.6	2.23	0.60	—	1.80	4.10	FD（桥面）+FD（桥塔）
SMC20	359.8	3.6	0.958	2.6	3.058	0.80	2.10	2.109	0.8	2.41	0.70	—	1.80	3.90	FD（桥面）+FD（桥塔）
SMC21	374.7	3.5	0.958	2.6	3.058	0.80	2.00	2.091	1	2.59	0.70	—	1.80	3.80	FD（桥面）+FD（桥塔）
SMC22	389.5	3.0	0.958	2.6	3.058	0.80	1.80	2.074	1.2	2.77	0.70	—	1.70	3.50	FD（桥面）+FD（桥塔）

桥面摩擦阻尼器和塔上橡胶阻尼器或摩擦阻尼器一起可提供 3.5%～4.1% 的额外阻尼（对数衰减）。

由于中跨侧的短索长度较短，如 S1～S11 拉索，只需要在拉索的桥面处安装摩擦型阻尼器即可。随着索长的增大，需要在拉索的两端同时安装阻尼器。S12～S16 拉索，选择 FD（桥面）+ RD（桥塔）方式；更长的索，则选择 FD（桥面）+ FD（桥塔）。

方案2：仅在拉索的桥塔端安装内置阻尼器

如果中跨侧拉索的最小阻尼比考虑为 3.0%，同时考虑美观因素，那么中跨侧拉索的内置阻尼器可以安装在桥塔端。

由于跨中的短索（1～8 号拉索）相对较短，且倾角较大，在穿过桥塔时，在桥塔内部的长度较长，因此阻尼器只需要安装在导管的出口处（图 4-5-4），就能满足最低阻尼比要求。

剩余拉索（9～22 号拉索）相对较长，且倾角相对较小，因此阻尼器的安装位置需要往前延伸一定的长度（图 4-5-5），才能满足最低阻尼比要求。

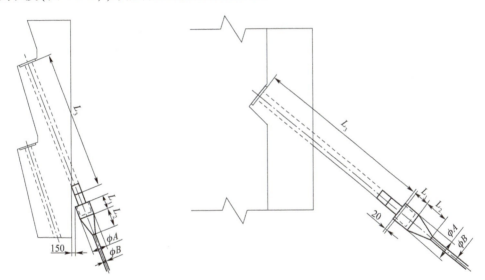

图 4-5-4　1～8 号拉索的安装示意图（尺寸单位：mm）　　图 4-5-5　9～22 号拉索的安装示意图（尺寸单位：mm）

方案 2 的阻尼器安装方案见表 4-5-11。

装在桥塔侧的内置阻尼器效果图如图 4-5-6～图 4-5-8 所示。

图 4-5-6　装在桥塔侧的内置阻尼器局部效果图

表 4-5-11 万州长江公路三桥（牌楼长江大桥）中跨侧阻尼器安装方案 2

索号	索规格	最低阻尼比	直径 (mm)	导管长度 (m)	延伸管长度 (m)	安装点位置 (m)	安装长度比例 (%)	阻尼器护罩外径 (ϕA) (mm)	护罩高度 L_1 (mm)	护罩高度 L_2 (mm)	阻尼器形式
SMC1	139	3.00	φ111	8.976	0.7	9.176	7.60	299	530	595	FD
SMC2	121	3.00	φ104	6.252	0.48	6.227	4.80	299	530	595	FD
SMC3	121	3.00	φ104	4.905	0.37	4.77	3.50	299	530	595	FD
SMC4	121	3.00	φ104	4.13	0.3	3.925	3.00	299	530	595	FD
SMC5	121	3.00	φ104	3.626	0.25	3.376	2.10	299	530	595	FD
SMC6	139	3.00	φ111	3.278	0.22	2.998	1.80	299	530	595	FD
SMC7	139	3.00	φ111	3.025	0.2	2.72	1.50	299	530	595	FD
SMC8	139	3.00	φ111	2.835	0.18	2.51	1.30	299	530	595	FD
SMC9	163	3.00	φ120	2.704	0.16	2.364	1.20	325	530	595	FD
SMC10	163	3.00	φ120	2.587	0.15	2.237	1.00	325	530	595	FD
SMC11	163	3.00	φ120	2.492	0.35	2.342	1.00	325	530	595	FD
SMC12	199	3.00	φ131	2.43	0.65	2.58	1.10	325	530	595	FD
SMC13	199	3.00	φ131	2.364	0.9	2.764	1.10	325	530	595	FD
SMC14	199	3.00	φ131	2.307	1.1	2.907	1.10	325	530	595	FD
SMC15	199	3.00	φ131	2.259	1.35	3.109	1.10	325	530	595	FD
SMC16	223	3.00	φ140	2.222	1.75	3.472	1.20	325	530	595	FD
SMC17	223	3.00	φ140	2.186	2.05	3.736	1.20	325	530	595	FD
SMC18	223	3.00	φ140	2.156	2.5	4.156	1.30	325	530	595	FD
SMC19	223	3.00	φ140	2.13	3.25	4.88	1.40	325	530	595	FD
SMC20	223	3.00	φ140	2.109	3.1	4.709	1.30	406	530	595	FD
SMC21	223	3.00	φ140	2.091	3.9	5.491	1.50	406	530	595	FD
SMC22	223	3.00	φ140	2.074	4.05	5.624	1.40	457	530	595	FD

图4-5-7 装在桥塔侧的内置阻尼器立面效果图

图4-5-8 装在桥塔侧的内置阻尼器侧面效果图

从图4-5-6~图4-5-8可以看出,由于外置阻尼器安装在桥塔处,从桥面行车驾驶员的角度来看,阻尼器的美学效果较好。

四、中跨侧拉索的外置阻尼器安装

由于边跨侧拉索具备采用内置阻尼器的条件,在此只分析中跨侧拉索采用外置阻尼器的情况,不分析边跨侧采用外置阻尼器的情况。

由于桥塔侧没有安装支架的空间,因此一般在桥面侧安装外置阻尼器支架,如图4-5-9所示。

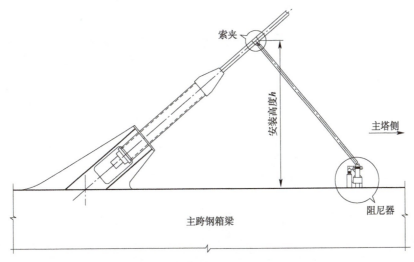

图4-5-9 外置阻尼器支架安装示意图

中跨侧拉索外置阻尼器安装高度见表 4-5-12，高度数据来自设计文件。安装外置阻尼器需要提前在钢箱梁里面设置预埋板件，用以安装外置阻尼器的支架。

中跨侧拉索外置阻尼器安装高度　　　　　　表 4-5-12

索号	安装高度(m)	预埋板中心点坐标(m)	索号	安装高度(m)	预埋板中心点坐标(m)
1	4.27	6.74	12	4.7	9.45
2	4.4	6.37	13	4.73	9.77
3	4.43	6.31	14	4.76	10.09
4	4.46	6.43	15	4.79	10.44
5	4.49	6.65	16	4.82	10.8
6	4.52	6.95	17	4.85	11.19
7	4.55	7.31	18	4.88	11.57
8	4.58	7.72	19	4.91	11.96
9	4.61	8.16	20	4.94	12.38
10	4.64	8.64	21	4.97	12.82
11	4.67	9.12	22	5.00	13.27

从表 4-5-12 中可以看出，中跨拉索外置阻尼器的安装位置距离预埋板中心点的最大值达到 13.27m。中跨侧拉索的间距为 15.5m，因此不同拉索阻尼器的安装不影响相邻拉索。由于阻尼器的安装距离过大以及安装高度过高，对外形美观有较大影响。

五、中跨侧各种拉索阻尼器选型方案的对比

拉索-阻尼器系统的阻尼器减振参数优化设计主要考虑三个因素，一是阻尼器的安装位置，二是阻尼器的阻尼系数，三是外形美观。在设计进行分析减振措施时要求美观、经济、有效，便于安装使用、不影响大桥拉索的主要性能；空气动力学减振措施的气动阻力要小；在拉索上附加的温度应力、集中应力、疲劳应力等各种应力要小；减振装置要有较长的使用寿命和可靠性，拉索采用减振措施后不能引起其他形式的拉索不稳定振动。减振措施的作用不受实际应用中可能出现的非理想因素的干扰，如安装时拉索的扭转不能对空气动力学减振措施的作用产生影响。

三种中跨阻尼器选型方案对比见表 4-5-13。

三种中跨阻尼器选型方案对比表　　　　　　表 4-5-13

安装方案	方案1	方案2	方案3
阻尼器位置	内置阻尼器安装在索的两端	内置阻尼器安装在桥塔侧	外置阻尼器
能否达到减振效果	能	能	能
美观	一般，桥面侧的外观效果差	较好，对大桥美观影响小	中
经济性	低	一般	较好
创新性	中	较大	小

续上表

安装方案	方案1	方案2	方案3
最低阻尼比	3.0%	3.0%	3.0%
耐久性	好	好	中
外部护罩情况检查	每年巡查一次	每年巡查一次	无
阻尼器支架检查	无	无	每年巡查一次
阻尼器的检测频率	每六年	每六年	每两年
阻尼器的更换	50年	50年	20年
阻尼器维护性	中	中	中
温度影响	小	小	中
拉索振幅影响	中	中	小
对拉索索力测量的影响	小	小	大
护筒长度	中	中	不需要护筒
安装容易性	中	较困难	中
对拉索产生的附加应力	中	中	小
引起其他形式的拉索不稳定振动	可能不会,但需实桥观测	不,但需实桥观测	不,但需实桥观测
是否需要预埋件	否	否	是
主要优点	耐久性好,受温度影响小	耐久性好,对大桥美观影响小	不需要护筒,价格相对较低
主要问题点	阻尼器需要的个数较多,经济性差;护筒长度较长,运营过程中护筒可能破坏	距外塔壁有一定距离;护筒长度较长,运营过程中护筒可能破坏	漏油;需要安装支架,安装高度较大;影响美观

通过表4-5-13中对万州长江公路三桥(牌楼长江大桥)中跨侧阻尼器选型方案的分析比较,同时结合万州长江公路三桥(牌楼长江大桥)的工程实际,推荐采用方案2(即采用摩擦型内置阻尼器安装在桥塔侧)作为万州长江公路三桥(牌楼长江大桥)中跨侧拉索阻尼器的选型方案。

第七节 结 论

(1)对比分析了 CIP 规范、FIB 规范、PTI 规范以及我国规范《公路斜拉桥设计细则》(JTG D65-01—2007)中关于拉索最低阻尼比的取值要求,得出万州长江公路三桥(牌楼长江大桥)所有斜拉索均应安装阻尼器,以控制拉索振动,且斜拉索最低阻尼比取值不低于3.0%。

(2)以两类内置阻尼器为例,研究了万州长江公路三桥(牌楼长江大桥)斜拉索安装内置阻尼器是可行的。通过对万州长江公路三桥(牌楼长江大桥)斜拉索阻尼器的选型与安装方案研究,详细分析比较了各方案的性能、经济、美观、养护、耐久性等因素,同时结合万州长江公路三桥(牌楼长江大桥)的工程实际,推荐万州长江公路三桥(牌楼长江大桥)中跨侧斜拉索采用在桥塔侧安装内置阻尼器的方案,边跨侧斜拉索采用在桥面处安装内置阻尼器的方案。

第六章 施工监控技术

第一节 监控的必要性和控制目标

一、监控的必要性

施工监控通过误差分析、现场结构测试、跟踪计算分析及成桥状态预测等反馈控制手段进行参数修正,分析实际值与理论计算值的偏差,为施工过程提供决策技术依据,有时甚至要根据施工观测应力及位移的情况及时修正施工方案,为结构行为控制提供理论数据,从而正确指导施工,确保成桥状态线形、内力与设计目标值相符。

实行桥梁监控措施,是加强过程安全质量管理,防止重大事故发生的有力手段。对施工过程中结构的受力和变形进行有效的监测和控制,通过施工过程的数据采集和优化控制,在施工中做到把握现在、预估未来、避免施工差错,从而保证结构的安全性,并尽可能缩短工期和节省投资。

二、控制目标

施工监控的总目标是确保结构在施工中应力、变形与稳定状态在允许范围内,从而最大限度地确保施工阶段桥梁结构的安全,以及竣工后桥梁的内力和线形符合设计目标状态。对于大跨径混合梁斜拉桥,以控制主梁线形为主,同时兼顾主梁和索塔应力不超限,且斜拉索索力最大程度地接近合理施工索力,使成桥后以较小的范围和幅度进行索力、线形调整,结构受力达到最优状态。

施工过程及成桥状态控制指标分别见表4-6-1和表4-6-2。

施工过程控制指标　　　　　　　　　　　　　表 4-6-1

部位	检查项目	允许偏差	附注
索塔	塔柱倾斜度偏差	不大于塔高的 1/3000 或 ±30mm	《公路斜拉桥设计细则》（JTG/T D65-01—2007）、《公路桥涵施工技术规范》（JTG/T F50—2011）、相关设计规范
索塔	锚点高程	±10mm	
索塔	索导管位置偏差	±10″且同向	
混凝土梁	主梁轴线偏位	±10mm	
混凝土梁	主梁梁端高程偏差	±10mm	
混凝土梁	主梁上下游高程偏差	±10mm	
钢箱梁	主梁轴线偏位	0 号段 ±5mm、悬拼段 L/20000、合龙段 ±10mm	
钢箱梁	主梁梁端高程偏差	±20mm	
钢箱梁	主梁上下游高程偏差	±10mm	
斜拉索	斜拉索张拉索力偏差	±5%T	
斜拉索	上下游张拉索力偏差	±5%T	

成桥状态控制指标　　　　　　　　　　　　　表 4-6-2

部位	检查项目	允许偏差	附注
索塔	塔柱倾斜度偏差	±30mm	《公路斜拉桥设计细则》（JTG/T D65-01—2007）、《公路桥涵施工技术规范》（JTG/T F50—2011）
索塔	锚点高程	±5mm	
主梁	主梁轴线偏位	±L/20000mm	《公路工程质量检验评定标准　第一册　土建工程》（JTG F80/1—2004）
主梁	梁锚固点或梁顶高程	±L/10000	
斜拉索	索力偏差	±5%T	T 为斜拉索索力

第二节　施工监控主要内容和对象

一、施工监控主要内容

施工监控主要包括施工仿真计算和施工监测两部分，主要内容如下：

（1）对主桥施工全过程进行施工监控计算分析，包括：制订监控方案，包含控制方法、应用软件、监测内容、技术要求等；收集已完工程相关结构特性信息；主塔主梁应力、钢箱梁制造线形、钢混结合段应力、桥面线形、斜拉索索力及无应力长度、结构温度场支架变形、偶然荷载等数据的计算分析；进行施工监控模拟计算分析，核对实测值与计算值的差别；进行逐阶段施工安装计算，分析预测，下达监控指令。

（2）对主桥施工全过程进行施工监控测量，包括对主塔线形、主塔主梁应力、主梁线形、桥面线形、斜拉索索力、结构温度场、支架变形、偶然荷载等结构参数的测量。

二、施工监控主要对象

(1)索塔几何位置(主要是塔偏);
(2)索塔索套管定位;
(3)中跨主梁无应力线形及主梁安装的几何位置;
(4)边跨主梁的立模高程;
(5)边、中跨主梁的竣工线形;
(6)斜拉索无应力长度;
(7)拉索塔端锚点和梁端锚点的位置;
(8)斜拉索施工阶段索力及竣工索力;
(9)施工阶段及竣工时的索塔应力,以北主塔下塔柱为重点观测部位;
(10)施工阶段及竣工的主梁(含中跨钢主梁、边跨混凝土主梁)应力;
(11)施工阶段桥梁结构温度以及环境温度监测。

第三节　施工监控计算

施工监控计算工作,是整个施工控制工作的基础。这一阶段的工作必须尽可能地接近实际施工状态,使理论分析和实际施工状态之间的误差减到最小,这是保证采用施工控制法实现控制目标的关键。

一、计算模型及边界条件

1.计算模型
(1)建立全桥三维空间有限元和平面有限元两种计算模型;
(2)考虑斜拉索垂度和大位移几何非线性效应的影响;
(3)按实际情况模拟边跨临时支架和主跨墩旁临时支架作用;
(4)包含塔、梁临时固结等构件;
(5)按实际情况模拟边跨主梁混凝土浇筑过程和中跨钢主梁安装过程。

2.边界条件
(1)墩底刚性支撑;
(2)对于墩旁临时支架,模拟主要承载结构力学特性;
(3)塔、梁临时固结纵桥向由两点联结,纵桥向两点距离与实际支承情况相同;
(4)其他约束按施工图设计处理。

二、计算方法

目前,桥梁施工监控的计算方法主要有以下三种:正装计算法、倒装计算法和无应力状态计算法。万州长江公路三桥(牌楼长江大桥)采用无应力状态计算法(也被称为几何控制法)。

无应力状态计算法是一种确定桥梁施工中间过程内力和线形的方法,它利用结构在施工过程中的无应力长度和无应力曲率不变作为迭代原则进行计算。无应力状态法的核心是在保证结构构件单元无应力长度和无应力曲率一定的前提下,结构的最终内力和位移状态与结构的形成过程无关。在桥梁结构形成过程中,随着结构体系和外荷载的变化,结构内力和位移会随之发生改变,但梁、塔单元的无应力曲率和斜拉索单元的无应力长度不会随结构体系和外荷载的变化而变化。

在大跨径桥梁施工控制中,受桥梁结构的非线性、混凝土收缩徐变等因素影响,无应力状态计算法、倒装计算法很难与正装计算法的结果完全闭合。尤其对于大跨径斜拉桥,需要根据具体情况,对这三种计算方法进行灵活的交替运用,互为补充,以求解出不同阶段、不同施工状态下的理想控制目标。总体思路如下:首先严格按照设计构造和材料参数,精确统计各项恒载,建立大跨径斜拉桥的合理成桥恒载状态,并与设计计算结果校核,以此作为目标状态。采用无应力状态计算法确定主梁建造线形和斜拉索无应力长度,运用倒装计算法和正装计算法,进行施工全过程模拟分析,确定桥梁各施工阶段理想状态,防止施工误差的累积,使成桥最终线形和内力符合设计预期的理想状态。

三、主要计算参数

1. 材料参数

主桥结构材料参数见表 4-6-3。

主桥结构材料参数　　　　　　　　　　　　表 4-6-3

部位	材料	弹性模量 E(MPa)	泊松比 ν	线膨胀系数 A	重度 γ(kN/m³)	抗拉/压强度 (MPa)
索塔	C50	3.45×10^4	0.2	1.0×10^{-5}	26.25	1.83/-24.4
边锚梁	C50	3.45×10^4	0.2	1.0×10^{-5}	26.25	1.83/-24.4
边锚梁	C55	3.55×10^4	0.2	1.0×10^{-5}	26.25	1.89/24.4
钢箱梁	Q345E	2.10×10^5	0.3	1.2×10^{-5}	78.5	200
斜拉索	平行钢丝	1.95×10^5	0.3	1.2×10^{-5}	78.5	1670
索塔预应力筋	钢绞线	1.95×10^5	0.3	1.2×10^{-5}	78.5	1860

2. 截面特性

钢箱梁和斜拉索等构件的截面面积和竖向抗弯惯性矩见表 4-6-4。

钢箱梁、斜拉索截面特性表　　　　　　　　表 4-6-4

截面类型	截面面积(mm²)	截面竖向抗弯惯性矩(mm⁴)
钢箱梁 D1	9.41×10^5	2.98×10^{12}
钢箱梁 D2	1.10×10^6	3.60×10^{12}

续上表

截面类型	截面面积(mm^2)	截面竖向抗弯惯性矩(mm^4)
钢箱梁 D3	1.11×10^6	3.75×10^{12}
钢箱梁 MH	9.41×10^6	2.98×10^{12}
钢箱梁 JH	1.41×10^6	8.82×10^{12}
斜拉索 7-121	4.19×10^3	1.73×10^6
斜拉索 7-139	4.81×10^3	2.28×10^6
斜拉索 7-163	5.65×10^3	3.13×10^6
斜拉索 7-199	6.89×10^3	4.67×10^6
斜拉索 7-223	7.72×10^3	5.86×10^6
斜拉索 7-241	8.35×10^3	6.85×10^6
斜拉索 7-253	8.76×10^3	7.54×10^6

四、计算模型

采用桥梁结构分析软件 midas Civil,建立万州长江公路三桥(牌楼长江大桥)主桥空间杆系有限元模型。全桥离散为 850 个梁单元、176 个桁架单元(斜拉索的垂度效应通过弹性模量的恩斯特修正考虑)、1227 个节点。其中主梁用单梁模拟,斜拉索塔端和梁端锚点按设计坐标建立,分别与主梁和主塔在锚点对应的节点处采用刚性连接。计算模型如图 4-6-1 所示。

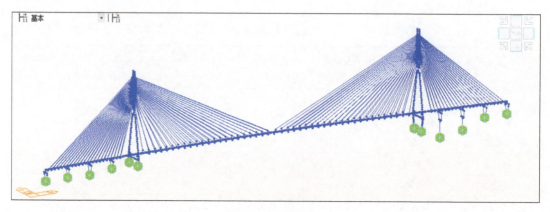

图 4-6-1 计算模型

五、计算结果

1. 整体刚度

桥梁结构静载作用下整体刚度主要通过挠度(变形)来体现,万州长江公路三桥(牌楼长江大桥)在恒载(自重作用+二期恒载)作用和设计活载效应作用下的桥梁结构变形见

表4-6-5,恒载和活载参数与设计取值一致。

荷载作用下的桥梁结构变形　　　　　　　　　　　表4-6-5

项目	部位	荷载		变形值(mm)
竖向	730m主跨跨中	汽车荷载	最大	11
			最小	-668
		汽车荷载+人群荷载	最大	13
			最小	-813
		主梁自重	最小	-728.3
		二期恒载	最小	-316.2
		主梁自重+二期恒载	最小	-1044.5
纵向	梁端	汽车荷载+人群荷载	3号墩	72(偏向跨中)
			13号墩	82(偏向跨中)
	塔顶	汽车荷载+人群荷载	Z08号塔	206(偏向跨中)
			Z09号塔	227(偏向跨中)

2.施工过程计算结果

1)主梁应力

施工过程中主梁始终处于受压状态,混凝土主梁最大压应力为-13.1MPa,其绝对值小于《公路钢筋混凝土及预应力混凝土桥涵设计规范》(JTG D62—2004)第7.2.8条规定的 $0.7f'_{ck}=0.7\times32.4=22.68(\mathrm{MPa})$。钢箱梁最大压应力为-89.07MPa,其绝对值小于Q345E钢弯曲容许应力$[\sigma_w]=200\mathrm{MPa}$。因此,施工过程主梁受力合理,应力满足规范要求且有一定富余度。

2)索塔应力

施工过程中,索塔塔柱根部未出现拉应力,北塔柱最大压应力为-12.19MPa,南塔柱最大压应力为-12.26MPa,施工过程中主塔整体处于受压状态,满足《公路钢筋混凝土及预应力混凝土桥涵设计规范》(JTG D62—2004)相关要求。由于主塔部分构件布置了预应力,局部会出现拉应力,应根据局部计算结果采取相应的防裂措施,防止局部应力过大造成混凝土开裂。

3)斜拉索索力

施工过程中,斜拉索最大索力值及安全系数见表4-6-6,安全系数均大于设计规定的安全系数2.5,满足规范要求。

施工过程斜拉索最大索力值及安全系数　　　　　　　　　　　表4-6-6

索编号	最大索力(kN)	应力(MPa)	安全系数	索编号	最大索力(kN)	应力(MPa)	安全系数
NSC01	2517	401.3	4.63	NMC01	3138	586.7	3.17
NSC02	2545	475.9	3.91	NMC02	2824	606.4	3.07
NSC03	2444	456.8	4.07	NMC03	2285	490.8	3.79
NSC04	2464	392.9	4.73	NMC04	2161	463.9	4.01
NSC05	2651	422.7	4.40	NMC05	2155	462.8	4.02

续上表

索编号	最大索力(kN)	应力(MPa)	安全系数	索编号	最大索力(kN)	应力(MPa)	安全系数
NSC06	2771	361.8	5.14	NMC06	2329	435.4	4.27
NSC07	3056	399.1	4.66	NMC07	2313	432.4	4.30
NSC08	3344	436.7	4.26	NMC08	2548	476.4	3.90
NSC09	3527	411.0	4.53	NMC09	2638	420.5	4.42
NSC10	3731	434.7	4.28	NMC10	2795	445.5	4.18
NSC11	3874	451.5	4.12	NMC11	3074	490.0	3.80
NSC12	4000	466.1	3.99	NMC12	3011	393.2	4.73
NSC13	4395	512.2	3.63	NMC13	3087	403.1	4.61
NSC14	4637	540.3	3.44	NMC14	3302	431.3	4.31
NSC15	4873	525.4	3.54	NMC15	3573	466.6	3.99
NSC16	4976	536.5	3.47	NMC16	3619	421.7	4.41
NSC17	4986	537.6	3.46	NMC17	3726	434.2	4.28
NSC18	4744	511.4	3.64	NMC18	3797	442.5	4.20
NSC19	4712	508.1	3.66	NMC19	4074	474.7	3.92
NSC20	4564	492.1	3.78	NMC20	4348	506.6	3.67
NSC21	4692	481.9	3.86	NMC21	4451	518.7	3.59
NSC22	4722	484.9	3.84	NMC22	5539	645.5	2.88
SMC01	2857	534.1	3.48	SSC01	2551	406.7	4.57
SMC02	2759	592.4	3.14	SSC02	2492	465.9	3.99
SMC03	2241	481.2	3.87	SSC03	2323	434.3	4.28
SMC04	2149	461.4	4.03	SSC04	2293	365.6	5.09
SMC05	2144	460.3	4.04	SSC05	2483	395.8	4.70
SMC06	2330	435.6	4.27	SSC06	2591	338.4	5.50
SMC07	2309	431.7	4.31	SSC07	2899	378.5	4.91
SMC08	2540	474.8	3.92	SSC08	3199	417.8	4.45
SMC09	2632	419.6	4.43	SSC09	3455	402.6	4.62
SMC10	2787	444.4	4.19	SSC10	3715	432.9	4.30
SMC11	3081	491.1	3.79	SSC11	3908	455.4	4.08
SMC12	3037	396.5	4.69	SSC12	4075	474.9	3.92
SMC13	3093	403.9	4.61	SSC13	4256	496.0	3.75
SMC14	3287	429.3	4.33	SSC14	4670	544.2	3.42
SMC15	3571	466.4	3.99	SSC15	4891	527.4	3.53
SMC16	3611	420.8	4.42	SSC16	4974	536.3	3.47
SMC17	3728	434.5	4.28	SSC17	4999	539.0	3.45
SMC18	3804	443.2	4.20	SSC18	4791	516.6	3.60
SMC19	4088	476.4	3.90	SSC19	4816	519.3	3.58

续上表

索编号	最大索力(kN)	应力(MPa)	安全系数	索编号	最大索力(kN)	应力(MPa)	安全系数
SMC20	4353	507.3	3.67	SSC20	4704	507.2	3.67
SMC21	4461	519.9	3.58	SSC21	4800	492.9	3.77
SMC22	5547	646.4	2.88	SSC22	4786	491.6	3.78

3．成桥阶段计算结果

1）主梁支反力

成桥恒载作用下,主梁单侧支座的成桥恒载支反力计算结果见表4-6-7。表4-6-7中可以看出,各墩墩顶支座的成桥支反力均小于设计支座的允许支反力。

主梁单侧支座的成桥恒载支反力计算结果(单位:kN)　　表4-6-7

支座位置	设计支座类型	成桥支反力	支座位置	设计支座类型	成桥支反力
4号墩	TQZ6500	20686	Z09号主墩	TQZ26000	338111
5号墩	TQZ14000	24604	10号墩	TQZ27000	79413
6号墩	TQZ9000	31866	11号墩	TQZ19000	67159
7号墩	TQZ30000	40257	12号墩	TQZ19000	35443
Z08号主墩	TQZ26000	321689	13号墩	TQZ11000	32969

2）恒载线形

按照"梁平塔直"的目标线形,计算恒载成桥线形,成桥恒载线形计算结果见表4-6-8,表中列出钢箱梁斜拉索梁端锚点处的计算值,取跨中相对里程为0。

成桥恒载线形计算结果　　表4-6-8

索编号	相对里程(m)	线形(mm)	索编号	相对里程(m)	线形(mm)
NMC01	−333.751	−53.00	NMC15	−118.168	172
NMC02	−318.370	−36	NMC16	−102.760	189
NMC03	−302.984	−14	NMC17	−87.344	199
NMC04	−287.595	5	NMC18	−71.930	204
NMC05	−272.202	19	NMC19	−56.516	203
NMC06	−256.810	29	NMC20	−41.105	198
NMC07	−241.414	38	NMC21	−25.697	191
NMC08	−226.015	46	NMC22	−10.292	184
NMC09	−210.617	56	跨中点	0.000	184
NMC10	−195.213	70	SMC22	10.292	184
NMC11	−179.807	86	SMC21	25.696	190
NMC12	−164.406	106	SMC20	41.103	197
NMC13	−148.996	128	SMC19	56.514	203
NMC14	−133.582	151	SMC18	71.928	205

续上表

索编号	相对里程(m)	线形(mm)	索编号	相对里程(m)	线形(mm)
SMC17	87.342	203	SMC8	226.013	78
SMC16	102.758	195	SMC7	241.412	68
SMC15	118.166	183	SMC6	256.808	59
SMC14	133.580	166	SMC5	272.200	48
SMC13	148.994	148	SMC4	287.592	34
SMC12	164.404	131	SMC3	302.982	14
SMC11	179.805	115	SMC2	318.368	−10
SMC10	195.211	100	SMC1	333.749	−33
SMC9	210.614	88			

3) 恒载索力

成桥恒载索力计算结果见表4-6-9,从计算结果可以看出,安全系数均大于设计规定的安全系数2.5,满足规范要求。

成桥恒载索力值计算结果 表4-6-9

索编号	成桥索力(kN)	应力(MPa)	安全系数	索编号	成桥索力(kN)	应力(MPa)	安全系数
NSC01	2796	445.7	4.17	NMC01	3095	578.6	3.21
NSC02	2806	524.6	3.55	NMC02	2771	595.1	3.13
NSC03	2661	497.5	3.74	NMC03	2529	543.1	3.42
NSC04	2596	413.8	4.49	NMC04	2309	495.8	3.75
NSC05	2760	440.0	4.23	NMC05	2269	487.3	3.82
NSC06	2759	360.3	5.16	NMC06	2264	423.2	4.40
NSC07	3002	392.0	4.74	NMC07	2368	442.8	4.20
NSC08	3246	423.9	4.39	NMC08	2452	458.4	4.06
NSC09	3335	388.7	4.79	NMC09	2615	416.9	4.46
NSC10	3487	406.3	4.58	NMC10	2720	433.7	4.29
NSC11	3613	421.1	4.42	NMC11	2864	456.6	4.07
NSC12	3736	435.4	4.27	NMC12	2916	380.8	4.88
NSC13	4148	483.4	3.85	NMC13	3145	410.7	4.53
NSC14	4456	519.2	3.58	NMC14	3378	441.2	4.22
NSC15	4667	503.2	3.70	NMC15	3593	469.2	3.96
NSC16	4802	517.8	3.59	NMC16	3866	450.6	4.13
NSC17	4849	522.8	3.56	NMC17	3957	461.1	4.03
NSC18	4649	501.3	3.71	NMC18	4085	476.0	3.91
NSC19	4679	504.5	3.69	NMC19	4182	487.3	3.82
NSC20	4606	496.6	3.75	NMC20	4371	509.3	3.65
NSC21	4755	488.3	3.81	NMC21	4561	531.4	3.50

续上表

索编号	成桥索力(kN)	应力(MPa)	安全系数	索编号	成桥索力(kN)	应力(MPa)	安全系数
NSC22	4861	499.2	3.73	NMC22	4687	546.2	3.41
SMC01	2817	449.1	4.14	SSC01	2905	543.1	3.42
SMC02	2754	515.0	3.61	SSC02	2638	566.4	3.28
SMC03	2573	481.0	3.87	SSC03	2448	525.8	3.54
SMC04	2358	375.9	4.95	SSC04	2311	496.3	3.75
SMC05	2601	414.6	4.49	SSC05	2230	478.8	3.88
SMC06	3040	397.0	4.69	SSC06	2232	417.3	4.46
SMC07	3137	409.6	4.54	SSC07	2321	433.9	4.29
SMC08	3260	425.8	4.37	SSC08	2459	459.8	4.05
SMC09	3517	409.8	4.54	SSC09	2636	420.2	4.43
SMC10	3651	425.4	4.37	SSC10	2761	440.1	4.23
SMC11	3726	434.2	4.28	SSC11	2928	466.8	3.98
SMC12	3659	426.3	4.36	SSC12	2908	379.8	4.90
SMC13	4078	475.2	3.91	SSC13	3158	412.5	4.51
SMC14	4383	510.7	3.64	SSC14	3340	436.2	4.26
SMC15	4538	489.3	3.80	SSC15	3566	465.7	3.99
SMC16	4654	501.7	3.71	SSC16	3852	448.8	4.14
SMC17	4732	510.3	3.65	SSC17	3951	460.5	4.04
SMC18	4627	498.9	3.73	SSC18	4082	475.7	3.91
SMC19	4733	510.3	3.64	SSC19	4182	487.3	3.82
SMC20	4677	504.2	3.69	SSC20	4370	509.2	3.65
SMC21	4795	492.5	3.78	SSC21	4558	531.1	3.50
SMC22	4821	495.1	3.76	SSC22	4683	545.7	3.41

4）主梁恒载应力

成桥恒载作用下，主梁顶缘和底缘最大压应力分别为 -84.84MPa、-61.88MPa，底缘最大拉应力为2.14MPa，其绝对值小于Q345E钢弯曲容许应力$[\sigma_w]$=200MPa。因此，成桥阶段恒载作用下主梁受力合理，应力满足规范要求且有一定富余度。

5）索塔恒载应力

成桥恒载作用下，北主塔最大拉应力为1.61MPa，最大压应力为-11.02MPa，南主塔最大拉应力为1.60MPa，最大压应力为-10.99MPa，主塔整体处于受压状态，满足规范相关要求。

6）主梁恒载+活载应力

成桥运营阶段恒载+活载作用下，边跨混凝土梁应力范围-14.37～0MPa，其绝对值小于《公路钢筋混凝土及预应力混凝土桥涵设计规范》(JTG D62—2004)第7.1.5条规定的$0.5f_{ck}=0.5 \times 32.4=16.20$(MPa)(C50混凝土)或者$0.5 \times 35.5=17.75$(MPa)(C55混凝土)。中跨钢箱梁应力范围 –99.53～36.82MPa,应力绝对值远小于 Q345E 钢弯曲容许应力 $[\sigma_w]$ =200MPa。因此,成桥阶段恒载+活载作用下主梁受力合理,应力满足规范要求且有一定富余度。

六、设计参数敏感性分析

掌握设计参数对桥梁施工监控目标(线形为主,应力为辅)的影响,分清主要控制参数和次要控制参数,在施工控制过程中对主要控制参数进行重点控制。

将设计参数调整相同的比例(±5%),得到设计参数调整前后的相应的控制目标的改变量,将目标控制改变量进行横向对比分析,判断对目标控制敏感的设计参数。

根据万州长江公路三桥(牌楼长江大桥)主桥结构特点,选取斜拉索弹性模量、材料密度、斜拉索索力作为分析参数进行分析,跨中挠度作为控制参数,分析结果见表4-6-10。

参数敏感性分析结果(挠度单位:mm;弹性模量单位:Pa)　　　表4-6-10

分析参数	调整幅度	调整前	调整后	跨中挠度(二期恒载之后)		
				调整前	调整后	变化比例
斜拉索弹性模量	5%	1.95×10^{11}	2.05×10^{11}	504	398	21.0%
材料密度	5%	整体增加		504	–902	278.9%
斜拉索索力	5%	整体增加		504	3105	516.7%

从参数敏感性分析结果可以看出,斜拉索弹性模量、材料密度、斜拉索索力均增加5%时,跨中挠度变化幅度为21.0%、278.9%、516.7%,三者均为较敏感的参数,其中斜拉索索力为三者中对跨中挠度影响最敏感的参数,材料密度次之。材料密度增大可以看作额外荷载(如施工荷载、临时荷载等)增大。斜拉索索力、桥面临时荷载是重点控制参数,在桥梁结构施工过程中应严格控制,以线形控制为主,索力和荷载控制为辅。

七、合龙施工过程验算结果

主跨钢箱梁合龙是斜拉桥从施工临时结构体系转换为成桥结构体系的过程,是整座桥梁施工的关键工序,施工难度大。根据现场实际情况,万州长江公路三桥(牌楼长江大桥)中跨采用配切合龙,合龙段北岸桥面采用起重机起吊。

1. 主要计算内容

万州长江公路三桥(牌楼长江大桥)主跨合龙过程监控计算分析主要包括以下内容:

(1)确定北岸配重车辆吨位;

(2)计算合龙口劲性骨架内力;

(3)结合合龙施工方案进行合龙段施工过程主要步骤计算分析,计算此工况桥梁结构受力状态是否满足设计和规范要求,为合龙段施工控制提供斜拉索索力理论值、桥面高程理论值等控制参数。合龙段施工主要步骤如下:

①合龙段施工前对南北两侧斜拉索索力、梁段高程、桥梁线形进行调整。
②北岸侧车辆配重,模拟合龙段起吊工况。
③在合龙温度时安装劲性骨架,将合龙口固定。
④合龙段配切完成后,由驳船运输到位,进行合龙段起吊,起吊的同时卸载配重,等待至合龙温度时将合龙段嵌入龙口。
⑤调整合龙段的两侧缝宽、高程及轴线,并采用匹配锚座和码板将合龙梁段锁定,并迅速解除塔梁临时约束。
⑥合龙段焊接完成后,将两侧桥面起重机拆除。

2. 计算结果

选取拆除起重机后的监控计算结果进行分析。桥面起重机拆除计算工况:合龙段焊接完成后,两侧桥面起重机拆除。此工况主要计算桥面起重机不平衡荷载作用下合龙口的受力状态。

桥面起重机不平衡荷载作用下的合龙口顶板受拉,拉应力为17.8MPa;底板受压,压应力为-2.2MPa;钢箱梁应力绝对值远小于Q345E钢弯曲容许应力$[\sigma_w]$=200MPa。

第四节 主塔施工监测

万州长江公路三桥(牌楼长江大桥)主塔施工过程中监测控制的重点是对主塔线形和拉索锚点坐标、索套管倾角的控制,以主塔应力监测控制为辅。在桥塔的施工过程中,要根据几何控制的施工监测安排对每一个步骤和增加的节点进行几何测量,每次几何测量都要同时测量温度。

一、塔柱线形控制

成塔后,桥塔目标线形必须满足的误差要求为:塔柱的倾斜度误差不大于1/3000,且塔柱轴线偏差不大于30mm;塔顶高程偏差不大于10mm;承台处塔柱轴线偏差不大于10mm;塔柱断面尺寸偏差不大于20mm。

1. 主塔中塔柱横向预偏

Z08号主塔中塔柱施工采用被动横撑,需要设置横向预偏,Z09号主塔中塔柱施工采用主动横撑,不需要设置横向预拱度。Z08号主塔中塔柱横向预偏量见表4-6-11。

Z08号主塔中塔柱横向预偏量 表4-6-11

节段号	长度(m)	高程(m)	位移(mm)
S6	6	204.619	9
S7	6	210.619	13
S8	6	216.619	18
S9	6	222.619	22

续上表

节段号	长度(m)	高程(m)	位移(mm)
S10	6	228.619	25
S11	6	234.619	28
S12	6	240.619	27
S13	6	246.619	27
S14	6	252.619	26
S15	6	258.619	23
S16	6	264.619	19
S17	6	270.619	15
S18	6	276.619	10
S19	6	282.619	4
S20	6	288.619	0

注：横向预偏量以向外为正，向内为负。

2. 主塔几何测点布置

主塔几何测试主要是塔柱外轮廓线形、上塔柱垂直度的测试。在中塔柱两侧、上塔柱外侧壁中轴线处布置线形测点，采用全站仪进行测量，并与设计坐标值对比，分析坐标偏差是否满足控制目标值。主塔中、上塔柱外轮廓线形测点布置如图4-6-2所示，主塔中塔柱成品坐标测点布置如图4-6-3所示，主塔上塔柱成品坐标测点布置如图4-6-4所示。

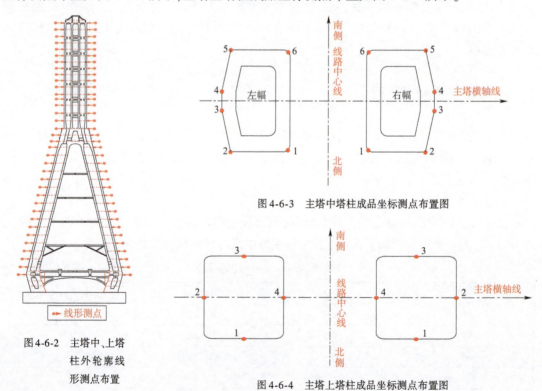

图4-6-2 主塔中、上塔柱外轮廓线形测点布置

图4-6-3 主塔中塔柱成品坐标测点布置图

图4-6-4 主塔上塔柱成品坐标测点布置图

3. 主塔线形监测结果

以 Z08 号索塔线形监测结果为例进行分析。Z08 号主塔中塔柱 20 号节段、上塔柱 24 号节段几何监测结果分别见表 4-6-12、表 4-6-13。

Z08 号主塔中塔柱 20 号节段几何监测结果 表 4-6-12

节段	20 号节段左幅（高程 289.119m）					
坐标	X			Y		
测点	设计(m)	实测(m)	偏差(mm)	设计(m)	实测(m)	偏差(mm)
1	654.290	654.281	−9	−8.441	−8.449	−8
2	654.290	654.283	−7	−3.044	−3.055	−11
3	658.781	658.781	0	−9.433	−9.445	−12
4	663.272	663.270	−2	−8.442	−8.450	−8
5	663.272	663.268	−4	−3.045	−3.057	−12
节段	20 号节段右幅（高程 289.119m）					
坐标	X			Y		
测点	设计(m)	实测(m)	偏差(mm)	设计(m)	实测(m)	偏差(mm)
1	654.290	654.299	9	8.441	8.446	5
2	654.290	654.297	7	3.045	3.052	7
3	658.781	658.786	5	9.434	9.442	8
4	663.271	663.282	11	8.434	8.439	5
5	663.271	663.284	13	3.045	3.047	2

Z08 号主塔上塔柱 24 号节段几何监测结果 表 4-6-13

节段	24 号节段左幅（高程 309.180m）					
坐标	X			Y		
测点	设计(m)	实测(m)	偏差(mm)	设计(m)	实测(m)	偏差(mm)
1	654.981	654.988	7	−3.750	−3.758	−8
2	658.781	658.793	12	−6.000	−6.012	−12
3	662.581	662.570	−11	−3.750	−3.761	−11
4	658.781	658.769	−12	−1.500	−1.506	−6
节段	24 号节段右幅（高程 309.180m）					
坐标	X			Y		
测点	设计(m)	实测(m)	偏差(mm)	设计(m)	实测(m)	偏差(mm)
1	654.981	654.992	11	3.750	3.742	−8
2	658.781	658.771	−10	6.000	6.014	14
3	662.581	662.593	12	3.750	3.758	8
4	658.781	658.792	11	1.500	1.513	13

从表 4-6-12、表 4-6-13 监测结果可以看出，Z08 号主塔中塔柱、上塔柱外轮廓线形与设

计线形较好吻合,满足规范规定的 ±20mm。

Z08 号主塔上塔柱合龙后对塔柱外轮廓线整体进行了测量,几何测量结果见表 4-6-14。

Z08 号主塔塔柱外轮廓线形测量结果 表 4-6-14

	序号	实测			设计偏距(m)	偏差(mm)
		桩号(m)	偏距(m)	高程(m)		
右幅（上游）	1	658.519	6.018	360.285	6.000	17.5
	2	658.308	6.016	336.463	6.000	16.3
	3	659.190	6.015	328.621	6.000	15.2
	4	658.816	9.952	286.232	9.934	17.7
	5	659.206	11.985	274.143	11.967	17.9
	6	659.288	13.026	268.078	13.008	18.0
	7	659.156	15.570	253.655	15.554	15.9
	8	658.926	18.718	235.428	18.699	18.5
	9	658.965	20.435	225.442	20.421	14.2
	10	658.802	21.322	220.315	21.306	16.3
	11	658.827	22.686	212.336	22.683	3.0
左幅（下游）	1	658.803	-6.016	370.605	-6.000	-15.7
	2	659.047	-6.019	362.904	-6.000	-18.6
	3	659.051	-6.017	355.371	-6.000	-16.7
	4	659.059	-6.016	345.279	-6.000	-15.8
	5	658.929	-6.013	340.988	-6.000	-12.8
	6	658.790	-6.014	332.373	-6.000	-13.8
	7	658.945	-6.020	321.523	-6.000	-19.9
	8	658.856	-6.018	318.248	-6.000	-17.9
	9	658.850	-6.020	315.357	-6.000	-19.6
	10	658.841	-6.014	312.935	-6.000	-13.5
	11	658.798	-9.683	287.622	-9.694	10.7
	12	658.780	-11.613	276.398	-11.630	17.3
	13	658.792	-13.640	264.631	-13.660	19.9
	14	658.797	-14.829	257.784	-14.842	13.1
	15	658.797	-15.695	252.740	-15.712	16.9
	16	658.793	-16.740	246.695	-16.755	14.7
	17	658.767	-18.268	237.962	-18.261	-7.1
	18	658.801	-19.043	233.383	-19.051	8.4
	19	658.743	-19.813	228.892	-19.826	13.4
	20	658.818	-20.373	225.657	-20.384	11.4
	21	658.789	-20.807	223.120	-20.822	15.3
	22	658.793	-21.457	219.336	-21.475	18.0

从表 4-6-14 监测结果可以看出,Z08 号主塔塔柱外轮廓线形整体线形与设计线形较好

吻合,满足规范规定的±20mm。

4. 塔顶偏位监测

塔柱偏位直观反映了悬臂施工体系的受力情况,也是塔柱平面外受弯的反映,为确保塔柱的安全,其塔偏量应控制在允许值范围之内,斜拉索张拉过程中Z08号主塔塔顶偏位监测结果见表4-6-15。

Z08号主塔塔顶偏位监测结果(单位:mm)　　　　表4-6-15

编号	工况	理论值	实测值	偏差
1	11号梁	-102	-90	12
2	12号梁	-137	-122	15
3	13号梁	-169	-155	14
4	14号梁	-197	-179	18
5	15号梁	-219	-237	-18
6	16号梁	-251	-236	15
7	17号梁	-275	-261	14
8	18号梁	-297	-275	22
9	19号梁	-314	-290	24
10	20号梁	-326	-294	32
11	21号梁	-328	-293	35
12	22号梁	-328	-296	32
13	23号梁	-321	-297	24
14	合龙段	-338	-317	21
15	调索后	-358	-343	15
16	铺筑后	-81	-60	21

注:表中正值表示往中跨偏,负值表示往边跨偏。

Z08号主塔施工过程塔偏最大误差35mm,Z09号主塔施工过程塔偏最大误差34mm,满足规范要求(规范容许值为$H/3000$mm,H为塔高,单位为m,由此计算可得北塔塔偏容许最大误差为69mm,南塔塔偏容许最大误差为83mm)。

二、拉索锚点控制

拉索锚点坐标和索套管倾角对拉索的无应力长度和主梁线形有较大影响,是塔柱施工控制的重点,而且通过锚点坐标的监测也可掌握塔偏情况。

1. 拉索锚点的预抬高

在施工塔柱时,塔柱拉索锚点的坐标由设计坐标决定,但由于塔柱弹性压缩和收缩、徐变等因素的影响,塔柱长度会较设计长度有所缩短,即使在放样时塔柱拉索锚点的坐标与设计坐标重合,在主梁施工和成桥时,塔柱拉索锚点的高程也将比设计高程要小,故在施工塔柱时需对塔柱拉索锚点进行预抬高。

拉索锚点的预抬高需考虑弹性压缩、收缩徐变、基础沉降等因素,由于各拉索锚点的高程不同,锚点位置处的弹性压缩和收缩徐变也不相同,从理论上说,每一排锚点的预抬高值是不同的,但这样修正锚点高程将增大现场放样工作量及安装难度。根据以往经验建议对所有的锚点高程采用统一的预抬高值进行修正,预抬高值通过施工全过程分析确定。

2. 拉索锚点位置监测

中跨主梁分段悬臂施工过程中,精确描述塔柱斜拉索锚点几何位置的参数是控制斜拉索安装长度、变形量及索力,也是计算主梁线形误差的重要实测数据。施工单位必须提供主梁分段悬臂施工过程中塔柱斜拉索锚点的三维坐标,用于推算塔柱斜拉索锚点的空间位置,并作为计算斜拉索的安装长度、变形量及其索力的主要参数。

主桥索塔上塔柱锚索区设置多个锚点空间位置监测截面,每个截面分别布设 2 个监测点。

3. 拉索套管倾角监测

由于设计图中塔端和梁端拉索导管的倾角是按拉索弦向设计的,而实际上拉索线形为一斜置的悬链线,若按弦向安装拉索导管,则会导致拉索轴线与拉索导管不同轴,使得拉索受弯,因此需对拉索导管倾角按拉索悬链线的切线方向进行修正。

施工中,在放样时根据锚点坐标和拉索导管出口坐标准确定位,在混凝土浇筑后还应进行复测。

4. 主塔索导管定位监测

以 Z09 号主塔为例,典型索导管混凝土浇筑后定位复测结果见表 4-6-16。

Z09 号主塔 SSC22 号索导管混凝土浇筑后定位复测结果 表 4-6-16

锚固点	设计坐标(m)			实测坐标(m)			差值(mm)		
	X	Y	H	X	Y	H	ΔX	ΔY	ΔH
上游									
SSC22 出口点	1392.898	3.725	372.677	1392.896	3.729	372.681	−2	4	4
SSC22 锚固点	1390.893	3.754	374.340	1390.890	3.753	374.343	−3	−1	3
下游									
SSC22 出口点	1392.898	−3.725	372.677	1392.901	−3.728	372.673	3	−3	−4
SSC22 锚固点	1390.893	−3.754	374.340	1390.890	−3.755	374.341	−3	−1	1

由表 4-6-16 结果可知,塔端索导管混凝土浇筑后测点坐标偏差均不大于规范规定的混凝土主塔索管孔道偏差限值 10mm,满足规范要求。

三、塔柱应力控制

1. 主塔应力测点布置

以 Z09 号主塔为例,主塔应力监测截面如图 4-6-5 所示,下塔柱应力测点埋设在下塔柱底部 D-D 截面(01 号节段),中塔柱底部 C-C 截面(11 号节段),截面应力测点布置如图 4-6-6、

图4-6-7所示，在塔柱施工过程中进行应力监测。

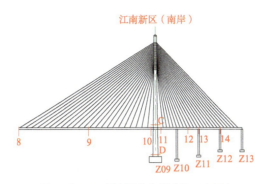

图4-6-5　Z09号主塔应力监测截面示意图

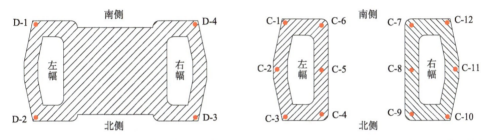

图4-6-6　Z09号主塔下塔柱 *D-D* 截面应力测点布置　　图4-6-7　Z09号主塔中塔柱 *C-C* 截面应力测点布置

2. 主塔施工过程应力监测结果

万州长江公路三桥(牌楼长江大桥)施工过程中，对Z09号主塔 *C-C* 截面、*D-D* 截面应力进行监测，并与理论计算结果对比，典型 *D-D* 截面应力监测及对比见表4-6-17所示。

Z09号主塔下塔柱 *D-D* 截面应力监测结果(单位:MPa)　　表4-6-17

测点位置		左幅		右幅	
工况	测点号	D-1	D-2	D-3	D-4
06号浇筑	实测值	−1.04	−1.29	−1.17	−1.22
	计算值	−1.56	−1.56	−1.56	−1.56
	差值	−0.52	−0.27	−0.39	−0.33
下横梁浇筑	实测值	−2.36	−2.15	−2.03	−2.27
	计算值	−3.02	−3.02	−3.02	−3.02
	差值	0.66	0.87	0.99	0.75
中塔柱12号	实测值	−2.46	−2.21	−2.32	−2.42
	计算值	−3.03	−3.03	−3.03	−3.03
	差值	0.57	0.82	0.71	0.61
中塔柱26号	实测值	−2.38	−2.35	−2.28	−2.32
	计算值	−2.75	−2.75	−2.75	−2.75
	差值	0.37	0.40	0.47	0.43

续上表

测点位置		左幅		右幅	
工况	测点号	D-1	D-2	D-3	D-4
中塔柱合龙段	实测值	−2.53	−2.47	−2.59	−2.48
	计算值	−3.02	−3.02	−3.02	−3.02
	差值	0.49	0.55	0.43	0.54
上塔柱31号段	实测值	−2.58	−2.62	−2.64	−2.49
	计算值	−3.06	−3.06	−3.06	−3.06
	差值	0.48	0.44	0.42	0.57
上塔柱43号段	实测值	−3.85	−4.02	−3.54	−3.92
	计算值	−3.63	−3.63	−3.63	−3.63
	差值	0.22	0.39	−0.09	0.29

由表 4-6-17 监测结果可知，Z09 号主塔在整个施工阶段均处于整体受压状态，且最大实测压应力绝对值小于《公路钢筋混凝土及预应力混凝土桥涵设计规范》(JTG D62—2004) 第 7.2.8 条规定的 $0.7f'_{ck} = 0.7 \times 32.4 = 22.68 (\text{MPa})$。

第五节 主梁施工监测

一、边跨锚梁监测

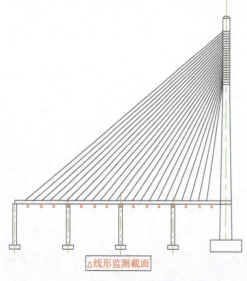

图 4-6-8 边跨锚梁几何监测断面示意图

1. 边跨锚梁顶板线形控制

1) 边跨锚梁顶板线形测点布置

边跨锚梁顶板线形测点布置在梁端、四分点、各施工段端头，每个截面横桥向布置 5 个测点，分别布置在箱梁横桥向四分点 (箱梁上游侧边缘、$B/4$、中线、$3B/4$、箱梁下游侧边缘)，如图 4-6-8、图 4-6-9 所示。

2) 边跨锚梁顶板线形监测结果

南岸边跨锚梁 11 ~ 13 号墩之间 2-2 节段底板浇筑完毕后，对 11 ~ 13 号墩之间已浇筑梁段顶板线形进行测量，典型测量结果见表 4-6-18。从监测结果可以看出，已浇筑梁段顶板整体线形与设计线形较好吻合，中轴线高程整体偏差小于 ±10mm，高程整体偏差为 −28 ~ 24mm。

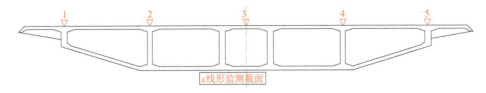

图 4-6-9　边跨锚梁断面几何测点布置示意图

南岸边跨锚梁浇筑段顶板线形测量结果　　　　　表 4-6-18

桩号	截面测点	设计坐标(m)			实测坐标(m)			ΔH(mm)
		X	Y	H	X	Y	H	
13 号墩	1-3	1615.321	7.81	197.686	1615.321	7.81	197.702	16
	1-4	1615.340	2.327	197.795	1615.340	2.327	197.802	7
	1-5	1615.380	-2.215	197.798	1615.380	-2.215	197.79	-8
	1-6	1614.700	-8.048	197.683	1614.700	-8.048	197.673	-10
	1-7	1615.346	-12.999	197.582	1615.346	-12.999	197.566	-16
	1-8	1615.254	-18.89	197.465	1615.254	-18.89	197.48	15

2. 边跨锚梁索导管几何坐标控制

南岸边跨锚梁索导管出口点定位复测结果见表 4-6-19，从监测结果可知：索导管 X、Y、Z 实测坐标偏差总体均不大于《公路桥涵施工技术规范》(JTG/T F50—2011) 混凝土梁索管孔道偏差限值 10mm。

南岸边跨锚梁索导管出口点定位复测结果　　　　　表 4-6-19

索导管编号	设计坐标(m)			实测坐标(m)			差值(mm)		
	X	Y	Z	X	Y	Z	X	Y	Z
SSC20 上游出口	1591.857	0.550	198.786	1591.864	0.550	198.777	7	0	-9
SSC20 下游出口	1591.857	-0.550	198.786	1591.854	-0.545	198.777	-3	5	-9
SSC21 上游出口	1600.800	0.549	198.738	1600.803	0.547	198.736	3	-2	-2
SSC21 下游出口	1600.800	-0.549	198.738	1600.804	-0.539	198.731	4	10	-7
SSC14 上游出口点	1538.253	0.556	199.288	1538.256	0.561	199.291	3	5	3
SSC14 下游出口点	1538.253	-0.556	199.288	1538.257	-0.553	199.289	4	3	1
SSC15 上游出口点	1547.188	0.553	199.179	1547.183	0.557	199.171	-5	4	-8
SSC15 下游出口点	1547.188	-0.553	199.179	1547.190	-0.549	199.172	2	4	-7

3. 边锚梁应力监测结果

1) 应力测试断面及测点布置

万州长江公路三桥(牌楼长江大桥)南岸边跨锚梁应力测试断面示意如图 4-6-5 所示，断面测点布置如图 4-6-10 所示。

2) 应力监测结果

南岸上部结构施工过程中边锚梁应力监测结果见表 4-6-20，从监测结果可知：南岸边锚梁在上部结构施工过程中整体呈受压状态，实测应力值与计算应力值较好吻合，实测最大压

应力为 -11.65MPa（出现在 11-11 截面桥面铺装完毕后的底板处），小于规范规定的 $0.7f'_{ck} = 0.7 \times (-32.4) = -22.68(\text{MPa})$，满足规范要求。

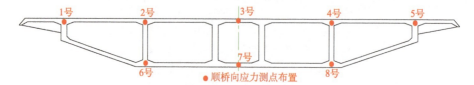

图 4-6-10 混凝土主梁顺桥向应力测点布置示意图

南岸边锚梁 11-11 截面应力测试结果（单位：MPa）　　表 4-6-20

工况	主跨合龙				
位置	顶板				
测点号	11-1	11-2	11-3	11-4	11-5
计算值	-5.08	-5.08	-5.08	-5.08	-5.08
实测值	-4.71	-5.54	-5.66	-5.43	-4.45
差值	0.37	-0.46	-0.58	-0.35	0.63
位置	底板				
测点号		11-6	11-7	11-8	
计算值		-9.88	-9.88	-9.88	
实测值		-10.44	-10.71	-10.65	
差值		-0.56	-0.83	-0.77	
工况	调索完毕				
位置	顶板				
测点号	11-1	11-2	11-3	11-4	11-5
计算值	-5.31	-5.31	-5.31	-5.31	-5.31
实测值	-4.77	-5.96	-5.58	-5.94	-4.47
差值	0.54	-0.65	-0.27	-0.63	0.84
位置	底板				
测点号		11-6	11-7	11-8	
计算值		-9.68	-9.68	-9.68	
实测值		-10.36	-10.22	-10.04	
差值		-0.68	-0.54	-0.36	
工况	桥面铺装完毕				
位置	顶板				
测点号	11-1	11-2	11-3	11-4	11-5
计算值	-4.24	-4.24	-4.24	-4.24	-4.24
实测值	-3.93	-5.02	-4.56	-4.69	-3.61
差值	0.31	-0.78	-0.32	-0.45	0.63
位置	底板				
测点号		11-6	11-7	11-8	
计算值		-10.71	-10.71	-10.71	
实测值		-11.65	-11.28	-11.38	
差值		-0.94	-0.57	-0.67	

二、中跨钢箱梁监测

1. 钢箱梁线形监测结果

1）线形测点布置

中跨钢箱梁测试断面布置在主梁节段两端，每个节段顶面各设置上游侧、中线和下游侧共 6 个测量标志点，如图 4-6-11 所示，采用全站仪和精密水准仪测量。

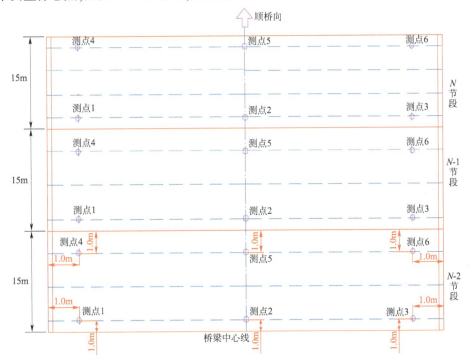

图 4-6-11　钢箱梁节段拼装放样测点平面位置示意图

2）钢箱梁线形监测结果

南岸主跨钢箱梁吊装过程中，吊装节段对应的斜拉索张拉完成后，对本节段大小里程的高程进行测量，典型测量结果见表 4-6-21，从监测结果可以看出：除个别测点由于钢箱梁局部变形，所有测点实测高程与理论高程偏差均在偏差限值 ±20mm 以内，满足规范要求。

7 号斜拉索张拉完成 Z4～Z9 号钢箱梁顶板线形测量结果（单位：m）　　表 4-6-21

工况	7 号索张拉完成			
节段（中线）	里程	理论高程	实测高程	偏差
Z4	1337.869	202.317	202.336	0.019
Z5	1322.356	202.593	202.608	0.015
Z6	1306.861	202.831	202.848	0.017
Z7	1291.362	203.025	203.009	-0.016
Z8	1275.861	203.173	203.16	-0.013
Z9	1260.353	203.294	203.275	-0.019

续上表

工况		7号索张拉完成			
节段(上游)	里程	理论高程	实测高程	偏差	
Z4	1337.869	202.014	202.029	0.015	
Z5	1322.356	202.290	202.308	0.018	
Z6	1306.861	202.528	202.544	0.016	
Z7	1291.362	202.722	202.704	−0.018	
Z8	1275.861	202.870	202.858	−0.012	
Z9	1260.353	202.991	202.974	−0.017	
节段(下游)	里程	理论高程	实测高程	偏差	
Z4	1337.869	202.014	202.027	0.013	
Z5	1322.356	202.290	202.309	0.019	
Z6	1306.861	202.528	202.542	0.014	
Z7	1291.362	202.722	202.703	−0.019	
Z8	1275.861	202.870	202.855	−0.015	
Z9	1260.353	202.991	202.975	−0.016	

注：上、下游侧测点距离中线15.15m处。

3）桥面铺装后中跨桥面线形监测结果

全桥桥面铺装后对中跨桥面上游、下游及中线处高程进行测量，采用精密水准仪和全站仪进行测量，桥面高程实测与计算结果对比见表4-6-22、表4-6-23，中跨桥面实测线形如图4-6-12所示，从监测结果可以看出：

（1）中跨桥面整体线形流畅，未出现突变点，实测线形与理论线形较好吻合，桥面横坡均为2%左右。

（2）中跨桥面实测高程与计算高程偏差范围−26~35mm，个别测点超过规范限值±20mm，整体较好吻合，上游、中线、下游线形趋势一致。

（3）中跨主梁按《公路钢筋混凝土及预应力混凝土桥涵设计规范》(JTG D62—2004)要求设置预拱度，桥面铺装后中跨跨中实测成桥高程比设计高程大500mm，主要考虑"1/2活载挠度+20年收缩徐变"。

（4）成桥线形测试环境：晴，温度26~32℃，风级3。

北岸主跨成桥线形实测结果　　　　　　　　　　　　　　表4-6-22

测点	测点桩号	实测高程(m)			计算高程(m)			差值(mm)		
		上游	中线	下游	上游	中线	下游	上游	中线	下游
N-Z01	666.281	201.144	201.428	201.146	201.119	201.407	201.119	25	21	27
N-Z02	678.681	201.382	201.672	201.392	201.360	201.648	201.360	22	24	32
N-Z03	694.181	201.706	202.005	201.714	201.689	201.977	201.689	17	28	25

续上表

测点	测点桩号	实测高程(m)			计算高程(m)			差值(mm)		
		上游	中线	下游	上游	中线	下游	上游	中线	下游
N-Z04	709.681	202.014	202.305	202.016	201.995	202.283	201.995	19	22	21
N-Z05	725.181	202.308	202.586	202.292	202.274	202.562	202.274	34	24	18
N-Z06	740.681	202.547	202.838	202.551	202.535	202.823	202.535	12	15	16
N-Z07	756.181	202.795	203.086	202.809	202.786	203.074	202.786	9	12	23
N-Z08	771.681	203.039	203.325	203.044	203.023	203.311	203.023	16	14	21
N-Z09	787.181	203.258	203.545	203.261	203.244	203.532	203.244	14	13	17
N-Z10	802.681	203.465	203.757	203.473	203.457	203.745	203.457	8	12	16
N-Z11	818.181	203.686	203.992	203.690	203.669	203.957	203.669	17	35	21
N-Z12	833.681	203.889	204.170	203.885	203.867	204.155	203.867	22	15	18
N-Z13	849.181	204.076	204.361	204.070	204.051	204.339	204.051	25	22	19
N-Z14	864.681	204.237	204.524	204.239	204.221	204.509	204.221	16	15	18
N-Z15	880.181	204.401	204.686	204.402	204.386	204.674	204.386	15	12	16
N-Z16	895.681	204.565	204.845	204.564	204.548	204.836	204.548	17	9	16
N-Z17	911.181	204.695	204.977	204.692	204.677	204.965	204.677	18	12	15
N-Z18	926.681	204.809	205.100	204.811	204.799	205.087	204.799	10	13	12
N-Z19	942.181	204.921	205.211	204.925	204.914	205.202	204.914	7	9	11
N-Z20	957.681	205.005	205.291	205.001	205.008	205.296	205.008	−3	−5	−7
N-Z21	973.181	205.084	205.375	205.083	205.096	205.384	205.096	−12	−9	−13
N-Z22	988.681	205.145	205.429	205.140	205.164	205.452	205.164	−19	−23	−24
N-Z23	1004.181	205.183	205.467	205.183	205.205	205.493	205.205	−22	−26	−22
N-Z24	1019.675	205.208	205.495	205.206	205.232	205.520	205.232	−24	−25	−26

南岸主跨成桥线形实测结果　　　　　　　　　　　　　　　　表 4-6-23

测点	测点桩号	实测高程(m)			计算高程(m)			差值(mm)		
		上游	中线	下游	上游	中线	下游	上游	中线	下游
S-Z1	1381.281	201.134	201.439	201.138	201.125	201.413	201.125	9	26	13
S-Z2	1368.881	201.389	201.688	201.394	201.377	201.665	201.377	12	23	17
S-Z3	1353.381	201.710	202.012	201.722	201.703	201.991	201.703	7	21	19
S-Z4	1337.881	202.030	202.321	202.030	202.015	202.303	202.015	15	18	15
S-Z5	1322.381	202.296	202.593	202.309	202.293	202.581	202.293	3	12	16
S-Z6	1306.881	202.570	202.859	202.569	202.562	202.850	202.562	8	9	7
S-Z7	1291.381	202.813	203.109	202.812	202.809	203.097	202.809	4	12	3
S-Z8	1275.881	203.058	203.349	203.071	203.046	203.334	203.046	12	15	25
S-Z9	1260.381	203.260	203.544	203.258	203.266	203.554	203.266	−6	−10	−8
S-Z10	1244.881	203.473	203.757	203.465	203.477	203.765	203.477	−4	−8	−12

续上表

测点	测点桩号	实测高程(m)			计算高程(m)			差值(mm)		
		上游	中线	下游	上游	中线	下游	上游	中线	下游
S-Z11	1229.381	203.684	203.971	203.680	203.689	203.977	203.689	−5	−6	−9
S-Z12	1213.881	203.855	204.147	203.855	203.873	204.161	203.873	−18	−14	−18
S-Z13	1198.381	204.055	204.340	204.054	204.067	204.355	204.067	−12	−15	−13
S-Z14	1182.881	204.230	204.521	204.232	204.245	204.533	204.245	−15	−12	−13
S-Z15	1167.381	204.395	204.687	204.396	204.390	204.678	204.390	5	9	6
S-Z16	1151.881	204.574	204.866	204.574	204.562	204.850	204.562	12	16	12
S-Z17	1136.381	204.709	204.995	204.702	204.695	204.983	204.695	14	12	7
S-Z18	1120.881	204.811	205.097	204.807	204.813	205.101	204.813	−2	−4	−6
S-Z19	1105.381	204.929	205.213	204.928	204.934	205.222	204.934	−5	−9	−6
S-Z20	1089.881	205.019	205.305	205.015	205.029	205.317	205.029	−10	−12	−14
S-Z21	1074.381	205.115	205.402	205.115	205.127	205.415	205.127	−12	−13	−12
S-Z22	1058.881	205.165	205.449	205.162	205.180	205.468	205.180	−15	−19	−18
S-Z23	1043.381	205.192	205.484	205.190	205.211	205.499	205.211	−19	−15	−21
S-Z24	1027.881	205.209	205.505	205.210	205.232	205.520	205.232	−23	−15	−22

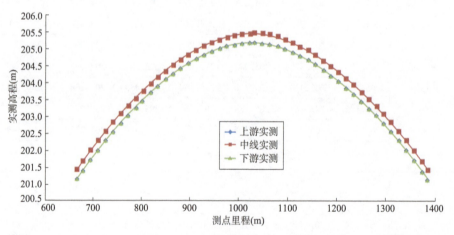

图 4-6-12 中跨桥面成桥线形实测结果

2. 钢箱梁应力监测结果

1)应力测试断面及测点布置

主梁的应力测试断面及测点选择的依据是：主梁最大计算应力断面、能充分反映主梁中不利受力状态下应力的分布规律及特征断面。

在万州长江公路三桥(牌楼长江大桥)中跨钢箱梁 Z08 号、Z09 号墩钢混结合段截面、主跨 1/4 及跨中断面布置监测断面，总计 6 个监测断面，每个应力监测断面布置 10 个应力传感器。全桥共 60 个应力元件，南岸侧中跨钢箱梁应力监测断面布置示意如图 4-6-5 所示，测点布置如图 4-6-13 所示。

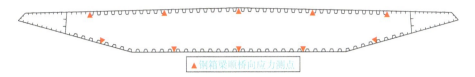

图 4-6-13 中跨钢箱梁 5~10 断面应力测点布置示意图

2) 应力监测结果

南岸上部结构施工过程中钢箱梁应力监测结果见表 4-6-24,从监测结果可知,南岸钢箱梁在上部结构施工过程中实测压应力和拉应力均小于 Q345E 钢弯曲容许应力 $[\sigma_w]$ = 200MPa,实测应力值与计算应力值较好吻合,满足规范要求。

南岸钢箱梁 10-10 截面应力监测结果(单位:MPa)　　　表 4-6-24

工况	SSC/SMC03 号斜拉索第二次张拉完毕				
位置	顶板				
测点号	10-1	10-2	10-3	10-4	10-5
计算值	-20.89	-20.89	-20.89	-20.89	-20.89
实测值	-19.37	-19.06	-22.45	-18.77	-19.13
差值	1.52	1.83	-1.56	2.12	1.76
位置	底板				
测点号	10-6	10-7	10-8	10-9	10-10
计算值	-1.92	-1.92	-1.92	-1.92	-1.92
实测值	-2.48	-3.04	-3.44	-3.38	-2.71
差值	-0.56	-1.12	-1.52	-1.46	-0.79
工况	SSC/SMC10 号斜拉索张拉完毕				
位置	顶板				
测点号	10-1	10-2	10-3	10-4	10-5
计算值	-52.87	-52.87	-52.87	-52.87	-52.87
实测值	-49.94	-56.46	-50.64	-56.06	-49.81
差值	2.93	-3.59	2.23	-3.19	3.06
位置	底板				
测点号	10-6	10-7	10-8	10-9	10-10
计算值	-11.37	-11.37	-11.37	-11.37	-11.37
实测值	-9.48	-12.95	-9.34	-13.16	-9.20
差值	1.89	-1.58	2.03	-1.79	2.17
工况	合龙段焊接				
位置	顶板				
测点号	10-1	10-2	10-3	10-4	10-5
计算值	-86.47	-86.47	-86.47	-86.47	-86.47
实测值	-83.11	-90.42	-81.52	-90.19	-82.01
差值	3.36	-3.95	4.95	-3.72	4.46
位置	底板				
测点号	10-6	10-7	10-8	10-9	10-10
计算值	-43.04	-43.04	-43.04	-43.04	-43.04
实测值	-39.48	-46.31	-39.56	-46.52	-39.35
差值	3.56	-3.27	3.48	-3.48	3.69

第六节 斜拉索施工监测

一、索力监测工况

(1)每安装及张拉一对斜拉索,对已安装斜拉索及相邻斜拉索索力进行测量;
(2)主梁施工过程中,调索前后均对钢箱梁悬臂端3~5个梁段的索力进行测量;
(3)合龙前后进行全桥的索力测量;
(4)铺装后成桥索力测量;
(5)根据监控需要的其他工况。

二、斜拉索索力监测结果

全桥桥面铺装完成后,对全桥斜拉索索力进行通测,斜拉索索力采用频谱分析法进行监测。北岸边跨桥面铺装后斜拉索索力监测结果见表4-6-25、表4-6-26,南岸桥面铺装后斜拉索索力监测结果见表4-6-27、表4-6-28。

北岸边跨桥面铺装后斜拉索索力监测结果(单位:kN) 表4-6-25

索编号	实测索力				理论索力比较		
	上游	下游	差值	百分比(%)	理论索力	偏差	百分比(%)
NSC1	2688.7	2635.5	53.2	2.0	2538.9	123.2	4.9
NSC2	3005.8	2988.1	17.7	0.6	3037.8	-40.9	-1.3
NSC3	2763.0	2898.8	-135.8	-4.8	2723.3	107.6	4.0
NSC4	2632.4	2680.8	-48.4	-1.8	2537.6	119.0	4.7
NSC5	2932.3	2791.0	141.2	4.9	2896.4	-34.7	-1.2
NSC6	3175.5	3251.5	-76.0	-2.4	3095.0	118.5	3.8
NSC7	3228.4	3336.4	-108.0	-3.3	3102.3	180.1	5.8
NSC8	3472.4	3367.1	105.3	3.1	3286.3	133.5	4.1
NSC9	3552.6	3604.8	-52.2	-1.5	3478.6	100.1	2.9
NSC10	3997.9	4043.4	-45.5	-1.1	3873.0	147.7	3.8
NSC11	4198.6	4039.0	159.7	3.9	3927.3	191.5	4.9
NSC12	4572.5	4487.0	85.5	1.9	4322.6	207.1	4.8
NSC13	4523.6	4673.0	-149.4	-3.2	4420.6	177.7	4.0
NSC14	4917.6	4922.9	-5.4	-0.1	4747.4	172.8	3.6
NSC15	4857.9	4990.2	-132.3	-2.7	4774.5	149.6	3.1
NSC16	4959.0	4935.1	23.9	0.5	4861.6	85.5	1.8

续上表

索编号	实测索力				理论索力比较		
	上游	下游	差值	百分比(%)	理论索力	偏差	百分比(%)
NSC17	4988.9	5095.2	−106.3	−2.1	4860.9	181.2	3.7
NSC18	5233.5	5226.9	6.6	0.1	4998.9	231.3	4.6
NSC19	5278.3	5312.6	−34.3	−0.6	5151.3	144.2	2.8
NSC20	5262.4	5052.5	209.9	4.1	5127.3	30.1	0.6
NSC21	5312.2	5433.2	−121.0	−2.3	5240.6	132.1	2.5
NSC22	5272.1	5256.6	15.4	0.3	5156.7	107.6	2.1

北岸中跨桥面铺装后斜拉索索力监测结果(单位:kN)　　　　表4-6-26

索编号	实测索力				理论索力比较		
	上游	下游	差值	百分比(%)	理论索力	偏差	百分比(%)
NMC1	2055.3	2161.1	−105.8	−5.0	2196.5	−88.3	−4.0
NMC2	2041.0	2066.2	−25.2	−1.2	2115.7	−62.1	−2.9
NMC3	1739.3	1814.0	−74.7	−4.2	1861.9	−85.3	−4.6
NMC4	1836.7	1762.0	74.7	4.2	1756.9	42.5	2.4
NMC5	2387.1	2373.1	14.0	0.6	2341.6	38.5	1.6
NMC6	2887.3	2982.1	−94.8	−3.2	2840.1	94.6	3.3
NMC7	2822.6	2798.4	24.2	0.9	2813.5	−3.0	−0.1
NMC8	2831.4	2921.4	−90.0	−3.1	2918.8	−42.4	−1.5
NMC9	2963.0	2895.6	67.5	2.3	2835.9	93.4	3.3
NMC10	3087.8	3165.7	−77.9	−2.5	2997.2	129.6	4.3
NMC11	3588.6	3729.3	−140.7	−3.8	3493.4	165.6	4.7
NMC12	3512.9	3363.5	149.4	4.3	3330.7	107.5	3.2
NMC13	3544.2	3721.2	−177.0	−4.9	3493.8	138.9	4.0
NMC14	3684.6	3774.2	−89.6	−2.4	3627.9	101.5	2.8
NMC15	4076.1	3923.5	152.6	3.8	3815.8	184.3	4.8
NMC16	3932.0	3898.3	33.6	0.9	3750.3	164.8	4.4
NMC17	4501.8	4285.0	216.7	4.9	4372.8	20.6	0.5
NMC18	4693.0	4517.6	175.4	3.8	4368.8	236.5	5.4
NMC19	5104.6	5218.0	−113.4	−2.2	5176.3	−15.0	−0.3
NMC20	5544.0	5640.1	−96.2	−1.7	5462.7	129.3	2.4
NMC21	5858.6	5665.4	193.2	3.4	5470.2	291.8	5.3
NMC22	4338.6	4347.8	−9.2	−0.2	4346.5	−3.3	−0.1

南岸边跨桥面铺装后斜拉索索力监测结果(单位:kN)　　　　表4-6-27

索编号	实测索力				理论索力比较		
	上游	下游	差值	百分比(%)	理论索力	偏差	百分比(%)
SSC1	2804.5	2825.3	−20.8	−0.7	2684.3	130.6	4.9

续上表

索编号	实测索力				理论索力比较		
	上游	下游	差值	百分比(%)	理论索力	偏差	百分比(%)
SSC2	2735.1	2676.1	59.0	2.2	2615.4	90.2	3.4
SSC3	2619.3	2535.5	83.8	3.3	2672.8	-95.4	-3.6
SSC4	2708.6	2701.9	6.7	0.2	2583.8	121.4	4.7
SSC5	2933.4	2885.2	48.3	1.7	2879.2	30.1	1.0
SSC6	2983.7	2964.8	18.8	0.6	3017.4	-43.1	-1.4
SSC7	3138.2	3283.9	-145.6	-4.5	3127.2	83.8	2.7
SSC8	3866.7	3797.0	69.7	1.8	3603.8	228.1	6.3
SSC9	4269.5	4285.8	-16.3	-0.4	4167.9	109.7	2.6
SSC10	4039.0	3899.3	139.6	3.5	3799.5	169.7	4.5
SSC11	4462.1	4439.5	22.6	0.5	4380.5	70.3	1.6
SSC12	4484.4	4339.1	145.3	3.3	4214.0	197.7	4.7
SSC13	4465.4	4329.1	136.3	3.1	4196.5	200.7	4.8
SSC14	5100.1	4997.1	102.9	2.0	4967.5	81.1	1.6
SSC15	5057.3	5257.2	-199.9	-3.9	4971.7	185.6	3.7
SSC16	4677.4	4811.9	-134.5	-2.8	4829.7	-85.1	-1.8
SSC17	5057.4	5164.3	-106.9	-2.1	4933.8	177.1	3.6
SSC18	5593.4	5709.7	-116.3	-2.1	5419.9	231.6	4.3
SSC19	5038.5	4998.5	40.0	0.8	4966.5	52.0	1.0
SSC20	5116.1	4904.1	212.0	4.2	4974.5	35.6	0.7
SSC21	4737.0	4923.1	-186.0	-3.9	5076.7	-246.6	-4.9
SSC22	4878.2	4804.3	73.9	1.5	5032.7	-191.4	-3.8

南岸中跨桥面铺装后斜拉索索力监测结果(单位:kN)　　表4-6-28

索编号	实测索力				理论索力比较		
	上游	下游	差值	百分比(%)	理论索力	偏差	百分比(%)
SMC1	2115.2	2033.6	81.6	3.9	2114.2	-39.8	-1.9
SMC2	2384.4	2355.7	28.7	1.2	2287.9	82.2	3.6
SMC3	1925.9	2010.9	-84.9	-4.3	2039.4	-71.0	-3.5
SMC4	2147.1	2110.1	37.0	1.7	2126.2	2.4	0.1
SMC5	2243.0	2329.4	-86.5	-3.8	2228.7	57.5	2.6
SMC6	2754.5	2766.9	-12.4	-0.4	2634.1	126.6	4.8
SMC7	2966.4	3045.1	-78.7	-2.6	2892.1	113.6	3.9
SMC8	3016.2	2974.7	41.5	1.4	2880.3	115.2	4.0
SMC9	3055.7	2929.5	126.1	4.2	2896.1	96.5	3.3
SMC10	3066.0	3036.7	29.3	1.0	2955.5	95.9	3.2

续上表

索编号	实测索力				理论索力比较		
	上游	下游	差值	百分比(%)	理论索力	偏差	百分比(%)
SMC11	3311.6	3211.0	100.6	3.1	3407.7	-146.4	-4.3
SMC12	3325.7	3484.0	-158.3	-4.6	3319.5	85.3	2.6
SMC13	3818.5	3701.3	117.2	3.1	3641.8	118.1	3.2
SMC14	3740.6	3870.7	-130.1	-3.4	3692.6	113.0	3.1
SMC15	3720.8	3679.7	41.1	1.1	3752.7	-52.5	-1.4
SMC16	4137.0	4088.7	48.3	1.2	3949.4	163.4	4.1
SMC17	4153.3	4160.5	-7.3	-0.2	4202.4	-45.5	-1.1
SMC18	4289.8	4212.8	76.9	1.8	4082.7	168.6	4.1
SMC19	4699.0	4623.3	75.8	1.6	4776.2	-115.1	-2.4
SMC20	4948.1	5048.1	-100.0	-2.0	5075.4	-77.3	-1.5
SMC21	5029.1	5269.4	-240.3	-4.7	5278.2	-128.9	-2.4
SMC22	4238.3	4184.0	54.2	1.3	4259.5	-48.3	-1.1

从表4-6-25~表4-6-28斜拉索索力监测结果可以看出：全桥桥面铺装完成后对全桥斜拉索进行二次调索，NSC7、NMC18、NMC21、SSC8斜拉索实测索力与计算索力差值百分比略微大于5.0%，其余索力差值百分比小于《公路工程质量检验评定标准 第一册 土建工程》(JTG F80/1—2004)规定的5%，整体合格率达到95.4%，索力整体实测值与计算值较好吻合。

全桥桥面铺装完成后斜拉索索力监测时斜拉索阻尼器已经安装，虽然对斜拉索实测索力进行了修正，但还是存在一定的误差。此外，温度、风荷载等环境因素、桥面施工临时荷载等，对桥面铺装后的斜拉索实测索力也存在一定的影响。

第七节 结 论

(1)在钢箱梁节段工厂制造阶段，精确控制钢箱梁节段构件的无应力尺寸和胎架总拼线形，减小其误差，便于桥位处节段腹板及顶板螺栓连接，实现精确拼装。

(2)在主塔施工阶段，通过结构整体计算及主塔悬臂浇筑分阶段详细计算，提供了主塔的预抬值和横向预偏线形，施工过程中实时进行监测，确保了成塔线形符合预期。

(3)在主梁悬臂拼装阶段，通过严格控制节段间拼装夹角，精确控制结构的几何形态并辅以结构内力的控制，来达到控制桥梁结构的最终线形和内力。高程控制的实测值与理论值偏差绝大部分在20mm以内，满足了监控要求。梁段前端轴线偏差最大25mm，各阶段第二次张拉后主梁节段前端控制点高程偏差大部分在20mm以内，误差在监控容许误差范围内。

(4)斜拉索下料长度的精确控制是成桥后桥梁达到预期状态的良好保证。从工厂制造开始严格控制下料长度,在主梁悬臂拼装阶段,进行分阶段张拉并适当放宽索力控制限值,以利于控制桥梁整体状态在合适范围内变动,避免大的波动;主梁合龙后,以无应力状态法思想为基础采用增量法调索,成功实现了全桥索力的调整,并使得桥梁线形和内力状态符合预期。第二次张拉后索力偏差大部分在5%以内。

(5)中跨合龙采用"自然状态下无配切"合龙,本合龙方式在国内外首次提出。在万州长江公路三桥(牌楼长江大桥)主梁吊装悬拼按照"自然状态下无配切"的施工方法和步骤进行操作和控制。

(6)"自然状态下无配切合龙"的方法成功应用在万州长江公路三桥(牌楼长江大桥)施工控制过程中,上部主梁22片钢箱梁吊装施工过程中只在10号节段进行了长度切割修正,最终合龙段实际长度8190mm,其与理论长度8200mm相差10mm,而此10mm是预留焊缝宽度。

(7)铺装后中跨桥面实测高程与计算高程偏差范围在 $-26 \sim 35$ mm,个别测点超过规范限值 ± 20 mm,整体较好吻合,上、中、下线形趋势一致,整体线形偏差在监控误差允许范围内;从斜拉索索力测量结果可以看出,全桥桥面铺装完成后对全桥斜拉索进行二次调索,NSC7、NMC18、NMC21、SSC8 斜拉索实测索力与计算索力差值百分比略微大于5.0%,其余索力差值百分比小于《公路工程质量检验评定标准 第一册 土建工程》(JTG F80/1—2004)规定的5%,整体合格率达到95.4%,索力整体实测值与计算值较好吻合。主跨钢箱梁实测压应力最大值为 -88.73 MPa,拉应力最大值为6.24MPa,满足规范要求。主塔混凝土结构整体受压,实测最大压应力为 -9.73 MPa,满足规范要求。

第七章 荷载试验

第一节 试验目的

桥梁荷载试验是对桥梁结构物工作状态进行直接测试的一种鉴定手段。通过桥梁静、动力荷载试验,评价结构的力学特性和在设计荷载作用下的工作性能,检验结构承载能力是否达到设计标准,为竣工验收提供依据。桥梁荷载试验主要达到以下试验目的:

(1)通过桥梁荷载试验,检验桥梁结构设计与施工质量,为交(竣)工验收提供科学依据。

(2)通过桥梁荷载试验,了解桥梁结构承载能力情况,检验桥梁结构的整体受力性能。

(3)通过桥梁荷载试验,了解桥梁的动力性能。

(4)试验检测数据结果,可为桥梁长期的运营和维护提供基础试验资料。

(5)科学评定检测桥梁建设期的整体性能和安全性,保证桥梁能在设计服务期内安全运营,全面掌握桥梁的现有技术状况;对建设期间的桥梁进行安全评估,初步分析病害或缺损产生的原因,对运营期间的桥梁管养提出建议。

第二节 试验内容

一、成桥初始状态检测

成桥初始状态检测主要内容为初始几何状态测量(成桥线形、成桥索力)。

二、荷载试验

荷载试验主要内容:

(1)结构计算分析:建立桥梁有限元模型,开展与荷载试验相关的计算分析。

(2)空载试验:对试验全过程进行预演,检测测试系统的工作性能,分析并掌握环境因素对试验的影响,测试桥梁的动力特性。

(3)结构静力荷载试验:测试并分析各控制截面在试验荷载作用下的受力和变形情况。

(4)结构动力荷载试验:测试并分析桥梁的动力特性、动力响应。

(5)综合评价:通过结构计算、现状检测、静载试验和动载试验的相关结论,评价桥梁的实际工作状态和使用性能。

第三节 成桥状态检测

一、桥面线形测量

本次主桥主梁选取斜拉索锚固断面,以及北岸梁端、南岸梁端、Z08 号主塔中心、Z09 号主塔中心、主跨跨中断面,共93个断面进行测量。每一测试断面在主梁桥面上游侧、下游侧及桥面中心线位置布置测点,共三条测线,全桥共93个测试截面(截面编号从北岸开始至南岸按 1~93 进行),测点布置如图 4-7-1 所示。桥面下游侧、中线、上游侧线形测量值与设计值线形图,如图 4-7-2 所示。

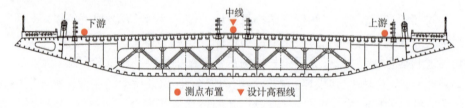

图 4-7-1 桥面高程测点纵向、横向布置示意图

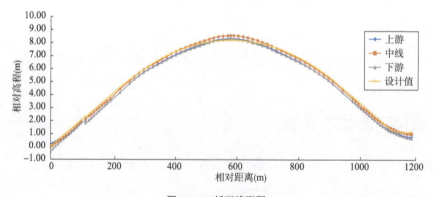

图 4-7-2 桥面线形图

由图 4-7-2 可知,桥面曲线平顺,上、下游线形较好吻合,实测中线相对高程与设计值较好吻合。实测跨中当前预拱度为 35.1cm。

二、索力检测

因索力测试温度与设计基准温度存在差异,且与监控单位成桥索力测试温度也存在差异,故索力测试值与设计及监控单位实测索力存在差异。此外,本次索力测试时天气为晴天,温度变化大,每根索测试时的温度均存在差异,所以不便于将温度代入模型中进行修正,故而在比较本次实测索力与设计值及监控单位实测值时未考虑温度差异的因素。

主桥斜拉索索力检测结果见表4-7-1、表4-7-2。

主桥上游侧斜拉索索力检测结果 表4-7-1

上游斜拉索编号	实测频率（Hz）	实测索力（kN）	设计索力（kN）	监控实测索力（kN）	（实测-设计）偏差(%)	（实测-监控）偏差(%)
NSC22	0.464	5484.6	5156.7	5272.1	6.36	4.03
NSC21	0.488	5705.0	5240.6	5312.2	8.86	7.39
NSC20	0.499	5310.7	5127.3	5262.4	3.58	0.92
NSC19	0.513	5266.6	5151.3	5278.3	2.24	-0.22
NSC18	0.537	5394.6	4998.9	5233.5	7.92	3.08
NSC17	0.533	4958.9	4860.9	4988.9	2.02	-0.60
NSC16	0.543	4793.7	4861.6	4959.0	-1.40	-3.33
NSC15	0.568	4875.9	4774.5	4857.9	2.12	0.37
NSC14	0.610	4875.8	4747.4	4917.6	2.70	-0.85
NSC13	0.610	4520.6	4420.6	4523.6	2.26	-0.07
NSC12	0.635	4521.0	4322.6	4572.5	4.59	-1.13
NSC11	0.635	4169.9	3927.3	4198.6	6.18	-0.68
NSC10	0.647	4002.4	3873.0	3997.9	3.34	0.11
NSC9	0.638	3560.0	3478.6	3552.6	2.34	0.21
NSC8	0.692	3412.9	3286.3	3472.4	3.85	-1.71
NSC7	0.693	3137.0	3102.3	3228.4	1.12	-2.83
NSC6	0.708	2995.1	3095.0	3175.5	-3.23	-5.68
NSC5	0.824	3059.6	2896.4	2932.3	5.63	4.34
NSC4	0.791	2562.4	2537.6	2632.4	0.98	-2.66
NSC3	0.940	2800.4	2723.3	2763.0	2.83	1.35
NSC2	1.046	3091.3	3037.8	3005.8	1.76	2.85
NSC1	0.952	2576.7	2538.9	2688.7	1.49	-4.16
NMC1	0.949	2072.2	2196.5	2055.3	-5.66	0.82
NMC2	0.919	2036.7	2115.7	2041.0	-3.74	-0.21
NMC3	0.776	1703.0	1861.9	1739.3	-8.53	-2.09
NMC4	0.748	1836.2	1756.9	1836.7	4.51	-0.03

续上表

上游斜拉索编号	实测频率（Hz）	实测索力（kN）	设计索力（kN）	监控实测索力（kN）	（实测-设计）偏差（%）	（实测-监控）偏差（%）
NMC5	0.788	2355.3	2341.6	2387.1	0.58	-1.33
NMC6	0.757	2881.6	2840.1	2887.3	1.46	-0.20
NMC7	0.687	2721.7	2813.5	2822.6	-3.26	-3.57
NMC8	0.653	2811.0	2918.8	2831.4	-3.69	-0.72
NMC9	0.577	2907.1	2835.9	2963.0	2.51	-1.89
NMC10	0.552	3021.9	2997.2	3087.8	0.82	-2.13
NMC11	0.562	3529.4	3493.4	3588.6	1.03	-1.65
NMC12	0.479	3490.6	3330.7	3512.9	4.80	-0.64
NMC13	0.460	3598.4	3493.8	3544.2	2.99	1.53
NMC14	0.438	3630.5	3627.9	3684.6	0.07	-1.47
NMC15	0.427	3823.0	3815.8	4076.1	0.19	-6.21
NMC16	0.389	3940.8	3750.3	3932.0	5.08	0.22
NMC17	0.381	4155.7	4372.8	4501.8	-4.97	-7.69
NMC18	0.370	4292.5	4368.8	4693.0	-1.75	-8.53
NMC19	0.383	5020.3	5176.3	5104.6	-3.01	-1.65
NMC20	0.385	5519.2	5462.7	5544.0	1.03	-0.45
NMC21	0.377	5740.4	5470.2	5858.6	4.94	-2.02
NMC22	0.314	4305.2	4346.5	4338.6	-0.95	-0.77
SMC22	0.308	4142.2	4259.5	4238.3	-2.75	-2.27
SMC21	0.358	5176.4	5278.2	5029.1	-1.93	2.93
SMC20	0.364	4933.5	5075.4	4948.1	-2.80	-0.29
SMC19	0.379	4916.0	4776.2	4699.0	2.93	4.62
SMC18	0.359	4041.0	4082.7	4289.8	-1.02	-5.80
SMC17	0.375	4025.8	4202.4	4153.3	-4.20	-3.07
SMC16	0.384	3840.2	3949.4	4137.0	-2.77	-7.17
SMC15	0.419	3681.1	3752.7	3720.8	-1.91	-1.07
SMC14	0.431	3515.4	3692.6	3740.6	-4.80	-6.02
SMC13	0.458	3567.2	3641.8	3818.5	-2.05	-6.58
SMC12	0.462	3247.2	3319.5	3325.7	-2.18	-2.36
SMC11	0.560	3504.4	3407.7	3311.6	2.84	5.82
SMC10	0.541	2900.0	2955.5	3066.0	-1.88	-5.41
SMC9	0.590	3042.2	2896.1	3055.7	5.04	-0.44
SMC8	0.671	2968.1	2880.3	3016.2	3.05	-1.59
SMC7	0.697	2803.5	2892.1	2966.4	-3.06	-5.49

续上表

上游斜拉索编号	实测频率（Hz）	实测索力（kN）	设计索力（kN）	监控实测索力（kN）	（实测-设计）偏差（%）	（实测-监控）偏差（%）
SMC6	0.738	2738.8	2634.1	2754.5	3.97	-0.57
SMC5	0.762	2205.2	2228.7	2243.0	-1.05	-1.69
SMC4	0.813	2170.7	2126.2	2147.1	2.09	1.10
SMC3	0.854	2060.4	2039.4	1925.9	1.03	6.98
SMC2	0.957	2356.7	2287.9	2384.4	3.01	-1.16
SMC1	0.978	2199.7	2114.2	2115.2	4.04	3.99
SSC1	0.957	2605.3	2684.3	2804.5	-2.94	-7.10
SSC2	0.967	2642.5	2615.4	2735.1	1.04	-3.39
SSC3	0.918	2671.2	2672.8	2619.3	-0.06	1.98
SSC4	0.847	2688.8	2583.8	2708.6	4.06	-0.73
SSC5	0.787	2792.1	2879.2	2933.4	-3.03	-4.82
SSC6	0.718	3081.1	3017.4	2983.7	2.11	3.26
SSC7	0.702	3219.4	3127.2	3138.2	2.95	2.59
SSC8	0.725	3745.3	3603.8	3866.7	3.93	-3.14
SSC9	0.673	3961.7	4167.9	4269.5	-4.95	-7.21
SSC10	0.634	3842.8	3799.5	4039.0	1.14	-4.86
SSC11	0.648	4341.0	4380.5	4462.1	-0.90	-2.72
SSC12	0.628	4418.8	4214.0	4484.4	4.86	-1.46
SSC13	0.592	4247.8	4196.5	4465.4	1.22	-4.87
SSC14	0.616	4965.3	4967.5	5100.1	-0.04	-2.64
SSC15	0.562	4765.2	4971.7	5057.3	-4.15	-5.77
SSC16	0.546	4836.2	4829.7	4677.4	0.13	3.40
SSC17	0.530	4890.7	4933.8	5057.4	-0.87	-3.30
SSC18	0.547	5580.7	5419.9	5593.4	2.97	-0.23
SSC19	0.502	5026.1	4966.5	5038.5	1.20	-0.25
SSC20	0.479	4884.7	4974.5	5116.1	-1.81	-4.52
SSC21	0.464	5136.0	5076.7	4737.0	1.17	8.42
SSC22	0.440	4909.1	5032.7	4878.2	-2.46	0.63

注：测试时间为8:00—16:00，天气为晴天、微风、环境温度在21~30℃之间，下同。

主桥下游侧斜拉索索力检测结果　　　　表4-7-2

下游斜拉索编号	实测频率（Hz）	实测索力（kN）	设计索力（kN）	监控实测索力（kN）	（实测-设计）偏差（%）	（实测-监控）偏差（%）
NSC22	0.464	5484.6	5156.7	5256.6	6.36	4.34
NSC21	0.470	5291.9	5240.6	5433.2	0.98	-2.60

续上表

下游斜拉索编号	实测频率（Hz）	实测索力（kN）	设计索力（kN）	监控实测索力（kN）	（实测-设计）偏差（%）	（实测-监控）偏差（%）
NSC20	0.499	5321.4	5127.3	5052.5	3.78	5.32
NSC19	0.513	5266.6	5151.3	5312.6	2.24	-0.87
NSC18	0.537	5394.6	4998.9	5226.9	7.92	3.21
NSC17	0.531	4921.8	4860.9	5095.2	1.25	-3.40
NSC16	0.537	4688.3	4861.6	4935.1	-3.56	-5.00
NSC15	0.569	4889.6	4774.5	4990.2	2.41	-2.02
NSC14	0.613	4920.6	4747.4	4922.9	3.65	-0.05
NSC13	0.612	4544.3	4420.6	4676.0	2.80	-2.82
NSC12	0.640	4592.5	4322.6	4487.0	6.24	2.35
NSC11	0.629	4084.9	3927.3	4039.0	4.01	1.14
NSC10	0.647	4002.4	3873.0	4043.4	3.34	-1.01
NSC9	0.635	3526.6	3478.6	3604.8	1.38	-2.17
NSC8	0.689	3383.3	3286.3	3367.1	2.95	0.48
NSC7	0.708	3274.3	3102.3	3336.4	5.54	-1.86
NSC6	0.739	3258.7	3095.0	3251.5	5.29	0.22
NSC5	0.800	2880.3	2896.4	2791.0	-0.55	3.20
NSC4	0.797	2599.6	2537.6	2680.8	2.44	-3.03
NSC3	0.946	2836.2	2723.3	2898.8	4.15	-2.16
NSC2	1.070	3234.8	3037.8	2988.1	6.49	8.26
NSC1	0.949	2561.9	2538.9	2635.5	0.91	-2.79
NMC1	0.989	2249.4	2196.5	2161.1	2.41	4.09
NMC2	0.952	2187.9	2115.7	2066.2	3.41	5.89
NMC3	0.778	1711.1	1861.9	1814.0	-8.10	-5.67
NMC4	0.739	1791.0	1756.9	1762.0	1.94	1.65
NMC5	0.778	2298.8	2341.6	2373.1	-1.83	-3.13
NMC6	0.760	2904.5	2840.1	2982.1	2.27	-2.60
NMC7	0.687	2721.7	2813.5	2798.4	-3.26	-2.74
NMC8	0.665	2911.4	2918.8	2921.4	-0.25	-0.34
NMC9	0.578	2916.3	2835.9	2895.6	2.84	0.72
NMC10	0.558	3085.1	2997.2	3165.7	2.93	-2.54
NMC11	0.558	3479.4	3493.4	3729.3	-0.40	-6.70
NMC12	0.461	3233.1	3330.7	3363.5	-2.93	-3.88
NMC13	0.460	3598.4	3493.8	3721.2	2.99	-3.30
NMC14	0.440	3663.7	3627.9	3774.2	0.99	-2.93

续上表

下游斜拉索编号	实测频率（Hz）	实测索力（kN）	设计索力（kN）	监控实测索力（kN）	（实测-设计）偏差(%)	（实测-监控）偏差(%)
NMC15	0.422	3734.0	3815.8	3923.5	-2.14	-4.83
NMC16	0.375	3662.3	3750.3	3898.3	-2.35	-6.05
NMC17	0.391	4376.7	4372.8	4285.0	0.09	2.14
NMC18	0.375	4409.3	4368.8	4517.6	0.93	-2.40
NMC19	0.385	5072.9	5176.3	5218.0	-2.00	-2.78
NMC20	0.377	5292.2	5462.7	5640.1	-3.12	-6.17
NMC21	0.370	5529.2	5470.2	5665.4	1.08	-2.40
NMC22	0.316	4360.2	4346.5	4347.8	0.32	0.29
SMC22	0.319	4443.4	4259.5	4184.0	4.32	6.20
SMC21	0.365	5380.8	5278.2	5269.4	1.94	2.11
SMC20	0.367	5015.2	5075.4	5048.1	-1.19	-0.65
SMC19	0.364	4534.6	4776.2	4623.3	-5.06	-1.92
SMC18	0.354	3929.3	4082.7	4212.8	-3.76	-6.73
SMC17	0.387	4287.6	4202.4	4160.5	2.03	3.05
SMC16	0.391	3981.5	3949.4	4088.7	0.81	-2.62
SMC15	0.417	3646.1	3752.7	3679.7	-2.84	-0.91
SMC14	0.440	3663.7	3692.6	3870.7	-0.78	-5.35
SMC13	0.472	3788.6	3641.8	3701.3	4.03	2.36
SMC12	0.460	3219.1	3319.5	3484.0	-3.02	-7.60
SMC11	0.549	3368.1	3407.7	3211.0	-1.16	4.89
SMC10	0.554	3041.1	2955.5	3036.7	2.89	0.14
SMC9	0.587	3011.3	2896.1	2929.5	3.98	2.79
SMC8	0.644	2734.1	2880.3	2974.7	-5.08	-8.09
SMC7	0.711	2917.3	2892.1	3045.1	0.87	-4.20
SMC6	0.731	2687.1	2634.1	2766.9	2.01	-2.89
SMC5	0.761	2199.4	2228.7	2329.4	-1.31	-5.58
SMC4	0.792	2060.0	2126.2	2110.1	-3.11	-2.38
SMC3	0.845	2017.2	2039.4	2010.9	-1.09	0.31
SMC2	0.952	2332.2	2287.9	2355.7	1.93	-1.00
SMC1	0.968	2154.9	2114.2	2033.6	1.93	5.97
SSC1	0.976	2709.8	2684.3	2825.3	0.95	-4.09
SSC2	0.967	2642.5	2615.4	2676.1	1.04	-1.26
SSC3	0.927	2723.8	2672.8	2535.5	1.91	7.43
SSC4	0.814	2483.4	2583.8	2701.9	-3.89	-8.09

续上表

下游斜拉索编号	实测频率（Hz）	实测索力（kN）	设计索力（kN）	监控实测索力（kN）	（实测-设计）偏差（%）	（实测-监控）偏差（%）
SSC5	0.783	2763.8	2879.2	2885.2	-4.01	-4.21
SSC6	0.693	2870.3	3017.4	2964.8	-4.88	-3.19
SSC7	0.709	3283.9	3127.2	3283.9	5.01	0.00
SSC8	0.725	3745.3	3603.8	3797.0	3.93	-1.36
SSC9	0.694	4212.8	4167.9	4285.8	1.08	-1.70
SSC10	0.634	3842.6	3799.5	3899.3	1.14	-1.45
SSC11	0.657	4462.4	4380.5	4439.5	1.87	0.52
SSC12	0.613	4210.2	4214.0	4339.1	-0.09	-2.97
SSC13	0.603	4407.1	4196.5	4329.1	5.02	1.80
SSC14	0.631	5210.1	4967.5	4991.1	4.88	4.39
SSC15	0.580	5075.4	4971.7	5257.2	2.09	-3.46
SSC16	0.537	4678.1	4829.7	4811.9	-3.14	-2.78
SSC17	0.524	4780.6	4933.8	5164.3	-3.10	-7.43
SSC18	0.528	5199.8	5419.9	5709.7	-4.06	-8.93
SSC19	0.497	4926.5	4966.5	4998.5	-0.81	-1.44
SSC20	0.479	4884.7	4974.5	4904.1	-1.81	-0.40
SSC21	0.464	5136.0	5076.7	4923.4	1.17	4.32
SSC22	0.440	4909.1	5032.7	4804.3	-2.46	2.18

由表4-7-1、表4-7-2可以看出：

（1）实测与设计索力对比情况：北塔和南塔上下游侧的斜拉索索力实测值与设计理论偏差在-8.83%~8.86%；88.6%的斜拉索索力偏差在-5%~5%。其中，最大索力偏差为北塔上游侧NSC21号斜拉索，偏差为8.86%。

（2）实测与监控实测索力对比情况：北塔和南塔上下游侧的斜拉索索力实测值与监控单位实测索力偏差在-8.93%~8.42%；79.5%的斜拉索索力偏差在-5%~5%。其中，最大索力偏差为南塔下游侧SSC18号斜拉索，偏差为-8.93%。

（3）上下游实测索力对比情况：上游与下游实测索力值偏差在-8.09%~8.56%；上下游侧共69对斜拉索的实测索力偏差在-5%~5%。

第四节　主桥荷载试验

一、静力荷载试验

1. 试验桥跨及测点布置

（1）试验桥跨：主跨和南边跨（第5跨、第7跨）。

（2）挠度测试截面及测点：主跨横桥向设置 3 条测线（下游、中线、上游），每条测线纵向沿主跨 8 分点设置 7 个测点（支座沉降测点未示意，支座沉降测点布设在主梁上对应支座位置），共布设 21 个测点测试挠度曲线，边跨在相应工况测试截面（J7）横桥向设置 5 个挠度测点，如图 4-7-3 所示。

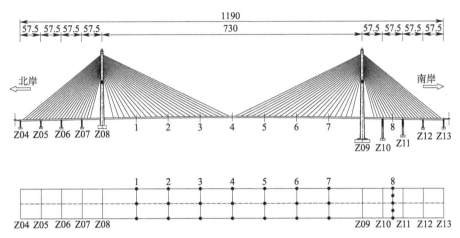

图 4-7-3　挠度测试截面及测点布置图（尺寸单位：m）

（3）应变测试截面及测点：选取 Z09 号塔（南塔）主梁最大负弯矩截面（J1）、Z08 号塔（北塔）中塔柱根部最大弯矩截面（J2）、主跨跨中截面（J4）、主跨 3/4L 截面（J5）、Z09 号塔（南塔）中塔柱根部最大弯矩截面（J6）、南边跨第 2 跨最大正弯矩截面（J7），作为应变（应力）测试截面，测试控制截面及应变测点布置如图 4-7-4～图 4-7-7 所示。

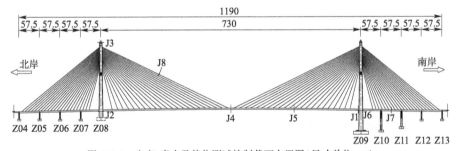

图 4-7-4　应变、索力及偏位测试控制截面布置图（尺寸单位：cm）

注：J1 截面距离南塔中心线 7.5m；J2 截面位于北塔下横梁处；J5 截面为主跨 3L/4 截面；J6 截面位于南塔下横梁处；J7 截面为南塔次边跨跨中截面。

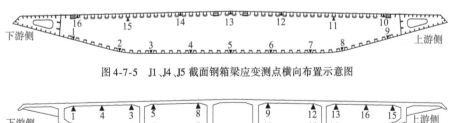

图 4-7-5　J1、J4、J5 截面钢箱梁应变测点横向布置示意图

图 4-7-6　J7 截面混凝土梁应变测点横向布置示意图

(4)主塔偏位测试截面及测点:Z08号塔(北塔)塔顶最大水平位移截面(J3)如图4-7-4所示,偏位测点采用在塔顶布设棱镜来测试。

(5)索力测试截面及测点:NMC22斜拉索索力增量截面(J8)作为索力增量测试截面,测试截面及测点布置如图4-7-4所示。索力测试时在NMC22号索上布设拾振器通过振动法测试。

2. 试验加载确定

1)试验荷载

按控制截面内力(弯矩、轴力)等效原则进行布载,并使控制截面的试验荷载效率满足试验规程要求。加载车辆规格及数量根据结构分析以及荷载等效计算结果确定。正式试验前,对所有加载车辆均过磅称重,根据加载车辆的实际称重结果对车辆进行编组,确定各加载工况车辆的加载位置。图4-7-8所示为试验车辆示意图。

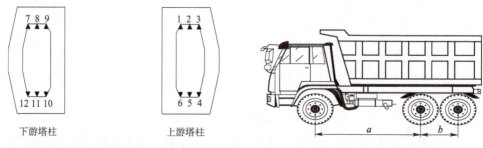

图4-7-7 J2、J6截面主塔中塔柱根部截面应变测点布置示意图　　图4-7-8 试验车辆示意图

2)试验荷载效率

静力载荷试验按控制内力、应力或变位等效原则确定。静力载荷试验效率宜介于0.85~1.05之间。静力载荷试验荷载效率,见表4-7-3。

万州长江公路三桥(牌楼长江大桥)静力载荷试验荷载效率　　表4-7-3

工况	测试断面	加载工况	设计控制值	试验荷载	加载效率	备注
1	J4	跨中主梁最大正弯矩中载	68757.7kN·m	72505.3kN·m	1.05	30辆车
2	J1	南塔主梁最大负弯矩中载	−56659.4kN·m	−52137.3kN·m	0.92	24辆车
3	J2	北塔根部最大弯矩中载	−12482.9kN·m	−11917.1kN·m	0.95	48辆车
4	J7	边跨跨中最大正弯矩中载	30595.9kN·m	30762.4kN·m	1.01	12辆车
5	J3	北塔顶最大纵向位移中载	0.244m	0.231m	0.95	48辆车
6	J6	南塔根部最大弯矩中载	−9210.2kN·m	−8386.2kN·m	0.91	48辆车
7	J4	中跨跨中主梁最大挠度中载	−0.861m	−0.743m	0.86	30辆车
8	J5	中跨$L/4$处最大弯矩中载	38885.1kN·m	37114.3kN·m	0.95	12辆车
9	J8	NMC22斜拉索索力中载	982.8kN	998.2kN	1.02	30辆车
10	J4	跨中主梁最大正弯矩偏载	68757.7kN·m	72505.3kN·m	1.05	30辆车
11	J7	边跨跨中最大正弯矩偏载	30595.9kN·m	30762.4kN·m	1.01	12辆车
12	J4	中跨跨中主梁最大挠度偏载	−0.861m	−0.743m	0.86	30辆车
13	J8	NMC22斜拉索索力偏载	982.8kN	998.2kN	1.02	30辆车
14	J4	中跨跨中主梁局部加载中载	—	—	—	6辆车

注:内力计算时考虑了相关冲击效应,即$S\cdot(1+\mu)$,其中$\mu=0.05$;本次静力载荷试验分为偏载和中载;试验采用分级加载方式进行加载。

3）试验荷载车辆布置

静力载荷试验各工况下车辆布置如图4-7-9～图4-7-17所示。

图4-7-9　ZW1（工况1、工况7、工况9）车辆布置图（尺寸单位：m）

注：第一级：①；第二级：①+②+③；第三级：①+②+③+④+⑤。

图4-7-10　ZW2（工况2）车辆布置图（尺寸单位：m）

注：第一级：①；第二级：①+②；第三级：①+②+③；第四级：①+②+③+④。

图4-7-11　ZW3（工况3、工况5）车辆布置图（尺寸单位：m）

注：第一级：①+②；第二级：①+②+③+④；第三级：①+②+③+④+⑤+⑥；第四级：①+②+③+④+⑤+⑥+⑦+⑧。

图4-7-12　ZW4（工况4）车辆布置图（尺寸单位：m）

注：第一级：①；第二级：①+②。

图4-7-13　ZW5（工况6）车辆布置图（尺寸单位：m）

注：第一级：①+②；第二级：①+②+③+④；第三级：①+②+③+④+⑤+⑥；第四级：①+②+③+④+⑤+⑥+⑦+⑧。

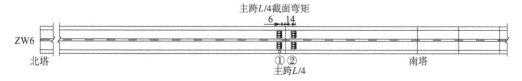

图4-7-14　ZW6（工况8）车辆布置图（尺寸单位：m）

注：第一级：①；第二级：①+②。

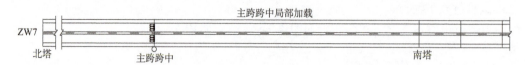

图 4-7-15　ZW7(工况 14)车辆布置图(尺寸单位:m)

注:第一级:①。

图 4-7-16　ZW8(工况 10、工况 12、工况 13)车辆布置图(尺寸单位:m)

注:第一级:①+②;第二级:①+②+③+④;第三级:①+②+③+④+⑤+⑥。

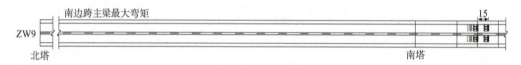

图 4-7-17　ZW9(工况 11)车辆布置图(尺寸单位:m)

注:第一级:①+②;第二级:①+②+③+④;第三级:①+②+③+④+⑤+⑥。

3.试验结果

1)挠度试验结果

试验工况下,典型 J1、J4 测试截面加载挠度实测结果与计算满载挠度的比较分别见表 4-7-4~表 4-7-6。

J1 截面加载挠度检测结果　　　　　　　　　　表 4-7-4

测点部位	实测满载总挠度 f_t(mm)	实测一级挠度 (mm)	实测二级挠度 (mm)	实测三级挠度 (mm)	实测满载弹性挠度 f_e(mm)	实测残余挠度 f_p(mm)	计算满载挠度 f_s(mm)	校验系数 $\eta(f_e/f_s)$	相对残余挠度 (f_p/f_t)(%)
下游 4	-12.1	-5.2	-8.7	-10.1	-10.6	-1.5	-12.2	0.87	12.4
下游 5	-12.6	-4.3	-8.2	-10.9	-11.0	-1.6	-19.8	0.56	12.7
下游 6	-15.9	-9.7	-11.1	-14.1	-13.4	-2.5	-21.7	0.62	15.8
下游 7	-66.0	-31.9	-52.4	-63.3	-62.7	-3.3	-81.5	0.77	5.0
中 4	-12.1	-6.7	-8.8	-10.3	-11.2	-0.9	-12.2	0.92	7.5
中 5	-12.4	-4.8	-8.7	-10.3	-10.5	-1.9	-19.8	0.53	15.4
中 6	-15.5	-9.6	-11.2	-13.8	-13.8	-1.7	-21.7	0.64	11.0
中 7	-61.9	-32.3	-50.1	-60.1	-57.3	-4.6	-81.5	0.70	7.5
上游 4	-12.7	-4.2	-8.2	-10.5	-10.6	-2.1	-12.2	0.87	16.6
上游 5	-12.0	-4.9	-8.3	-10.6	-9.4	-1.6	-19.8	0.47	13.3
上游 6	-17.9	-9.2	-11.0	-14.3	-15.0	-2.9	-21.7	0.69	16.3
上游 7	-72.0	-30.0	-52.9	-59.6	-67.2	-4.8	-81.5	0.82	6.7

注:挠度向上为正,实测挠度均为试验荷载作用下的挠度增量,下同。

J4 截面中载工况挠度检测结果 表 4-7-5

测点部位	实测满载总挠度 f_t(mm)	实测一级挠度(mm)	实测二级挠度(mm)	实测满载弹性挠度 f_e(mm)	实测残余挠度 f_p(mm)	计算满载挠度 f_s(mm)	校验系数 $\eta(f_e/f_s)$	相对残余挠度 (f_p/f_t)(%)
下游1	-30.6	-17.3	-23.0	-28.4	-2.2	-37.7	0.75	7.2
下游2	-76.4	-43.5	-59.0	-71.4	-5.0	-90.2	0.79	6.6
下游3	-344.2	-202.4	-288.6	-336.4	-7.8	-356.9	0.94	2.3
下游4	-685.8	-254.8	-522.7	-689.5	3.7	-742.7	0.93	-0.5
下游5	-326.4	-127.6	-225.1	-320.5	-5.9	-338.1	0.95	1.8
下游6	-78.0	-12.7	-31.9	-77.7	-0.3	-86.0	0.90	0.4
下游7	-30.8	-6.5	-15.7	-38.6	1.8	-35.7	0.91	-5.9
中1	-33.1	-11.3	-23.9	-30.9	-2.2	-37.7	0.82	6.7
中2	-79.8	-48.6	-66.0	-65.2	-14.6	-90.2	0.72	18.4
中3	-349.3	-209.6	-294.8	-336.5	-12.8	-356.9	0.94	3.7
中4	-767.3	-312.7	-521.6	-694.8	-72.5	-742.7	0.94	9.5
中5	-315.7	-127.2	-210.1	-305.7	-10.0	-338.1	0.90	3.2
中6	-80.7	-13.8	-30.6	-82.5	1.8	-86.0	0.96	-2.2
中7	-36.8	-7.1	-14.6	-31.7	-5.1	-35.7	0.89	13.9
上游1	-33.7	-17.7	-23.0	-29.8	-3.9	-37.7	0.79	11.6
上游2	-74.9	-42.8	-58.7	-74.2	-0.7	-90.2	0.82	0.9
上游3	-356.2	-207.4	-287.0	-344.7	-11.5	-356.9	0.97	3.2
上游4	-739.4	-312.2	-511.8	-669.8	-69.6	-742.7	0.90	9.4
上游5	-322.0	-127.5	-211.8	-304.0	-18.0	-338.1	0.90	5.6
上游6	-80.3	-17.6	-28.1	-77.5	-2.8	-86.0	0.90	3.5
上游7	-34.9	-9.1	-12.9	-30.9	-4.0	-35.7	0.87	11.5

J4 截面偏载工况挠度检测结果 表 4-7-6

测点部位	实测满载总挠度 f_t(mm)	实测一级挠度(mm)	实测二级挠度(mm)	实测满载弹性挠度 f_e(mm)	实测残余挠度 f_p(mm)	计算满载挠度 f_s(mm)	校验系数 $\eta(f_e/f_s)$	相对残余挠度 (f_p/f_t)(%)
下游1	-33.8	-16.3	-23.4	-28.0	-5.8	-37.7	0.74	17.2
下游2	-84.8	-39.7	-50.6	-70.0	-14.8	-90.2	0.78	17.5
下游3	-338.8	-109.9	-190.4	-322.4	-16.4	-356.9	0.90	4.9
下游4	-715.2	-187.7	-316.4	-693.9	-21.3	-742.7	0.93	3.0
下游5	-296.4	-100.8	-137.8	-272.9	-23.5	-338.1	0.81	8.0
下游6	-82.1	-30.3	-47.3	-77.8	-4.3	-86.0	0.90	5.3
下游7	-32.7	-7.9	-12.9	-31.0	-1.7	-35.7	0.87	5.2
中1	-33.9	-20.1	-24.2	-29.5	-4.4	-37.7	0.78	13.0

续上表

测点部位	实测满载总挠度 f_t(mm)	实测一级挠度 (mm)	实测二级挠度 (mm)	实测满载弹性挠度 f_e(mm)	实测残余挠度 f_p(mm)	计算满载挠度 f_s(mm)	校验系数 $\eta(f_e/f_s)$	相对残余挠度 (f_p/f_t)(%)
中2	−86.7	−48.1	−58.3	−83.4	−3.3	−90.2	0.92	3.8
中3	−353.6	−168.2	−212.0	−340.9	−12.7	−356.9	0.96	3.6
中4	−727.6	−198.4	−362.0	−689.5	−38.1	−742.7	0.93	5.3
中5	−308.4	−100.8	−150.6	−277.3	−31.1	−338.1	0.82	10.1
中6	−83.1	−37.1	−48.6	−68.9	−14.2	−86.0	0.80	17.1
中7	−31.8	−12.5	−18.3	−27.7	−4.1	−35.7	0.78	12.9
上游1	−33.4	−14.3	−20.7	−30.1	−3.3	−37.7	0.80	9.9
上游2	−84.2	−41.2	−44.1	−77.0	−7.2	−90.2	0.85	8.6
上游3	−314.7	−141.6	−160.3	−296.2	−18.5	−356.9	0.83	5.9
上游4	−713.5	−184.2	−335.0	−675.4	−38.1	−742.7	0.91	5.4
上游5	−337.8	−104.1	−159.9	−311.1	−26.7	−338.1	0.92	7.9
上游6	−83.5	−39.7	−52.4	−72.6	−10.9	−86.0	0.84	13.1
上游7	−33.7	−10.3	−17.6	−28.0	−5.7	−35.7	0.78	17.0

由表 4-7-4 ~ 表 4-7-6 中结果可知：试验荷载下，J1 截面最大弹性挠度为 −67.2mm，主要测点挠度校验系数在 0.47 ~ 0.92，J4 截面最大弹性挠度为 −694.8mm，主要测点挠度校验系数在 0.72 ~ 0.97，各试验工况下主要测点相对残余挠度在 20% 范围内，卸载后整体恢复正常。该桥试验桥跨结构刚度满足设计荷载标准（公路—Ⅰ级）的正常使用要求。

2）挠度试验结果

试验工况下，典型 J2、J4 截面的实测应变与计算应变的比较分别见表 4-7-7 ~ 表 4-7-9。

J2 截面加载应变检测结果　　表 4-7-7

测点编号	实测满载总应变 S_t (10^{-6})	实测一级应变 (10^{-6})	实测二级应变 (10^{-6})	实测三级应变 (10^{-6})	实测满载弹性应变 S_e (10^{-6})	实测残余应变 S_p (10^{-6})	计算满载应变 S_s (10^{-6})	校验系数 $(\zeta = S_e/S_s)$	相对残余应变 $(S'_p = S_p/S_t \times 100\%)$ (%)
1	−34	−11	−19	−28	−33	−1	−55	0.60	2.9
2	−34	−11	−19	−29	−34	0	−55	0.62	0.0
3	−36	−11	−18	−28	−33	−3	−55	0.60	8.3
4	24	8	15	19	22	2	36	0.61	8.3
5	25	8	17	21	22	3	36	0.61	12.0
6	23	9	16	20	22	1	36	0.61	4.3
7	−29	−9	−14	−20	−34	5	−55	0.62	−17.2
8	−29	−9	−15	−22	−32	3	−55	0.58	−10.3
9	−32	−10	−18	−26	−38	6	−55	0.69	−18.8

续上表

测点编号	实测满载总应变 S_t (10^{-6})	实测一级应变 (10^{-6})	实测二级应变 (10^{-6})	实测三级应变 (10^{-6})	实测满载弹性应变 S_e (10^{-6})	实测残余应变 S_p (10^{-6})	计算满载应变 S_s (10^{-6})	校验系数 ($\zeta = S_e/S_s$)	相对残余应变 ($S'_p = S_p/S_t \times 100\%$) (%)
10	25	7	17	21	21	4	36	0.58	16.0
11	27	6	18	22	25	2	36	0.69	7.4
12	28	6	16	24	25	3	36	0.69	10.7
13	−34	−11	−19	−28	−33	−1	−55	0.60	2.9
14	−34	−11	−19	−29	−34	0	−55	0.62	0.0
15	−36	−11	−18	−28	−33	−3	−55	0.60	8.3
16	24	8	15	19	22	2	36	0.61	8.3

注：应变受拉为正，实测应变均为试验荷载作用下的增量，下同。

J4 截面中载工况加载应变检测结果　　　　表 4-7-8

测点编号	实测满载总应变 S_t (10^{-6})	实测一级应变 (10^{-6})	实测二级应变 (10^{-6})	实测满载弹性应变 S_e (10^{-6})	实测残余应变 S_p (10^{-6})	计算满载应变 S_s (10^{-6})	校验系数 ($\zeta = S_e/S_s$)	相对残余应变 ($S'_p = S_p/S_t \times 100\%$) (%)
1	107	−7	−21	96	11	101	0.95	10.3
2	211	−6	−16	190	21	207	0.92	10.0
3	250	13	82	225	25	228	0.99	10.0
4	238	22	150	225	13	228	0.99	5.5
5	235	27	181	218	17	228	0.96	7.2
6	237	29	174	221	16	228	0.97	6.8
7	234	31	175	222	12	228	0.97	5.1
8	202	31	175	190	12	207	0.92	5.9
9	112	27	165	95	17	101	0.94	15.2
10	−98	18	132	−102	4	−143	0.71	−4.1
11	−78	11	80	−83	5	−106	0.78	−6.4
12	−114	−6	−67	−120	6	−143	0.84	−5.3
13	−139	−7	−54	−127	−12	−143	0.89	8.6
14	−134	−14	−78	−120	−14	−143	0.84	10.4
15	−80	−19	−101	−87	7	−106	0.82	−8.8
16	−101	−17	−100	−102	1	−143	0.71	−1.0

J4 截面偏载工况加载应变检测结果　　　　表 4-7-9

测点编号	实测满载总应变 S_t (10^{-6})	实测一级应变 (10^{-6})	实测二级应变 (10^{-6})	实测三级应变 (10^{-6})	实测四级应变 (10^{-6})	实测满载弹性应变 S_e (10^{-6})	实测残余应变 S_p (10^{-6})	计算满载应变 S_s (10^{-6})	校验系数 ($\zeta = S_e/S_s$)	相对残余应变 ($S'_p = S_p/S_t \times 100\%$) (%)
1	97	20	39	62	79	100	−3	106	0.94	−3.1
2	197	34	67	108	135	195	2	217	0.90	1.0

续上表

测点编号	实测满载总应变 S_t (10^{-6})	实测一级应变 (10^{-6})	实测二级应变 (10^{-6})	实测三级应变 (10^{-6})	实测四级应变 (10^{-6})	实测满载弹性应变 S_e (10^{-6})	实测残余应变 S_p (10^{-6})	计算满载应变 S_s (10^{-6})	校验系数 ($\zeta = S_e/S_s$)	相对残余应变 ($S_p' = S_p/S_t \times 100\%$) (%)
3	232	40	79	127	160	233	−1	240	0.97	−0.4
4	235	41	82	132	166	234	1	240	0.98	0.4
5	238	42	83	131	166	235	3	240	0.98	1.3
6	234	43	85	133	168	233	1	240	0.97	0.4
7	228	42	83	128	163	226	2	240	0.94	0.9
8	192	37	72	109	139	195	−3	217	0.90	−1.6
9	103	22	42	63	79	100	3	106	0.94	2.9
10	−98	−17	−35	−55	−70	−93	−5	−136	0.68	5.1
11	−78	−13	−28	−46	−61	−83	5	−101	0.82	−6.4
12	−120	−27	−53	−81	−101	−109	−11	−136	0.80	9.2
13	−137	−29	−54	−82	−101	−113	−24	−136	0.83	17.5
14	−126	−26	−51	−80	−100	−111	−15	−136	0.82	11.9
15	−80	−13	−28	−46	−61	−87	7	−101	0.86	−8.8
16	−96	−18	−36	−53	−69	−93	−3	−136	0.68	3.1

由表4-7-7~表4-7-9中结果可知:试验荷载下,J2截面主要测点应变校验系数在0.58~0.69之间,J4截面主要测点应变校验系数在0.68~0.99之间,各试验工况下主要测点相对残余应变在20%范围内,卸载后整体恢复正常。该桥试验桥跨结构强度满足设计荷载标准(公路—Ⅰ级)的正常使用要求。

3)外观观测结果

试验桥跨在加载过程中,通过观测未发现肉眼可见裂缝。

4)塔顶纵向位移试验结果

Z08号索塔实测偏位值最大为205.8mm,校验系数为0.91,实测值小于计算值,说明索塔刚度满足设计要求。Z08号索塔塔顶纵向水平偏位测量结果见表4-7-10。

Z08号索塔塔顶纵向水平偏位测量结果　　表4-7-10

| 截面 | 纵桥向实测偏位(mm) | | | | | | 计算值 (mm) | 校验系数 | 相对残余 (%) |
	偏位方向	一级	二级	三级	满载	残余	弹性变位			
J3	向南岸侧偏位	55.3	118.8	186.3	204.5	−1.3	205.8	225.8	0.91	−0.6

注:主塔向南岸侧偏移为正,实测偏移均为试验荷载作用下的偏移增量。

由表4-7-10中结果可知,Z08号索塔塔顶纵向位移实测偏位值最大为205.8mm,校验系数为0.91,实测值小于计算值,说明索塔刚度满足设计要求。

5)索力增量检测结果

满载作用下,J8截面斜拉索索力检测结果见表4-7-11、表4-7-12。

J8截面正载工况斜拉索索力检测结果　　　　表4-7-11

索号	方位	实测恒载索力 P（kN）	荷载作用下实测索力 $P_荷$（kN）	实测活载索力增量 ΔP(kN)	增量比（$\Delta P/P_荷$）	计算活载索力增量 ΔP_2(kN)	活载索力校验系数（$\Delta P/\Delta P_2$）
NMC22	上游	4305.2	4914.5	609.3	12.4%	998.2	0.61
	下游	4360.2	4972.4	612.2	12.3%	998.2	0.61

J8截面偏载工况斜拉索索力检测结果　　　　表4-7-12

索号	方位	实测恒载索力 P（kN）	荷载作用下实测索力 $P_荷$（kN）	实测活载索力增量 ΔP(kN)	增量比（$\Delta P/P_荷$）	计算活载索力增量 ΔP_2(kN)	活载索力校验系数（$\Delta P/\Delta P_2$）
NMC22	上游	4305.2	4887.6	582.4	11.9%	998.2	0.58
	下游	4360.2	4999.5	639.3	12.8%	998.2	0.64

由表4-7-11、表4-7-12中结果可知:满载作用下,J8截面斜拉索索力增量校验系数介于0.58~0.64,并且分级加载实测增量值规律性较好,说明相应斜拉索的工作状态满足设计要求。

二、动力荷载试验

1. 测试桥跨

万州长江公路三桥(牌楼长江大桥)动力荷载试验根据桥梁的桥跨结构形式、受力特性,选取如下桥跨作为荷载试验的测试桥跨:选取主跨跨中截面J4作为动力响应测试截面;选取边跨二分点及主跨十分点作为动力特性测试截面。根据现场条件,动力荷载试验测试截面及测点布置如图4-7-18~图4-7-21所示。

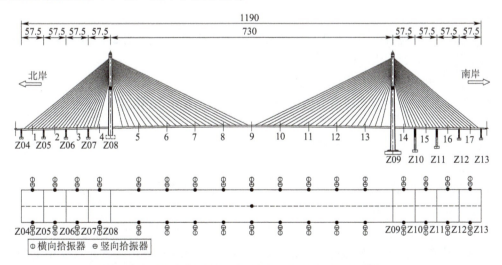

图4-7-18　动力荷载试验测试截面及测点布置示意图(尺寸单位:m)

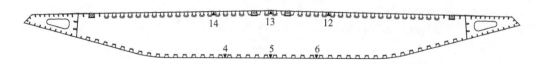

图 4-7-19　动应变测点布置示意图

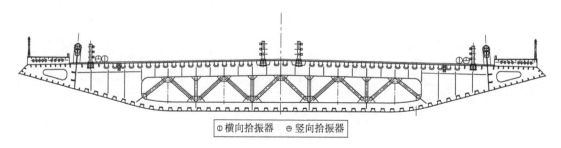

图 4-7-20　主跨动力特性测点布置示意图

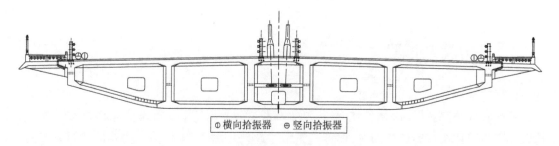

图 4-7-21　边跨动力特性测点布置示意图

2.试验过程

1）结构自振特性试验

采集桥跨结构自由振动状态下代表性部位振动加速度、特征截面动应变时域信号，通过频谱分析等方法得到桥跨结构自振特性参数。

自振特性测定试验采用的激励方式：

（1）脉动试验：在桥面无任何交通荷载的情况下，利用环境随机激励进行长时间脉动响应信号采集。

（2）行车余振激励：在桥面无任何障碍的情况下，用载重汽车（两辆汽车质量重约35t）、以中央分隔带为中心线两边对称跑车，要求车辆尽可能保持同速、同步行驶，以 10km/h、20km/h、30km/h、40km/h、50km/h、60km/h 的速度匀速跑车使桥梁产生受迫振动，测定桥跨结构在运行车辆荷载作用下的动力反应时程曲线。

（3）会车试验：在桥面无任何障碍的情况下，用载重汽车（两辆汽车质量约35t）、以中央分隔带为中心线，以 40km/h 匀速进行会车试验，测定桥跨结构在制动力荷载作用下的动力反应时程曲线。

(4)模态试验。

2)动力荷载试验程序

动力荷载试验程序见表 4-7-13。

动力荷载试验程序　　　　　　　　表 4-7-13

工况	项目	测试项目	车速（km/h）	车辆数（辆）	单辆车质量（t）	行驶方向
1	无障碍行车试验	动应变、动态增量	20	2	35	同向、同步行驶
2	无障碍行车试验	动应变、动态增量	30	2	35	同向、同步行驶
3	无障碍行车试验	动应变、动态增量	40	2	35	同向、同步行驶
4	无障碍行车试验	动应变、动态增量	50	2	35	同向、同步行驶
5	无障碍行车试验	动应变、动态增量	60	2	35	同向、同步行驶
6	无障碍行车试验	动应变、动态增量	40	2	35	反向行驶
7	脉动	频率、振型、阻尼比	—	—	—	—

3. 试验结果

1)桥跨结构振型计算结果

采用有限元模型计算桥跨结构自振特性,其结果如图 4-7-22 ~ 图 4-7-25 所示。

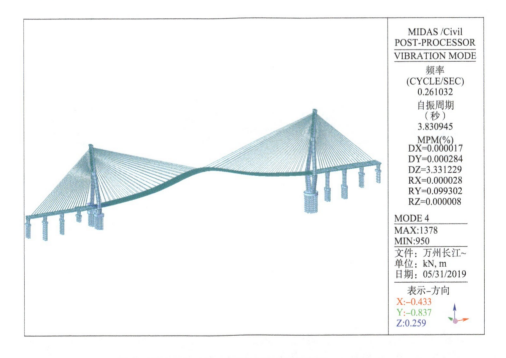

图 4-7-22　主桥 1 阶正对称竖向弯曲计算振型($f_1 = 0.261\mathrm{Hz}$)

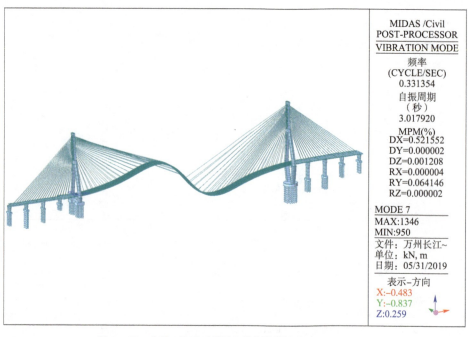

图 4-7-23　主桥 2 阶反对称竖向弯曲计算振型($f_2 = 0.331\,\text{Hz}$)

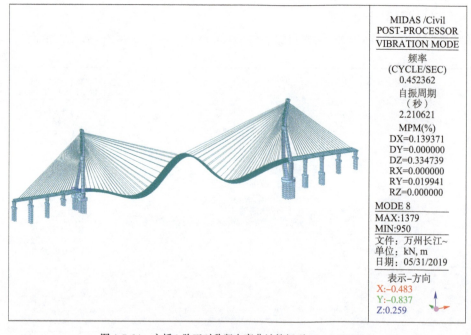

图 4-7-24　主桥 3 阶正对称竖向弯曲计算振型($f_3 = 0.452\,\text{Hz}$)

2）结构自振特性试验结果

采用脉动、行车余振、制动余振激励桥梁振动，用高灵敏加速度计拾取结构自振信号，通过分析计算得到结构的自振频率。结构自振特性试验结果汇总见表 4-7-14。

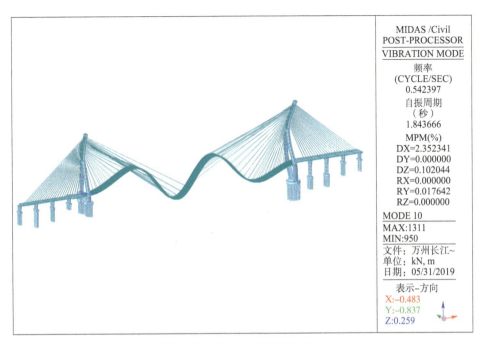

图 4-7-25 主桥 4 阶反对称竖向弯曲计算振型($f_4 = 0.542$Hz)

结构自振特性试验结果汇总表 表 4-7-14

测试振型	振型特征	项目	实测均值	计算值$f_{计算}$	$f_{实测}/f_{计算}$	阻尼比(%)
主桥 1 阶	对称竖向弯曲	频率f_1(Hz)	0.273	0.261	1.05	1.3

在理论可识别的范围内,主桥实测竖向一阶频率均值为 0.273Hz。根据《公路桥梁承载能力检测评定规程》(JTG/T J21—2011)中第 5.9.2 条的相关规定,宜根据实测自振频率f_{mi}与理论自振频率f_{di}的比值,按表 4-7-15 的规定确定自振频率评定标度。该桥左幅实测自振频率f_{mi}与理论自振频率f_{di}的比值为 1.05,因此确定主桥自振频率评定标度为 2。

桥梁自振频率评定标准 表 4-7-15

上部结构	下部结构	评定标度
f_{mi}/f_{di}	f_{mi}/f_{di}	
≥1.1	≥1.2	1
[1.00,1.10)	[1.00,1.20)	2
[0.90,1.00)	[0.95,1.00)	3
[0.75,0.90)	[0.80,0.95)	4
<0.75	<0.80	5

3)跑车响应检测结果

实测动应变和应变增大系数见表 4-7-16。

实测动应变和应变增大系数 表 4-7-16

测试项目		测试工况					
		20km/h 跑车	30km/h 跑车	40km/h 跑车	50km/h 跑车	60km/h 跑车	40km/h 会车
J4 截面底板测点	最大应变(10^{-6})	29.87	30.08	14.03	29.48	29.56	29.69
	应变增大系数	1.02	1.04	1.06	1.02	1.03	1.03
J4 截面顶板测点	最大应变(10^{-6})	-21.74	-17.43	-10.74	-16.89	-20.85	-19.21
	应变增大系数	1.04	1.05	1.08	1.07	1.22	1.29

主跨跨中截面底板实测应变增大系数在 1.02~1.06；顶板实测应变增大系数在 1.04~1.29。顶板受局部冲击效应影响，应变增大系数略大。

4) 模态试验

(1) 竖向振型

模态试验实测竖向振型结果见表 4-7-17。

竖向振型结果 表 4-7-17

阶次	实测频率(Hz)	理论值(Hz)	阻尼比(%)	振型特征
1	0.273	0.261	1.3	正对称竖弯
2	0.342	0.331	1.4	反对称竖弯
3	0.474	0.452	0.9	正对称竖弯
4	0.576	0.542	0.7	反对称竖弯

(2) 横向振型

模态试验实测横向振型结果见表 4-7-18。

横向振型结果 表 4-7-18

阶次	实测频率(Hz)	理论值(Hz)	阻尼比(%)	振型特征
1	0.259	0.108	1.2	正对称横弯
2	0.713	0.695	0.6	反对称横弯
3	1.245	0.836	0.5	反对称横弯

(3) 扭转振型

模态试验实测扭转振型结果见表 4-7-19。

扭转振型结果 表 4-7-19

阶次	实测频率(Hz)	阻尼比(%)	振型特征
1	0.569	0.5	正对称扭转
2	0.994	0.3	反对称扭转

第五节 结 论

一、成桥初始状态

1. 桥面线形检测

桥面曲线平顺,上、下游线形较好吻合,实测中线相对高程与设计值较好吻合,实测跨中当前预拱度为 35.1cm。

2. 索力检测

实测索力与设计索力、监控索力对比情况:北塔和南塔上下游侧的斜拉索索力实测值与设计理论偏差在 -8.83% ~ 8.86%,88.6% 的斜拉索索力偏差在 -5% ~ 5%;北塔和南塔上下游侧的斜拉索索力实测值与监控单位实测索力偏差在 -8.93% ~ 8.42%,79.5% 的斜拉索索力偏差在 -5% ~ 5%。

二、静力载荷试验检测

(1)试验荷载下,J1、J2、J4、J5、J6 和 J7 截面最大弹性挠度分别为 -67.2mm、-843.0mm、-694.8mm、-185.0mm、-726.6mm 和 -4.1mm,主要测点挠度校验系数在 0.47 ~ 0.92、0.63 ~ 0.91、0.72 ~ 0.97、0.71 ~ 0.96、0.67 ~ 0.98 和 0.25 ~ 0.72,各试验工况下主要测点相对残余挠度在 20% 范围内,卸载后整体恢复正常。该桥试验桥跨结构刚度满足设计荷载标准(公路—Ⅰ级)的正常使用要求。

(2)试验荷载下,J1、J2、J4、J5、J6 和 J7 截面主要测点应变校验系数分别在 0.41 ~ 0.91、0.58 ~ 0.69、0.68 ~ 0.99、0.45 ~ 0.87、0.48 ~ 0.93 和 0.25 ~ 0.75,各试验工况下主要测点相对残余应变在 20% 范围内,卸载后整体恢复正常。该桥试验桥跨结构强度满足设计荷载标准(公路—Ⅰ级)的正常使用要求。

(3)试验桥跨在加载过程中,通过观测,未发现肉眼可见裂缝。

(4)Z08 号索塔实测偏位值最大为 205.8mm,校验系数为 0.91,实测值小于计算值,说明索塔刚度满足设计要求。

(5)满载作用下,测试斜拉索索力增量校验系数介于 0.58 ~ 0.64,并且分级加载实测增量值规律性较好,说明相应斜拉索的工作状态满足设计要求。

三、动载试验检测

实测主桥竖向一阶频率为 0.273Hz,大于相应的理论计算值 0.261Hz;主跨跨中截面底板实测应变增大系数在 1.02 ~ 1.06;顶板实测应变增大系数在 1.04 ~ 1.29;桥梁振型无异常情况,实测振型与理论计算振型吻合,实测阻尼正常,说明万州长江公路三桥(牌楼长江大桥)主桥动力特性和动力响应正常。

四、总体结论

万州长江公路三桥(牌楼长江大桥)主桥试验桥跨满足设计荷载标准(公路—Ⅰ级)的正常使用要求。

参 考 文 献

[1] 中华人民共和国交通部.公路桥涵设计通用规范:JTG D60—2004[S].北京:人民交通出版社,2004.

[2] 中华人民共和国交通部.公路钢筋混凝土及预应力混凝土桥涵设计规范:JTG D62—2004[S].北京:人民交通出版社,2004.

[3] 中华人民共和国交通运输部.公路斜拉桥设计细则:JTG/T D65-01—2007[S].北京:人民交通出版社,2007.

[4] 中华人民共和国交通运输部.公路桥梁抗风设计规范:JTG/T D60-01—2004[S].北京:人民交通出版社,2004.

[5] 中华人民共和国交通运输部.公路桥梁抗震设计细则:JTG/T B02-01—2008[S].北京:人民交通出版社,2008.

[6] 中华人民共和国住房和城乡建设部.城市桥梁抗震设计规范:CJJ 166—2011[S].北京:中国建筑工业出版社,2012.

[7] 中华人民共和国交通部.公路桥涵地基与基础设计规范:JTG D63—2007[S].北京:人民交通出版社,2007.

[8] 长沙理工大学.公路工程混凝土结构防腐蚀技术规范:JTG/T B07-01—2006[S].北京:人民交通出版社,2006.

[9] 中铁大桥勘测设计院有限公司.铁路桥梁钢结构设计规范:TB 10002.2—2005[S].北京:中国铁道出版社,2005.

[10] 中华人民共和国交通部.公路桥涵施工技术规范:JTG/T F50—2011[S].北京:人民交通出版社,2011.

[11] 中华人民共和国住房和城乡建设部.大体积混凝土施工规范:GB 50496—2009[S].北京:中国计划出版社,2009.

[12] 中国建筑科学研究院.液压爬升模板工程技术规程:JGJ 195—2010[S].北京:中国建筑工业出版社,2010.

[13] 中华人民共和国建设部.工程测量规范:GB50026—2007[S].北京:中国计划出版社,2008.

[14] 中华人民共和国交通运输部.公路工程地质勘察规范:JTG C20—2011[S].北京:人民交通出版社,2011.

[15] 中国铁路总公司.铁路钢桥制造规范:Q/CR 9211—2015[S].北京:中国铁道出版社,2015.

[16] 中华人民共和国交通部公路司.斜拉桥热挤聚乙烯高强钢丝拉索技术条件:GB/T

18365—2001[S].北京:中国标准出版社,2002.

[17] 中华人民共和国交通运输部.大跨度斜拉桥平行钢丝斜拉索:JT/T 775—2010[S].北京:人民交通出版社,2010.

[18] 交通部公路科学研究院.公路沥青路面施工技术规范:JTG F40—2004[S].北京:人民交通出版社,2005.

[19] 中华人民共和国交通运输部.公路桥梁承载能力检测评定规程:JTG/T J21—2011[S].北京:人民交通出版社,2011.

[20] 中华人民共和国交通运输部.公路桥梁荷载试验规程:JTG/T J21-01—2015[S].北京:人民交通出版社股份有限公司,2016.